W0261888

Programmieren in Smalltalk mit VisualWorks®

Springer

Berlin
Heidelberg
New York
Barcelona
Budapest
Hongkong
London
Mailand
Paris
Santa Clara
Singapur
Tokio

Matthias C. Bücker
Joachim Geidel
Matthias F. Lachmann

Programmieren in Smalltalk mit VisualWorks®

Smalltalk – nicht nur für Anfänger

Mit 157 Abbildungen und 43 Tabellen
Zweite, erweiterte Auflage

Springer

Matthias Clemens Bücker
Grißheimer Straße 13
D-79426 Buggingen

Joachim Geidel
Baroper Straße 458a
D-44227 Dortmund

Matthias Ferdinand Lachmann
Diesterwegstraße 12
D-51109 Köln

Die Deutsche Bibliothek – CIP-Einheitsaufnahme

Bücker, Matthias C.:
Programmieren in Smalltalk mit VisualWorks : Smalltalk –
nicht nur für Anfänger / Matthias C. Bücker ; Joachim Geidel ;
Matthias F. Lachmann. – 2., erw. Aufl. – Berlin ; Heidelberg ;
New York ; Barcelona ; Budapest ; Hong Kong ; London ;
Mailand ; Paris ; Tokyo : Springer, 1995
   Früher u.d.T.: Bücker, Matthias C.: Objectworks, Smalltalk für
   Anfänger

NE: Geidel, Joachim:; Lachmann, Matthias:

ISBN-13: 978-3-642-79475-9   e-ISBN: 978-3-642-79474-2
DOI: 10.1007/978-3-642-79474-2

Die erste Auflage erschien 1993 unter dem Titel: Objectworks®\Smalltalk
für Anfänger

Satz: Reproduktionsfertige Vorlage vom Autor/Herausgeber
Umschlaggestaltung:Künkel + Lopka Werbeagentur, Ilvesheim
SPIN: 10484654   33/3142 - 5 4 3 2 1 0 – Gedruckt auf säurefreiem Papier

Vorwort

Das vorliegende Buch ist die überarbeitete und verbesserte zweite Auflage des Buches „Objectworks®\Smalltalk für Anfänger", das 1993 erschienen ist. Die große positive Resonanz auf dieses erste Buch und die in der Zwischenzeit immer mehr gestiegene Akzeptanz der Programmiersprache „Smalltalk" haben uns ebenso wie die Weiterentwicklung der Programmierumgebung „Objectworks®" – die nunmehr auch „VisualWorks®" heißt – dazu bewogen, die zweite Auflage nicht mehr nur auf „Smalltalk–Anfänger" auszurichten. Diese Neuauflage ergänzt somit die alte Auflage um einige Konzepte, die auch für „Nicht–Mehr–Anfänger" und Fortgeschrittene von Interesse sind.

Da diese Ergänzungen vorher nicht Gegenstand des Buches waren, ergibt sich konsequenterweise eine Änderung des Titels in „Programmieren in Smalltalk mit VisualWorks" und eine Zunahme des Umfangs, da auf die bewährte Einführung in Smalltalk nicht verzichtet werden sollte. Gleichzeitig sind in diese Neuauflage viele Anregungen von Kollegen mit eingeflossen, ebenso wie Hinweise auf kleinere Fehler in der ersten Auflage. Darüber hinaus profitiert die Neuauflage von den Erfahrungen, die die Autoren bei Smalltalk–Schulungen sowohl im industriellen als auch im universitären Bereich in der Zwischenzeit sammeln konnten.

Insgesamt glauben wir also, daß wir mit diesem Buch ein Werk vorlegen, das sowohl für den „Smalltalk–Anfänger" als auch für den Fortgeschrittenen von Interesse ist, und das gleichzeitig zum Arbeiten mit der ParcPlace®–Entwicklungsumgebung für Smalltalk (VisualWorks®) einlädt.

Buggingen, Dortmund, Ettlingen im August 1995

Inhaltsverzeichnis

1 Einleitung – Objekte und Programmierung

Die objektorientierte Programmierung ist in den letzten Jahren zum beherrschenden Thema in der Softwarebranche geworden. Vor allem die Grundprinzipien des objektorientierten Programmierens (Vererbung und Polymorphismus), die es ermöglichen, Programme schneller und einfacher zu erstellen als mit der herkömmlichen „prozeduralen Programmierung", haben eine lebhafte Diskussion in Gang gesetzt. Vieles spricht dafür, daß die objektorientierte Programmierung auch einen Weg aus der sogenannten „Softwarekrise" (der deutlich schnelleren Entwicklung der Leistungsfähigkeit der Hardware gegenüber der Software) weisen kann. Um die Ideen der objektorientierten Programmierung umzusetzen, sind in den letzten 25 Jahren verschiedene Programmiersprachen entstanden, die der „Idealvorstellung" von einer objektorientierten Programmiersprache nahezukommen versuchen.

Smalltalk, die erste vollständig objektorientierte Programmiersprache, ist in den Forschungslabors von Xerox (Xerox PARC) Anfang der 70er Jahre entstanden. Ziel war es damals ein System zu finden, bei dem die Maschine dem Menschen und nicht der Mensch der Maschine dient. Seitdem wurde Smalltalk schrittweise weiter entwickelt und steht inzwischen mit vielen graphisch–interaktiven Werkzeugen zur Programmentwicklung (Editoren, Browser, Debugger etc.) kommerziell zur Verfügung.

Wie von anderen Programmiersprachen auch, gibt es in Smalltalk verschiedene „Dialekte", die jedoch alle auf der gleichen Syntax aufbauen und für die zwischenzeitlich auch an Standards gearbeitet wird. Die Unterschiede zwischen den verschiedenen Dialekten bestehen im wesentlichen in der Anzahl der Entwicklungswerkzeuge und der Verfügbarkeit von vorgefertigten „Objektarten" (sogenannten Klassen). Eine reiche und sicherlich sehr ausgereifte Auswahl solcher Klassen in einem „Smalltalk–Dialekt" bietet die von den Smalltalk-Erfindern um Dr. Adele Goldberg 1988 gegründete Firma ParcPlace® mit VisualWorks® an. Darüber hinaus ist VisualWorks® selbst in Smalltalk programmiert, so daß alle Entwicklungswerkzeuge auch direkt als Smalltalk-Programmtext vorliegen und im Bedarfsfall an die eigenen Bedürfnisse angepaßt werden können. Dies gilt sogar für den in VisualWorks® verwendeten Compiler, der die Smalltalk-Programmtexte in „rechnerverständliche" Form übersetzt. Außerdem bietet VisualWorks® die einmalige Eigenschaft, daß es auf allen Rechnertypen, für die es angeboten wird (IBM–PC™, Macintosh™, Unix™ – Workstations,…), uneingeschränkt binär kompatibel ist. Das heißt, daß Smalltalk-

Programme, die mit VisualWorks® entwickelt wurden, auf jeden anderen
Rechner (für den VisualWorks® zur Verfügung steht) übertragen werden können
und dort sofort und ohne Änderung oder Anpassung an den (neuen) Rechner
gestartet werden können.

In den vergangenen Jahren wurden verschiedene Anwendungsprogramme im
VisualWorks® entwickelt, von denen hier nur die folgende, natürlich unvoll-
ständige Auswahl genannt werden soll, um einen Eindruck von der Vielfältigkeit
und den Möglichkeiten der Smalltalk–Programmierung zu geben:

- PACE, ein Simulationsprogramm für Petri–Netze mit graphischer Benutzeroberfläche
- profiSEE, ein Modellierungs– und Simulationsprogramm zur Analyse von
  Materialflüssen in der chemisch–pharmazeutischen Industrie
- STRATOS, ein Prozeßleitsystem
- TheAnalyst, ein Hypermedia–System, das im Auftrag der US–Regierung
  entwickelt wurde
- Ein Dokumentenverwaltungs– und –suchsystem für Standards und Festlegun-
  gen innerhalb der Bayer AG

Jedes dieser Programme baut auf der Idee der objektorientierten Programmierung
auf. Weiterhin gibt es auf dem „Smalltalk–Markt" eine große Anzahl sogenannter
Klassenbibliotheken, die bestimmte Funktionalität für eine weitere Verwendung
und Anpassung implementieren. Stellvertretend seien hier die folgenden genannt:

- COME, zur Modellierung und Lösung von diskreten Optimierungsproblemen.
- NEDT, zur Gestaltung graphischer Editoren
- ObjectForms, ein Werkzeug zur Gestaltung und Verwaltung von Bildschirm-
  masken
- X–line, Modellierung betriebswirtschaftlicher Zusammenhänge

1.1 Was ist objektorientierte Programmierung?

Um die Frage „Was ist objektorientierte Programmierung?" zu beantworten,
müssen wir zuerst klären, was unter einem Objekt verstanden werden soll.
Außerdem müssen folgende Begriffe erläutert werden:

- Senden einer Nachricht
- Klassenbildung
- Vererbung
- Polymorphismus

Dazu stellen wir uns vor, daß ein Programm entwickelt werden soll, mit dem
Kessel und Kesselbeschickung in einer chemischen Fabrik simuliert werden

können (etwa wie in profiSEE). Sicherlich wird jedermann zustimmen, wenn wir einen solchen Kessel als *Objekt* bezeichnen. Um aber einen Kessel simulieren zu können, müssen wir zuerst analysieren, welche Eigenschaften des Objektes „Kessel" für die Beschreibung in einem Programm von Interesse sind, damit das Simulationsprogramm später realistische Ergebnisse liefert.

Bei dieser Analyse stoßen wir beispielsweise auf folgende Eigenschaften:

– Das maximale Fassungsvermögen des Kessels (z.B. *$3m^3$*). Diese Größe nennen wir die „maximale Menge".
– Die Menge des Produktes, das sich gerade im Kessel befindet (z.B. *$1,8m^3$*). Diese Größe nennen wir die „aktuelle Menge".

Mit diesen beiden Eigenschaften können wir den aktuellen (statischen) Zustand des Kessels recht gut beschreiben. Für die Simulation eines Kessels müssen jedoch noch weitere dynamische Eigenschaften berücksichtigt werden, mit denen Änderungen des aktuellen Zustands im Kessel beschrieben werden können:

– Aus dem Kessel kann eine bestimmte Menge entladen werden. Dadurch verringert sich die aktuelle Menge. Bei einem solchen Entladevorgang ist es allerdings unmöglich, aus dem Kessel mehr als die aktuelle Menge zu entnehmen.
– In den Kessel kann eine bestimmte Menge eingeladen werden. Dadurch erhöht sich die aktuelle Menge. Soll bei einem solchen Beladevorgang die maximale Menge überschritten werden, so schließt der Kessel automatisch sein Einlaßventil und öffnet es erst wieder, nachdem etwas entladen wurde.

Bislang haben wir vier Eigenschaften eines Kessels kennengelernt, die sich in zwei unterschiedliche „Arten" von Eigenschaften unterteilen lassen. Die ersten beiden Eigenschaften (die maximale und die aktuelle Menge) beschreiben den (statischen) Zustand des Kessels zu einem ganz bestimmten Zeitpunkt während der Simulation. Solche Eigenschaften werden wir deshalb im folgenden als *Zustandseigenschaften* oder *Attribute* bezeichnen. Die beiden dynamischen Eigenschaften (Entladen und Beladen des Kessels) hingegen beschreiben, wie der Kessel „reagiert", wenn eine bestimmte Menge aus ihm entladen bzw. in ihn eingeladen wird (Verringerung/Erhöhung der aktuellen Menge, Schließen/Öffnen des Ventils). Durch eine solche „Reaktion" ändern sich auch die Zustandseigenschaften des Kessels. Eigenschaften, die zu Änderungen der Zustandseigenschaften führen können, werden wir deshalb im folgenden als *Reaktionseigenschaften* oder *Verhalten* bezeichnen.

In der Objektorientierung ist diese Unterscheidung in Zustands– und Reaktionseigenschaften auch deshalb von Bedeutung, weil die Zustandseigenschaften sozusagen als „Privateigentum" des jeweiligen Objektes betrachtet werden. Konkret bedeutet dies, daß Zustandseigenschaften nur von dem Objekt, dem sie gehören, verwendet werden können. Alle anderen Objekte wissen nichts über die Zustandseigenschaften und können ein anderes Objekt nur über die Reaktionseigenschaften ansprechen. Somit stellen die Reaktionseigenschaften (das

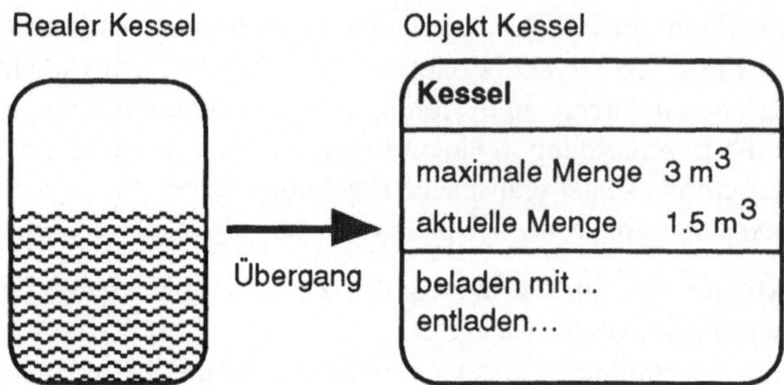

Abb. 1.1: Übergang von einem realen Kessel zu einem Objekt Kessel

Verhalten des Objektes) die Schnittstelle zur Kommunikation mit anderen Objekten dar.

Abb. 1.1 veranschaulicht nochmals den Übergang von einem realen Kessel zu einem „Objekt Kessel", wie es in einem Simulationsprogramm verwendet werden kann. Dort steht beim Objekt Kessel die „Art" des Objektes in der obersten Zeile, die Zeilen darunter geben die Zustandseigenschaften an, und die untersten Zeilen führen die Reaktionseigenschaften auf. Wird nun im Laufe des Simulationsprogramms eine Reaktionseigenschaft des Kessels „aufgerufen", so ändert sich die Zustandseigenschaft „aktuelle Menge" des Kessels, wie dies in Abb. 1.2 dargestellt ist. Ein solcher „Aufruf" einer Reaktionseigenschaft eines Objektes wird in der objektorientierten Programmierung als das *Senden einer Nachricht* an ein Objekt bezeichnet. Das Objekt, bei dem eine Reaktionseigenschaft aufgerufen wird, heißt dabei der *Empfänger* der Nachricht, das Objekt, das die Nachricht

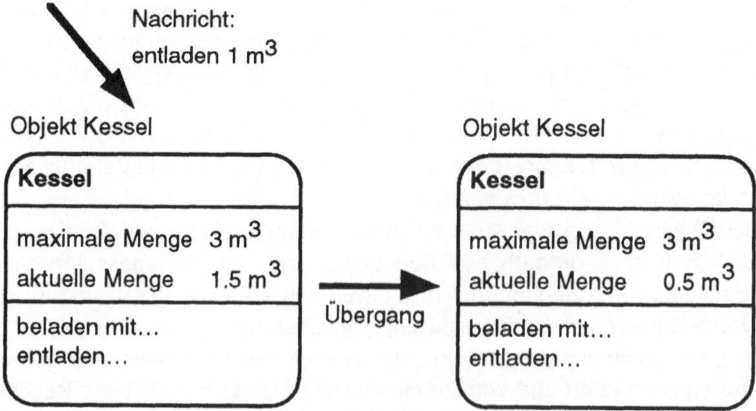

Abb. 1.2: Das Senden einer Nachricht an ein Objekt

Rührkessel

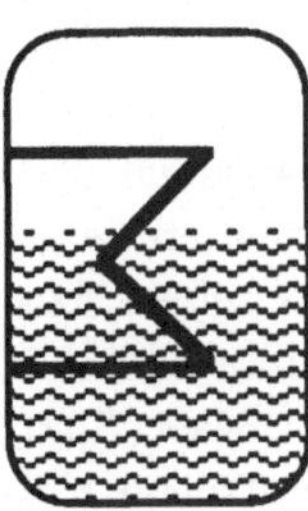
Heizkessel

Abb. 1.3: Rühr– und Heizkessel

„abgeschickt" hat, der *Sender*. Die Reaktion des Empfängerobjektes auf eine Nachricht kann neben der Änderung seiner Zustandseigenschaften auch die Rückgabe eines Objektes (*Antwort*) an den Sender der Nachricht sein, das dieser dann benutzen kann, um den weiteren Programmablauf zu steuern. Eine solche Steuerung des Programmablaufs ist beispielsweise nötig, wenn ein Kessel sein Einlaßventil geschlossen hat, da dadurch Verzögerungen in der Simulation eintreten.

In einem Simulationsprogramm, in dem mehrere Kessel benötigt werden, will man natürlich nicht für jeden konkreten Kessel alle Spezifikationen, die für die Beschreibung der Eigenschaften der Kessel nötig sind, immer wieder neu definieren. Aus diesem Grund werden die Beschreibungen der Zustands– und Reaktionseigenschaften von Objekten der entsprechenden „Objektart" zugeordnet, wie wir es schon in Abb. 1.1 getan haben. Die konkreten Objekte unterscheiden sich untereinander dann nur noch durch die tatsächlichen „Werte" ihrer Zustandseigenschaften, die von den Reaktionseigenschaften benutzt werden können. Diese Zuordnung von Eigenschaften zu den Objektarten wird in der objektorientierten Programmierung als *Klassenbildung* bezeichnet.

Nachdem wir nun also verstanden haben, was einen Kessel charakterisiert, und auch schon einige Begriffe der objektorientierten Programmierung kennengelernt haben, soll unsere ursprüngliche Aufgabe erweitert werden. Ziel ist es jetzt, nicht nur „einfache" Kessel zu simulieren, sondern auch Kessel mit einem Rührwerk (Rührkessel) und Kessel mit einer Heizung zum Erhitzen des Kesselinhaltes (Heizkessel) (siehe Abb. 1.3).

Beginnen wir wieder mit der Analyse der Eigenschaften der Rühr– und Heizkessel:

– Als erstes stellen wir fest, daß sowohl Rühr– als auch Heizkessel die gleichen Zustandseigenschaften besitzen wie die einfachen Kessel. Ebenso können Rühr– und Heizkessel be– und entladen werden. Wir müssen dabei die gleichen Restriktionen beachten wie bei den einfachen Kesseln (die Menge im Kessel muß zwischen 0 und der maximalen Menge liegen). Das heißt, auch die Reaktionseigenschaften der einfachen Kessel „wiederholen" sich bei den Rühr– und Heizkesseln.

– Im Gegensatz zu einem einfachen Kessel soll in unserem Beispiel ein Rührkessel jedoch sein Rührwerk automatisch in Gang setzen, sobald etwas in ihn eingeladen wird. Das Rührwerk wird automatisch abgeschaltet, sobald der Kessel völlig geleert ist.

– Ein Heizkessel dagegen schaltet seine Heizung ein, sobald eine vorgegebene
  Mindestmenge eingeladen ist, und schaltet sie aus, sobald diese Mindestmenge
  unterschritten wird.

Wie bei der Analyse der einfachen Kessel könnten wir nun natürlich wieder
Listen der Zustands– und Reaktionseigenschaften der Rühr– und Heizkessel
aufstellen und daraus entsprechende Objekte herleiten. Dabei würde allerdings die
wichtige Information verlorengehen, daß Rühr– und Heizkessel eigentlich nur
einfache Kessel mit „Sonderaufgaben" sind, also „Spezialisierungen", die in
gewisser Hinsicht die Eigenschaften der einfachen Kessel „erben". Deshalb
wählen wir die folgende Beschreibung:

– Ein Rührkessel ist ein einfacher Kessel, der dem einfachen Kessel eine
  Reaktionseigenschaft hinzufügt. Diese zusätzliche Reaktionseigenschaft ist
  das automatische Ein– und Ausschalten des Rührwerkes.
– Ein Heizkessel ist ein einfacher Kessel, der dem einfachen Kessel je eine
  weitere Zustands– und Reaktionseigenschaft hinzufügt. Die zusätzliche
  Zustandseigenschaft ist die erforderliche Mindestmenge zum Einschalten der

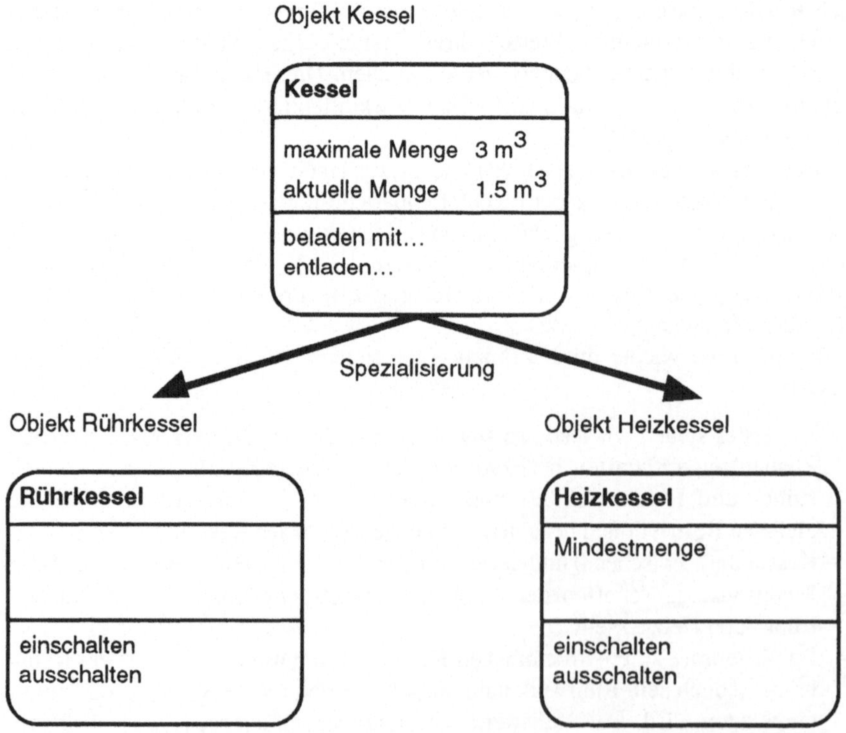

Abb. 1.4: Vererbung der Eigenschaften eines einfachen Kessels an Rühr– und Heizkessel

Heizung; die zusätzliche Reaktionseigenschaft ist das automatische Ein– und Ausschalten der Heizung.

Diese Möglichkeit der Beschreibung von Objektarten (Klassen) als Spezialisierung anderer Objektarten wird in der objektorientierten Programmierung als *Unterklassenbildung* bezeichnet. Durch die Spezialisierungsbeziehung zwischen Klassen werden die Eigenschaften von den allgemeineren Objektarten auf die spezielleren Objektarten übertragen (*Vererbung*). In Abb. 1.4 wird diese Idee nochmals verdeutlicht. Dabei zeigen die Pfeile, daß die Objektart am Ende eines Pfeils die Eigenschaften der Objektart am Pfeilanfang erbt.

Für den Begriff Vererbung gibt es prinzipiell zwei mögliche Vorstellungen. Die erste Möglichkeit ist, daß jede Objektart nur von genau einer anderen Objektart deren Eigenschaften erben kann, so daß eine Hierarchie von immer spezielleren Begriffen entsteht. Diese Art der Vererbung läßt sich bildlich als ein Baum darstellen (vgl. Abb. 1.4) und wird als Einfachvererbung (engl. *Single–Inheritance*) bezeichnet. Wird diese Art der Vererbung in einer objektorientierten Sprache verwendet, so geht man üblicherweise von einer allgemeinen Objektart aus, von der alle anderen Objektarten abgeleitet werden. In Smalltalk heißt diese allgemeinste Objektart „Object" und stellt die Eigenschaften zur Verfügung, die alle Objekte in Smalltalk besitzen sollen.

Die zweite Art der Vererbung, die Mehrfachvererbung (engl. *Multiple–Inheritance*) erlaubt es, daß eine Objektart gleichzeitig von mehreren anderen Objektarten deren Eigenschaften erbt. Diese Art der Vererbung führt jedoch nicht mehr zu einer klaren Begriffshierarchie, so daß es beispielsweise zu Konflikten in der Bezeichnung von Eigenschaften kommt, wenn zwei „Eltern–Objektarten" den gleichen Namen für unterschiedliche Eigenschaften verwenden. Da solche Probleme nicht auftreten können, wenn nur Einfachvererbung erlaubt ist, wird in Smalltalk ausschließlich Einfachvererbung unterstützt.

Somit kann in Smalltalk in verschiedenen Objektarten auch problemlos der gleiche Name für ähnliche Eigenschaften verwendet werden. Dies ist insbesondere für die Reaktionseigenschaften von großer Bedeutung. Kann nämlich eine ähnliche Reaktionseigenschaft (z.B. das Einschalten des Rührwerkes oder der Heizung in einem Rühr– bzw. Heizkessel) mit dem gleichen Namen durch Senden einer Nachricht aufgerufen werden, so muß der Sender der Nachricht vorher nicht überprüfen, an welche Objektart die Nachricht gesendet wird. Vielmehr wird der Empfänger automatisch mit der ihm eigenen Reaktion antworten. Diese Möglichkeit, den gleichen Namen für verschiedene Reaktionseigenschaften mehrfach zu verwenden, wird in der objektorientierten Programmierung als *Polymorphismus* bezeichnet.

Fassen wir jetzt zusammen, welche Aufgaben wir bei der objektorientierten Programmierung durchführen müssen, so erhalten wir folgende Liste:

– Wir müssen herausfinden, welche Objektarten für eine Problemstellung relevant sind (Klassenbildung).

– Wir müssen analysieren, welche Zustands– und Reaktionseigenschaften die zu beschreibenden Objektarten benötigen.
– Ausgehend von Ähnlichkeiten zwischen den Objekten, können wir eine Hierarchie der Objektarten aufstellen, um über Vererbung Eigenschaften an andere Objektarten weiterzugeben.
– Durch das Versenden von Nachrichten an Objekte können wir die Objekte entweder dazu veranlassen, ihre Zustandseigenschaften zu verändern oder eine Antwort zu geben, die benutzt werden kann, um den weiteren Programmablauf zu „steuern".

Um diese Aufgaben erledigen und die benötigten Objekte schnell modellieren zu können, stellt VisualWorks® dem Programmierer bereits eine reiche Auswahl vorgefertigter Objektarten zur Verfügung, die verwendet werden können, um eigene Objektarten zu beschreiben, d.h., dem Smalltalk–Dialekt VisualWorks® „neue Wörter" hinzuzufügen. Darüber hinaus gibt es, wie schon erwähnt, viele Programmierwerkzeuge, die die objektorientierte Art zu programmieren sehr effizient unterstützen.

Worin besteht nun aber das Besondere an dieser Art zu denken und Probleme zu modellieren? Schauen wir uns dazu einmal im Vergleich die Vorgehensweise bei

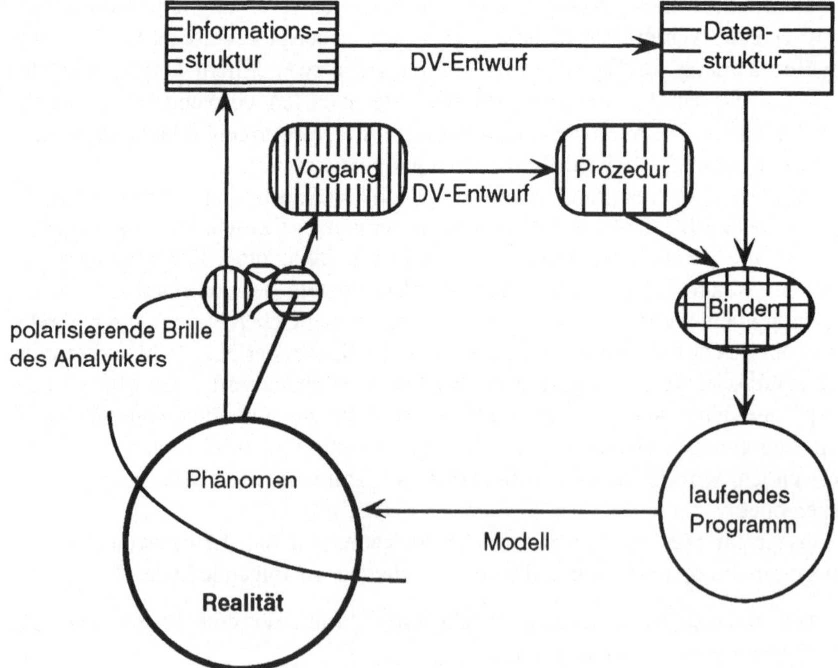

Abb. 1.5: Vorgehensweise der herkömmlichen Programmierung

der Modellbildung in der „herkömmlichen" (prozeduralen) und der objektorientierten Programmierung an (vgl. Heeg und Bücker 1994).

Bei jeglicher Art der Programmierung geht es darum einen Ausschnitt der Realität – ein Phänomen – zu beschreiben. Herkömmlicherweise wird dieses Phänomen vom *DV–Analytiker* wie durch eine polarisiernde Brille betrachtet und in Vorgänge und Informationsstrukturen zergliedert (s. Abb. 1.5). Diese Vorgänge und Informationsstrukturen werden dann unabhängig voneinander im Entwurf weiterverarbeitet und in Funktionen und Datenstrukturen übertragen, die anschließend in einem eigenen Arbeitsschritt, dem sogenannten Binden (engl. *link*), wieder zusammengeführt werden, damit ein lauffähiges Programm entsteht. Dieses Programm stellt dann endlich ein (Rechner–) Modell für das ursprünglich zu beschreibende Phänomen dar.

Durch das in dieser Vorgehensweise erforderliche Auftrennen in Vorgänge und Informationsstrukturen ergeben sich jedoch immer wieder Schwierigkeiten im DV–Entwurf. Diese Schwierigkeiten sind insbesondere darin begründet, daß Vorgänge und Informationsstrukturen eigentlich nicht voneinander unabhängig betrachtet werden können.

Die Vorgehensweise der objektorientierten Programmierung dagegen verzichtet auf eine solche Trennung. Statt dessen wird versucht, diejenigen Begriffe zu finden, mit denen der *Anwender* sein Problem beschreibt (s. Abb. 1.6). Diese Begriffe bilden die Basis für die Klassen, die ja – wie wir schon gesehen haben – Reaktionseigenschaften (Vorgänge) und Zustandseigenschaften (Informations-

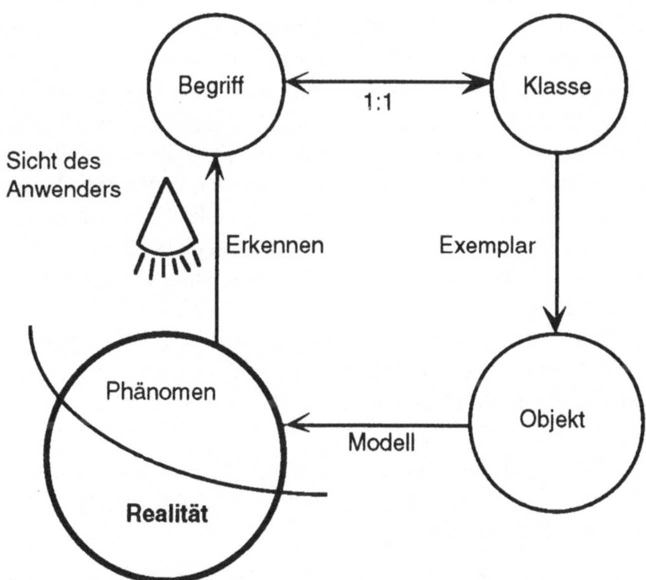

Abb. 1.6: Vorgehensweise der objektorientierten Programmierung

strukturen) zusammenfassen. Somit stellen also schon die zu den entsprechenden Klassen gehörenden Objekte ein Modell für das zu beschreibende Phänomen dar.

Damit entfallen also unter anderem automatisch die Schwierigkeiten, die sich durch diese Trennung in der herkömmlichen Programmierung ergeben. Weiterhin wird es durch diese Denkweise sehr viel einfacher, ein Programm zu beschreiben, so daß es also auch für neue Mitarbeiter in einem Team, das ein bestimmtes Problem (Phänomen) bearbeitet, einfacher wird, sich in dieses Problem hineinzudenken.

1.2 Was will dieses Buch?

Wir wollen dem Anfänger in Smalltalk Kenntnisse darüber vermitteln, was ein Objekt ist, wie Objekte in VisualWorks® spezifiziert werden können und wie mit diesen Objekten umgegangen werden kann. Darüber hinaus sollen die wichtigsten Werkzeuge und Klassen in VisualWorks® beschrieben werden, um auch Fortgeschrittene bei ihrem Umgang mit VisualWorks® zu unterstützen.

Dazu sind die übrigen Kapitel dieses Buchs wie folgt aufgeteilt:

- Kapitel 2 führt einige einfache Arten von Objekten ein, die bereits in VisualWorks® vorhanden sind. Wir werden Nachrichten kennenlernen, die Objekten dieser Art gesendet werden können. Außerdem geht dieses Kapitel auf die wichtigsten Strukturen ein, mit denen Programmabläufe gesteuert werden können. Kapitel 2 legt also den Grundstein zum Aufbau eigener Objekte.

- Kapitel 3 erklärt, wie eigene Objektarten spezifiziert werden und wie die zugehörigen Objekte zum „Leben erweckt" werden können. Die in Abschnitt 1.1 eingeführten Begriffe Klasse, Vererbung und Polymorphismus werden hier an praktischen Beispielen im Detail erklärt. Kapitel 3 beschreibt außerdem eine Vorgehensweise, mit der man, ausgehend von einer konkreten Aufgabenstellung, die passenden Klassen zur Beschreibung des Problems finden kann.

- Kapitel 4 beschreibt wichtige Klassen, die in VisualWorks® zur Verfügung gestellt werden und die bei der intensiven Beschäftigung mit der Smalltalk–Programmierung hilfreich sein können.

- Kapitel 5 beschreibt Möglichkeiten, wie Objekte auf dem Bildschirm dargestellt und mit Hilfe von Maus– und Tastatureingaben beeinflußt werden können. Dabei werden auch die hierfür in VisualWorks® verfügbaren Standardwerkzeuge eingeführt.

- Kapitel 6 schließlich stellt noch einige seltener gebrauchte, aber dennoch sehr nützliche Werkzeuge in VisualWorks® vor, die in den vorangegangenen Kapiteln nicht eingeführt wurden.

Was wir *nicht* wollen, ist ein Buch, mit dem der Leser sich Wissen über Algorithmen und Verfahren aneignen kann, da diese in der objektorientierten

Programmierung nur eine untergeordnete Rolle spielen. Insofern unterscheidet sich dieses Buch auch von „herkömmlichen" Programmierlehrbüchern.

Im ganzen Buch verzichten wir weitgehend auf theoretische Erklärungen, damit der Leser unbefangen an die objektorientierte Programmierung herangehen und in aller Ruhe ein Gefühl dafür entwickeln kann, was es mit Objekten überhaupt „auf sich hat". Dieser Zugang erscheint vielleicht etwas ungewöhnlich, ist aber der praktischen Erfahrung der Autoren entsprungen, die sich erst lange mit der Theorie auseinandergesetzt hatten und dann bei den ersten Programmierversuchen auf große Anfangsschwierigkeiten gestoßen sind, sich in VisualWorks® zurechtzufinden. Außerdem wurden einige theoretische Ideen, die der objektorientierten Programmierung zugrunde liegen, erst richtig während der Arbeit mit Smalltalk verständlich. Auch diese Erfahrungen haben uns dazu bewogen, in diesem Buch auf Theorie zu verzichten. Vielmehr gehen wir davon aus, daß die praktische Übung am Rechner der bessere „Lehrmeister" ist. Deshalb sind auch in die einzelnen Kapitel viele Beispiele und Übungsaufgaben eingebaut, die von wechselndem Schwierigkeitsgrad sind. So wird z.B. für einige Objekte eine komplette graphische Benutzeroberfläche mit Maus– und Tastatursteuerung programmiert. Der in den einzelnen Kapiteln verwendete Smalltalk–Programmtext ist dabei zur besseren Unterscheidung jeweils in der Schriftart Helvetica gesetzt, damit er als Smalltalk–Programmtext sofort erkennbar ist. Außerdem sind die Programmtexte in englisch, damit sie sich ohne „Stilbruch" in die Programmierumgebung einpassen. Am Ende eines Kapitels ist jeweils ein Lösungsteil vorhanden, in dem die Übungsaufgaben besprochen werden.

Die hier gegebene Beschreibung der Programmierumgebung basiert auf Version 2.0 von VisualWorks® sowie Vorabinformationen über die Nachfolgeversion (Version 2.5), soweit sie uns bis August 1995 bekannt waren. Da VisualWorks® wie jede andere Software ständig weiter entwickelt und verbessert wird, können einzelne Details in späteren Versionen etwas anders aussehen (z.B. zusätzliche Menüpunkte in einzelnen Werkzeugen). In diesem Fall sollten Sie in den mitgelieferten Handbüchern, insbesondere den sog. „Release Notes", nachsehen, welche Änderungen es gegenüber früheren Versionen von VisualWorks® gegeben hat.

Für Leser, die sich nach der Lektüre dieses Buches weiter für objektorientierte Programmierung interessieren, empfehlen wir die am Ende des Buches aufgeführte Literatur. Ein Studium weiterführender Literatur erlaubt das Kennenlernen von Details in VisualWorks® und von Entwicklungsmethoden für objektorientierte Software, die den Rahmen des vorliegenden Lehrbuches bei weitem sprengen würden. Von den bisher in VisualWorks® standardmäßig enthaltenen weit über eintausend verschiedenen Klassen werden hier außerdem nur die grundlegenden Prinzipien vorgestellt und detailliert besprochen, so daß der Leser nach der Lektüre dieses Buches alle Hilfsmittel kennengelernt hat, die ihn befähigen, VisualWorks® „auf eigene Faust" zu erforschen.

Und dabei wünschen wir viel Vergnügen!

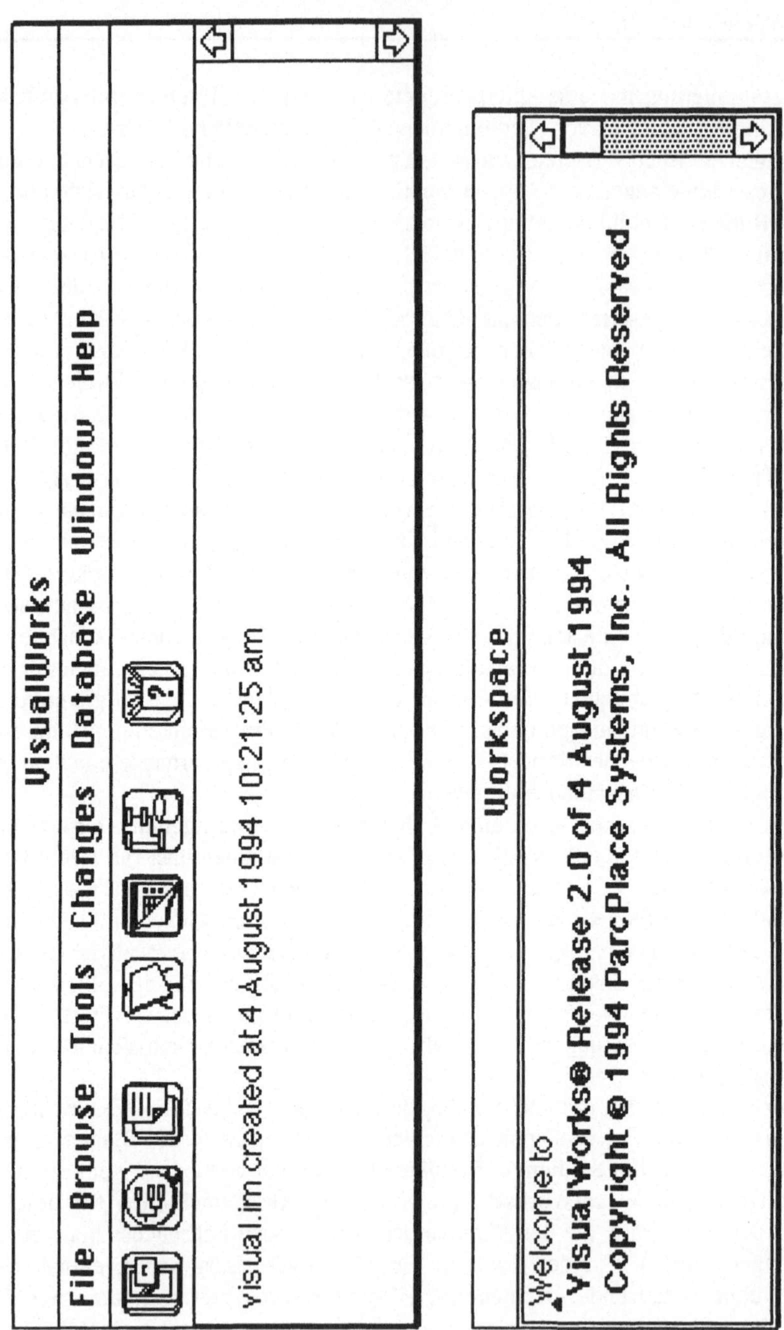

Abb. 2.1: Bildschirmausdruck nach dem Starten von VisualWorks®

2 Grundelemente der Programmierung – Worte und Sätze

Bevor wir mit der eigentlichen Programmierung in Smalltalk beginnen, werden wir eine kurze Einführung in die Programmierumgebung von VisualWorks® geben. Dabei gehen wir davon aus, daß VisualWorks® auf dem Rechner entsprechend der Installationsanweisung installiert ist und daß bekannt ist, wie ein Programm auf dem Rechner gestartet wird. Außerdem setzen wir voraus, daß die Bedienung des Fenstersystems dem Leser vertraut ist.

Nach dem Starten von VisualWorks® erscheinen auf dem Bildschirm die beiden Fenster aus Abb. 2.1. Der hier gezeigte Bildschirmausschnitt stammt von einem Macintosh™–Rechner. Ebenso wurden alle im folgenden gezeigten Bildschirmausschnitte im Macintosh™–Fenstersystem gemacht, so daß sich die Darstellung auf dem Bildschirm in Abhängigkeit vom verwendeten Rechner von den hier gezeigten Screenshots unterscheiden kann.

Die Bedeutung dieser beiden Fenster ist:

– Das Fenster mit dem Titel VisualWorks dient als „Ausgangspunkt", um die VisualWorks®–Entwicklungswerkzeuge zu starten. Daher wird dieses Fenster auch als Launcher (engl. Startrampe) bezeichnet. In den Launcher ist im unteren Teil das sogenannte System Transcript integriert, in dem Mitteilungen an den Benutzer ausgegeben werden können.
– Das Fenster mit dem Titel Workspace ist ein Fenster, in dem auf einfache Art und Weise Smalltalk–Befehle ausgeführt werden können.

Auf dem Bildschirm erscheint außerdem, wie gewohnt, ein Mauszeiger, der mit der Maus bewegt werden kann. Im Unterschied zu den meisten anderen Programmen setzt VisualWorks® jedoch immer eine Maus mit drei Mausknöpfen voraus. Sollte die am Rechner angeschlossene Maus nur zwei oder einen Mausknopf besitzen, so werden bestimmte Tasten–Mausknopf–Kombinationen benutzt, um die „fehlenden" Mausknöpfe dem Benutzer „zur Verfügung zu stellen". Die jeweils benötigten Kombinationen werden wir immer dann kennenlernen, wenn ein bestimmter Mausknopf verwendet wird. Für den Moment reicht es, immer den am weitesten links angeordneten Mausknopf zu benutzen.

Als nächstes wollen wir uns nun eine eigene VisualWorks®–Umgebung erzeugen, in der wir „ungestraft" Änderungen vornehmen können, ohne daß die ursprüngliche Standardumgebung verändert wird. Dazu fährt man – ohne daß ein

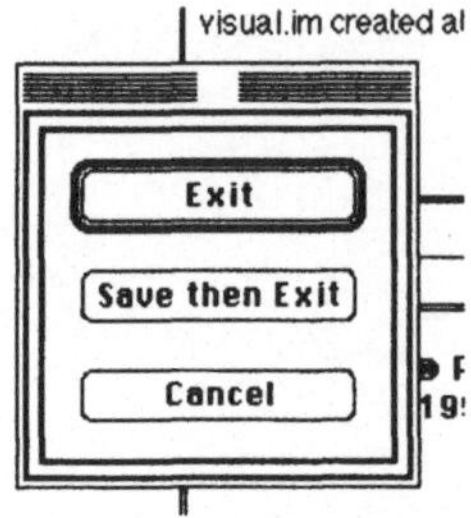

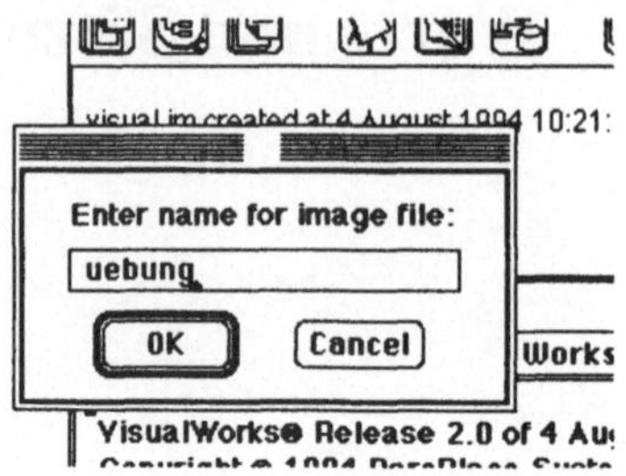

Abb. 2.2: Auswahlfenster zum Sichern der VisualWorks®–Programmierumgebung

Abb. 2.3: Fenster zur Eingabe des Image–Namens

Mausknopf gedrückt ist – mit dem Mauszeiger über den Eintrag File im VisualWorks–Fenster und drückt jetzt den Mausknopf *ohne ihn loszulassen*. In dem daraufhin erscheinenden Menü fährt man den Eintrag Exit VisualWorks... aus und läßt erst jetzt den Mausknopf los. In dem dann auftauchenden Auswahlfenster (siehe Abb. 2.2) wählen wir den Punkt Save then Exit aus, indem wir mit dem Mauszeiger über diesen Eintrag fahren und dann einmal den Mausknopf drücken. Wenn alles richtig gemacht wurde, erscheint ein Eingabefenster, wie in Abb. 2.3 gezeigt. In diesem Eingabefenster wird der vorgegebene Eintrag visual z.B. mit dem Wort uebung (Abb. 2.3) überschrieben. Danach schließen wir die Eingabe mit der Return–Taste oder durch Drücken des OK–Knopfes ab.

Durch diese Aktion haben wir ein erstes „VisualWorks®–Image" abgespeichert und gelernt, die Entwicklungsumgebung von VisualWorks® wieder zu verlassen.

Hätte man hingegen im Fenster aus Abb. 2.3 entweder den Cancel–Knopf oder die „Escape–Taste" gedrückt oder aber den Text visual nicht überschrieben, sondern mit der „Rückschritt–Taste" gelöscht und anschließend sofort die „Return–Taste" (oder den OK–Knopf) gedrückt, so wäre dadurch die ausgewählte Aktion Save then Exit abgebrochen worden. Da wir solchen Fenstern wie in Abb. 2.3 noch öfter begegnen werden, sollten Sie diese Möglichkeiten bei nächster Gelegenheit ausprobiert werden, um sich mit der Funktionalität vertraut zu machen.

Auf der Festplatte des Rechners befinden sich nun zwei neue Dateien. Diese beiden Dateien beinhalten die VisualWorks®–Umgebung, mit der wir in Zukunft arbeiten werden. Die Datei uebung.im enthält die gesamte VisualWorks®–Umgebung in binärer (also dem Rechner verständlicher Form) und wird *Image* genannt. Die Datei uebung.cha enthält alle Änderungen, die am Image vorgenommen werden, und wird als *Changes*-Datei bezeichnet. Da diese zwei Dateien eng zusammengehören, dürfen keinerlei Änderungen „von außen" an ihnen vorgenommen werden (z.B. Umbenennen oder Edieren). Alle Änderungen müssen in VisualWorks® gemacht werden, um die notwendige Konsistenz der in den Dateien enthaltenden Daten zu erhalten.

2.1   Der Umgang mit Fenstern in VisualWorks®

Als nächstes werden wir den Umgang mit Fenstern in VisualWorks® einüben. Dazu starten wir unser soeben erstelltes Image uebung.im anstelle des Standard–Image visual.im. Wie zuvor erscheinen die beiden Fenster VisualWorks (der Launcher) und Workspace. Den Workspace werden wir im Laufe dieses Kapitels noch häufig verwenden. Sollte der Workspace versehentlich geschlossen worden sein, kann ein neuer Workspace geöffnet werden. Dabei ist es wichtig, daß wir uns genau an die beschriebenen Anweisungen halten, damit das Öffnen wie gewünscht funktioniert.

Um einen Workspace zu öffnen, fahren wir – ohne daß ein Mausknopf gedrückt ist – mit dem Mauszeiger in den Launcher, und sobald sich der Mauszeiger über dem Eintrag Tools befindet drücken wir den (linken) Mausknopf, *ohne ihn loszulassen*. (Lassen Sie den Mausknopf erst los, wenn wir Sie dazu auffordern!), In dem jetzt erscheinenden Menü (siehe Abb. 2.4) fahren wir mit dem Mauszeiger auf den Punkt Workspace und lassen erst jetzt den Mausknopf los.

Nach dem Loslassen des Mausknopfs erscheint ein Rechteck auf dem Bildschirm, in dessen oberer linken Ecke der Mauszeiger zu sehen ist. Dieses Rechteck dient zur Plazierung des neuen Fensters auf dem Bildschirm. Fahren Sie mit dem Mauszeiger an die Position des Bildschirms an der die linke obere Ecke des Workspace stehen soll. Dann drücken Sie den Mausknopf, *ohne ihn loszulassen*. Dabei springt der Mauszeiger in die rechte untere Ecke des Rechtecks und durch Bewegen des Mauszeigers (bei gedrückter Maustaste!) können Sie das Rechteck vergrößern und verkleinern. Fahren Sie mit dem Mauszeiger dorthin, wo die rechte untere Ecke des Workspace sein soll, und *lassen Sie erst jetzt den Mausknopf los*. In dem Rechteck, das auf diese Weise festgelegt wurde, erscheint nun ein Fenster mit Titel Workspace.

Alternativ zu der eben beschriebenen Methode unter Verwendung des Tools–Menüs kann ein Workspace auch geöffnet werden durch Drücken des dritten Knopfes von links in der Sinnbildleiste (siehe Abb. 2.5), die sich unterhalb der Menüleiste im Launcher befindet. Außerdem ist es auf einigen Rechnern möglich, bestimmte Tastenkombinationen zu verwenden, um die entsprechenden Menüpunkte aufzurufen.

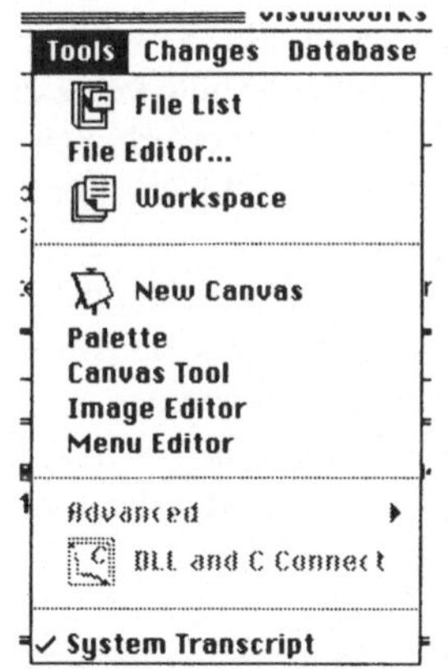

Abb. 2.4: Öffnen eines Workspace mit Hilfe des Tools–Menüs

Abb. 2.5: Leiste mit Sinnbildknöpfen im VisualWorks–Fenster (Launcher)

```
relabel as...
─────────────
refresh
move
resize
front
back
collapse
─────────────
close
```

Abb. 2.6: Window–Menu

Da dies jedoch nicht auf allen Rechnern üblich ist, wollen wir im folgenden auch nicht weiter darauf eingehen, sondern Sie in diesem Punkt Ihrer Experimentierfreude überlassen.

Sollte das Öffnen des Workspace nicht gelungen sein und statt dessen ein anderes oder gar kein Fenster erscheinen, wird das eventuell erscheinende Fenster einfach wieder geschlossen, wie alle Fenster im Fenstersystem geschlossen werden. Danach versuchen Sie erneut, einen Workspace auf eine der beschriebenen Arten zu öffnen.

Die Position sowie die Größe des Workspace können nachträglich noch in derselben Art und Weise verändert werden, wie dies für alle Fenster des Fenstersystems funktioniert. Die einzige Ausnahme von dieser Regel stellen Macintosh–Rechner dar. Auf diesem Rechnertyp muß der Mauszeiger in die untere rechte Ecke des Fensters positioniert werden, dessen Größe verändert werden soll. Sobald der Mauszeiger in der unteren rechten Ecke des aktiven Fensters steht, drückt man die Alt–Taste (⌐–Taste) zusammen mit dem Mausknopf und verändert dann die Größe des Fensters auf die gewünschte Ausdehnung. Ebenso lassen sich alle VisualWorks®–Fenster wie gewohnt schließen oder ikonifizieren (kollabieren). Neben diesen gewohnten Funktionen stellt VisualWorks® einige weitere Funktionen für Fenster zur Verfügung. Diese zusätzlichen Funktionen lassen sich über das sogenannte Window–Menu (oder BlueButtonMenu) aufrufen (siehe Abb. 2.6). Dieses Window–Menu ist für alle Fenster in VisualWorks® gleich.

Der für den Aufruf des Window–Menu zu benutzende Mausknopf ist auf einer 3–Knopf–Maus (z.B. bei einer Sun–Workstation) der rechte Mausknopf. Auf einer 2–Knopf–Maus (z.B. bei einem IBM–PC) muß die Kombination rechter Mausknopf zusammen mit der Control–Taste gedrückt werden. Auf einer 1–Knopf–Maus (z.B. bei einem Macintosh–Rechner) wird die Kombination Mausknopf zusammen mit der Befehls–Taste (–Taste) benutzt. (Sollte keine der erwähnten Tasten–Mausknopf–Kombinationen auf Ihrem Rechner arbeiten, so suchen Sie bitte in Ihrem VisualWorks®–Handbuch die auf Ihrem Rechner gültige Tasten–Mausknopf–Kombination.)

Bei der Bedienung der Menüs in VisualWorks® muß darauf geachtet werden, daß der Mausknopf erst in dem Moment losgelassen wird, in dem eine Auswahl getroffen wird. Soll hingegen keiner der Menüpunkte ausgewählt werden, so fährt man *mit gedrücktem* Mausknopf aus dem Menü heraus und läßt den Mausknopf erst *außerhalb* des Menüs los. Das aufgerufene Menü verschwindet dann, ohne daß ein Menüpunkt ausgewählt wird.

Übung 2.1: Probieren Sie die Menüpunkte des Window–Menu des VisualWorks® Workspace aus.

Neben dem Window–Menu, mit dem ein Fenster als Ganzes manipuliert werden kann, stellt VisualWorks® im Inneren der Fenster in der Regel für jedes Teilfenster ein weiteres Menü, das sogenannte Operate–Menu (oder YellowButtonMenu) zur Verfügung, das zur Manipulation des (Teil–) Fensterinhaltes dient. Das Operate–Menu ändert sich also in der Regel mit der Bedeutung des (Teil–) Fensters. Dieses Menü wird mit dem Operate–Button (oder YellowButton) aufgerufen.

Der Operate–Button (YellowButton) ist auf einer 3–Knopf–Maus der mittlere Mausknopf. Auf einer 2–Knopf–Maus wird der rechte Mausknopf verwendet. Auf einer 1–Knopf–Maus wird die Kombination Mausknopf mit Alt–Taste (⤳–Taste) benutzt.

Da der Workspace u.a. ein Fenster zum Erstellen und Testen von Smalltalk–Anweisungen ist, befinden sich im Operate–Menu des Workspace (siehe Abb. 2.7) Einträge zur Textverarbeitung (find, replace, undo, copy, cut, paste). Diese Menüeinträge beziehen sich dabei jeweils auf den aktuell markierten (unterlegten) Text im Workspace, wobei der Text mit Hilfe des Select–Buttons (oder RedButton) markiert werden kann, indem mit gedrücktem Select–Button über den zu markierenden Text gefahren wird (siehe Abb. 2.8).

Als Select–Button, der in VisualWorks® zum „Auswählen von Dingen" verwendet wird, fungiert dabei sowohl auf einer 3–Knopf– als auch auf einer 2–Knopf–Maus der linke Mausknopf, während auf einer 1–Knopf–Maus der einzige Mausknopf der Select–Button ist.

Als nächstes sollen nun der Umgang mit dem Operate–Menu im Workspace eingeübt und dessen Funktionen erforscht werden.

> **Übung 2.2:** Schreiben Sie einen beliebigen Text, wie etwa
>
> Dieser Text ist der erste in Smalltalk eingegebene Text.
>
> in den Workspace (siehe Abb. 2.8).
> Probieren Sie die Menüeinträge find..., replace..., undo, copy, cut, paste an diesem Text aus, indem Sie Teile des Textes markieren und dann die Menüeinträge aufrufen.

Außerdem befinden sich im Operate–Menu (Abb. 2.7) Einträge, die zum Ausführen von Smalltalk–Ausdrücken

Abb. 2.7: Operate–Menu des Workspace

Abb. 2.8: Workspace mit unterlegtem Text

gedacht sind (do it, print it, inspect). Auch diese Menüeinträge beziehen sich auf den im Workspace aktuell markierten Text. Wir werden ihre Funktionsweise in den folgenden Abschnitten kennenlernen.

Neben diesen Einträgen, die sich auf markierten Text beziehen, enthält das Operate–Menu noch Einträge, die sich auf den Text als Ganzes beziehen (accept, cancel, hardcopy) (siehe Abb. 2.7).

Der Eintrag accept speichert die aktuelle „Version" des Textes, zu der mit Aufruf des Menüeintrags cancel zurückgekehrt werden kann. Der Eintrag hardcopy gibt den Text auf einem am Rechner angeschlossenen und dfür geeigneten Drucker aus. Welche Drucker als geeignet anzusehen sind, können Sie Ihrem VisualWorks®–Handbuch entnehmen.

Nachdem wir uns nun mit dem Workspace vertraut gemacht haben, wollen wir im nächsten Abschnitt die ersten Smalltalk–Objekte kennenlernen.

2.2   Zahlen, Buchstaben, Strings, Symbole und Arrays –
Die ersten Zuhörer

In diesem Abschnitt werden wir die ersten einfachen Objekte, die in Smalltalk benutzt werden können, näher untersuchen. Dazu rufen wir uns nochmals in Erinnerung, daß das Prinzip der objektorientierten Programmierung darin besteht, Objekten Nachrichten zu senden, wobei es möglich ist, andere Objekte als Parameter zu übergeben. Die Antwort auf eine Nachricht ist dann wieder ein

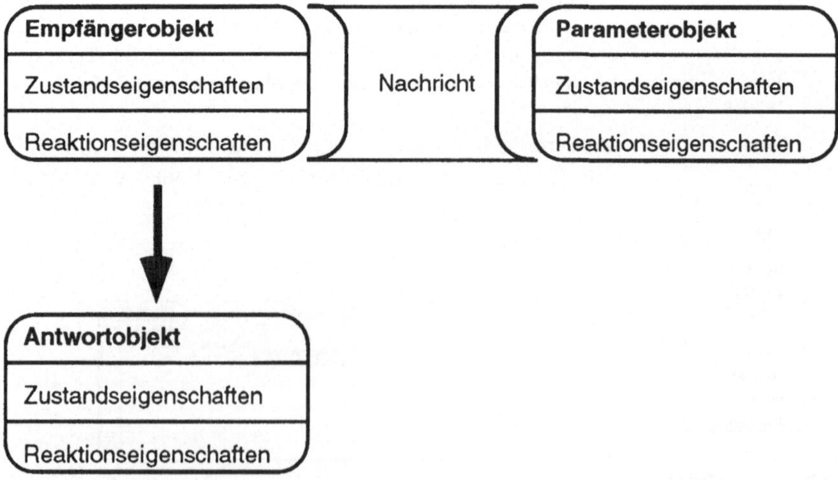

Abb. 2.9: Das Versenden von Nachrichten

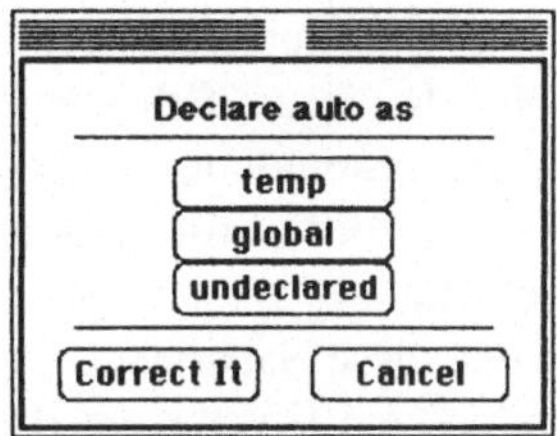

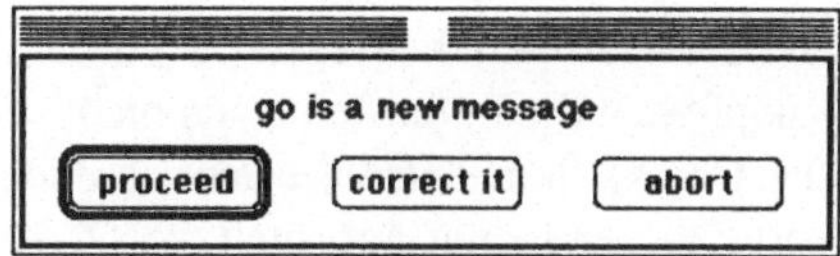

Abb. 2.10: Fehler für unbekannten Empfänger

Abb. 2.11: Fehler für unbekannte Nachricht

Objekt. Außerdem stellt das Versenden von Nachrichten auch die einzige Art dar, in der ein Objekt „angesprochen" werden kann (s. Kapitel 1). Das Versenden von Nachrichten können wir uns also vorstellen, wie es in Abb. 2.9 dargestellt ist.

Da es beim Versenden von Nachrichten allerdings auch vorkommen kann, daß Fehler passieren (falls Sie sich nicht genau an die Anweisungen gehalten haben...), soll vorher noch erklärt werden, wie in solchen Situationen reagiert werden kann.

Abb. 2.10 bis 2.12 zeigen die drei verschiedenen Reaktionen von VisualWorks® auf Fehler.

– Der Empfänger der Nachricht ist nicht bekannt.
  Sollte dieser Fehler auftreten, so erscheint ein Dialogfenster ähnlich dem Fenster in Abb. 2.10 (auto ist als Empfänger einer Nachricht nicht bekannt). In diesem Fall können wir die gerade laufende Aktion mit dem Cancel–Knopf oder der Escape–Taste abbrechen und anschließend die notwendigen Korrekturen vornehmen. Die anderen Knöpfe in diesem Fenster dagegen sollten im Moment noch nicht verwendet werden.
– Eine Nachricht, die an ein Objekt gesendet werden soll, ist in VisualWorks® unbekannt.

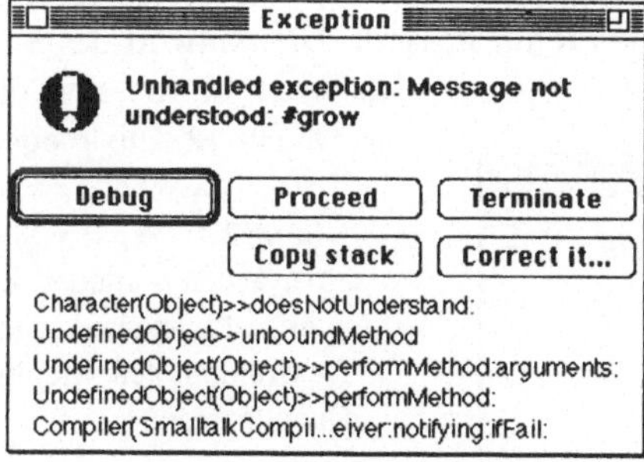

Abb. 2.12: Fehler falls Empfängerobjekt eine Nachricht nicht versteht

Sollte dieser Fehler auftreten, so erscheint ein Dialogfenster ähnlich dem Fenster in Abb. 2.11 (die Nachricht go ist unbekannt). In diesem Fall können wir die gerade laufende Aktion wieder mit abort abbrechen und anschließend die notwendigen Korrekturen vornehmen. Auch hier sollten die anderen Knöpfe des Dialogfensters noch nicht verwendet werden.

– Das Objekt, dem eine Nachricht gesendet wird, versteht diese Nachricht nicht. Sollte dieser Fehler auftreten, so öffnet VisualWorks® ein Fenster mit dem Titel Exception (siehe Abb. 2.12). Dieses Fenster kann wie üblich mt Hilfe des Window–Menu (oder mit dem Terminate–Knopf) geschlossen werden, wodurch die laufende Aktion abgebrochen wird, so daß danach die notwendigen Korrekturen vorgenommen werden können.

2.2.1   Zahlen, Punkte und Rechtecke

Um in Smalltalk eine Zahl zu benutzen, reicht es aus, die gewünschte Zahl einfach hinzuschreiben. Dabei erkennt Smalltalk je nach benutztem Format, um welche „Art" von Zahl es sich dabei handelt. Die wichtigsten Arten von Zahlen in VisualWorks® sind ganze Zahlen (Integer), Fließkommazahlen (Float) und gebrochene Zahlen (Fraction). In der folgenden Übung wollen wir damit beginnen, einer Zahl eine Nachricht zu senden, um etwas über ihre Eigenschaften zu erfahren:

Übung 2.3: Öffnen Sie einen Workspace (falls Sie keinen geöffnet haben) und schreiben Sie

    12 isInteger

in den Workspace; markieren Sie diesen Text und wählen Sie im Operate–Menu den Eintrag print it aus. Als Ergebnis sollte in Ihrem Workspace jetzt

    12 isInteger true

stehen, wobei das Wort true markiert ist (siehe Abb. 2.13).

In Übung 2.3 haben wir ein Smalltalk–Objekt (die Zahl 12) „erzeugt" und diesem Objekt die Nachricht isInteger gesandt. Die Antwort des Integers 12 auf diese Nachricht ist true, also die Bestätigung, daß das Objekt 12 eine Integer–Zahl ist.

Abb. 2.13: Ergebnis der Übung 2.3

Übung 2.4: Senden Sie der Zahl 12 (oder einer anderen Integer–Zahl) die Nachrichten even, odd, negated, squared, sign, sin durch Auswählen des Menüpunktes print it im Operate–Menu.

Die Nachrichten aus Übung 2.4 können auch an Fließkommazahlen (Float) gesendet werden. Eine Fließkommazahl kann in Smalltalk ebenso wie eine ganze Zahl einfach durch Hinschreiben „erzeugt" werden. Dabei werden die Nachkommastellen durch Eingabe eines Punktes (z.B. 12.3) von den Vorkommastellen abgetrennt.

Übung 2.5: Senden Sie der Zahl 12.3 (oder einer anderen Float–Zahl) die Nachricht isInteger sowie die Nachrichten aus Übung 2.4.

Eine weitere Möglichkeit, in Smalltalk „nicht–ganze" Zahlen darzustellen, sind die gebrochenen Zahlen (Fraction). Diese werden in Smalltalk durch Angabe des ganzzahligen Zählers (Integer n) und des ganzzahligen Nenners (Integer m) in der Form (n/m) (mit den Klammern) „erzeugt" und verstehen die gleichen Nachrichten, die wir schon kennengelernt haben.

Übung 2.6: Senden Sie der Zahl (13/2) (oder einer anderen Fraction–Zahl) die gleichen Nachrichten wie in Übung 2.5.

Nachdem wir uns nun mit den wichtigsten Darstellungen von Zahlen in Smalltalk vertraut gemacht haben, sollen jetzt noch einige weitere Eigenschaften von Zahlen diskutiert werden. Im Gegensatz zu anderen Programmiersprachen, die den Bereich von Zahlen (insbesondere der ganzen Zahlen) auf bestimmte Wertebereiche (etwa von -2^{16} bis $2^{16}-1$) einschränken, gibt es in Smalltalk prinzipiell keine solche Beschränkung; es können also beliebig große Zahlen behandelt oder berechnet werden (vgl. Übung 2.7).

Übung 2.7: Bestimmen Sie die Fakultät der Zahl 123, indem Sie 123 die Nachricht factorial senden. (Die Fakultät einer ganzen Zahl n>0 berechnet sich durch die Multiplikationen n*(n–1)*...*2*1.)
Achtung: Verwenden Sie hier nicht zu große Zahlen (>500), da sonst Berechnung und Ausgabe der Antwort sehr lange dauern. Sollten Sie es dennoch getan haben, so können Sie die laufende Berechnung mit der Tastenkombination Control–C abbrechen. Das Fenster, das nach Tippen von Control–C erscheint (s. Abb. 2.12), kann einfach geschlossen werden.

Die Aussage, daß in Smalltalk beliebig große Zahlen dargestellt werden können, gilt jedoch nur für Integer und Fraction. Diese Genauigkeit macht sich bei großen Zahlen jedoch durch eine sehr langsame Verarbeitungsgeschwindigkeit bemerkbar. Da es andererseits oft unnötig ist, mit so hoher Genauigkeit zu rechnen, wird bei Float–Zahlen zugunsten der Rechengeschwindigkeit die Genauigkeit und der zulässige Zahlenbereich eingeschränkt. Zulässige Float–Zahlen liegen etwa im Bereich zwischen -10^{38} bis 10^{38}, und die Genauigkeit liegt bei 8 oder 9 Stellen. Sollte der Zahlenbereich der Float–Zahlen nicht ausreichen, so kann auf die sogenannten Double–Zahlen zurückgegriffen werden. Da Double im folgenden jedoch nicht verwendet werden, verzichten wir hier auf eine detaillierte Diskussion dieses

Zahlentyps. Der Zahlenbereich der Double–Zahlen liegt etwa im Bereich -10^{307} bis 10^{307} und es kann von einer Genauigkeit von 14 bis 15 Stellen ausgegangen werden.

Andererseits kann jede Float–Zahl nach einer entsprechende Integer– oder Fraction–Zahl gefragt werden (durch Senden der Nachricht asInteger bzw. asRational). Ebenso kann eine Integer– oder Fraction–Zahl mit der Nachricht asFloat nach einer entsprechenden Float–Zahl gefragt werden. Somit kann der Programmierer in Smalltalk selbst entscheiden, wann er die Genauigkeit der höheren Rechengeschwindigkeit vorzieht und wann nicht.

Neben den soeben besprochenen Möglichkeiten stellt Smalltalk noch weitere Nachrichten zur Verfügung, um „nicht–ganze" Zahlen (Fraction oder Float) in Integer–Zahl umzuwandeln. Verschiedene solcher Nachrichten werden in Übung 2.8 eingeführt.

Übung 2.8: Senden Sie beliebigen Float– und Fraction–Zahlen die Nachrichten asInteger, rounded, truncated, floor, ceiling. Verwenden Sie auch negative Zahlen (z.B. –34.8).

Neben den Nachrichten, die wir bisher kennengelernt haben, lassen sich mit Zahlen natürlich auch arithmetische Operationen durchführen. Dabei können die Operanden beliebig gemischt werden, ohne daß vorher Konvertierungen durchgeführt werden müssen. Das heißt, daß zum Beispiel Float– und Integer–Zahlen miteinander multipliziert werden können, ohne daß der Benutzer darauf achten muß, um welche „Sorte" von Zahlen es sich dabei handelt. Wichtig ist es jedoch, daß bei arithmetischen Operationen in Smalltalk die Regel „Punktrechnung vor Strichrechnung" *nicht* gilt. Arithmetische Ausdrücke werden immer von links nach rechts ausgewertet. Die wichtigsten arithmetischen Operationen und einige Vergleichsoperationen zwischen Zahlen werden in Übung 2.9 behandelt:

Übung 2.9: Werten Sie folgende Smalltalk–Ausdrücke aus. Überlegen Sie sich vorher, welches Ergebnis Sie erwarten. (Wird das Ergebnis eine ganze (Integer), gebrochene (Fraction) oder Fließkommazahl (Float) sein? Wird die Antwort „wahr" (true) oder „falsch" (false) sein?):

```
3 + 4              3.0 + 4           (3/7) + (6/8)
3 + 9.1 * 10       3 + (9.1 * 10)    (1/7) = 0.142857
3.0 >= 3.0         0.0 = 0           60 between: (3 * 5) and: (400 – 250 * 2)
```

Untersuchen Sie eigene Beispiele; verwenden Sie dabei Nachrichten wie <=, <, ~=, //, \\, abs, cos oder sqrt.

(Hinweis: Bei der Aufgabe 60 between: (3 * 5) and: (400 – 250 * 2) werden die Doppelpunkte hinter between und and benötigt, um zu kennzeichnen, daß als nächstes Parameter ((3*5) und (400–250*2)) angegeben werden, die notwendig sind, damit das angesprochene Objekt (60) die Nachricht richtig beantworten kann.)

Bisher haben wir als Objekte, mit denen man rechnen kann, verschiedene Arten von Zahlen kennengelernt. Es gibt jedoch noch eine weitere Art von Objekten in

Smalltalk, mit denen man rechnen kann und die für die Gestaltung von Benutzeroberflächen auf dem Bildschirm von besonderer Bedeutung sind. Diese Objekte sind die Punkte (Point).

Die Idee eines Point ist es, einen Punkt durch Angabe der x– und der y–Koordinate zu beschreiben. Um zu kennzeichnen, daß zwei Zahlen zu einem Point „zusammengefaßt" werden sollen, wird der x–Koordinate die Nachricht @ mit der y–Koordinate als Parameter gesendet. Darauf antwortet die x–Koordinate mit einem neuen Objekt, einem Point mit den entsprechenden x– und y–Koordinaten. So wird mit 300@600 der Punkt mit der x–Koordinate 300 und der y–Koordinate 600 erzeugt.

Bei der Verwendung von Point–Objekten als Bildschirmkoordinaten muß dabei beachtet werden, daß die linke obere Ecke immer dem Point 0@0 entspricht. Die x–Koordinate wächst zum rechten Rand des Bildschirms hin mit jedem Bildschirmpunkt (Pixel) um 1. Ebenso wächst die y–Koordinate zum unteren Rand des Bildschirms mit jedem Pixel (siehe Abb. 2.14).

In Übung 2.10 werden wir sehen, daß man mit Punkten in Smalltalk ebenso einfach rechnen kann wie mit Zahlen.

Übung 2.10: Werten Sie die folgenden Smalltalk–Ausdrücke aus. Beachten Sie dabei die vorgegebene Klammerung. Überlegen Sie sich vorher, welches Ergebnis Sie erwarten.

(1 @ 6) + (1 @ 5)	(1 @ 6) * (1 @ 5)
(1 @ 6) * 5	(1 @ 6) + 5
5 + (1 @ 6)	5 * (1 @ 6)
(3.8 @ 7.5) rounded	(0 @ 0) between: (−1 @ −5) and: (300 @ 36)

Später werden wir sehen, daß außer den soeben eingeführten Eigenschaften von Point–Objekten, die bei der Gestaltung von Benutzeroberflächen sehr nützlich sein können, Rechtecke weitere wichtige Objekte für diese Art von Aufgaben

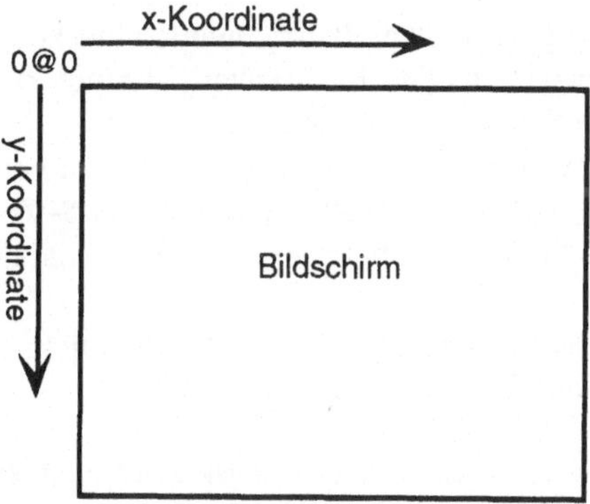

Abb. 2.14: Bestimmung von Bildschirmkoordinaten

sind. Ein Rechteck (Rectangle) kann in Smalltalk auf zwei einfache Arten beschrieben werden:

- Durch Angabe zweier gegenüberliegender Ecken des Rechtecks in der Form point1 corner: point2.
  (Z.B. beschreibt 6@5 corner: 9@10 ein Rechteck mit den Seitenlängen 3 (x-Wert) und 5 (y-Wert), wobei die linke obere Ecke des Rechtecks der Point 6@5 ist.)
- Durch Angabe eines Eckpunktes und der Seitenlängen des Rechtecks, in der Form point1 extent: point2. Die Seitenlängen des Rechtecks werden hier durch einen Punkt (point2) angeben. Dabei entspricht der Wert der x-Koordinate des Punktes der Länge der waagerechten Seite und der Wert der y-Koordinate der Länge der senkrechten Seite des zu beschreibenden Rechtecks.
  (Das obige Rechteck wird also auch durch 6@5 extent: 3@5 beschrieben.)

Einige interessante Nachrichten, die ein Rectangle-Objekt versteht, lernen wir jetzt noch in Übung 2.11 kennen.

Übung 2.11: Was bewirken die folgenden Nachrichten an Rectangle-Objekte? (Beachten Sie bei der Auswertung die vorgegebene Klammerung.)

```
((1@1) corner: (8@7)) center
((1@1) extent: (8@7)) top
((1@1) corner: (8@7)) right
((1@1) extent: (8@7)) area
((1@1) corner: (8@7)) intersect: ((3@5) extent: (18@27))
```

Nachdem wir nun im Umgang mit Zahlen, Punkten und Rechtecken eine gewisse Sicherheit erreicht haben, werden wir jetzt weitere Smalltalk-Objekte einführen, die sich einfach untersuchen lassen.

2.2.2   Buchstaben, Strings und Symbole

Bislang haben wir lediglich Zahlen, Punkte und Rechtecke als Objekte kennengelernt. Nun wenden wir uns den Buchstaben (Character) zu, einer weiteren einfachen „Sorte" von Smalltalk-Objekten.

Um einen Buchstaben im Workspace als ein Objekt zu kennzeichnen, das die „Eigenschaften" eines Buchstabens hat, muß ihm ein $-Zeichen vorangestellt werden. So wird das Objekt (der Character), das dem Buchstaben „A" entspricht, als $A geschrieben.

Einige wichtige Nachrichten, die ein Character-Objekt versteht, werden in Übung 2.12 und Übung 2.13 eingeführt.

Übung 2.12: Senden Sie den Character-Objekten $A und $5 (sowie beliebigen weiteren Character) die Nachrichten isAlphabetic, isAlphaNumeric, isDigit, asLowercase, isVowel.

Übung 2.13: Versuchen Sie im Workspace durch Senden entsprechender Nachrichten an einen Character, folgende Probleme zu lösen. Überlegen Sie sich vorher, wie die entsprechenden Nachrichten an den Character heißen könnten.

a) Verwandeln Sie den Buchstaben „w" in einen Großbuchstaben („W").
b) Ist der Buchstabe „b" größer als der Buchstabe „E"?
    (Diese Frage ist gleichbedeutend mit der Frage: Steht der Kleinbuchstabe „b" hinter dem Großbuchstaben „E" im von VisualWorks® verwendeten rechnerinternen „Alphabet"? Dabei wird für die Sortierung von Buchstaben in einem Rechner in der Regel der sogenannte ASCII–Code verwendet.)
c) Liegt der Buchstabe „c" zwischen den Buchstaben „A" und „z" oder liegt er zwischen den Buchstaben „a" und „Z"?

Da es in Programmen manchmal notwendig ist, Buchstaben und Zahlen gleich zu behandeln (vgl. auch Übung 2.13), kann man Character und Integer ineinander umwandeln. Dies geschieht mit den Nachrichten asInteger bzw. asCharacter, die alle Character und alle Integer verstehen. So antwortet das Integer–Objekt 67 auf die Nachricht asCharacter mit dem Character $C und das Character–Objekt $C auf die Nachricht asInteger mit 67.

Zu bemerken ist hier allerdings noch, daß die Umwandlung negativer oder zu großer ($>65535 = 2^{16}-1$) Integer–Zahlen in Character (mit der Nachricht asCharacter) zu Fehlern führt, da für die entsprechenden Character intern keine Repräsentation zur Verfügung steht. (Obwohl im „Normalfall" der Zahlenbereich von 0 bis 255 ($= 2^8-1$) ausreicht, um alle benötigten Character auf einem Rechner als Integer darzustellen, ist es notwendig mehr Zeichen zu verwenden, wenn verschiedene Sprachbesonderheiten im selben Programm unterstützt werden sollen.)

Will man mehrere Character zu einem Wort zusammenfassen (oder andere längere Sequenzen von Character darstellen), so benutzt man dazu in Smalltalk einen sogenannten String. Ein String ist eine in einfache Hochkommata (') eingeschlossene Folge von beliebigen Character. Zum Beispiel ist 'Wort' ebenso ein String wie 'Dies ist mehr als ein Wort.'. Eine der einfachsten Nachrichten, die einem String gesendet werden kann, ist die Nachricht size, auf die der String mit der Anzahl seiner Buchstaben antwortet. So antwortet 'Wort' mit 4 und 'Dies ist mehr als ein Wort.' mit 27 (Leerzeichen werden mitgezählt).

Darüber hinaus lassen sich natürlich auch zwei String–Objekte in der schon gewohnten Art und Weise miteinander vergleichen, wobei die Vergleichsoperation <= der lexikographischen Ordnung entspricht. Vier weitere einfache Nachrichten, die ein String versteht, stellt Übung 2.14 vor.

Übung 2.14: Senden Sie im Workspace folgende Nachrichten an den vorgegebenen String. Überlegen Sie sich vorher, welche Antwort des String Sie auf die jeweilige Nachricht erwarten.

```
'Dies ist ein Text.' copy
'Dies ist ein Text.' copyFrom: 1 to: 4
```

Abb. 2.15: Aus Character zusammengesetzte String-Objekte

```
'Dies ist ein Text.' changeFrom: 14 to: 17 with: 'langer Test'
'Dies ist ein Text.' at: 4
```

Mit Hilfe der String-Objekte wollen wir uns nun an eine weitere wichtige Eigenschaft von Objekten in Smalltalk „herantrauen". Diese Eigenschaft bezieht sich auf den Unterschied zwischen *Gleichheit und Identität* von Objekten.

Dazu überlegen wir uns, daß der String 'abc' aus den Character-Objekten $a, $b und $c zusammengesetzt ist. Wir können uns den String also als eine Folge von Character vorstellen (siehe Abb. 2.15).

Ebenso ist auch der String 'bad' aus drei Character-Objekten zusammengesetzt (siehe Abb. 2.15), und beide String-Objekte „benutzen" die Character-Objekte $a und $b.

Wir stellen uns nun die Frage, ob der Character $a im String 'abc' identisch ist mit dem Character $a im String 'bad', oder ob der String 'bad' seinen „eigenen" Character $a benutzt. Etwas anders formuliert ist dies gleichbedeutend mit der Frage, ob ein Character in Smalltalk eindeutig ist, oder ob es das gleiche Character-Objekt mehrfach gibt.

Diese Frage läßt sich mit einem Test auf Gleichheit (etwa durch ('abc' at: 1)=('bad' at: 2)) nicht beantworten, da auch im Fall, daß beide String-Objekte ihr „eigenes" $a-Objekt verwenden, diese zwei Objekte natürlich gleich wären. Wir müssen also herausfinden, ob das $a-Objekt in 'abc' *identisch* ist mit dem $a-Objekt in 'bad'. Für diesen Test auf Identität zweier Objekte stellt Smalltalk die spezielle Vergleichsnachricht == zur Verfügung. Mit dieser Nachricht können wir durch Auswertung des Smalltalk-Ausdrucks

```
('abc' at: 1) == ('bad' at: 2)
```

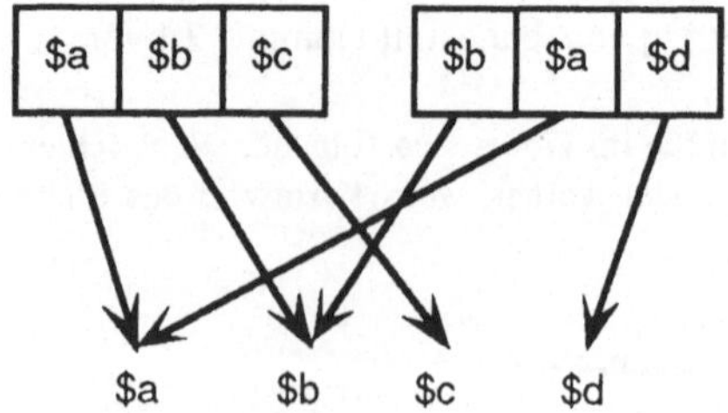

Abb. 2.16: Verwendung von Character zur „Erzeugung" von String-Objekten

überprüfen, ob die beiden $a–Objekte identisch sind oder nicht. Die Antwort, die wir erhalten ist true, also die Bestätigung, daß der Character $a in 'abc' identisch ist mit dem Character $a in 'bad'.

Da Character in Smalltalk also offensichtlich eindeutig sind, kann man sich die Zusammenfassung mehrerer Character zu einem String–Objekt vorstellen, wie in Abb. 2.16 gezeigt. In dieser Abbildung deutet jeder Pfeil an, daß das entsprechende (eindeutige) Character–Objekt von dem jeweiligen String–Objekt „verwendet" wird.

Nachdem wir nun gesehen haben, daß Character in Smalltalk eindeutig sind, stellen wir uns als nächstes die Frage, ob auch zwei String–Objekte, die aus der gleichen Folge von Character–Objekten bestehen, miteinander identisch sind, oder ob es sich dabei um zwei „selbständige" Objekte handelt. Mit dem, was wir soeben über die Nachricht == gelernt haben, läßt sich diese Frage beantworten, indem wir exemplarisch den Smalltalk–Ausdruck

    'abc' == 'abc'

auswerten. Die Antwort, die wir in diesem Fall erhalten, ist false, d.h., daß der erste String 'abc' nicht identisch ist mit dem zweiten String 'abc'. Der zweite String ist lediglich eine exakte „Kopie" des ersten (es gilt 'abc' = 'abc').

Für bestimmte Aufgaben in Smalltalk, wie z.B. das Versenden von Nachrichten, ist es jedoch wichtig, daß ein eindeutiger „String" verwendet wird. Solch ein eindeutiger String wird in Smalltalk Symbol genannt, und jeder String kann mit der Nachricht asSymbol nach der eindeutigen Darstellung seiner selbst gefragt werden. Die Auswertung des Smalltalk–Ausdrucks

    'abc' asSymbol == 'abc' asSymbol

liefert also das Ergebnis true. Das heißt, die beiden nicht identischen String–Objekte haben beide auf die Nachricht asSymbol mit demselben eindeutigen (identischen) Symbol geantwortet. Abb. 2.17 veranschaulicht dieses noch einmal.

Neben der Möglichkeit, ein Symbol aus einem String mit der Nachricht asSymbol zu erzeugen, gibt es die Variante, einem String das Zeichen # voran-

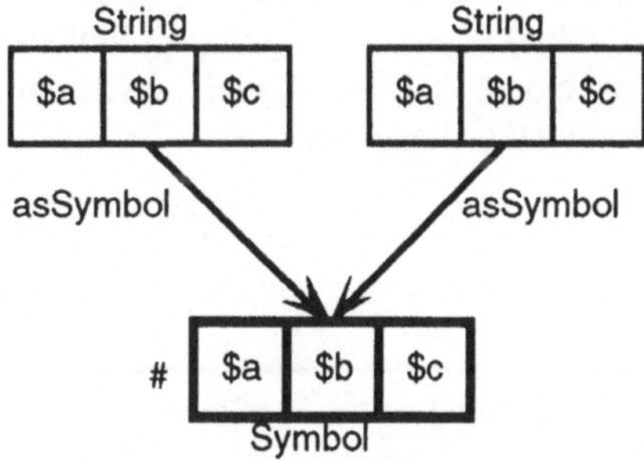

Abb. 2.17: Erzeugung eines Symbols aus einem String mit der Nachricht asSymbol

zustellen, um den String als Symbol zu kennzeichnen. Für einen String, dessen erster Character ein Buchstabe ist und der ansonsten nur aus Buchstaben und Zahlen besteht, (d.h., der keine Leerzeichen, Tabulatoren etc. enthält) kann sogar auf die Hochkommata, die den String kennzeichnen, verzichtet werden. In Übung 2.15 lernen wir entsprechende Beispiele kennen und vertiefen darüber hinaus unser Verständnis vom Unterschied zwischen Identität und Gleichheit.

Übung 2.15: Senden Sie im Workspace folgende Nachrichten:

a) Vergleiche auf Gleichheit:

    'Haus' = 'Haus'   5.0 = 5.0
    #Haus = #Haus   5 = 5

b) Vergleiche auf Identität:

    'Haus' == 'Haus'   5.0 == 5.0
    #Haus == #Haus   5 == 5

c) Finden Sie heraus, welche der folgenden Buchstabenkombinationen ein Symbol sind. Markieren Sie dazu die Buchstabenkombination und wählen Sie print it im Operate–Menu. Falls eine Fehlermeldung erscheint (wie in den Abb. 2.10 bis 2.12), brechen Sie die weitere Ausführung einfach ab.

    #aaaa   #4ggg   #g4gg   #'4ggg'
    #'* hans +   #*   #+++   #aaa size

Nachdem wir jetzt Zahlen (Integer, Fraction, Float), Punkte und Rechtecke (Point, Rectangle), Buchstaben (Character) und Folgen von Character (String, Symbol) kennengelernt haben, wollen wir uns im nächsten Abschnitt mit Folgen beliebiger Objekte in Smalltalk (Array) beschäftigen.

2.2.3   Arrays

Sowohl ein String als auch ein Symbol ist eine Folge von Character–Objekten, und obwohl in VisualWorks® viele Möglichkeiten vorhanden sind, einen String oder ein Symbol zu manipulieren (vgl. Übung 2.14), können weder String noch Symbol verwendet werden, um beispielsweise eine Folge von Zahlen darzustellen. Vielmehr ist es nötig, Objekte zur Verfügung zu stellen, in denen nicht nur Character, sondern auch andere Objekte abgelegt werden können. Das einfachste Objekt, das dieses ermöglicht, ist das Array.

1	$A	'string'	#Symbol	4.0

Abb. 2.18: Array mit fünf Zellen, die mit unterschiedlichen Elementen belegt sind

Ein Array ist ein Objekt mit einer fest vorgegebene Anzahl von „Zellen", wobei in jeder dieser Zellen ein beliebiges Objekt abgelegt werden kann (siehe Abb. 2.18).

Die einfachste Art, ein Array in Smalltalk zu verwenden, ist, das Array in der Form #(element1 element2 element3 ...) hinzuschreiben. Ein Beispiel hierfür ist das Array #(1 $A 'string' #Symbol 4.0) (siehe Abb. 2.18), in dessen ersten Feld die Integer-Zahl 1 steht, im zweiten der Character $A, im dritten der String 'string', im vierten das Symbol #Symbol und im fünften die Float-Zahl 4.0.

Da die Idee eines Arrays von zentraler Bedeutung bei der Programmierung ist, gibt es ähnliche Konstrukte natürlich auch in anderen Programmiersprachen. Im Gegensatz zu Smalltalk ist es in anderen Programmiersprachen in der Regel jedoch nicht erlaubt, verschiedene „Typen" von Elementen in einem Array abzulegen, vielmehr muß der „Typ" der Elemente fest vorgegeben werden. Wie wir gesehen haben, gilt eine solche Einschränkung in Smalltalk nicht, was eine weitere Besonderheit von Smalltalk darstellt.

Um von einem Array die Anzahl seiner Elemente zu erfahren, können wir wieder (wie bei String oder Symbol) die Nachricht size verwenden. Um ein Array nach dem Element in einer bestimmten Zelle zu fragen, wird wie bei String oder Symbol die Nachricht at: verwendet, der als Parameter der Index des gewünschten Elements mitgegeben wird (vgl. auch Übung 2.14). Darüber hinaus muß man noch wissen, daß das erste Element in einem Array den Index 1 hat und das letzte Element des Array den Index, der der Größe (size) des Arrays entspricht.

Einige weitere interessante Nachrichten, die ein Array (ebenso wie ein String) versteht, lernen wir jetzt in Übung 2.16 kennen.

Übung 2.16: Senden Sie folgende Nachrichten im Workspace an das jeweilige Array. Überlegen Sie sich vorher, welche Antworten Sie erwarten:

```
#(1 $A 'string' #Symbol 4.0 ) size
#(1 $A 'string' #Symbol 4.0 ) at: 3
#(1 $A 'string' #Symbol 4.0 ) includes: 'string'
#(1 $f 7 $F 9.0 $f ) occurrencesOf: $f
#(#(1 2 ) 7 $t #xxx ) first
#(#(1 2 ) 7 $t #xxx ) last
#(#(1 2 ) 7 $t #xxx ) reverse
#(1 2 3 ) , #(4 5 6 )
#(1 2 3 ) copyWith: 4
#(1 2 2 3 3 ) copyWithout: 2
```

Bevor wir erklären, wie Elemente einfach in ein Array eingefügt werden, müssen wir noch ein weiteres VisualWorks®-Werkzeug, den Inspector einführen. Ein Inspector ist ein Werkzeug, mit dem Smalltalk-Objekte genauer untersucht werden können.

Um den Inspector kennenzulernen, schreiben wir in den Workspace das Array #('eins' 2 #drei), markieren dieses und wählen dann im Operate-Menu den Eintrag inspect aus. Es erscheint daraufhin ein zweigeteiltes Fenster mit dem Titel

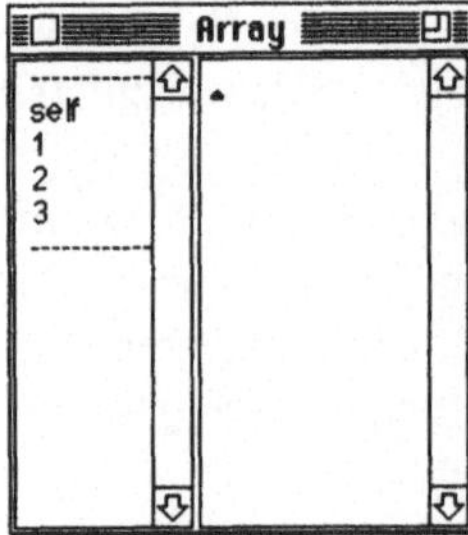

Abb. 2.19: Inspector–Fenster auf einem drei–elementigen Array

Array (siehe Abb. 2.19). Das linke Teilfenster enthält eine Liste mit den Einträgen self, 1, 2, 3, deren Bedeutung wir durch Auswählen mit der Maus untersuchen.

Bei der Untersuchung dieser Listeneinträge stellen wir fest, daß sich der Eintrag self auf das ganze Array bezieht (also auf das Array selbst), während die anderen drei Einträge den Indizes der Zellen des Arrays entsprechen. Wird einer dieser Listeneinträge angeklickt, so erscheint im rechten Teilfenster entweder das gesamte Array (für den Eintrag self) oder das Element in der entsprechenden Zelle des Arrays (für die Indizes). Dieses rechte Teilfenster des Inspector ist dabei ein Textfenster, wie der Workspace, mit dem wir bisher gearbeitet haben. Zu erwähnen ist noch, daß im Operate–Menu des linken Teilfensters des Inspector der Eintrag inspect für jedes Listenelement zur Verfügung steht. Mit diesem Menüpunkt kann ein neuer Inspector für das ausgewählte Listenelement geöffnet werden.

Als nächstes wollen wir in unserem Array das Objekt in der ersten Zelle ('eins') durch das Symbol #eins ersetzen. Dazu schreiben wir in das Textfenster des Inspector

    self at: 1 put: #eins

und wählen im Operate–Menu des Textfensters den Eintrag print it aus, woraufhin die Antwort #eins erscheint (siehe Abb. 2.20).

Die Aktion, die wir durch diesen Menüpunkt ausgelöst haben, läßt sich kurz folgendermaßen beschreiben: Wir haben das Array angewiesen, sich selber (self) die Nachricht at: 1 put: #eins zu senden. Daraufhin ersetzt das Array den Eintrag im ersten Feld (den String 'eins') durch das Symbol #eins und antwortet mit dem neuen Element. (In Kapitel 3 werden wir die Bedeutung von self noch genauer kennenlernen.)

Wenn wir nun in der Liste den Eintrag 1 anklicken, so erscheint ein Fenster mit der Frage, ob wir die textuellen Änderungen, die wir im Textfenster des Inspector gemacht haben, verwerfen wollen (Abb. 2.21). Diese Frage beantworten wir durch Klicken auf den entsprechenden Knopf im Fenster mit yes, woraufhin in der Liste der Eintrag 1 selektiert wird. Wie wir sehen, steht nun in der Zelle 1 des Array nicht mehr der String 'eins' sondern das Symbol #eins.

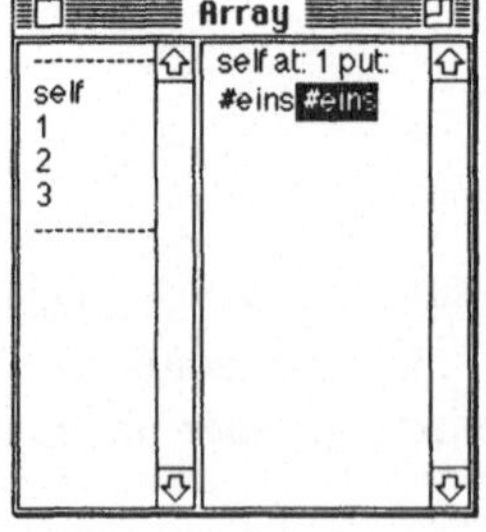

Abb. 2.20: Inspector–Fenster nach Ausführung von self at: 1 put: #eins

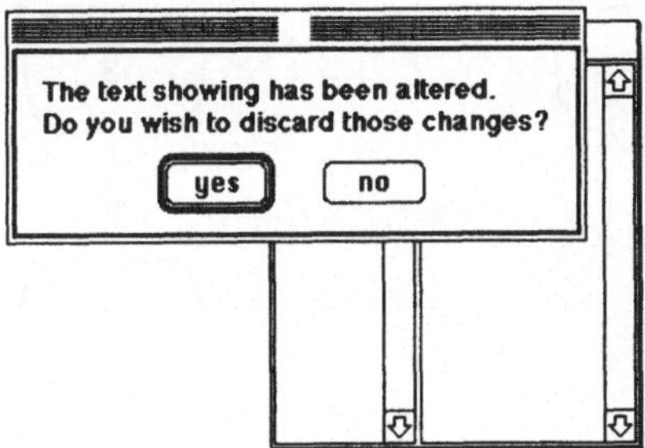

Abb. 2.21: Fenster mit der Frage, ob durchgeführte Änderungen verworfen werden sollen

Denselben Effekt (das Ersetzen von 'eins' durch #eins) hätten wir auch durch Auswahl des Menüpunktes do it im Operate–Menu erreichen können. Dann jedoch wäre die Antwort des Arrays auf die Nachricht (#eins) im Textfenster nicht angezeigt worden.

Übung 2.17: Untersuchen Sie auch Integer, Character, String, Symbol sowie andere Arrays (z.B. die aus Übung 2.16) mit Hilfe des Workspace und Inspector.

Bisher haben wir einige einfache Smalltalk–Objekte kennengelernt sowie erste Nachrichten, die diesen Objekten gesendet werden können. Dabei haben wir auch schon unterschiedliche Antworten der Objekte auf verschiedene Nachrichten erfahren. Im folgenden Abschnitt wollen wir uns nun damit befassen, wie nicht nur eine, sondern mehrere Nachrichten nacheinander an Smalltalk–Objekte gesendet werden können.

2.3 Einige einfache Nachrichten – Die ersten Sätze

Bevor wir uns mit den Nachrichten genauer befassen, überlegen wir uns, ob die Antwort auf den Smalltalk–Ausdruck

5 + 6 squared

121 (= $(5+6)^2$) oder 41 (= $5+6^2$) ist. Bisher können wir dieses Problem nur durch Ausprobieren lösen. Führen wir also den obigen Smalltalk–Ausdruck aus, so erhalten wir die Antwort 41. Offensichtlich ist also zuerst die Nachricht squared an die 6 gesendet und dann die Addition ausgeführt worden. Um als Antwort 121 zu erhalten, hätten wir den Smalltalk–Ausdruck

(5 + 6) squared

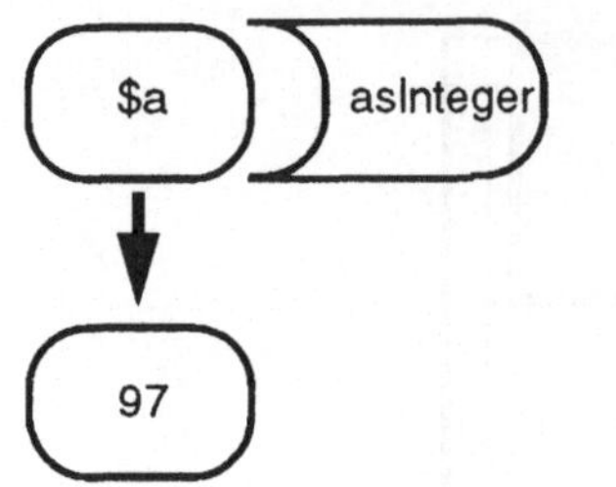
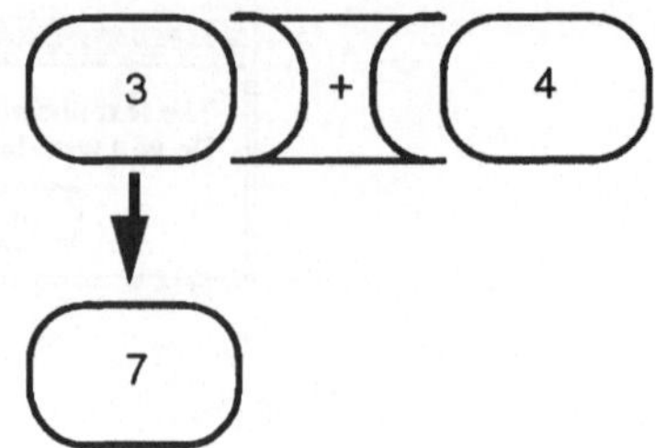

Abb. 2.22: Unäre Nachricht   **Abb. 2.23:** Binäre Nachricht

ausführen müssen, in dem durch Klammern gekennzeichnet ist, daß die Nachricht squared an das Ergebnis von 5 + 6 gesendet werden soll. Die Nachricht squared hat also eine höhere „Priorität" als die Nachricht +.

Insgesamt gibt es in Smalltalk drei verschiedene Kategorien von Nachrichten, die mit unterschiedlicher Priorität an die Objekte gesendet werden. Durch diese Prioritäten der Nachrichten ist auch bestimmt, wie Smalltalk–Ausdrücke geklammert werden müssen, damit die gewünschte Antwort bestimmt werden kann. Diese drei Kategorien von Nachrichten sollen jetzt genauer spezifiziert werden:

– Die Nachrichten der ersten Kategorie, die die höchste Priorität haben, sind die *unären Nachrichten*.
  Eine unäre Nachricht besteht aus genau einem Wort. Der Name „unäre Nachricht" leitet sich davon ab, daß diese Nachrichten sich nur auf ein einziges Objekt (den Empfänger der Nachricht) beziehen.
  Ein Beispiel für eine unäre Nachricht ist:

      $a asInteger

  in der $a der Empfänger und asInteger die Nachricht ist; das Resultat ist das Objekt 97 (s. Abb. 2.22).
  Weitere Beispiele für unäre Nachrichten, die wir schon kennengelernt haben, sind size, factorial.
– Nachrichten der zweiten Kategorie, die zweithöchste Priorität haben, sind die *binären Nachrichten*.
  Binäre Nachrichten sind bestimmte festgelegte (Sonder–)Zeichen oder Kombinationen aus zwei (Sonder–)Zeichen, die i.d.R. für arithmetische Operationen oder Vergleichsoperationen benutzt werden. Da an all diesen Operationen genau zwei Objekte beteiligt sind (der Empfänger der Nachricht und ein „Parameterobjekt"), ist die Bezeichnung binäre Nachricht sinnvoll.
  Ein Beispiel für eine binäre Nachricht ist:

      3 + 4

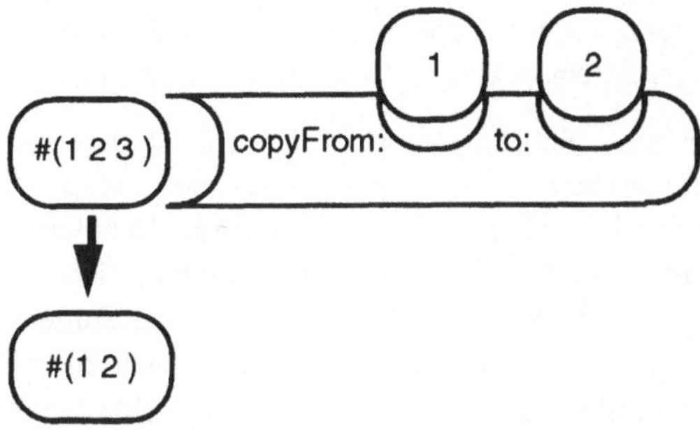

Abb. 2.24: Schlüsselwort–Nachricht

in der 3 der Empfänger und + 4 die Nachricht ist. + ist dabei der Name der
Nachricht und 4 der Parameter. Das Resultat dieses Ausdrucks ist das Objekt 7
(s. Abb. 2.23).
Weitere Beispiele für binäre Nachrichten, die wir schon kennengelernt haben,
sind –, *, //, \\, =, ==, etc. Auch das Zeichen @ ist eine binäre Nachricht und
wird, wie wir schon gesehen haben, verwendet, um zwei Zahlen zu einem
Point zu „verbinden".
Da binäre Nachrichten geringere Priorität als unäre Nachrichten haben, verstehen wir nun auch besser, warum das Ergebnis von 5+6 squared 41 und
nicht 121 ist. Außerdem sei an dieser Stelle nochmals darauf hingewiesen, daß
alle arithmetischen Operatoren (inklusive der Vergleichsoperatoren) in
Smalltalk die gleiche Priorität besitzen. Es gilt also *nicht* die aus der Schule
bekannte Regel „Punktrechnung vor Strichrechnung".

–   Die dritte Kategorie von Nachrichten (mit niedrigster Priorität) sind die
    sogenannten *Schlüsselwort–Nachrichten.*
    Eine Schlüsselwort–Nachricht setzt sich aus einem oder mehreren Wörtern
    zusammen, die jeweils mit einem Doppelpunkt (:) abschließen. Der
    Doppelpunkt in diesen Nachrichten besagt, daß als nächstes ein Objekt als
    Parameter folgt, das der Empfänger der Nachricht zusammen mit der
    Nachricht erhält. Diese Parameterobjekte benutzt der Empfänger dann, um die
    richtige Antwort auf die ihm gesandte Nachricht zu ermitteln. Die Anzahl der
    in einer Schlüsselwort–Nachricht übergebenen Parameter (Objekte) ist nicht
    beschränkt.
    Ein Beispiel für eine Schlüsselwort–Nachricht ist:

    #(1 2 3) copyFrom: 1 to: 2

    in der #(1 2 3) der Empfänger und copyFrom: 1 to: 2 die Nachricht ist.
    copyFrom:to: ist dabei der Name der Nachricht und 1 und 2 sind die
    Parameter. Das Resultat dieses Ausdrucks ist das Objekt #(1 2) (s. Abb. 2.24).
    Weitere Beispiele für Schlüsselwort–Nachrichten, die wir schon kennengelernt
    haben, sind includes: (1 beliebiges Objekt als Parameter), occurrencesOf: (1
    beliebiges Objekt als Parameter), copyFrom:to:with: (3 Parameter, die ersten

beiden Parameter müssen Integer sein, der dritte Parameter kann ein beliebiges Objekt sein) oder between:and: (2 Objekte als Parameter).

Als Beispiel für eine Schlüsselwort–Nachricht wollen wir die Nachricht between:and: genauer betrachten. Wird z.B. an den Integer 10 die Nachricht between:and: mit den Parametern 1 und 100 gesandt (10 between: 1 and: 100), so benötigt der Integer 10 zur korrekten Beantwortung natürlich die Parameter 1 und 100, um festzustellen, ob es sich zwischen den beiden Zahlen befindet. Da der Integer 10 dazu Vergleiche mit den übergebenen Parametern (1 und 100) anstellt, ist es natürlich notwendig, daß auch die übergebenen Objekte in den Vergleichsnachrichten verwendet werden können. In der Nachricht between:and: müssen die übergebenen Parameter also „Vergleichsnachrichten" verstehen können.

Da Schlüsselwort–Nachrichten die niedrigste Priorität haben, versucht der Smalltalk–Parser immer die längst mögliche (syntaktisch richtige) Schlüsselwort–Nachricht zu ermitteln. Daraus folgt auch, daß die Klammerung, die wir in Übung 2.9 verwendet haben, überflüssig ist. Vielmehr hätten wir an Stelle von 60 between: (3 * 5) and: (400 –250 * 2) auch 60 between: 3 * 5 and: 400 – 250 * 2 (ohne Klammern) schreiben können, da die binären Nachrichten * und – höhere Priorität besitzen als die Schlüsselwort–Nachricht between:and:.

In den folgenden Übungen werden wir lernen, wie in Smalltalk Folgen von Nachrichten an Objekte gesendet werden. Dazu rufen wir uns nochmals in Erinnerung, daß jedes Objekt auf jede Nachricht wieder mit einem Objekt antwortet (s. Abb. 2.22 bis 2.24).

Übung 2.18: Versuchen Sie im Workspace folgende Aufgaben zu lösen, indem Sie entsprechende Nachrichten an die vorgegebenen Objekte senden. Überlegen Sie sich vor der Ausführung, wie die Klammerung der Nachrichten gesetzt werden muß, damit Sie die gewünschte Antwort erhalten. Falls von Smalltalk ein Fenster mit einer Fehlermeldung geöffnet wird (vgl. Abb. 2.10 bis 2.12), schließen Sie das Fenster, und nehmen Sie es als Hinweis darauf, daß Ihre Klammerung noch nicht korrekt ist.

a) Fragen Sie das Array #(1 2), ob sein erstes Element gleich dem zweiten Element des Array #(#(1 2) 3) ist.

b) Fragen Sie das Array #(1 2), ob sein erstes Element gleich dem ersten Element des ersten Elements des Array #(#(1 2) 3) ist.

c) Fragen Sie das Array #($a 6), ob es den dritten Buchstaben des String 'Smalltalk' enthält.

d) Bestimmen Sie den Character, der der Differenz der Character $b und $A als Integer entspricht.

Nachdem wir nun die verschiedenen Arten von Nachrichten in Smalltalk kennengelernt haben, soll als nächstes der Sprachaufbau (die Syntax) von Smalltalk–Ausdrücken untersucht werden.

Die einfachste Form eines Smalltalk–Ausdrucks ist ein Objekt. So kann z.B. das Array (der Smalltalk–Ausdruck) #(1 2 3) „ausgewertet" werden, indem do it, print it oder inspect im Operate–Menu ausgewählt wird. Die Antwort auf einen solchen Smalltalk–Ausdruck ist das Objekt selbst.

Die zweite Form eines Smalltalk–Ausdrucks besteht aus der Angabe eines Objektes und einer Nachricht, die dem Objekt gesendet werden soll (z.B. #(1 2 3) size). Dieser Form eines Smalltalk–Ausdrucks entsprechen alle Beispiele, die wir bisher kennengelernt haben. Da die Antwort eines Objektes auf eine Nachricht wieder ein Objekt ist, kann an dieses neue Objekt (die Antwort auf die Nachricht) natürlich sofort eine weitere Nachricht gesendet werden, ohne daß eine Klammerung notwendig ist. So wird die Folge

```
$a asUppercase asInteger sin ceiling
```

von links nach rechts ausgewertet wie

```
((($a asUppercase) asInteger) sin) ceiling
```

was jedoch sehr viele störende Klammern enthält.

Soll nun allerdings eine zweite Nachricht an den Empfänger einer Nachricht gesendet werden (und *nicht an die Antwort* auf die erste Nachricht), so kann dies durch eine sogenannte *Kaskade* geschehen.

Eine Kaskade wird durch ein Semikolon (;) zwischen den Nachrichten gekennzeichnet. Dabei ist der Empfänger der Nachricht hinter dem Semikolon dasjenige (eventuell schon veränderte) Objekt, dem die Nachricht vor dem Semikolon gesendet wurde. Als Beispiel für eine Kaskade untersuchen wir den Smalltalk–Ausdruck

```
#(1 2 3 ) copy at: 2 put: 5;
          at: 2
```

In diesem Smalltalk–Ausdruck wird zuerst das Array #(1 2 3) nach einer Kopie seiner selbst gefragt (die Nachricht copy). In der Antwort auf diese Nachricht (einem zweiten Array #(1 2 3)) wird der Integer 2 durch den Integer 5 ersetzt (at: 2 put: 5). Das Ergebnis ist das Array #(1 5 3). Dem Objekt, dem die Nachricht at:put: gesandt wurde (das Array #(1 5 3)), wird nun noch die Nachricht at: 2 gesandt, worauf es mit 5 (dem neuen Wert an Stelle 2) antwortet.

Das letzte Element der Smalltalk–Syntax, das wir noch beschreiben wollen, betrifft den Fall, daß nach der Ausführung eines Smalltalk–Ausdrucks ein weiterer Smalltalk–Ausdruck ausgeführt werden soll. Dieser Fall tritt dann auf, wenn an mehrere Objekte Nachrichten versendet werden sollen, wobei diese Objekte nicht die Antworten auf vorhergegangene Nachrichten sind. Um verschiedenen Objekten Nachrichten senden zu können, muß kenntlich gemacht werden, wo eine Folge von Nachrichten an ein Objekt beendet ist und wo eine neue Folge von Nachrichten an ein weiteres Objekt beginnt. Diese Trennung zwischen zwei Smalltalk–Ausdrücken geschieht durch die Eingabe eines Punktes (.) nach der letzten Nachricht des ersten Smalltalk–Ausdrucks.

Werden mehrere aufeinanderfolgende Smalltalk–Ausdrücke ausgewertet, so wird als Ergebnis die Antwort des letzten ausgeführten Ausdrucks zurückgegeben. Somit ist das Ergebnis von

```
#(1 2 3 ) size.
$a asInteger
```

die Zahl 97 ($a asInteger), während

```
$a asInteger.
#(1 2 3 ) size
```

als Ergebnis die Größe des Arrays #(1 2 3) liefert (3). Später werden wir Situationen kennenlernen, in denen diese Eigenschaft ausgenutzt wird.

Nachdem wir nun gelernt haben, wie Folgen von Smalltalk–Ausdrücken aufgebaut werden, wollen wir uns im folgenden Abschnitt damit beschäftigen, wie schon mit Hilfe von Nachrichten bestimmte Objekte für einen späteren Gebrauch festgehalten werden können.

2.4   Variablen – Wie fesselt man seine Zuhörer?

Bei der Formulierung komplexer Programmabläufe ist es oft notwendig, Zwischenergebnisse zu speichern, um sie in späteren Schritten weiterzuverarbeiten. Insbesondere ist dies nützlich, wenn ein Zwischenergebnis mehrfach verwendet werden soll, da es dann nicht immer wieder neu bestimmt werden muß.

Die Speicherung von Ergebnissen erfolgt in Smalltalk ebenso wie in anderen Programmiersprachen mit Hilfe von *Variablen*. In einer Variablen kann jedes Objekt gespeichert werden, und diesen Objekten kann eine Nachricht geschickt werden, indem die Nachricht an die entsprechende Variable gesendet wird.

Im Unterschied zu den meisten anderen Programmiersprachen, wo vorher genau festgelegt werden muß, welche „Typen" in einer Variablen gespeichert werden sollen, ist es in Smalltalk nicht erforderlich anzugeben, welche Objekte in einer Variablen gespeichert werden dürfen. Allerdings ist es notwendig, der Variablen einen Namen zu geben, bevor sie das erste Mal benutzt wird.

Wir wollen uns hier nur mit den sogenannten *temporären Variablen* beschäftigen, die wir in den folgenden Beispielen benutzen werden. (Die anderen Arten von Variablen, die es in Smalltalk neben den temporären Variablen gibt, werden in Kapitel 3 eingeführt.) Bei der Benutzung von Variablen ist folgendes zu beachten:

– Alle Variablennamen müssen (durch Voranstellen des Zeichens #) ein gültiges Symbol ergeben. Der Name einer temporären Variablen sollte mit einem Kleinbuchstaben beginnen, da Variablen, die mit einem Großbuchstaben beginnen, in Smalltalk eine besondere Bedeutung haben.

– Alle Variablennamen müssen vor dem ersten Smalltalk–Ausdruck „vereinbart" (deklariert) werden. Die Vereinbarung der Namen temporärer Variablen erfolgt dadurch, daß diese Namen vor dem ersten Smalltalk–

Ausdruck zwischen zwei | geschrieben werden. Das heißt, vor dem ersten Smalltalk–Ausdruck muß etwa

| variable1 variable2 |

stehen.

– Die Speicherung eines Objektes in einer Variablen erfolgt durch die Zeichen-kombination := (Zuweisung). Nachdem die Zuweisung ausgeführt wurde, können der Variablen dieselben Nachrichten gesendet werden, wie dem Objekt, das in ihr gespeichert ist. Die Antwort der Variablen auf eine Nachricht ist die des gespeicherten Objektes.

– Bevor die erste Zuweisung ausgeführt wird, ist in einer Variablen das undefinierte Objekt nil gespeichert.

– Die Priorität der Zuweisung ist geringer als die Priorität der Schlüsselwort-Nachrichten.

– Eine temporäre Variable existiert nur während der Ausführung der entsprechenden Smalltalk–Ausdrücke, d.h., nach Ausführung der Smalltalk–Ausdrücke, in denen die Variable benutzt wurde, existiert die Variable nicht mehr.

In den folgenden Übungen wird der Umgang mit temporären Variablen ausprobiert. Vorher jedoch soll noch auf folgende Annehmlichkeiten der Programmierung in VisualWorks® hingewiesen werden:

Wie bereits erwähnt, müssen temporäre Variablen durch Angabe des Namens vereinbart werden (zwischen zwei |). Vergißt man diese Deklaration, so erkennt VisualWorks® dieses und bietet dem Benutzer ein Auswahlfenster an, mit dem die Variable automatisch deklariert werden kann (siehe Abb. 2.25 oder Abb. 2.10). Im oberen Teil dieses Fensters sind verschiedene Arten von Variablen aufgeführt (temp, (class var), global und undeclared). Die richtige Wahl in den folgenden Beispielen ist immer der Menüpunkt temp, der für die Vereinbarung einer temporären Variablen steht. Wird dieser Menüpunkt ausgewählt, so wird die temporäre Variable automatisch in den Text eingefügt. (Die anderen Arten von Variablen, die im Auswahlfenster in Abb. 2.25 vorkommen, werden wir später kennenlernen.)

Der untere Teil des Auswahlfensters (Abb. 2.25) enthält noch den Correct It–Knopf. Wird dieser Knopf ausgewählt, so versucht VisualWorks® eine schon bekannte Variable zu finden, deren Name dem gerade untersuchten Namen möglichst ähnlich ist. Wird ein passender Variablennamen gefunden, so wird dieser dem Benutzer vorgeschlagen. Andernfalls erscheint der Text Couldn't correct. Der zweite Knopf im unteren Teil des Auswahlfensters (Cancel) dient dazu, die laufende Ausführung der Smalltalk–Ausdrücke abzubrechen.

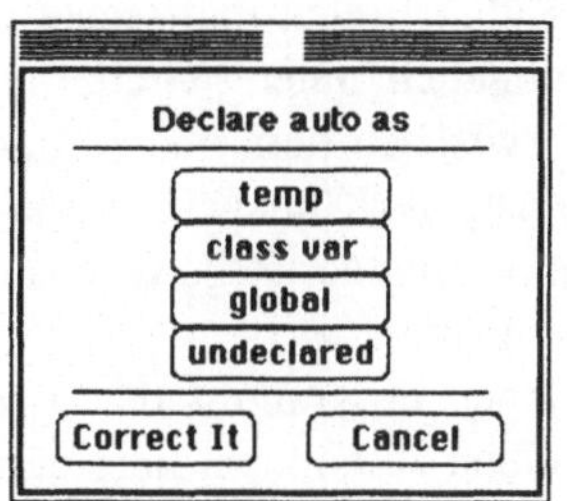

Abb. 2.25: Auswahlfenster zur Deklaration der Variablen auto

Übung 2.19: Schreiben Sie die zwei Folgen von Smalltalk–Ausdrücke in einen Workspace und führen Sie diese mit print it oder inspect aus. Überlegen Sie sich, was während der Ausführung passiert:

a) Führen Sie folgende vier Smalltalk–Ausdrücke aus:

```
| first second |
first := #($a #(1 2 3 ) 7.0 ).
second := (first at: 2) copy
second at: 2 put: (first at: 1).
second
```

b) Führen Sie folgende fünf Smalltalk–Ausdrücke aus:

```
| array character firstElement |
array := #(1 2 3 ).
array at: 1 put: $b asInteger.
character := $b asUppercase.
firstElement := (array at: 1) asCharacter.
character = firstElement
```

Nachdem wir nun die Benutzung von Variablen ein wenig eingeübt haben, wird im nächsten Abschnitt ein weiteres Smalltalk–Objekt eingeführt, das für die darauffolgenden Abschnitte über Verzweigungen und Iterationen in Programmen eine besondere Rolle spielt.

2.5 Blöcke – Fasse zusammen und herrsche...

Während der Ausführung von Programmen ist es oft notwendig, gewisse Aktionen immer wieder zu wiederholen oder nur dann auszuführen, wenn bestimmte Bedingungen erfüllt sind. Als Beispiel überlegen wir uns, wie ein einfaches Steuerungsprogramm funktionieren könnte, das die Temperatur in einem Kühlschrank regeln kann. Ein solches Programm mißt zuerst die aktuelle Temperatur im Kühlschrank. Aufgrund dieser Messung wird „entschieden", daß beim Überschreiten eines oberen Grenzwertes das Kühlaggregat eingeschaltet wird. Das Aggregat wird aber wieder ausgeschaltet, sobald ein unterer Grenzwert unterschritten wird. Liegt die Temperatur hingegen zwischen dem oberen und dem unteren Grenzwert, so ändert sich der aktuelle Zustand (Kühlaggregat ein– oder ausgeschaltet) nicht. Nach diesen Überprüfungen beginnt der Regelkreislauf mit einer erneuten Messung der Temperatur wieder von vorne.

Abb. 2.26 stellt schematisch den Ablauf eines solchen Programms dar. Um diesen oder einen ähnlichen Programmablauf beschreiben zu können, muß eine Programmiersprache folgende Möglichkeiten bieten:

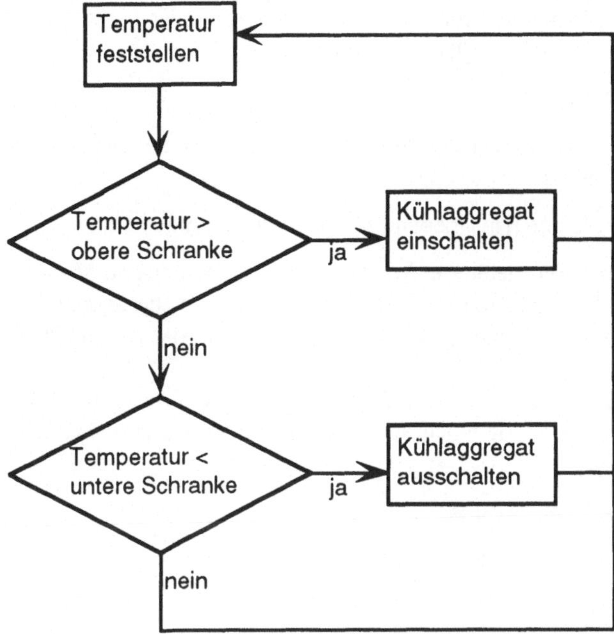

Abb. 2.26: Schematische Darstellung eines Programms zur Steuerung des Kühlaggregates eines Kühlschranks

- Es muß möglich sein, Programmteile zu beschreiben, die nur beim Vorliegen bestimmter Bedingungen ausgeführt werden (z.B. Kühlaggregat einschalten).
- Es muß möglich sein, Programmteile zu beschreiben, die immer wieder mit unterschiedlichen Parametern (Objekten) ausgeführt werden können (der Regelkreislauf zur Einstellung der Kühlschranktemperatur soll mit wechselnden Temperaturen ausgeführt werden).

Bisher haben wir jedoch lediglich kennengelernt, daß Smalltalk–Ausdrücke ohne eine Überprüfung von Vorbedingungen genau ein einziges Mal ausgeführt werden. Um den soeben aufgestellten Forderungen zu genügen, muß es also möglich sein, Programmteile anzugeben, die nicht sofort ausgeführt werden, sondern erst, wenn die notwendigen Voraussetzungen erfüllt sind. Ebenso muß es möglich sein, Programmteile „aufzubewahren" (z.B. in einer Variablen), um sie gegebenenfalls mehrfach durchführen zu können. Zu diesem Zweck stellt Smalltalk ein spezielles Objekt, den sogenannten **Block**, zur Verfügung, das wir jetzt kennenlernen werden.

Ein **Block** ist eine „Zusammenfassung" von Smalltalk–Ausdrücken, die erst auf besondere Veranlassung hin ausgeführt werden. Zur Kennzeichnung, daß ein

Block beginnt, dient die öffnende eckige Klammer [, während die schließende eckige Klammer] den Block beendet. So ist z.B.

```
[#(1 2 3 ) at: 1]
```

ein Block. Werten wir diesen Block in einem Workspace aus (print it), so erhalten wir die Antwort

```
BlockClosure [] in UndefinedObject>>unboundMethod
```

und nicht 1. Das heißt, die *Nachricht* at: 1 wurde *noch nicht* an das Array #(1 2 3) *gesandt.* Vielmehr wartet der Block noch auf eine „besondere Aufforderung", um die in ihm zusammengefaßten Nachrichten an die entsprechenden Objekte zu senden.

Um zu erreichen, daß die Nachricht at: 1 dem Array #(1 2 3) gesendet wird, muß dem Block die Nachricht value gesendet werden. Das heißt, erst die Auswertung von

```
[#(1 2 3 ) at: 1] value
```

liefert dasselbe Ergebnis wie die Auswertung von

```
#(1 2 3 ) at: 1.
```

Der einfachste denkbare Block in Smalltalk enthält keinerlei Smalltalk–Ausdrücke. Also ist auch [] ein Block, wobei dieser Block auf die Nachricht value mit dem undefinierten Objekt nil antwortet.

Natürlich kann in einem Block auch mehr als nur ein Smalltalk–Ausdruck stehen. Dabei werden mehrere Smalltalk–Ausdrücke wieder mit einem Punkt voneinander getrennt. Außerdem können in einem Block auch Variablen verwendet werden, die außerhalb des Block–Objektes definiert wurden. Neben diesen Variablen können weitere temporäre Variablen spezifiziert werden, die nur *innerhalb* des Blocks benutzt werden können und auch nur dort „bekannt" sind.

Das „Innere" eines Block–Objektes unterscheidet sich also in keiner Weise von den Möglichkeiten, die wir bisher kennengelernt haben, um Smalltalk–Ausdrücke anzugeben. Da ein Block darüber hinaus ein Smalltalk–Objekt ist, kann er auch einer Variablen zugewiesen werden, wie folgendes Beispiel zeigt, in dem auch innerhalb eines Blocks eine „eigene" Variable (answer) verwendet wird:

```
| block index |
index := 2.
block := [| answer |
        answer := #($d $a $t $v) at: index.
        'Inside a block' at: 5.
        answer asInteger].
#(1 2 3 4 5 6 7 ) at: 3.
block value
```

Nach den Regeln, die wir bisher kennengelernt haben, ist die Antwort dieser Smalltalk–Ausdrücke die Integer–Zahl 97, was dem Integer–Wert für den Character $a entspricht.

Bisher konnten in einem Block nur mehrere Smalltalk–Ausdrücke zusammengefaßt und auf „besondere Aufforderung" hin durch Senden der Nachricht value ausgewertet werden.

Zu Beginn dieses Abschnitts war jedoch auch angesprochen worden, daß es wünschenswert ist, Parameter (Objekte) in einen Block übergeben zu können, um die Smalltalk–Ausdrücke innerhalb eines Blocks mit verschiedenen Objekten durchzuführen. Eine solche Möglichkeit ist besonders dann vorteilhft, wenn dadurch vermieden werden kann, gleiche Smalltalk–Ausdrücke mehr als einmal „hinschreiben" zu müssen.

Soll ein Block mehrfach für unterschiedliche Objekte ausgeführt werden, so muß innerhalb des Blocks ein „Platzhalter" für das gerade aktuelle Objekt verwendet werden. Ein solcher Platzhalter wird *Argument* genannt und am Beginn des Blocks durch einen Namen spezifiziert, dem ein „:" vorangestellt ist. Ein solches Argument kann innerhalb des Blocks wie eine temporäre Variable verwendet werden mit dem Unterschied, daß einem Argument kein Objekt zugewiesen werden darf. Hinter dem letzten Argumentnamen steht dann noch ein I. So ist z.B. in

```
[:index I #($r 6 'string' #symbol ) at: index]
```

der Name index das Argument für den zu übergebenden Parameter (der Index desjenigen Elementes, das man aus dem Array abfragen möchte). Um diesen Index als Parameter dem Block für die Auswertung zu übergeben, verwendet man nun nicht die unäre Nachricht value, sondern die Schlüsselwort–Nachricht value:, da mit unären Nachrichten Parameter nicht übergeben werden können. Das Ergebnis von

```
[:index I #($r 6 'string' #symbol ) at: index] value: 4
```

ist also #symbol.

Die Anzahl der Argumente, die in einem Block verwendet werden können, ist wie die Anzahl der Parameter bei Nachrichten unbeschränkt. Werden mehrere Argumente in einem Block verwendet, so werden die Namen der Argumente durch Leerzeichen voneinander getrennt. Damit ergibt sich folgender theoretischer Aufbau eines Block:

```
[:argument1 ... :argumentN I
I temporäreVariable1 ... temporäreVariableM I
SmalltalkAusdruck1.

.

.


.

SmalltalkAusdruckK]
```

Wie an einen Block mit genau einem Argument ein Parameter übergeben wird, haben wir schon kennengelernt (mit der Nachricht value:). Benötigt ein Block hingegen zwei oder drei Parameter, so stellt Smalltalk hierfür die Nachrichten value:value: und value:value:value: zur Verfügung. Benötigt ein Block mehr als drei Parameter, so müssen diese Parameter in einem Array zusammengefaßt werden, und dieses Array wird dann dem Block mit der Nachricht valueWithArguments: zur Auswertung übergeben. Die Antwort des Blocks auf eine solche Nachricht ist dann die Antwort der Auswertung des letzten Smalltalk–Ausdrucks innerhalb des Blocks (SmalltalkAusdruckK).

In Übungsaufgabe 2.20 wird der Umgang mit dem Objekt Block eingeübt.

Übung 2.20: Versuchen Sie, folgende Aufgaben durch Angabe eines geeigneten Blocks zu lösen:

a) Geben Sie einen Block an, der die Integer–Zahl des Character $A liefert.

b) Geben Sie einen Block an, dem als Parameter ein Character übergeben werden kann, und der als Ergebnis mit der zugehörigen Integer–Zahl antwortet.

c) Geben Sie einen Block an, dem als Parameter zwei Points übergeben werden, und der mit dem Rectangle–Objekt antwortet, das die beiden Points als Eckpunkte hat.

d) Geben Sie einen Block an, dem als Parameter drei Zahlen übergeben werden, und der mit dem Produkt aller drei Zahlen antwortet.

e) Geben Sie einen Block an, dem als Parameter vier Zahlen übergeben werden, und der mit dem Rectangle–Objekt antwortet, das als y–Wert (x–Wert) der ersten Ecke den ersten (zweiten) Parameter hat und als y–Wert (x–Wert) der zweiten Ecke den dritten (vierten) Parameter hat.

Nachdem wir das Objekt Block kennengelernt haben, werden wir den Block in den nächsten Abschnitten benutzen, um Verzweigungen und Iterationen in Smalltalk zu programmieren. Damit sind wir dann in der Lage, ein Steuerungsprogramm für einen Kühlschrank zu beschreiben.

2.6   Verzweigungen – Ja, aber ...

Der Sinn von Verzweigungen in Programmen besteht darin, bestimmte Programmteile nur dann auszuführen, wenn vorher festgelegte Bedingungen erfüllt sind. So soll z.B. das in Abb. 2.26 beschriebene Steuerungsprogramm das Kühlaggregat abschalten, wenn der untere Grenzwert unterschritten wird. Dazu muß es möglich sein, Bedingungen zu beschreiben und zu überprüfen.

Um anzugeben, ob eine Bedingung erfüllt ist oder nicht, werden in Smalltalk zwei Objekte verwendet, die die Zustände „wahr" und „falsch" beschreiben (sogenannte *Boolesche Objekte*). Diese beiden Objekte sind true (wahr) und false (falsch), und wir haben sie schon als Antwort auf Vergleichsoperationen kennengelernt. (Die Auswertung von 3<5 liefert als Ergebnis das *Objekt* true.) Um

Programmteile anzugeben, die erst ausgeführt werden, wenn eine Bedingung erfüllt ist, haben wir im letzten Abschnitt die Block-Objekte kennengelernt.

Da ein Block ein Smalltalk-Objekt ist, kann er auch als Parameter in einer Nachricht übergeben werden. Dieses ist, wie wir sehen werden, insbesondere dann nützlich, wenn der Empfänger der Nachricht ein Boolesches Objekt (true oder false) ist, da ein solches Objekt „entscheiden" kann, ob der „Wahr-Zweig" oder „Falsch-Zweig" einer Alternative ausgeführt werden soll.

Nachrichten, die true und false zur Erfüllung dieser Aufgabe verstehen, sind ifTrue:ifFalse:, ifTrue: und ifFalse:. Diese Nachrichten wollen wir noch etwas näher untersuchen:

— ifTrue:ifFalse:

```
true
    ifTrue: [#(1 2 3 ) at: 1]
    ifFalse: [#(3 2 1 ) at: 2]
```

Die Auswertung dieses Smalltalk-Ausdrucks liefert als Ergebnis 1, da true mit dem Objekt antwortet, das die Antwort des Blocks [#(1 2 3) at: 1] auf die Nachricht value ist.

```
false
    ifTrue: [#(1 2 3 ) at: 1]
    ifFalse: [#(3 2 1 ) at: 2]
```

Die Auswertung dieses Smalltalk-Ausdrucks liefert als Ergebnis 2, da false mit dem Objekt antwortet, das die Antwort des Blocks [#(3 2 1) at: 2] auf die Nachricht value ist.

— ifTrue:

```
true ifTrue: [#(1 2 3 ) at: 1]
```

Die Auswertung dieses Smalltalk-Ausdrucks liefert aus dem gleichen Grund wie oben als Ergebnis 1.

```
false ifTrue: [#(1 2 3 ) at: 1]
```

Die Auswertung dieses Smalltalk-Ausdrucks liefert als Ergebnis das undefinierte Objekt nil, da in diesem Fall nicht spezifiziert ist, wie eine „adäquate" Antwort bestimmt werden kann. (Es ist kein Block angegeben, der beschreibt, was geantwortet werden soll, falls die Bedingung falsch (false) ist.)

— ifFalse:

```
true ifFalse: [#(3 2 1 ) at: 2]
```

Die Auswertung dieses Smalltalk-Ausdrucks liefert als Ergebnis nil.

```
false ifFalse: [#(3 2 1 ) at: 2]
```

Die Auswertung dieses Smalltalk-Ausdrucks liefert als Ergebnis 2.

Mit den Booleschen Objekten true und false und den Nachrichten, die wir soeben kennengelernt haben, läßt sich die Regelung der Temperatur in unserem Kühlschrankbeispiel in Smalltalk etwa folgendermaßen formulieren (die folgenden Smalltalk–Ausdrücke können nicht im Workspace ausgeführt werden und dienen nur zur Erläuterung; die kursiv gesetzten Teile sind Kommentare):

```
temperature > upperBound              "Liefert als Ergebnis true oder false."
    ifTrue: [aggregate on]            "Aggregat einschalten."
    ifFalse: [temperature < lowerBound   "Liefert als Ergebnis true oder false."
        ifTrue: [aggregate off]].     "Aggregat ausschalten."
temperature measure                   "Temperatur neu messen."
```

In Übung 2.21 wollen wir uns mit dem Gebrauch der Objekte true und false sowie mit den eben vorgestellten Nachrichten vertraut machen.

Übung 2.21: Senden Sie die Nachrichten ifTrue:, ifFalse: und ifTrue:ifFalse: den Booleschen Objekten, die das Ergebnis von 3 < 5 bzw. $a = $b sind. Verwenden Sie dabei als Parameter für die Nachrichten den Block

```
[75 asCharacter]
```

und/oder den Block

```
[$a asInteger.
 #(3 9 10 4 ) size].
```

Übungsaufgabe 2.22 verwendet sowohl einen Block, dem ein Parameter übergeben wird, als auch die Nachricht ifTrue:ifFalse:.

Übung 2.22: Finden Sie heraus, was folgende Smalltalk–Ausdrücke berechnen:

```
| block |
block := [:aNumber | aNumber = 1
            ifTrue: [1]
            ifFalse: [aNumber * (block value: aNumber – 1)]].
block value: 123
```

Neben den einfachen Bedingungen, die wir bislang verwendet haben, ist es oft notwendig, komplexere Bedingungen zu formulieren (etwa durch „und" oder „oder" verknüpfte logische Bedingungen). Um solche logischen Verknüpfungen zu ermöglichen, können den Booleschen Objekten true und false neben den Nachrichten, die wir bisher kennengelernt haben, die Nachrichten and: und or: gesendet werden. Diese Nachrichten benötigen, genau wie z.B. ifTrue:, als Parameter einen Block, der als Antwort allerdings wieder ein Boolesches Objekt liefern muß. Ein Beispiel für einen solchen komplexeren Ausdruck, in dem die Nachrichten or: und and: verwendet werden, ist:

```
3 < 5 or: [6 > 7 or: [($a between: $A and: $z) and: [$e isVowel]]].
```

Wird dieser Ausdruck ausgewertet, so ist die Antwort **true**.

> **Übung 2.23:** Geben Sie einen Block an, dem drei Zahlen übergeben werden und der
> nur, wenn die Summe der ersten und zweiten Zahl gerade ist und gleichzeitig das
> Produkt der zweiten und dritten Zahl ungerade ist, die Summe aller drei Zahlen
> zurückliefert, ansonsten aber mit dem Produkt der drei Zahlen antwortet.

Nachdem wir wissen, wie Verzweigungen in Smalltalk formuliert werden, gehen
wir im nächsten Abschnitt darauf ein, wie Iterationen, also Wiederholungen von
Smalltalk–Ausdrücken, programmiert werden.

2.7   Iterationen – Immer wieder dasselbe ...

Eine *Iteration* ist die Wiederholung einer bestimmten Folge von Smalltalk–
Ausdrücken bis zum Eintreten einer Abbruchbedingung. Iterationen können z.B.
verwendet werden, um immer wieder von neuem die Temperatur eines
Kühlschranks zu überprüfen und die Temperatur zu regeln, um zehnmal hinter-
einander einen Text in einem Fenster auszugeben oder um mit jedem Element
eines Arrays (oder jedem Character eines String) die gleiche Aktion durchzuführen. Um Iterationen zu programmieren, stellt Smalltalk zwei Möglichkeiten
zur Verfügung:

Die *erste Möglichkeit* besteht darin, dem Programmierer die Kontrolle über
jeden Schritt in einer Iteration selber zu überlassen (Unterabschnitt 2.7.1). Diese
Freiheit ist gleichzeitig jedoch verbunden mit der Gefahr, auch viele Fehler zu
machen. Soll z.B. mit jedem Element eines Arrays eine Aktion durchgeführt
werden, so muß vom Programmierer bestimmt werden, in welcher Reihenfolge
die Aktion mit den Elementen durchzuführen ist. Dazu muß die Position des
nächsten Elementes im Array immer wieder neu berechnet werden. Gleichzeitig
muß darauf geachtet werden, daß die Grenzen des Arrays nicht überschritten
werden, damit nicht versucht wird, auf „Elemente außerhalb des Arrays" (das
sechste Element in einem fünf–elementigen Array) zuzugreifen.

Andererseits tritt der Fall, daß mit jedem Objekt aus einer vorgegebenen Menge
von Objekten eine bestimmte Aktion durchgeführt werden soll, sehr häufig auf.
Bedenkt man außerdem, daß ein String oder Array ein Objekt ist, so liegt der
Gedanke nahe, solche Objekte mit etwas mehr „Intelligenz" auszustatten, damit
sie selbst das Aufzählen „ihrer" Objekte übernehmen können. Dem Programmierer bleibt dann nur noch die Aufgabe zu spezifizieren, welche Aktion mit
jedem Element durchgeführt werden soll. Genau diese Idee liegt der *zweiten
Möglichkeit*, Iterationen in Smalltalk durchzuführen, zugrunde. Im Unterabschnitt 2.7.2 werden wir daher verschiedene Aufzählungsnachrichten
(Enumerations–Nachrichten) kennenlernen, mit denen bestimmte Iterations-
aufgaben gelöst werden können.

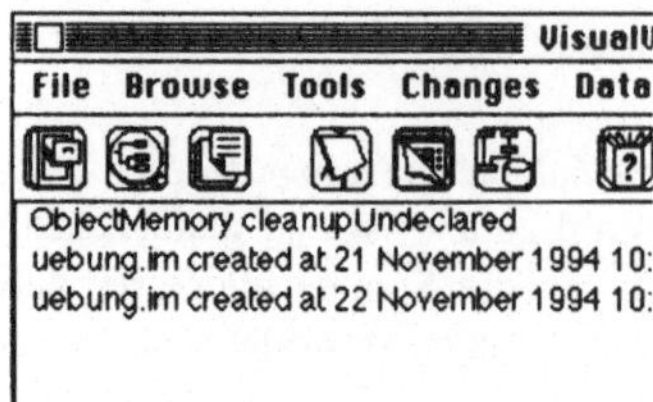

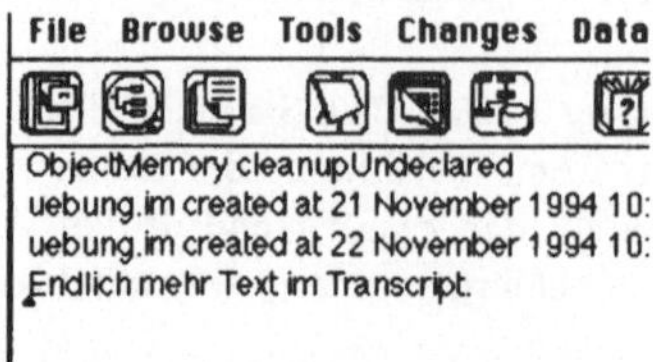

Abb. 2.27: Fenster System Transcript　　　**Abb. 2.28:** System Transcript nach Textausgabe

Um Auswirkungen von Iterationen einfach sichtbar zu machen, führen wir die *globale Variable* Transcript ein. Eine globale Variable (vgl. Abb. 2.25) kann nach der ersten Deklaration von jedem Objekt in Smalltalk verwendet werden, und die globale Variable Transcript steht für ein Objekt, das Text im unteren Teil des Launcher ausgeben kann (siehe Abb. 2.27).

Das System Transcript ist ein Teilfenster mit ähnlicher Funktionalität wie ein Workspace, mit dem wir bislang schon gearbeitet haben. Wie im Workspace kann auch hier Text bearbeitet und ausgeführt werden. Die eigentliche Aufgabe dieses Teilfensters ist jedoch, als Ausgabefenster für das in Transcript gespeicherte Objekt zur Verfügung zu stehen, um so Meldungen an den Programmierer oder Benutzer ausgeben zu können.

Um einen Text im System Transcript auszugeben, sendet man die Nachricht show: an (die globale Variable) Transcript. Als Parameter der Nachricht show: wird ein String übergeben, der dann im Fenster erscheint. So bewirkt die Ausführung von

　　Transcript show: 'Endlich mehr Text im Transcript.',

daß das Teilfenster aus Abb. 2.27 anschließend wie das in Abb. 2.28 aussieht. Will man dagegen ein beliebiges Objekt im System Transcript „ausgeben", so ist dies nicht direkt möglich. Vielmehr benötigt man von dem Objekt eine textuelle Darstellung in Form eines String. Eine solche Darstellung als String kann man mit der Nachricht printString von jedem Objekt erfragen.

Nachdem wir nun das nötige Rüstzeug zur Verfügung gestellt haben, wollen wir uns jetzt den Iterationen zuwenden.

2.7.1　　Wiederholungen – Bis daß die Bedingung uns scheidet

Die einfachste Art einer Iteration ist die Wiederholung einer bestimmten Aktion mit vorgegebener Häufigkeit. Um zu zeigen, wie dieses realisiert werden kann, stellen wir uns die Aufgabe, zehnmal im System Transcript den String 'Hi ' auszugeben. Natürlich wäre es jetzt möglich, zehnmal

```
Transcript show: 'Hi '
```

hinzuschreiben und auszuführen, was allerdings sehr umständlich ist. Viel einfacher ist es, einen entsprechenden Block an ein geeignetes Objekt zu übergeben, und das „Zählen" diesem Objekt zu überlassen. Welches Objekt aber ist besser für diese Aufgabe geeignet als die Integer–Zahl 10? Somit ist es nur natürlich, daß alle Integer–Zahlen die Nachricht timesRepeat: verstehen und beim Empfang dieser Nachricht dafür sorgen, daß der als Parameter übergebene Block entsprechend oft ausgeführt wird. Unsere ursprüngliche Aufgabe, den String 'Hi ' im System Transcript zehnmal auszugeben, läßt sich also verwirklichen mit

```
10 timesRepeat: [Transcript show: 'Hi '].
```

Nachdem diese erste Aufgabe so leicht zu lösen war, wollen wir uns nun eine zweite, etwas schwierigere Aufgabe stellen.

Als nächstes soll im System Transcript für jede gerade Zahl zwischen 70 und 80 'yes ' und für jede ungerade 'no ' ausgegeben werden. Auch hier muß eine Iteration durchgeführt werden. Allerdings muß jetzt für jede der Zahlen zwischen 70 und 80 überprüft werden, ob sie gerade oder ungerade ist. Das heißt, wir können nicht mehr wie in obigem Beispiel einen Block ohne Argumente verwenden, sondern müssen die aktuell zu bearbeitende Zahl als Parameter an den Block übergeben können. Außerdem muß spezifiziert werden, welche Zahlen überhaupt aufgezählt werden sollen (die Zahlen zwischen 70 und 80).

Da alle Zahlen in Smalltalk die Nachricht to:do: verstehen, können sie den skizzierten Anforderungen gerecht werden. Der erste Parameter dieser Nachricht gibt dabei die obere Grenze an, bis zu der aufgezählt werden soll (beginnend bei der Zahl, der die Nachricht gesandt wurde). Der zweite Parameter der Nachricht muß ein Block mit genau einem Argument sein, der beschreibt, was mit jeder an den Block übergebenen Zahl getan werden soll. Unsere Aufgabe kann also durch folgenden Smalltalk–Ausdruck gelöst werden:

```
70 to: 80 do: [:number | number even
        ifTrue: [Transcript show: 'yes ']
        ifFalse: [Transcript show: 'no ']]
```

Da es allerdings nicht immer ausreichend ist, Zahlen nur in „1er–Schritten" von „unten nach oben" aufzuzählen, kann außerdem noch die Nachricht to:by:do: an Zahlen gesendet werden. In dieser Nachricht ist der erste Parameter wieder die Grenze, bis zu der gezählt werden soll. Der zweite Parameter ist die Schrittweite, die auch negativ sein darf. Der dritte Parameter ist wieder ein Block mit genau einem Argument. Da die Schrittweite auch negativ sein darf, können mit dieser Nachricht Zahlen auch rückwärts von „oben nach unten" aufgezählt werden.

Übung 2.24: Versuchen Sie, die beiden folgenden Teilaufgaben mit den Nachrichten to:do: bzw. to:by:do: zu lösen:

a) Gegeben sei das Array #('eins' 'zwei' 'drei'). Legen Sie eine Kopie dieses Arrays in einer temporären Variablen ab (mit der Nachricht copy) und überprüfen Sie, ob auch die Elemente des Arrays beim Kopieren kopiert wurden.
Falls dies nicht der Fall ist, überlegen Sie sich, wie Sie eine Kopie des Arrays erhalten, in dem auch die Elemente Kopien sind.

b) Geben Sie einen Smalltalk–Ausdruck an, der die Zahlen zwischen 80 und 100 rückwärts in 3–er Schritten aufzählt und für jede gerade Zahl im Transcript 'gerade ' ausgibt, für jede ungerade 'ungerade '.

Die bisher kennengelernten Möglichkeiten, Iterationen durchzuführen, basierten auf Zahlen. Das heißt, wir mußten festlegen, wie oft ein bestimmter Block durchgeführt wird (timesRepeat:), oder aber, welche Zahlen in den Block als Parameter übergeben werden sollen (to:do: und to:by:do:).

Steht man jedoch vor der Aufgabe, in einem Array das erste Element zu suchen, das bestimmte Eigenschaften hat, so ist nicht von vornherein festgelegt, wieviele Elemente des Arrays überprüft werden müssen, um das gesuchte Element zu finden.

Stellen wir uns also konkret die Aufgabe, in einem String den ersten Character zu finden, dessen Wert als Integer größer oder gleich 110 ist. Dazu müssen wir in dem String alle Character „überspringen", deren Wert als Integer kleiner als 110 ist. Außerdem können wir die Iteration abbrechen, sobald der Index des ersten Character gefunden ist, der die Bedingung erfüllt, oder wenn das Ende des String erreicht ist. Das heißt, während wir den Index des aktuell zu untersuchenden Character ständig erhöhen, müssen wir außerdem in jedem Iterationsschritt prüfen, ob eine Abbruchbedingung (Integer gefunden oder Ende des String erreicht) erfüllt ist.

Da sich die Überprüfung der Abbruchbedingung ständig wiederholt, ist es angebracht, die Bedingung in einem Block zu spezifizieren, der als Antwort auf die Nachricht value entweder mit true oder false (den Booleschen Objekten) antwortet. Abhängig von der Antwort wäre dann gegebenenfalls noch ein zweiter Block auszuführen, in dem z.B. der Index des aktuell betrachteten Character neu bestimmt wird.

Da jedes Block–Objekt, das nur mit true oder false antwortet, die Nachricht whileTrue: versteht, kann diese Idee realisiert werden, indem mit der Nachricht whileTrue: ein (argumentloser) Block als Parameter an den Empfänger–Block übergeben wird. Mit der Nachricht whileTrue: werden dann der Empfänger–Block und der Parameter–Block (beginnend mit dem Empfänger–Block) solange abwechselnd ausgewertet, bis der Empfänger–Block das erstemal als Ergebnis false liefert. Mit dieser Nachricht läßt sich unser Ausgangsproblem mit folgenden Smalltalk–Ausdrücken lösen:

```
| index string |
index := 1.
string := 'Dieser String ist sehr geeignet.'.
```

```
[index <= string size and: [(string at: index) asInteger < 110]]
    whileTrue: [index := index + 1].
index > string size ifFalse: [string at: index]
```

Neben der Nachricht whileTrue: kann auch noch die Nachricht whileFalse: verwendet werden, die so lange ausgeführt wird, wie der Empfänger-Block als Ergebnis false liefert. Außerdem können noch die Nachrichten whileTrue und whileFalse benutzt werden, wenn es möglich ist, den Empfänger-Block so zu formulieren, daß nach Überprüfung der Bedingung im Empfänger-Block keine weitere Aktion mehr durchgeführt werden muß. Einen solchen Fall behandelt Übungsaufgabe 2.25:

> **Übung 2.25:** Formulieren Sie das letzte Beispiel so um, daß nicht mehr die Schlüsselwort-Nachricht whileTrue: sondern die unäre Nachricht whileTrue (ohne ParameterBlock) verwendet wird. Bedenken Sie dabei, daß das Ergebnis eines Blocks das Ergebnis des letzten Smalltalk-Ausdrucks in diesem Block ist.

Nachdem wir in den letzten Beispielen und Übungen kennengelernt haben, wie in Iterationen ein String (oder auch ein Array) Element für Element abgearbeitet werden kann, lernen wir jetzt kennen, wie bestimmte, immer wieder vorkommende Aufzählungen (*Enumerationen*) von Mengen von Objekten in Smalltalk wesentlich einfacher programmiert werden können.

2.7.2   Wiederholung – Was ein Array schon alleine kann ...

Bei den Iterationen, die wir bislang kennengelernt haben, muß der Programmierer immer dafür Sorge tragen, daß keine Inkonsistenzen auftreten und das Programm fehlerfrei ablaufen kann. Insbesondere bedeutet dies, daß wenn ein Array oder ein String elementweise abgearbeitet wird, auch immer auf „Bereichsgrenzen" geachtet werden muß. Hier liegt jedoch erfahrungsgemäß auch eine häufige Fehlerquelle, da es leicht passieren kann, daß ein Element (meist das letzte) nicht beachtet wird oder daß versucht wird, auf ein Element zuzugreifen, das nicht mehr im betrachteten Array oder String liegt („0-tes" oder „n+1-tes" Element). Insbesondere diese Art von Fehlern führt häufig zu irreparablen „Programmabstürzen".

Andererseits „kennt" ein Array jedes seiner Elemente, und auch ein String „kennt" jeden seiner Character. Somit ist es in einer objektorientierten Sprache natürlich, die Aufgabe, jedes Element aufzuzählen, dem Array oder String selbst zu übertragen. Der Programmierer muß dann nur noch beschreiben, was mit jedem Element getan werden soll.

Für eine solche Beschreibung bietet sich wieder ein Block an, der als Parameter einer entsprechenden Nachricht an das Array (oder den String) übergeben wird. Dieser Block muß genau ein Argument haben, das das gerade zu bearbeitende Element des Arrays (oder String) repräsentiert.

Die einfachste Nachricht, mit der ein Array veranlaßt wird, einen Block für alle seine Elemente auszuführen, ist die Nachricht do:. Als Beispiel für diese Nachricht betrachten wir folgenden Smalltalk–Ausdruck:

```
#(1 $a 2 'aWord' #aSymbol ) do: [:each | Transcript show: each printString]
```

Wird dieser Smalltalk–Ausdruck ausgeführt, so werden nacheinander die Elemente des Arrays, die Objekte 1, $a, 2, 'aWord' und #aSymbol, als Parameter an den Block übergeben. Der Block wird mit jedem dieser Objekte als Parameter ausgeführt, wobei eine entsprechende Ausgabe im System Transcript erscheint.

Da nicht nur ein Array ein Objekt ist, das aus einer Sammlung von Objekten besteht, sondern auch String oder Symbol-Objekte „Ansammlungen" von Character sind, ist es natürlich, daß auch String oder Symbol die Nachricht do: verstehen, wie man etwa mit folgendem Smalltalk–Ausdruck testen kann:

```
'String' do: [:each | (each isVowel or: [each isUppercase])
      ifTrue: [Transcript show: ' yes ']
      ifFalse: [Transcript show: ' no ']]
```

Der sichtbare Effekt dieses Ausdrucks ist es, daß im System Transcript eine Reihe von yes und no ausgegeben werden. In Übung 2.26 wird die Nachricht do: für eine einfache Aufgabe eingesetzt.

Übung 2.26: Gegeben sei ein Array, das ausschließlich Zahlen enthält. Geben Sie einen oder mehrere Smalltalk–Ausdrücke an, mit denen die Summe aller Zahlen im Array berechnet wird.

Die Nachricht do: dient insbesondere dazu, Iterationen durchzuführen, in denen sehr allgemeine Aufgaben mit den Elementen des Arrays (oder auch des String oder Symbols) durchzuführen sind. Andererseits gibt es einige Standardaufgaben, die immer wieder auftauchen. Solche Standardaufgaben sind:

– Das *Sammeln* von Objekten, die durch eine bestimmte Vorschrift aus den Elementen des zugrundeliegenden Objektes bestimmt werden können.
Beispiele: Für ein Array, das ausschließlich Character–Objekte enthält, sollen alle Integer–Objekte eingesammelt werden, die sich aus den Character durch die Nachricht asInteger ergeben. Ein String soll in einen neuen String kopiert werden, in dem alle Kleinbuchstaben durch Großbuchstaben ersetzt sind. Aus einer Menge von „Personenbeschreibungen" sollen alle Nachnamen ermittelt werden.
– Das *Auswählen* bestimmter Objekte, die eine bestimmte Eigenschaft besitzen.
Beispiele: Aus einem beliebigen Array sollen alle Integer–Objekte ausgewählt werden. Aus einem String sollen alle Vokale ausgewählt werden. Aus einer Menge von „Personenbeschreibungen" sollen alle ausgewählt werden, deren Vorname „Peter" ist.
– Die *Suche* nach dem ersten Objekt, das eine bestimmte Eigenschaft besitzt.

Beispiele: In einem Array, das ausschließlich Integer–Objekte enthält, wird das erste Element gesucht, das zwischen 1 und 100 liegt. In einem String wird der erste Character gesucht, dessen Integer–Wert größer oder gleich 110 ist. In einer Menge von „Personenbeschreibungen" soll die erste Person mit Namen „Peter Müller" gefunden werden.

Um solche häufig wiederkehrenden Standardaufgaben zu lösen, stellt Smalltalk bestimmte Iterations– oder Enumerations–Nachrichten zur Verfügung, die wir jetzt kennenlernen. Jeder dieser Nachrichten muß wie der Nachricht do: ein Block (mit genau einem Argument) übergeben werden.

– Zum *Sammeln* von Objekten dient die Nachricht collect:. Die Antwort auf die Nachricht collect: ist ein Objekt von der gleichen „Art" wie das Objekt, dem die Nachricht gesandt wurde. So antwortet ein Array mit einem Array und ein String mit einem String.
  Bei einem String muß darauf geachtet werden, daß der übergebene Block für jeden Character des String mit einem Character antwortet (in einem String können nur Character vorkommen). Wird die Nachricht collect: an ein Array gesandt, darf der übergebene Block mit beliebigen Objekten antworten, da in einem Array beliebige Objekte als Elemente gespeichert werden können.

– Zum *Auswählen* bestimmter Objekte dienen die Nachrichten select: oder reject:. Diesen beiden Nachrichten wird als Parameter jeweils ein Block übergeben, der für jedes übergebene Objekt mit true oder false antwortet. Die Antwort auf die Nachricht select: enthält alle Elemente, für die der Block true ergeben hat; die Antwort auf die Nachricht reject: enthält alle Elemente, für die der Block false ergeben hat.

– Zur *Suche* nach dem ersten Element, das eine bestimmte Eigenschaft hat, dient die Nachricht detect:.Dieser Nachricht muß ein Block übergeben werden, der für jedes übergebene Objekt mit true oder false antwortet. Die Antwort auf die Nachricht detect: ist das erste Objekt, für das der Block true ergeben hat.
  Wird kein Objekt gefunden, das die gewünschte Eigenschaft besitzt (für alle Elemente ist das Ergebnis des Blocks false), wird von VisualWorks® ein Fehler erzeugt, da nicht festgelegt ist, mit welchem Objekt in diesem Fall geantwortet werden soll.
  Will man für den Fall, daß kein Objekt mit der gewünschten Eigenschaft gefunden wird, die „Fehlerbehandlung" selber übernehmen, so kann man statt der Nachricht detect: die Nachricht detect:ifNone: benutzen, der als zweiter Parameter ein (argumentloser) Fehlerbehandlungs–Block übergeben wird. Dieser Fehlerbehandlungs–Block wird nur dann ausgeführt, wenn kein Objekt mit der gewünschten Eigenschaft gefunden wurde. Die Antwort auf die Nachricht detect:ifNone: ist dann das Ergebnis der Auswertung des Fehlerbehandlungs–Block. Wird der leere Block [] als Fehlerbehandlungs–Block verwendet, so ist die Antwort auf die Nachricht detect:ifNone: das undefinierte Objekt nil, falls kein Element mit der gewünschten Eigenschaft gefunden wird.

Übung 2.27 greift jetzt nochmals die Beispiele auf, die wir soeben kennengelernt haben.

Übung 2.27: Geben Sie Smalltalk–Ausdrücke an, mit denen die Aufgaben in den Beispielen zu den Enumerations–Nachrichten gelöst werden können. Diese Beispiele waren:

a) Für ein Array, das ausschließlich Character–Objekte enthält, sollen alle zugehörigen Integer–Zahlen eingesammelt werden.
   Ein String soll in einen neuen String kopiert werden, in dem alle Kleinbuchstaben durch Großbuchstaben ersetzt sind.
b) Aus einem beliebigen Array sollen alle Integer–Objekte ausgewählt werden.
   Aus einem String sollen alle Vokale ausgewählt werden.
c) In einem Array, das ausschließlich Integer–Objekte enthält, wird das erste Element gesucht, das zwischen 1 und 100 liegt.
   In einem String wird der erste Character gesucht, dessen Integer–Wert größer oder gleich 110 ist.

In Übung 2.28 wird der Umgang mit den Enumerations–Nachrichten weiter vertieft.

Übung 2.28: Lösen Sie folgende Aufgaben mit den Enumerations–Nachrichten:

a) Suchen Sie aus dem Array #(4 #ggg 7.0 'string' 5) alle Integer heraus.
b) Finden Sie in #(#der #die #das) ein Symbol, das den Character $i enthält.
c) Finden Sie in #(#der #die #das) ein Symbol, das den Character $x enthält, und geben Sie im Transcript den String ' none ' aus, falls Sie keines finden.
d) Erzeugen Sie aus dem String 'Ein Text' einen String, der nur Kleinbuchstaben enthält.
e) Bestimmen Sie, wie oft der Buchstabe „t“ (in Groß– oder Kleinschreibweise) im String 'Dieser Text ist fehlerhaftt.' vorkommt.

Nachdem wir nun den Umgang mit den Enumerations–Nachrichten kennengelernt haben, werden im nächsten Abschnitt noch andere Arten von „Objekt–Sammlungen“ (sogenannte Collection) vorgestellt, die ebenso wie ein Array, String und Symbol in VisualWorks® vorhanden sind. Für jede dieser Collection ist garantiert, daß sie die Enumerations–Nachrichten versteht. Dies hat den Vorteil, daß während eines Programmablaufs nicht untersucht werden muß, um welche Art von Collection es sich handelt, wenn eine Enumerations–Nachricht ausgeführt werden soll.

2.8   Weitere Mengen – Andere Sammler

Die wichtigste Art von Collection, die wir bisher kennengelernt haben, ist das
Array. Eine Eigenschaft eines Arrays ist, daß seine Größe fest vorgegeben ist.
Werden also einige Felder in einem Array (zeitweise) nicht benötigt, so müssen
sie dennoch mit einem Objekt belegt werden (in der Regel mit dem undefinierten
Objekt nil). Wird nun etwa die Nachricht select: an ein Array gesendet, das solche
„unbelegten" Felder enthält, so muß dieser Sonderfall in dem Block, der mit der
Nachricht select: als Parameter übergeben wird, berücksichtigt werden. Da es in
Programmen jedoch häufig vorkommt, daß bei Programmstart nicht genau festgelegt werden kann, wieviele Objekte in eine Collection aufgenommen werden
müssen, ist ein Array nur bedingt brauchbar.

Außerdem ist es oft angenehm, eine Collection zu benutzen, bei der garantiert
ist, daß zwischen dem ersten und dem letzten Element keine „Lücke" mit freien
Feldern liegt.

VisualWorks® stellt zu diesem Zweck eine Collection zur Verfügung, die die
eben beschriebenen Anforderungen erfüllt. Diese Collection heißt
OrderedCollection, und sie wird im folgenden Unterabschnitt beschrieben. Am
Beispiel der OrderedCollection werden auch die wichtigsten Nachrichten gezeigt,
mit denen den „Objekt–Sammlungen", die wir in den nächsten Unterabschnitten
kennenlernen werden, Elemente hinzugefügt und wieder entfernt werden können.

2.8.1   OrderedCollection

Wie wir im Unterabschnitt 2.2.3 gelernt haben, kann ein Array in Smalltalk durch
Aufzählen der Elemente in der Form #(element1 element2 ...) dargestellt werden.
Will man dagegen eine OrderedCollection benutzen, so ist es nicht möglich, diese
einfach hinzuschreiben. Vielmehr muß sie erst neu erzeugt werden, um weiterverwendet zu werden.

Prinzipiell stellt Smalltalk zwei Möglichkeiten zur Verfügung, um eine
Collection zu erzeugen. Die erste Möglichkeit ist, der gewünschten „Art von
Collection" die Nachricht new zu senden. (Was es bedeutet, einer „Art von
Collection" eine Nachricht zu senden, werden wir im nächsten Kapitel genauer
kennenlernen.) Die Antwort auf die Nachricht new ist ein Objekt, das die
gewünschten Eigenschaften aufweist. So wird mit

```
OrderedCollection new
```

eine neue OrderedCollection erzeugt, der dann Elemente mit der Nachricht add:
hinzugefügt werden können. Beispielsweise wird in

```
| oc |
oc := OrderedCollection new.
oc add: 1; add: $A; add: 'string'; add: #Symbol
```

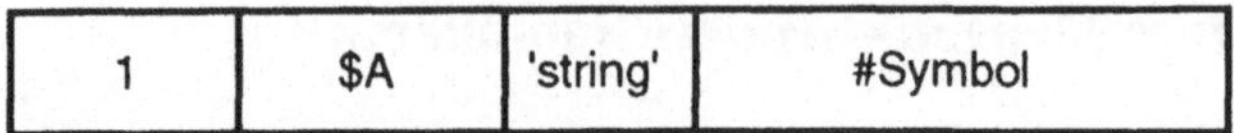

Abb. 2.29: OrderedCollection mit vier Elementen

zunächst eine OrderedCollection erzeugt und der temporären Variablen oc zugewiesen. Dieser leeren OrderedCollection werden dann in einer Kaskade nacheinander die Elemente 1, $a, 'string' und #Symbol mit der Nachricht add: hinzu-
gefügt. Danach kann man sich die OrderedCollection vorstellen wie ein Array mit
vier Elementen (vgl. Abb. 2.29). Es ist z.B. möglich, auf die Elemente der
OrderedCollection mit den Nachrichten at: oder at:put: zuzugreifen. Ebenso
können auch die Enumerations–Nachrichten, die wir im letzten Abschnitt kennengelernt haben, an eine OrderedCollection gesendet werden.

Eine zweite Möglichkeit, die gleiche OrderedCollection zu erzeugen, ist die
Ausführung des Smalltalk–Ausdrucks

```
| oc |
oc := OrderedCollection with: 1 with: $A with: 'string' with: #Symbol
```

Dieser Smalltalk–Ausdruck bietet sich dann an, wenn schon einige Elemente
bekannt sind, die der Collection hinzugefügt werden sollen. Dabei unterliegt man
allerdings der Einschränkung, daß auf diese Art nur bis zu maximal vier Elemente
der Collection direkt hinzugefügt werden können (mit den Nachrichten with:,
with:with:, with:with:with: und with:with:with:with:). Mit diesen Nachrichten können
übrigens auch in ein Array sofort bis zu vier Objekte eingefügt werden.

Welchen Effekt das Hinzufügen eines weiteren Elementes mit der Nachricht
add: auf eine OrderedCollection hat, veranschaulicht Abb. 2.30, in der der vier-
elementigen OrderedCollection ein weiteres Element (die Float–Zahl 4.0)
hinzugefügt wird. Dieses neue Element wird einfach hinten an die
OrderedCollection „angehängt", und die OrderedCollection verhält sich dann
analog zu einem fünf–elementigen Array.

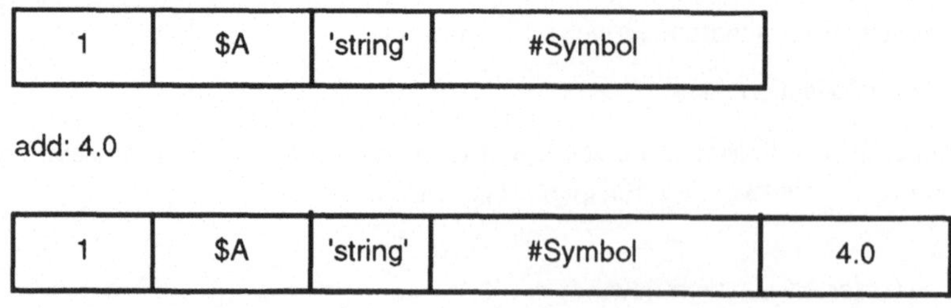

Abb. 2.30: OrderedCollection, der ein Element hinzugefügt wird

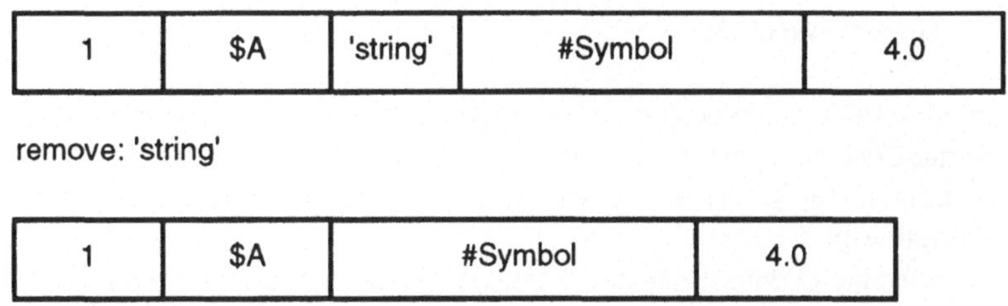

remove: 'string'

Abb. 2.31: OrderedCollection, aus der ein Element entfernt wird

Im Unterschied zu einem Array, aus dem Felder nicht entfernt werden können, ist dieses bei einer OrderedCollection möglich. Zum Entfernen von Elementen aus einer Collection stellt Smalltalk die Nachricht remove: zur Verfügung. Abb. 2.31 zeigt den Effekt der Nachricht remove: auf eine OrderedCollection.

Nach Ausführung der Nachricht remove: entspricht die OrderedCollection also wieder einem vier–elementigen Array, jetzt aber mit den Elementen 1, $A, #Symbol und 4.0.

Die Antwort einer Collection auf die Nachricht add: oder remove: ist jeweils das Element, das der Collection hinzugefügt wurde oder das aus ihr entfernt wurde. Soll nun mit remove: ein Element aus einer OrderedCollection entfernt werden, das nicht in dieser OrderedCollection enthalten ist, so erzeugt VisualWorks® einen Fehler (vgl. auch das Verhalten der Nachricht detect:, wenn das gesuchte Element nicht gefunden wird). Ist man also nicht sicher, ob das zu entfernende Objekt in der angesprochenen Collection enthalten ist, und will man die Fehlerbehandlung selbst übernehmen, so kann die Nachricht remove:ifAbsent: verwendet werden. Dieser Nachricht wird als zweiter Parameter ein (argumentloser) Block übergeben, in dem beschrieben ist, was im „Fehlerfall" auf die Nachricht zu antworten ist (vgl. die Nachricht detect:ifNone:).

In Übung 2.29 machen wir uns mit der OrderedCollection noch weiter vertraut.

Übung 2.29: Untersuchen Sie, welche der Nachrichten, die Sie schon kennen, eine OrderedCollection versteht. Testen Sie insbesondere die Enumerations–Nachrichten.

Obwohl eine OrderedCollection die Reihenfolge der Einfügungen festhält und somit eine Sortierung bzgl. der Reihenfolge der Einfügungen der Elemente vornimmt, ist es in vielen Anwendungen notwendig, Collection–Objekte einzusetzen, in denen die Sortierung über den Vergleich der Objekte untereinander bestimmt wird. Eine Collection, die diese Anforderung erfüllt, ist die SortedCollection.

2.8.2   SortedCollection

Prinzipiell verhält sich eine SortedCollection ähnlich wie eine OrderedCollection. Eine SortedCollection kann also auch mit der Nachricht new erzeugt werden, oder aber es können ihr sofort bis zu vier Elemente mit den Nachrichten with: „...., with:with:with:with: hinzugefügt werden.

Genau wie eine OrderedCollection können einer SortedCollection auch Elemente (Objekte) mit der Nachricht add: hinzugefügt werden und mit remove: bzw. remove:ifAbsent: wieder aus ihr entfernt werden. Während jedoch jedes neue Objekt in einer OrderedCollection am Ende der Collection hinzugefügt wird, wird ein neues Objekt in einer SortedCollection an der „richtigen" Stelle einsortiert. Für diese Sortierung wird normalerweise die Vergleichsnachricht <= verwendet. Das heißt, alle Objekte, die einer SortedCollection hinzugefügt werden, müssen mit dieser Vergleichsnachricht untereinander vergleichbar sein. Da z.B. String–Objekte mit der Nachricht <= vergleichbar sind, liefert die Auswertung der Smalltalk–Ausdrücke

```
| sc |
sc := SortedCollection new.
sc add: 'xyz'; add: 'abc'; add: 'dgh'.
sc
```

als Ergebnis die SortedCollection ('abc' 'dgh' 'xyz'). Wie eine SortedCollection auf die Nachrichten add: und remove: reagiert, veranschaulicht Abb. 2.32.

Nun können allerdings nicht alle Objekte in Smalltalk mit der Nachricht <= miteinander verglichen werden (z.B. können zwei Arrays nicht mit <= verglichen werden). Dennoch ist es manchmal notwendig, auch solche Objekte nach einer bestimmten Eigenschaft zu sortieren (z.B. Arrays nach ihrer Größe (size)) und in eine SortedCollection einzufügen. Um dieses zu ermöglichen, kann einer SortedCollection ein geeignetes Sortierkriterium in Form eines Block–Objektes

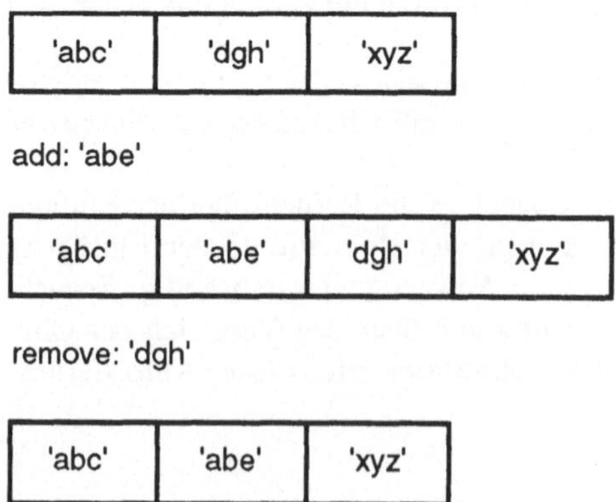

Abb. 2.32: SortedCollection, der ein Element hinzugefügt und aus der wieder ein Element entfernt wird

mit zwei Argumenten mitgeteilt werden. Dieser „Sortier–Block" dient der SortedCollection dazu, zwei Objekte miteinander zu vergleichen. Dazu muß der Block mit true antworten, wenn das erste als Parameter übergebene Objekt vor dem zweiten Objekt in der SortedCollection stehen soll. Andernfalls muß der Block mit false antworten.

Ein Beispiel für eine solche SortedCollection, der ein anderer Sortier–Block mitgeteilt wird, sind die folgenden Smalltalk–Ausdrücke. In der erzeugten SortedCollection soll dabei ein Objekt x dann vor einem Objekt y in der SortedCollection stehen, wenn die Größe von x (x size) kleiner oder gleich der Größe von y ist (y size). Mit der Nachricht sortBlock: wird der neuen (noch leeren) SortedCollection (sc) für Vergleiche der Objekte untereinander ein entsprechender Sortier–Block mitgeteilt.

```
| sc |
sc := SortedCollection new.
sc sortBlock: [:x :y | x size <= y size].
sc add: #(#a9 8 7 ); add: #(8 ); add: #(#ggg 9 ); add: #('string' 7.0 #bbb ).
sc
```

Die Ausführung dieser Smalltalk–Ausdrücke ergibt die SortedCollection (#(8) #(#ggg 9) #(#a9 8 7) #('string' 7.0 #bbb)).

Ein weiterer Unterschied zwischen einer OrderedCollection und einer SortedCollection soll noch angesprochen werden. Da in einer SortedCollection die Elemente immer in der richtigen Sortierreihenfolge abgelegt sind, ist es nicht sinnvoll, die Nachricht at:put: bei einer SortedCollection zu verwenden, da sonst die Korrektheit der Sortierreihenfolge nicht mehr gewährleistet ist. Deshalb reagiert eine SortedCollection auf die Nachricht at:put: mit einer Fehlermeldung. Eine Abfrage mit der Nachricht at: hingegen ist sinnvoll und möglich.

Übung 2.30: Untersuchen Sie, welche der Ihnen schon bekannten Nachrichten eine SortedCollection versteht.

Die wesentliche Gemeinsamkeit der verschiedenen Collection–Objekte, die wir bisher kennengelernt haben (String, Array, OrderedCollection, SortedCollection), besteht darin, daß die Objekte in jeder dieser Collection über Indizes angesprochen (abgefragt) werden können. Außerdem ist es möglich, das gleiche Element mehrmals in eine dieser Collection aufzunehmen (etwa als drittes und viertes Element).

Gerade diese Eigenschaften sind jedoch in manchen Situationen unerwünscht. Vielmehr benötigt man manchmal eine Collection, die sich wie eine *Menge* verhält. Eine Menge zeichnet sich dadurch aus, daß ihre Elemente nicht durch eine „Position" angesprochen werden können und daß kein Element zweimal in ihr vorkommt. Eine solche Art Collection wird von VisualWorks® mit dem Set und IdentitySet zur Verfügung gestellt. Beide werden im nächsen Unterabschnitt beschrieben.

2.8.3   Set, IdentitySet

Die Idee eines Set besteht darin, dem Programmierer eine Collection zur Verfügung zu stellen, in die beliebige Objekte genau einmal eingefügt werden
können. Dabei darf allerdings die Reihenfolge der Einfügungen von Objekten im
weiteren Programmverlauf keine Bedeutung mehr haben, da die Reihenfolge, in
der die Objekte in den Enumerations–Nachrichten aufgezählt werden, vom
System bestimmt wird und damit nicht mehr von außen vorgegeben ist.

Auch ein Set kann mit den Nachrichten new und with: ,..., with:with:with:with:
erzeugt werden. Wie eine OrderedCollection oder eine SortedCollection versteht
ein Set die Nachrichten add:, remove: und remove:ifAbsent:. Mit den folgenden
Smalltalk–Ausdrücken wird also ein neues Set mit drei Elementen erzeugt.

```
| set |
set := Set new.
set add: 'xyz'; add: 'abc'; add: 'dgh'.
set
```

Abb. 2.33 veranschaulicht die Wirkung der Nachrichten add: bzw. remove: auf
das soeben erzeugte Set.

Da für die Elemente eines Set keine Indizes (oder „Positionen" im Set) bekannt
sind, können in ein Set Elemente auch nicht mit der Nachricht at:put: eingefügt
werden. Ebensowenig können Elemente mit at: abgefragt werden.

Beim Hinzufügen von neuen Elementen mit der Nachricht add: wird von einem
Set überprüft, ob das Objekt, das hinzugefügt werden soll, schon im Set vorhanden ist. Nur wenn das neue Objekt noch nicht im Set enthalten ist, wird es neu
hinzugefügt. Andernfalls bleibt das Set unverändert.

Bei der Überprüfung, ob ein Objekt schon im Set vorhanden ist oder nicht,
verwendet ein Set die Vergleichsoperation = (Gleichheit). In manchen Fällen ist
es jedoch notwendig, gleiche, aber nicht identische Objekte in derselben Menge
zu speichern. Da dieses mit einem Set nicht möglich ist, stellt VisualWorks®
neben dem Set das IdentitySet zur Verfügung, das als Vergleichsoperation die

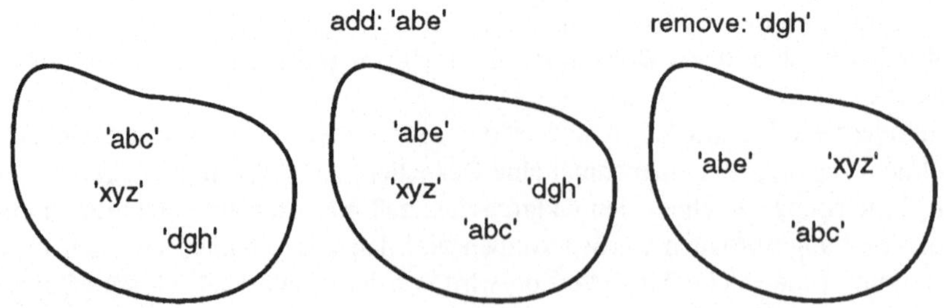

Abb. 2.33: Set, dem ein Element hinzugefügt wird und aus dem wieder ein Element
entfernt wird

Identität (==) verwendet (zum Unterschied zwischen Gleichheit und Identität vgl.
die Ausführungen zum Unterschied zwischen String und Symbol). Set und
IdentitySet unterscheiden sich darüber hinaus nicht. Der Unterschied zwischen Set
und IdentitySet wird in folgenden zwei Beispielen weiter verdeutlicht:

```
| set |
set := Set new.
set add: 'Haus'; add: 'Haus'.
set
```

Das Ergebnis der Ausführung dieser Smalltalk–Ausdrücke ist Set ('Haus'). Wird
jetzt Set durch IdentitySet ersetzt,

```
| set |
set := IdentitySet new.
set add: 'Haus'; add: 'Haus'.
set
```

so ist das Ergebnis IdentitySet ('Haus' 'Haus'). Das heißt, während es nicht
möglich war, in ein (normales) Set zweimal das gleiche (aber nicht identische)
Objekt aufzunehmen, können in ein IdentitySet sehr wohl mehrere gleiche (aber
nicht identische) Objekte eingefügt werden.

Übung 2.31: Erzeugen Sie mehrere Objekte der Klasse Set oder IdentitySet, fügen Sie
diesen Objekten andere Objekte hinzu, entfernen Sie Objekte aus den Mengen. Senden
Sie den Mengen Enumerations–Nachrichten. Untersuchen Sie, welche der Nachrichten,
die Sie schon kennen, ein Set versteht.

Um den Zusammenhang zwischen den einzelnen Collection–Arten besser zu
verstehen, stellen wir uns als nächstes den Fall vor, daß ein Set gegeben ist, das
ausschließlich String–Objekte enthält, und daß alle Strings in diesem Set sortiert
werden sollen. Um dies zu tun, ist es möglich, eine neue SortedCollection zu
erzeugen und in diese mit Hilfe einer Enumerations–Nachricht nacheinander alle
Elemente des Set einzufügen. Einfacher wäre es jedoch, ein Set direkt in eine
SortedCollection umwandeln zu können, um so spezielle Eigenschaften dieser
Collection–Art (z.B. die Sortierung) besser ausnutzen zu können.

Da jedoch OrderedCollection, SortedCollection und Set jeweils spezifische
Eigenschaften haben, die die anderen Collection nicht besitzen, muß man, wenn
man diese Eigenschaften ausnutzen will, alle Elemente jeweils in eine ent-
sprechende Collection übertragen. Um diese Aufgabe zu vereinfachen, stellt
Smalltalk Nachrichten zur Verfügung, die jede Collection versteht. Diese
Nachrichten sind asArray, asOrderedCollection, asSet und asSortedCollection.
Sollte es bei der Übertragung der Elemente in eine SortedCollection notwendig
sein zu erklären, wie die Objekte miteinander verglichen werden sollen (vgl. die
Ausführungen zur SortedCollection), so kann die Übertragung mit der Nachricht
asSortedCollection: (mit einem Vergleichsblock als Parameter) geschehen. Die
Smalltalk–Ausdrücke

```
I set I
set := Set new.
set add: 'xyz'; add: 'abc'; add: 'dgh'.
set asSortedCollection
```

liefern also das Ergebnis SortedCollection ('abc' 'dgh' 'xyz').

In Unterabschnitt 2.8.4 werden wir noch eine weitere Art von Collection kennenlernen.

2.8.4   Dictionary, IdentityDictionary

Oft ist es in der Programmierung nicht ausreichend, Objekte einfach in einer der Collections abzulegen, die wir bisher kennengelernt haben. Vielmehr wird eine Zuordnung zwischen Paaren von Objekten benötigt, wie sie der Zuordnung von Wörtern in einem Wörterbuch entspricht.

Ein Beispiel hierfür ist die Notwendigkeit, in einem Graphikprogramm Beziehungen zwischen den Bildschirmkoordinaten und den darzustellenden Objekten herzustellen. Solche Objekt–Paar–Beziehungen bestehen immer aus zwei Teilen. Der erste Teil ist der sogenannte *Schlüssel*, der zweite Teil ist der sogenannte *Wert*. Solche Schlüssel–Wert–Paare können in Smalltalk in einem Dictionary (IdentityDictionary) besonders effizient abgelegt werden. Das „Schlüssel–Objekt" spielt dabei in einem Dictionary (IdentityDictionary) für die Paare die gleiche Rolle wie der Index in einem Array oder einer OrderedCollection. Das heißt, über den Schlüssel kann wie über einen Index auf den zugehörigen Wert zugegriffen werden.

Der Unterschied zwischen dem Dictionary und dem IdentityDictionary besteht darin, daß in einem Dictionary nur einmal der gleiche Schlüssel vorkommen kann, während in einem IdentityDictionary der Vergleich der Schlüssel untereinander mit Hilfe der Identität (==) erfolgt (vgl. den Unterschied zwischen Set und IdentitySet). Da dies der einzige Unterschied zwischen Dictionary und IdentityDictionary ist, werden wir im folgenden nur noch das Dictionary behandeln.

Bevor wir uns mit dem Dictionary befassen, soll noch eingeführt werden, wie „Schlüssel–Wert–Paar–Objekte" (Association) in Smalltalk dargestellt werden. Die einfachste Art, ein Association–Objekt zu erzeugen, besteht darin, Schlüssel (key) und Wert (value) durch die Nachricht –> miteinander zu einer Association zu verbinden. (Dies ähnelt der Verbindung zweier Zahlen mit der Nachricht @ zu einem Point). Das heißt, der Smalltalk–Ausdruck

```
key –> value
```

liefert das gewünschte Objekt, eine Association aus key und value. Dabei darf jedes Objekt in Smalltalk sowohl als key als auch als value verwendet werden.

Wie jede Collection kann ein Dictionary mit der Nachricht new erzeugt werden, oder es können ihm sofort bis zu vier Associations mit den Nachrichten with:,..., with:with:with:with: hinzugefügt werden. Ebenso wie die anderen Collections, die wir schon kennengelernt haben, versteht ein Dictionary die Nachricht add:. Wird diese Nachricht an ein Dictionary gesandt, so muß der übergebene Parameter allerdings eine Association sein.

Es ist jedoch unüblich einem Dictionary auf diese Weise Elemente hinzuzufügen. In der Regel wird man die Nachricht at:put: verwenden, wobei der erste Parameter der Schlüssel (key) und der zweite der Wert (value) der Association ist. Damit ergibt sich, daß sowohl die Nachricht

    dict add: 32 –> 'Haus'

als auch

    dict at: 32 put: 'Haus'

bewirkt, daß dem Dictionary dict die Association 32 –> 'Haus' hinzugefügt wird.

Da in einem Dictionary die Elemente Association sind und der Schlüssel der Association für die Zugriffe auf den entsprechenden Wert dienen soll, versteht ein Dictionary die Nachrichten remove: und remove:ifAbsent: nicht. Vielmehr muß

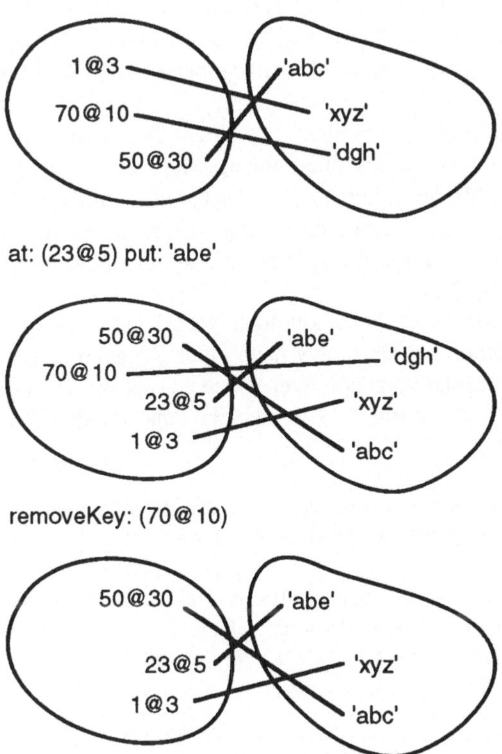

Abb. 2.34: Wirkung der Nachrichten at:put: und removeKey: auf ein Dictionary

man angeben, welche Association man aus dem Dictionary entfernen will, indem man den zugehörigen Schlüssel (key) angibt. Dazu werden die Nachrichten removeKey: oder removeKey:ifAbsent: verwendet, deren erster Parameter der Schlüssel (key) der zu entfernenden Association ist.

Welche Auswirkungen die Nachrichten at:put: und removeKey: auf ein Dictionary haben, zeigen folgende Smalltalk–Ausdrücke und Abb. 2.34, in der eine Association zwischen einem Point– und einem String–Objekt durch einen Pfeil dargestellt ist.

```
| dict |
dict := Dictionary new.
dict at: (1@3) put: 'xyz'; at: (50@30) put: 'abc'; at: (70@10) put: 'dgh'.
dict at: (23@5) put: 'abe'.
dict removeKey: (70@10).
dict
```

Da jeder Schlüssel in einem Dictionary eindeutig ist, kann außerdem mit der Nachricht at: und der Angabe eines Schlüssels auf den zugehörigen Wert im Dictionary zugegriffen werden. Ist man nicht sicher, ob der angegebene Schlüssel im Dictionary verwendet wird und will man eventuell auftretende Fehler selber behandeln, so kann man statt der Nachricht at: die Nachricht at:ifAbsent: verwenden, der als zweiter Parameter ein (argumentloser) Block übergeben wird, der dann ausgeführt wird, wenn der angegebene Schlüssel im Dictionary nicht gefunden wurde.

Aus der Eindeutigkeit des Schlüssel in einem Dictionary ergibt sich auch, daß falls dem Dictionary eine Association hinzugefügt werden soll (mit der Nachricht add: oder at:put:), für deren Schlüssel im Dictionary schon ein Eintrag vorhanden ist, daß dann der alte Eintrag durch den neuen überschrieben wird. Diese Verhaltensweise ist konsequent, da der Schlüssel in einem Dictionary dem Index in einem Array entspricht.

Darüber hinaus stellt ein Dictionary noch Nachrichten wie keys und values zur Verfügung, mit denen ein Dictionary nach einer Collection aller seiner Schlüssel oder aller zu den Schlüsseln gehörender Werte gefragt werden kann.

In Übung 2.32 und Übung 2.33 wollen wir uns mit den Dictionarys vertraut machen.

Übung 2.32: Finden Sie heraus, welche Objekte beim Senden einer Enumerations–Nachricht an ein Dictionary in den Block übergeben werden.

Übung 2.33: Versuchen Sie herauszufinden, wie ein Dictionary auf die Nachrichten keysDo: (Parameter ist ein Block mit einem Parameter) und keysAndValuesDo: (Parameter ist ein Block mit zwei Parametern) reagiert.

2.9 Zusammenfassung, Tips und Tricks – Was wir schon immer wissen wollten...

In diesem Abschnitt werden wir noch einmal kurz einen Überblick über die Arten von Objekten geben, die wir bisher kennengelernt haben, und angeben, in welchen Bereichen diese Objekte vornehmlich verwendet werden können. Daran anschließend sollen noch „Tastenkombinationen" angeführt werden, die einem die Benutzung der VisualWorks®–Werkzeuge erleichtern.

2.9.1 Was wir gelernt haben...

In diesem Unterabschnitt werden die Objekt–Arten, die wir bisher kennengelernt haben, noch einmal kurz zusammengefaßt:

- Integer, Float, Fraction

  Objekte zur Darstellung von Zahlen in unterschiedlicher Genauigkeit. Diese Objekte werden vornehmlich verwendet, um Berechnungen durchzuführen. Die wichtigsten Nachrichten, die diese Objekte verstehen, sind die arithmetischen Operationsnachrichten (+, –, *, /,...), Vergleichsnachrichten (<=, <,...), Nachrichten zum Runden von „Nicht–Integer–Zahlen" (truncated, rounded,...) und Nachrichten, um Iterationen durchzuführen (timesRepeat:, to:do:, to:by:do:).

- Point, Rectangle

  Objekte zur Darstellung von Punkten und Rechtecken. Solche Objekte werden bei der Gestaltung von Benutzeroberflächen häufig verwendet. Die wichtigsten Nachrichten, die Point–Objekte verstehen, sind extent: und corner:, mit denen zwei Point–Objekte zu einem Rectangle kombiniert werden. Die wichtigsten Nachrichten, die Rectangle–Objekte verstehen, sind center, top, right,...

- Character

  Objekte um Buchstaben darzustellen. Diese Objekte dienen als „Grundelemente" in String– und Symbol–Objekten. Character–Objekte können wie Zahlen miteinander verglichen werden (mit den Vergleichsnachrichten). Mit der Nachricht asInteger kann ein Character in ein Integer–Objekt konvertiert werden.

- String

  Objekte zur Darstellung von Texten. Wichtige Nachrichten, die String–Objekte verstehen, sind at:, copyFrom:to: und die Enumerations–Nachrichten.

- Symbol

    Besondere aus Character zusammengesetzte Objekte (ähnlich wie String–
    Objekte), die in Smalltalk eindeutig sind und deshalb für besondere Auf-
    gaben eingesetzt werden können.

- Array

    Objekt, um unterschiedliche (beliebige) Objekte zusammenzufassen. Ein
    Array ist in seiner Größe (Anzahl der Objekte im Array) fest vorgegeben.
    Wichtige Nachrichten, die ein Array versteht, sind die Enumerations–
    Nachrichten und die Nachrichten at: und at:put:.

- OrderedCollection

    Sammlung von Objekten, ähnlich einem Array, jedoch nicht so starr, da die
    Anzahl der Objekte in einer OrderedCollection nicht fest vorgegeben ist.
    Wichtige Nachrichten, die eine OrderedCollection versteht, sind die
    Enumerations–Nachrichten und die Nachrichten at:, at:put:, add:, remove:
    und remove:ifAbsent:.

- SortedCollection

    Sammlung von Objekten, die nach einem bestimmten Kriterium sortiert
    werden. Wichtige Nachrichten, die eine SortedCollection versteht, sind die
    Enumerations–Nachrichten und die Nachrichten at:, add:, remove: und
    remove:ifAbsent:. Die Nachricht at:put: versteht eine SortedCollection
    nicht.

- Set, IdentitySet

    Sammlung von Objekten, die sich wie eine Menge verhält. Elemente in
    einem Set (IdentitySet) können nicht über einen Index abgefragt werden.
    Wichtige Nachrichten, die ein Set (IdentitySet) versteht, sind die
    Enumerations–Nachrichten und die Nachrichten add:, remove: und
    remove:ifAbsent:. Die Nachrichten at: und at:put: versteht ein Set
    (IdentitySet) nicht.

- Dictionary, IdentityDictionary

    Sammlung von Objektpaaren (Schlüssel–Wert–Paare), die sich verhält wie
    ein Wörterbuch. Die Objekte in einem Dictionary (IdentityDictionary) sind
    Association-Objekte. Wichtige Nachrichten, die ein Dictionary
    (IdentityDictionary) versteht, sind die Enumerations–Nachrichten und die
    Nachrichten at:, at:put:, add:, removeKey: und removeKey:ifAbsent:.
    Außerdem können alle Schlüssel mit der Nachricht keys und alle Werte
    mit der Nachricht values abgefragt werden.

Neben diesen Objekten, die wir im nächsten Kapitel als „Grundbausteine" für
andere Objekte verwenden werden, haben wir einige wichtige „Hilfsobjekte"
kennengelernt:

- Block

  Objekt, um mehrere Smalltalk–Ausdrücke zusammenzufassen und erst auf besondere Aufforderung hin auszuführen. Die Smalltalk–Ausdrücke in einem Block werden erst ausgeführt, wenn dem Block eine der Nachrichten value, value:,... gesendet wird. Dabei muß die Anzahl der übergebenen Parameter mit der Anzahl der Argumente des Block–Objektes genau übereinstimmen. Außerdem verstehen Block–Objekte, die mit true oder false antworten, die Nachrichten whileTrue:, whileFalse:, whileTrue und whileFalse.

- true, false

  Objekte zur Darstellung von Wahrheitswerten (wahr oder falsch). Diese Booleschen Objekte sind oft die Antwort auf Vergleichsnachrichten. Nachrichten, die Boolesche Objekte verstehen, sind ifTrue:ifFalse:, ifTrue:, ifFalse:, and: und or:.

- nil

  Undefiniertes Objekt, das verwendet wird, um anzuzeigen, daß eine „vernünftige" Antwort auf eine Nachricht nicht gefunden werden konnte.

2.9.2   Abkürzungen

Hier sollen tabellarisch die in VisualWorks® verfügbaren Tastenkombinationen aufgeführt werden, die dem Benutzer den Umgang mit dem System erleichtern. Dabei verwenden wir folgende Notation:

- Eine Taste auf der Tastatur schreiben wir in spitze Klammern, z.B. bezeichnet <H> die Taste, auf der „H" steht.
- Da die Beschriftung der Tastaturen für bestimmte „Sondertasten" nicht einheitlich ist, vereinbaren wir das Symbol *<Esc>* für die sogenannte Escape–Taste, das Symbol *<Ctrl>* für die Control– oder Steuerungs–Taste und <Tab> für die Tabulator–Taste.
- Sollen mehrere Tasten gleichzeitig gedrückt werden, so schreiben wir alle Tasten in spitze Klammern durch „–" getrennt. Unter dem gleichzeitigen Drücken von Tasten wird dabei verstanden, daß die Tasten in der angegebenen Reihenfolge gedrückt werden, aber erst dann losgelassen werden, wenn auch die letzte Taste gedrückt ist (das Loslassen kann in beliebiger Reihenfolge geschehen). So bedeutet <Ctrl–C> also, daß zuerst die Taste <Ctrl> gedrückt – aber nicht losgelassen – wird und danach die Taste <C> gedrückt wird. Anschließend können beide Tasten wieder losgelassen werden.
- Soll eine Folge von Tasten gedrückt werden, so schreiben wir diese Folge einfach hin, wobei die zweite Taste erst gedrückt wird, wenn die erste schon wieder losgelassen wurde. So bedeutet <Esc><(>, daß zuerst die Taste <Esc>

gedrückt und wieder losgelassen wird und danach die Taste <(> gedrückt und
wieder losgelassen wird.

Tabelle 2.1 faßt nun die wichtigsten Tastenkombinationen in VisualWorks®
zusammen (es gibt noch weitere Tastenkombinationen, die aber nur selten
verwendet werden und daher hier nicht aufgeführt sind):

Tabelle 2.1: Tastenkombinationen

Tastenkombination	Beschreibung
<Ctrl–C>	Abbrechen einer laufenden Programmausführung, es erscheint ein Fenster wie in Abb. 2.12
<Ctrl–W>	Löschen vom Beginn des Wortes bis zur Einfügemarke (Ende der Markierung)
<Ctrl–T>	Einfügen von (Markierung überschreiben mit) ifTrue:
<Ctrl–F>	Einfügen von (Markierung überschreiben mit) ifFalse:
<Ctrl–G>	Einfügen von (Markierung überschreiben mit) :=
<Ctrl–S>	Suchen nach der nächsten Buchstabenkombination, die gleich der aktuellen Markierung ist. Entspricht dem Aufruf des Menüpunktes find... im Operate–Menu mit sofortiger Eingabe von <Return>
<Ctrl–A>	Aufrufen des Suche–Dialogs (vgl. Übung 2.2a und Abb. 2.36)
<Ctrl–R>	Wirkt nur nach Überschreiben einer markierten Buchstabenkombination und ersetzt dann das nächste Auftreten der überschriebenen Buchstabenkombination mit der neuen Buchstabenkombination. Entspricht dem Aufruf des Menüpunktes replace... im Operate–Menu mit sofortiger Auswahl des Knopfes Find/Replace.
<Ctrl–E>	Aufrufen des Suche/Ersetze–Dialogs (vgl. Übung 2.2b und Abb. 2.37)
<Esc><(>	Setzen von „()" und Plazierung der Einfügemarke zwischen den Klammern; falls Text markiert ist, werden die Klammern um den markierten Text herum gesetzt. Falls die Einfügemarke direkt hinter „(" und direkt vor „)" steht (oder der gesamte Text zwischen „(" und „)" markiert ist) werden die Klammern entfernt.
<Esc><[>	Wie <Esc><(> nur mit „[]"
<Esc><{>	Wie <Esc><(> nur mit „{}"
<Esc><<>	Wie <Esc><(> nur mit „<>"
<Esc><'>	Wie <Esc><(> nur mit „''"
<Esc><">	Wie <Esc><(> nur mit „""""
<Esc><Tab>	Markieren des zuletzt eingegebenen Textes

Als letztes sei noch erwähnt, daß die Menüeinträge copy und cut im Operate–
Menu den jeweils markierten Text in einen fünf–elementigen Puffer einfügen.
Dadurch kann auf die letzten fünf solcher Texte zugegriffen werden, indem bei
der Auswahl von paste im Operate–Menu gleichzeitig die „Shift"– oder
Umschalttaste gedrückt wird. Es erscheint dann ein Auswahlfenster wie in
Abb. 2.35, in dem der Eintrag ausgewählt werden kann, mit dem die paste–
Aktion durchgeführt werden soll.

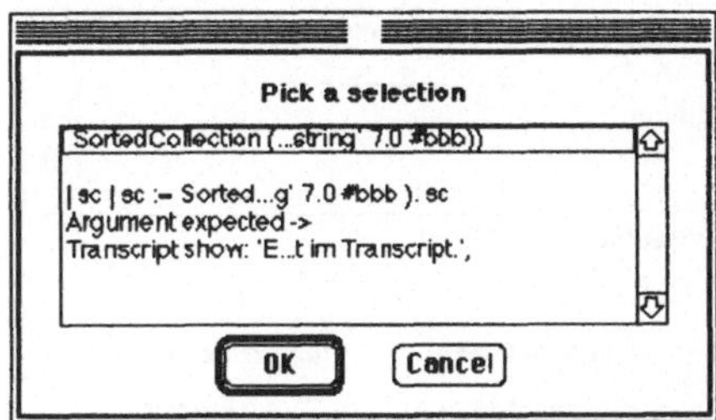

Abb. 2.35: Fünf–elementiger paste–Puffer

2.10 Lösungen zu den Übungsaufgaben

Übung 2.1: Die Menüpunkte haben folgende Wirkung:

a) relabel as...: Ändern des Fensternamens.

b) refresh: Das ganze Fenster wird erneut auf dem Bildschirm dargestellt.

c) move: Das Fenster kann über den Bildschirm bewegt werden, ohne daß seine Größe sich ändert.

d) resize: Die Größe des Fensters kann geändert werden. Die linke obere Ecke verändert ihre Position nicht.

e) front: Das Fenster wird nach vorne gestellt.

f) back: Das Fenster wird nach hinten gestellt.

g) collapse: Das Fenster wird ikonifiziert (kollabiert).

h) close: Das Fenster wird geschlossen.

Übung 2.2: Die Menüpunkte haben folgende Wirkung:

a) find...: Es wird ein Dialog zum Suchen von Zeichenketten geöffnet (s. Abb. 2.36); die Suchrichtung ist dabei immer „nach unten".

b) replace...: Es wird ein Dialog zum Suchen und Ersetzen von Zeichenketten geöffnet (s. Abb. 2.37), der einige (selbsterklärende) Optionen bietet.

c) undo: Macht die letzte Edier–Aktion rückgängig.

d) copy: Kopiert den markierten Text in den Puffer.

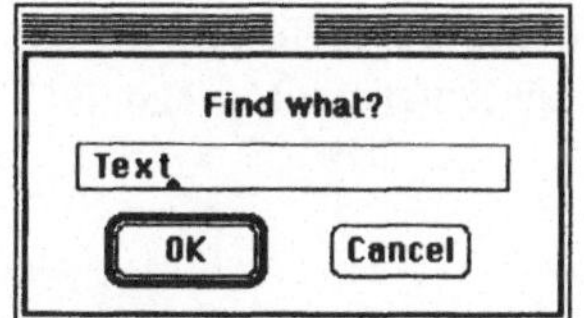

Abb. 2.36: Dialog zum Suchen nach Zeichenketten

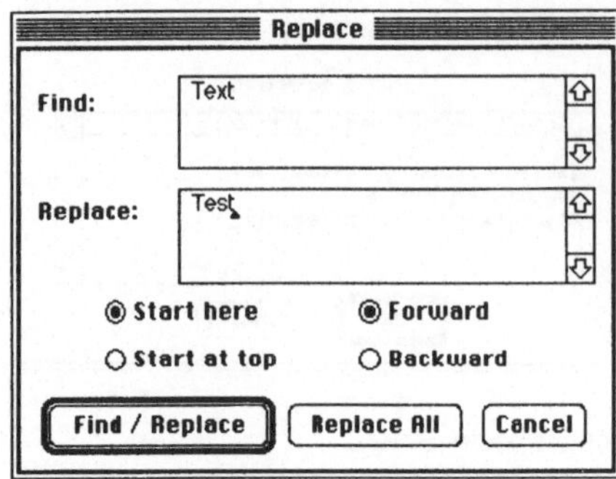

Abb. 2.37: Dialog zum Suchen und Ersetzen von Zeichenketten

e) paste: Ersetzt den markierten Text durch den Text im Puffer.
f) cut: Löscht den markierten Text und stellt ihn in den Puffer.

Übung 2.3: Sie sollten hier genau das vorgegebene Ergebnis erzielt haben und damit einem ersten Objekt eine Nachricht gesandt haben, worauf Ihnen das Objekt geantwortet hat.

Übung 2.4: Die Antworten des Integer–Objektes 12 auf die verschiedenen Nachrichten sind in Tabelle 2.2 zusammengefaßt und kommentiert.

Tabelle 2.2: Die Antworten des Integer–Objektes 12 auf die verschiedenen Nachrichten

Nachricht	Antwort	Bemerkung
even	true	12 ist gerade
odd	false	12 ist nicht ungerade
negated	−12	12 mit −1 multipliziert
squared	144	12 quadriert
sign	1	Vorzeichen von 12 (mögliche Werte sind die Zahlen −1, 0, 1, je nach Vorzeichen des Empfängers der Nachricht)
sin	−0.536573	Sinus von 12 (Float)

Übung 2.5: Die Antworten des Float–Objektes 12.3 auf die verschiedenen Nachrichten sind in Tabelle 2.3 zusammengefaßt und kommentiert.

Tabelle 2.3: Die Antworten des Float–Objektes 12.3 auf die verschiedenen Nachrichten

Nachricht	Antwort	Bemerkung
isInteger	false	12.3 ist keine Integer–Zahl
even	false	12.3 ist nicht gerade
odd	false	12.3 ist nicht ungerade
negated	−12.3	12.3 mit −1 multipliziert
squared	151.29	12.3 quadriert
sign	1	12.3 ist größer als 0
sin	−0.263232	Sinus von 12.3

Übung 2.6: Die Antworten des Fraction–Objektes (13/2) auf die verschiedenen Nachrichten sind in Tabelle 2.4 zusammengefaßt und kommentiert.

Tabelle 2.4: Die Antworten des Fraction–Objektes (13/2) auf die verschiedenen Nachrichten

Nachricht	Antwort	Bemerkung
isInteger	false	(13/2) ist keine Integer–Zahl
even	false	(13/2) ist nicht gerade
odd	false	(13/2) ist nicht ungerade
negated	(−13/2)	(13/2) mit −1 multipliziert
squared	(169/4)	(13/2) quadriert
sign	1	(13/2) ist größer als 0
sin	0.21512	Sinus von (13/2)

Übung 2.7: Die Antwort von 123 auf die Nachricht factorial ist die Integer–Zahl:
12146304367025329675766243241881295855454217088483382315328918161829235892362167668831156960612640202170735835221294047782591091570411651472186029519906261646730733907419814952960000000000000000000000000000000
$\approx 2^{681,276}$.

Übung 2.8: Die Nachrichten haben folgende Wirkung:

a) Auf die Nachricht asInteger antwortet der Empfänger mit einer Kopie von sich ohne Nachkommastellen.

b) Auf die Nachricht rounded antwortet der Empfänger mit der nächsten ganzen Zahl (auf– oder abgerundet).

c) Auf die Nachricht truncated antwortet der Empfänger mit einer Kopie mit abgeschnittenen Nachkommastellen des Empfängers (vgl. die Nachricht asInteger).

d) Auf die Nachricht floor antwortet der Empfänger mit der nächstkleineren ganzen Zahl.

e) Auf die Nachricht ceiling antwortet der Empfänger mit der nächstgrößeren ganzen Zahl.

Übung 2.9: Die Ergebnisse der verschiedenen Aufgaben sind in Tabelle 2.5 aufgeführt und kommentiert.

Tabelle 2.5: Die Ergebnisse der Übungsaufgaben

Aufgabe	Ergebnis	Bemerkung
3 + 4	7	Ergebnis ist eine Integer–Zahl
3.0 + 4	7.0	Ergebnis ist eine Float–Zahl („allgemeinerer Typ" als Integer)
(3/7) + (6/8)	(33/28)	Ergebnis ist eine Fraction–Zahl
3 + 9.1 * 10	121.0	es wurde (3+9.1)*10 berechnet (von links nach rechts)
3 + (9.1 * 10)	94.0	es wurde 3+91 (91=9.1*10) berechnet
(1/7) = 0.142857	false	(1/7) ist ungleich 0.142587 (es gilt lediglich 0.142587 $\neq$ (1/7))
3.0 >= 3.0	true	3.0 ist größer gleich 3.0
0.0 = 0	true	die Integer–Zahl 0 und die Float–Zahl 0.0 sind gleich
60 between: (3 * 5) and: (400 – 250 * 2)	true	60 liegt zwischen 15 (= 3*5) und 300 (= (400– 250)*2)

Mit den zusätzlich angegebenen Nachrichten werden folgende Operationen durchgeführt:

a) <= Vergleich „kleiner oder gleich".
b) < Vergleich „echt kleiner".
c) ~= Vergleich „nicht gleich".
d) // „Ganzzahlige Division ohne Rest"
e) \\ „Rest der Division, Modulo"
f) abs „Absolutwert"
g) cos „Cosinus"
h) sqrt „Quadratwurzel"

Übung 2.10: Die Ergebnisse der Rechnungen mit den Punkten sind in Tabelle 2.6 zusammengefaßt und kommentiert.

Übung 2.11: Die Nachrichten an die Rectangle–Objekte ergeben folgende Antworten:

a) center

((1@1) corner: (8@7)) center

Ergebnis: 4@4 (gerundeter Mittelpunkt des Rectangle–Objektes)

b) top

((1@1) extent: (8@7)) top

Ergebnis: 1 (y–Wert der oberen Seite des Rectangle–Objektes)

Tabelle 2.6: Die Antworten von Point–Objekten auf verschiedene Nachrichten

Aufgabe	Ergebnis	Bemerkung
(1 @ 6) + (1 @ 5)	(2 @ 11)	x– und y–Koordinaten werden addiert
(1 @ 6) * (1 @ 5)	(1 @ 30)	x– und y–Koordinaten werden multipliziert
(1 @ 6) * 5	(5 @ 30)	x– und y–Koordinaten werden mit dem Faktor 5 multipliziert
(1 @ 6) + 5	(6 @ 11)	zur x– und y–Koordinate wird jeweils 6 hinzuaddiert
5 + (1 @ 6)	(6 @ 11)	das Ergebnis entspricht der Auswertung von (1 @ 6) + 5
5 * (1 @ 6)	(5 @ 30)	das Ergebnis entspricht der Auswertung von (1 @ 6) * 5
(3.8 @ 7.5) rounded	(4 @ 8)	x– und y–Koordinate werden gerundet
(0 @ 0) between: (–1 @ –5) and: (300 @ 36)	true	es wird bestimmt, ob die x–Koordinate (0) zwischen den beiden vorgegebenen x–Koordinaten (–1 und 300) liegt *und* ob die y–Koordinate (0) zwischen den beiden vorgegebenen y–Koordinaten (–5 und 36) liegt

c) right

   ((1 @ 1) corner: (8 @ 7)) right

   Ergebnis: 8 (x–Wert der rechten Seite des Rectangle–Objektes)
d) area

   ((1 @ 1) extent: (8 @ 7)) area

   Ergebnis: 56 (Flächeninhalt des Rectangle–Objektes)
e) intersect:

   ((1 @ 1) corner: (8 @ 7)) intersect: ((3 @ 5) extent: (18 @ 27))

   Ergebnis: 3 @ 5 corner: 8 @ 7 (Überlappung der beiden vorgegebenen Rectangle–Objekte)

Übung 2.12: Die Antworten der Character auf die Nachrichten sind in Tabelle 2.7 zusammengefaßt und kommentiert.

Tabelle 2.7: Die Antworten des Character \$A und des Character \$5 auf die verschiedenen Nachrichten

Nachricht	\$A	\$5	Bemerkung
isAlphabetic	true	false	A ist ein Buchstabe (aus dem englischen Alphabet), 5 ist kein Buchstabe
isAlphaNumeric	true	true	A und 5 sind alphanumerische Zeichen
isDigit	false	true	A ist keine Zahl, 5 ist eine Zahl
asLowercase	\$a	\$5	A und 5 klein geschrieben
isVowel	true	false	A ist Vokal, 5 nicht

Übung 2.13: Die gestellten Übungsaufgaben lassen sich durch Senden folgender Nachrichten lösen:

a) $w asUppercase: Die Antwort ist: $W.

b) $b > $E: Die Antwort ist: true. (In der rechnerinternen Sortierung der Buchstaben stehen die Kleinbuchstaben hinter den Großbuchstaben.)

c) $c between: $A and: $z und $c between: $a and: $Z: Im ersten Fall ist die Antwort true, im zweiten false (vgl. auch Teilaufgabe b).
(Aus der Beantwortung dieser Frage läßt sich schließen, ob die Großbuchstaben im rechnerinternen Alphabet vor den Kleinbuchstaben stehen oder nicht.)

Übung 2.14: Sie sollten folgende Ergebnisse als Antworten erhalten haben:

a) 'Dies ist ein Text.' copy. Die Antwort ist: 'Dies ist ein Text.'

b) 'Dies ist ein Text.' copyFrom: 1 to: 4. Die Antwort ist: 'Dies'

c) 'Dies ist ein Text.' changeFrom: 14 to: 17 with: 'langer Test'. Die Antwort ist: 'Dies ist ein langer Test.'

d) 'Dies ist ein Text.' at: 4. Die Antwort ist: $s.

Übung 2.15: Die Ergebnisse der Übungsaufgaben sind im folgenden aufgeführt.

a) Wie erwartet, ergibt der Vergleich auf Gleichheit für alle Objekte die Antwort true.

b) Wie zu erwarten, ist das Symbol #Haus in Smalltalk eindeutig (der Test auf Identität ergibt die Antwort true). Ein String ist dagegen nicht eindeutig. Weiterhin stellen wir fest, daß gleiche Float–Zahlen in Smalltalk nicht identisch sind, während dies für kleine Integer–Zahlen (sogenannte SmallInteger) unter Umständen gelten kann. (123 factorial == 123 factorial liefert false!)

c) Tabelle 2.8 gibt an, welche Zeichenketten zulässige Symbol–Objekte sind.

Tabelle 2.8: Verschiedene Symbol–Objekte und „Nicht–Symbol"–Objekte

„Symbol"	ja/nein	Kommentar
#aaaa	ja	enthält nur Buchstaben
#4ggg	nein	erstes Zeichen ist eine Zahl
#g4gg	ja	erstes Zeichen Buchstabe, dann nur Zahlen oder Buchstaben
#'4ggg'	ja	vollständiger String
#'* hans +	nein	kein vollständiger String, erstes Zeichen kein Buchstabe
#*	ja	Zeichen für eine Rechenoperation, „Spezialsymbol"
#+++	nein	#++ wird als Symbol interpretiert, das dritte + als die Nachricht + an das Symbol #++, das diese Nachricht nicht versteht
#aaa size	nein	Nachricht size an das Symbol #aaa. Antwort von #aaa ist 3

Übung 2.16: Die Antworten der unterschiedlichen Arrays sind in Tabelle 2.9 angegeben und kommentiert.

Tabelle 2.9: Kommentierte Antworten der unterschiedlichen Arrays auf Nachrichten

Array mit Nachricht	Antwort	Kommentar
#(1 $A 'string' #Symbol 4.0) size	5	Das Array enthält 5 Elemente
#(1 $A 'string' #Symbol 4.0) at: 3	'string'	Das 3–te Element ist 'string'
#(1 $A 'string' #Symbol 4.0) includes: 'string'	true	Das Array enthält 'string' als drittes Element
#(1 $f 7 $F 9.0 $f) occurrencesOf: $f	2	Das Array enthält den Character $f zweimal
#(#(1 2) 7 $t #xxx) first	#(1 2)	Erstes Element des Arrays
#(#(1 2) 7 $t #xxx) last	#xxx	Letztes Element des Arrays
#(#(1 2) 7 $t #xxx) reverse	#(#xxx $t 7 #(1 2))	Neues Array mit den Elementen in umgekehrter Reihenfolge
#(1 2 3) , #(4 5 6)	#(1 2 3 4 5 6)	Die beiden Arrays werden zu einem neuen Array vereinigt
#(1 2 3) copyWith: 4	#(1 2 3 4)	Neues Array mit einem zusätzlichen Element
#(1 2 2 3 3) copyWithout: 2	#(1 3 3)	Neues Array ohne zu entfernendes Element

Übung 2.17: Wie Sie feststellen, lassen sich alle Objekte in VisualWorks® mit einem Inspector untersuchen.

Übung 2.18: Die gestellten Aufgaben lassen sich mit Hilfe der folgenden Smalltalk–Nachrichten lösen:

a) (#(1 2) at: 1) = (#(#(1 2) 3) at: 2)
   Das Ergebnis ist false.
   Die hier angegebene Klammerung ist notwendig, da die Schlüsselwort–Nachricht at: geringere Priorität hat als die binäre Nachricht =. Die Auswertung des gesamten Ausdrucks verläuft folgendermaßen:
   1) Zuerst wird (#(1 2) at: 1) ausgewertet (Ergebnis ist das Objekt 1),
   2) dann wird (#(#(1 2) 3) at: 2) ausgewertet (Ergebnis ist das Objekt 3).
   3) Anschließend wird 1 = 3 (mit dem Ergebnis false) ausgewertet.
   Die Antwort hierauf wird ausgegeben.
b) (#(1 2) at: 1) = ((#(#(1 2) 3) at: 1) at: 1)
   Das Ergebnis ist true.
   Die angegebene Klammerung ist auch hier notwendig. Besonders sei dabei auf den zweiten Teil des Ausdrucks hingewiesen ((#(#(1 2) 3) at: 1) at: 1), der von innen nach außen ausgewertet wird (zuerst #(#(1 2) 3) at: 1 mit Ergebnis #(1 2), dann #(1 2) at: 1 mit Ergebnis 1).
c) #($a 6) includes: ('Smalltalk' at: 3)
   Das Ergebnis ist true.
   Die angegebene Klammerung ist notwendig, da die Schlüsselwort–Nachrichten includes: und at: gleiche Priorität besitzen. Ohne Klammerung wird jedoch nicht zwischen den beiden Nachrichten unterschieden, sondern

versucht, eine Nachricht mit Namen includes:at: an das Array #($a 6) zu
senden, die es jedoch nicht gibt.

d) ($b asInteger – $A asInteger) asCharacter
   Das Ergebnis ist der Character $!.
   Die Klammerung ist notwendig, da die binäre Nachricht – geringere Priorität
   als die unären Nachrichten asInteger und asCharacter hat. Ohne Klammerung
   würde daher $A in einen Integer konvertiert und dieser Integer wieder in einen
   Character ($A), so daß versucht würde, einen Character von einem Integer zu
   subtrahieren, was jedoch nicht möglich ist.

Übung 2.19: Der Ablauf der Ausführung der Smalltalk–Ausdrücke läßt sich
folgendermaßen beschreiben:

a) Die Auswertung der Smalltalk–Ausdrücke

```
| first second |
first := #($a #(1 2 3 ) 7.0 ).
second := (first at: 2) copy.
second at: 2 put: (first at: 1).
second
```

   bewirkt folgendes im Rechner:
   1) Es werden die temporären Variablen first und second vereinbart, die das
   undefinierte Objekt nil speichern.
   2) Der Variablen first wird das Array #($a #(1 2 3) 7.0) zugewiesen.
   3) Der Variablen second wird eine Kopie des zweiten Elements der Variablen
   first zugewiesen (das Array #(1 2 3)).
   4) In der Variablen second wird das zweite Element (2) durch das erste
   Element der Variablen first ($A) ersetzt.
   5) Das in der Variablen second gespeicherte Objekt wird zurückgegeben.

Wie sich die in den Variablen gespeicherten Objekte während der Ausführung der
Smalltalk–Ausdrücke ändern, ist in Tabelle 2.10 zusammengefaßt.

Tabelle 2.10: Änderung der Variablen

Zeile	first	second
1	nil	nil
2	#($a #(1 2 3) 7.0)	nil
3	#($a #(1 2 3) 7.0)	#(1 2 3)
4	#($a #(1 2 3) 7.0)	#(1 $a 3)
5	#($a #(1 2 3) 7.0)	#(1 $a 3)

b) Während der Ausführung der Smalltalk–Ausdrücke

```
| array character firstElement |
array := #(1 2 3 ).
```

```
array at: 1 put: $b asInteger.
character := $b asUppercase.
firstElement := (array at: 1) asCharacter.
character = firstElement
```

ist folgendes zu beachten:

1) In Zeile 3 wird zuerst die Nachricht asInteger ausgeführt, dann die Nachricht at:put: (unäre Nachrichten haben höhere Priorität als Schlüsselwort–Nachrichten).

2) In Zeile 4 bzw. in Zeile 5 wird die Nachricht asUppercase bzw. asCharacter vor der Zuweisung ausgeführt.

3) In Zeile 6 werden character und firstElement miteinander verglichen. Da sie nicht gleich sind, ist die Antwort false.

Der gesamte Ablauf der Ausführung der Smalltalk–Ausdrücke ist in Tabelle 2.11 zusammengefaßt.

Tabelle 2.11: Änderung der Variablen

Zeile	array	character	firstElement
1	nil	nil	nil
2	#(1 2 3)	nil	nil
3	#(98 2 3)	nil	nil
4	#(98 2 3)	$B	nil
5	#(98 2 3)	$B	$b
6	#(98 2 3)	$B	$b

Übung 2.20: Die Aufgaben können mit folgenden Block–Objekten gelöst werden:

a) [$A asInteger].
   (Die Antwort auf die Nachricht value ist 65.)
b) [:aCharacter | aCharacter asInteger].
   (Die Antwort auf die Nachricht value: $A ist 65.)
c) [:firstPoint :secondPoint | firstPoint corner: secondPoint].
   (Die Antwort auf die Nachricht value: 1 @ 1 value: 3 @ 3 ist 1 @ 1 corner: 3 @ 3.)
d) [:first :second :third | first * second * third].
   (Die Antwort auf die Nachricht value: 1 value: 2 value: 3 ist 6.)
e) [:firstY :firstX :secondY :secondX | firstX @ firstY corner: secondX @ secondY].
   (Die Antwort auf die Nachricht valueWithArguments: #(1 1 3 3) ist 1 @ 1 corner: 3 @ 3.)

Übung 2.21: Das Ergebnis der Auswertung des Blocks [75 asCharacter] ist $K. Das Ergebnis der Auswertung des Blocks [$a asInteger. #(3 9 10 4) size] ist 4. Damit können $K, 4 oder nil Antworten in den Aufgaben sein.

Übung 2.22: Die vorgestellten Smalltalk–Ausdrücke berechnen die Fakultät einer Zahl rekursiv. Sie haben also die gleiche Wirkung wie die Nachricht factorial an die Zahl 123.

Übung 2.23: Der erforderliche Block kann folgendermaßen geschrieben werden:

```
[:first :second :third | ((first + second) even and: [(second * third) odd])
    ifTrue: [first + second + third]
    ifFalse: [first * second * third]]
```

Wird diesem Block die Nachricht value: 2 value: 3 value: 4 gesendet, so antwortet er mit 24, dem Produkt der drei Zahlen.

Übung 2.24: Die Aufgaben können folgendermaßen gelöst werden:

a) Es soll herausgefunden werden, ob die Elemente des vorgegebenen Arrays *identisch* sind mit den Elementen der Kopie. Dazu kann man folgende Smalltalk–Ausdrücke verwenden:

```
| array copy |
array := #('eins' 'zwei' 'drei' ).
copy := array copy.
1 to: array size do: [:index |
        (array at: index) == (copy at: index)
            ifFalse: [Transcript show: 'Unterschied gefunden! ']]
```

Werden diese Smalltalk–Ausdrücke ausgeführt, so wird im System Transcript nichts angezeigt. Daraus können wir folgern, daß beim Kopieren eines Arrays die Elemente des Arrays *nicht* kopiert werden!
Um nun auch noch die Elemente des Arrays zu kopieren, kann man folgendermaßen vorgehen:

```
| copy |
copy := #('eins' 'zwei' 'drei' ) copy.
1 to: copy size do: [:index | copy at: index put: (copy at: index) copy]
```

Hier wird jedes Element des kopierten Arrays durch eine Kopie des Elementes ersetzt.
Bemerkung: Es ist in Smalltalk grundsätzlich nicht sinnvoll, daß die Elemente eines Arrays kopiert werden, wenn das Array kopiert wird. Wäre dieses der Fall, so würde die Ausführung von

```
| array |
array := #(1 ).
array at: 1 put: array.
array copy
```

zu einer Endlosschleife führen, da das Array, dem die Nachricht copy gesendet wird, sich selber enthält, also immer wieder kopiert würde.

b) Diese Aufgabe kann mit folgenden Smalltalk–Ausdrücken gelöst werden:

```
100 to: 80 by: –3 do: [:number I number even
        ifTrue: [Transcript show: 'gerade ']
        ifFalse: [Transcript show: 'ungerade ']]
```

Die Antwort ist die Ausgabe der entsprechenden Meldungen gerade und ungerade im System Transcript.

Übung 2.25: Die Aufgabe kann folgendermaßen gelöst werden:

```
I index string I
index := 0.
string := 'Dieser String ist sehr geeignet.'.


[index := index + 1.
index <= string size and: [(string at: index) asInteger < 110]] whileTrue.
index > string size ifFalse: [string at: index]
```

Bei diesen Smalltalk–Ausdrücken muß berücksichtigt werden, daß die Antwort eines Blocks auf die Nachricht value immer der Antwort des *letzten* Smalltalk–Ausdrucks in ihm entspricht. Das heißt, der Block

```
[index := index + 1.
index <= string size and: [(string at: index) asInteger < 110]]
```

liefert als Antwort immer true oder false, da der letzte Smalltalk–Ausdruck in ihm

```
index <= string size and: [(string at: index) asInteger < 110]
```

die benötigte Abbruchbedingung ist. Da der Index allerdings schon *vor* der Überprüfung der Abbruchbedingung heraufgezählt wird, muß der Startwert des Index auf 0 statt auf 1 (wie im ursprünglichen Beispiel) festgelegt werden.

Übung 2.26: Die Aufgabe kann mit folgenden Smalltalk–Ausdrücken gelöst werden:

```
I sum I
sum := 0.
#(900 –80 75 325 –67 ) do: [:each I sum := sum + each].
sum
```

Das Array #(900 –80 75 325 –67) kann selbstverständlich durch jedes beliebige andere Array ersetzt werden, das ausschließlich Zahlen enthält.

Übung 2.27: Die Aufgaben können durch folgende Smalltalk–Ausdrücke gelöst werden. Dabei sind das angegebene Array und der String entsprechend den Vorgaben willkürlich ausgewählt.

a) Zum *Sammeln* von Objekten benutzt man die Nachricht collect:.

```
#($r $p $V ) collect: [:each I each asInteger ]
'ThisString' collect: [:each I each asUppercase]
```

Als Antwort erhält man das Array #(114 112 86) bzw. den String 'THISSTRING'.

b) Zum *Auswählen* bestimmter Elemente (Objekte) verwendet man die Nachrichten select: bzw. reject:.

```
#($4 6 'string' 7.0 300 ) select: [:each I each isInteger]
'ThisString' select: [:each I each isVowel]
```

Als Antwort erhält man das Array #(6 300) bzw. den String 'ii'.
Benutzt man anstelle der Nachricht select: die Nachricht reject: (wählt also alle „Nicht–Integer–Zahlen" bzw. alle „Nicht–Vokale" aus), so erhält man als Antworten das Array #($4 'string' 7.0) und den String 'ThsStrng'.

c) Die *Suche* nach dem ersten Element (Objekt) mit einer bestimmten Eigenschaft löst man mit der Nachricht detect:ifNone:.

```
#(900 –80 75 –67 ) detect: [:each I each between: 1 and: 100] ifNone: []
'Dieser String ist sehr geeignet.'
                    detect: [:each I each asInteger >= 110] ifNone: []
```

Als Antwort erhält man das Integer–Objekt 75 und den Character $s. Wäre kein geeignetes Integer– oder Character–Objekt gefunden worden, so wäre die Antwort das undefinierte Objekt nil gewesen (Ergebnis der Auswertung des Blocks []).

Übung 2.28: Die gestellten Übungsaufgaben können mit folgenden Smalltalk–Ausdrücken gelöst werden:

a) ```#(4 #ggg 7.0 'string' 5) select: [:each I each isInteger]```
    Die Antwort ist #(4 5).
b) ```#(#der #die #das) detect: [:each I each includes: $i]```
    Die Antwort ist #die.
c) ```#(#der #die #das) detect: [:each I each includes: $x]```
        ```ifNone: [Transcript show: ' none ']```
    Die Antwort ist die Ausgabe von ' none ' im Transcript.
d) ```'Ein Text' collect: [:each I each asLowercase]```
    Die Antwort ist 'ein text'
e) Die erste Möglichkeit, diese Aufgabe zu lösen ist folgender Smalltalk–Ausdruck

```
(('Dieser Text ist fehlerhaftt.' collect: [:each I each asUppercase])
    select: [:each I each = $T]) size
```

Das Ergebnis hiervon ist 5.
Dasselbe Ergebnis kann jedoch auch erzielt werden durch Ausführung von

```
('Dieser Text ist fehlerhaftt.' select: [:each I each = $T or: [each = $t]]) size
```
```

Übung 2.29: Eine OrderedCollection versteht die gleichen Nachrichten wie ein Array und zusätzlich die Nachrichten add:, remove: und remove:ifAbsent:, die ein Array nicht versteht. Werden diese Nachrichten an eine OrderedCollection gesendet, so bleibt die Reihenfolge erhalten, in der die Objekte in der OrderedCollection hinzugefügt wurden. Wird einer OrderedCollection eine Enumerations–Nachricht gesandt, so verhält sie sich wie ein Array.

Übung 2.30: Eine SortedCollection verhält sich wie eine OrderedCollection. Der Unterschied liegt in der Reihenfolge, in der die Elemente in einer SortedCollection einsortiert sind. Aus diesem Grund werden die Elemente in den Enumerations–Nachrichten gemäß ihrer Sortierung abgearbeitet.

Übung 2.31: Beim Hinzufügen und Entfernen verhält sich ein Set (IdentitySet) wie die Collection, die wir bislang schon kennengelernt haben. Bei den Enumerations–Nachrichten läßt sich jedoch nicht vorhersagen, in welcher Reihenfolge die Elemente des Set (IdentitySet) aufgezählt werden.

Übung 2.32: Die Enumerations–Nachrichten übergeben bei einem Dictionary die „value–Objekte" (und nicht die „key–Objekte") in den Block.

Übung 2.33: Hier ergibt sich folgendes:

a) Bei der Nachricht keysDo: werden die „key–Objekte" des Dictionary in den Block übergeben.
b) Bei der Nachricht keysAndValuesDo: werden das „key–Objekt" und das „value–Objekt" in den (2–parametrigen) Block übergeben. Dabei ist das „key–Objekt" das erste Argument und das „value–Objekt" das zweite Argument des Blocks.

3 Klassen und Instanzen – Der Rechner lebt!

Im vorhergehenden Kapitel haben wir uns mit verschiedenen Arten von Objekten wie Integer, Character, String, Array etc. sowie Variablen beschäftigt. Daneben haben wir bereits die wichtigsten sprachlichen Ausdrucksmöglichkeiten kennengelernt, die in Smalltalk, wie auch in den meisten anderen Programmiersprachen, enthalten sind: die Sequenz (eine Folge von Nachrichten), die Verzweigung (das Versenden unterschiedlicher Nachrichten in Abhängigkeit von bestimmten Bedingungen) und die Iteration (eine wiederholte Folge von Nachrichten). Mit diesen drei Ausdrucksformen und den verschiedenen Objekten und Variablen können wir beliebige Programme schreiben. Große Programme mit vielfältigen Arten von Objekten werden dabei jedoch sehr schnell unübersichtlich. In diesem Kapitel werden wir uns daher mit der Strukturierung von Objekten und Programmen beschäftigen.

3.1 Das Klassenkonzept

Alle Objekte einer bestimmten Art, also z.B. jede OrderedCollection, haben übereinstimmende Eigenschaften, wie etwa das Verstehen bestimmter Nachrichten und die Art der Reaktion darauf. Um mit Objekten umgehen zu können, benötigt Smalltalk *Beschreibungen* ihrer Eigenschaften. Eine solche Beschreibung wird in Smalltalk als *Klasse* bezeichnet. Objekte, die die in einer Klasse beschriebenen Eigenschaften besitzen, bezeichnen wir als *Instanzen* dieser Klasse. So ist z.B. das Objekt, das als Antwort auf den Smalltalk–Ausdruck 5 @ 5 gegeben wird, eine Instanz der Klasse Point (wobei 5 eine Instanz der Klasse Integer ist). Jede Instanz von Point versteht die Nachricht x, auf die sie mit der x–Koordinate des durch sie dargestellten Koordinatenpunktes antwortet. Den Zusammenhang zwischen Klassen und ihren Instanzen veranschaulichen wir durch ein Klassendiagramm, wie es in Abb. 3.1 zu sehen ist.

Instanzen einer bestimmten Klasse werden allerdings in den wenigsten Fällen durch Senden einer Nachricht an die Instanz einer anderen Klasse erzeugt. Der am häufigsten benutzte Weg zur Erzeugung neuer Instanzen einer Klasse ist das Senden einer entsprechenden Nachricht an die Klasse selbst (in Smalltalk sind auch Klassen, wie nicht anders zu erwarten, eigenständige Objekte, die bestimmte

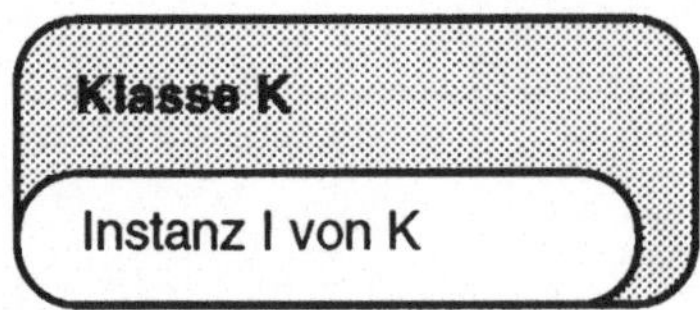

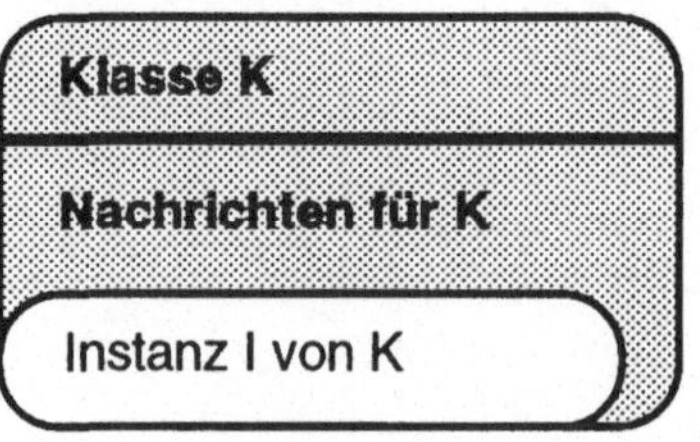

Abb. 3.1: Eine Smalltalk–Klasse K ist die Beschreibung der Eigenschaften ihrer Instanzen I

Abb. 3.2: Graphische Darstellung einer Klasse K mit Nachrichten, die von der Klasse verstanden werden

Nachrichten verstehen), worauf diese mit einer neuen Instanz ihrer selbst antwortet. Bei den meisten Smalltalk–Klassen lautet diese Nachricht new. Wir haben bereits im vorhergehenden Kapitel mit OrderedCollection new neue Instanzen der Klasse OrderedCollection erzeugt. In der Klasse OrderedCollection ist als Eigenschaft der Instanzen von OrderedCollection z.B. festgelegt, daß die darin gesammelten Objekte in der Reihenfolge ihres Einfügens gespeichert und wieder abgerufen werden können.

Alle Instanzen einer Klasse sind eindeutig voneinander unterschieden (vgl. auch die Diskussion der Operatoren = und == in Kapitel 2). Das Ergebnis der folgenden Smalltalk–Anweisungen lautet daher false, obwohl die beiden OrderedCollection natürlich gleich sind.

```
| collection1 collection2 |
collection1 := OrderedCollection new.
collection2 := OrderedCollection new.
1 to: 10 do: [:i | collection1 add: i. collection2 add: i].
collection1 == collection2
```

Daß eine Klasse bestimmte Nachrichten versteht, veranschaulichen wir durch Aufnahme dieser Nachrichten in das Klassendiagramm (siehe Abb. 3.2). Sofern wir auf diese Nachrichten jedoch nicht explizit eingehen, lassen wir sie in den weiteren Klassendiagrammen einfach weg.

Wollen wir in Smalltalk ein Programm schreiben, um eine bestimmte Aufgabe zu lösen, so müssen wir dazu in der Regel neue Klassen in das System einfügen, die gewisse, für unsere Zwecke nützliche Eigenschaften besitzen. Betrachten wir folgende Situation: Wir möchten ein Programm entwickeln, mit welchem der Benutzer Informationen über die Eigenschaften verschiedener Lebewesen speichern und wieder abrufen kann. Ein solches Programm kann z.B. für die Verwaltung eines zoologischen Gartens verwendet werden. Die Darstellung verschiedener Lebewesen in Smalltalk wird uns in diesem Kapitel zur Illustration des Klassenkonzeptes dienen. Auf den dabei programmierten Klassen aufbauend werden wir in Kapitel 4 die Zooverwaltung als Beispiel verwenden, um die Entwicklung graphischer Benutzeroberflächen zu erklären.

Wir beschränken uns bei den Informationen über ein Lebewesen zunächst auf seine Art (z.B. ob es sich um einen Fisch oder einen Vogel handelt), welche Farbe das betreffende Lebewesen hat sowie sein Alter. Jedes Lebewesen soll die folgenden Nachrichten verstehen: color (worauf es mit seiner Farbe antwortet), color: (als Parameter der Nachricht wird dem Empfänger seine neue Farbe mitgeteilt), age (worauf es mit seinem Alter antwortet), age: (als Parameter wird dem Empfänger sein neues Alter mitgeteilt) und birthday (der Empfänger hat Geburtstag, und sein Alter erhöht sich um 1).

Um diese Eigenschaften von Lebewesen in Smalltalk darstellen zu können, benötigen wir als deren Beschreibung eine neue Klasse, die wir LifeForm nennen wollen. Jede Instanz von LifeForm ist dann das Modell eines einzelnen Lebewesens im Rechner. Auf welche Weise können wir mit dieser Klasse die verschiedenen Eigenschaften eines Lebewesens beschreiben?

Die erste Möglichkeit zur Beschreibung von Objekteigenschaften in Smalltalk ist die Definition von *Instanzvariablen*. Wie die bereits in Kapitel 2 eingeführten temporären Variablen dienen Instanzvariablen dazu, Objekte für eine spätere Verwendung zu speichern. Instanzvariablen stehen separat für jede Instanz der Klasse zur Verfügung, in der sie definiert sind. Jede Instanz einer Klasse verfügt somit über Instanzvariablen gleichen Namens, aber nur die Instanz selbst hat die Möglichkeit, auf ihre Instanzvariablen zuzugreifen (also Objekte darin zu speichern oder wieder daraus abzurufen). Andere Objekte, auch andere Instanzen der gleichen Klasse, haben jedoch keine Möglichkeit, auf diese Variablen zuzugreifen. In unserem Beispiel sind Instanzvariablen eine geeignete Beschreibungsmöglichkeit für das Alter und die Farbe eines Lebewesens. Dazu definieren wir in der Klasse LifeForm zwei Instanzvariablen age und color, in denen das Alter und die Farbe des durch die Instanz dargestellten Lebewesens gespeichert werden.

Die zweite Möglichkeit zur Beschreibung von Objekteigenschaften in Smalltalk ist die Definition von *Methoden*. Eine Methode besteht aus einem Namen und einer Folge von Smalltalk–Anweisungen. Immer dann, wenn ein Objekt eine Nachricht empfängt, führt es diejenige in seiner Klasse definierte Methode aus, deren Name mit der Nachricht übereinstimmt (die Struktur von Nachrichten haben wir bereits in Kapitel 2 kennengelernt). Möchten wir also erreichen, daß die Instanzen einer Klasse bestimmte Nachrichten verstehen, so müssen wir für diese Klasse Methoden mit den entsprechenden Namen definieren.

Durch die Anweisungen einer Methode ist die Reaktion einer Instanz auf die dazugehörige Nachricht festgelegt. In unserem Beispiel hätten wir für die Klasse LifeForm also Methoden mit den Schlüsselwörtern color, color:, age, age: und birthday zu definieren. In diesen Methoden müssen wir geeignete Programmanweisungen angeben, so daß sich Instanzen von LifeForm in der oben beschriebenen Weise verhalten.

Diese beiden Möglichkeiten zur Beschreibung von Eigenschaften der Instanzen einer Klasse veranschaulichen wir durch eine Erweiterung des in Abb. 3.1 gezeigten Diagramms (siehe Abb. 3.3). Ein entsprechendes Diagramm für unser Beispiel der Klasse LifeForm ist in Abb. 3.4 zu sehen.

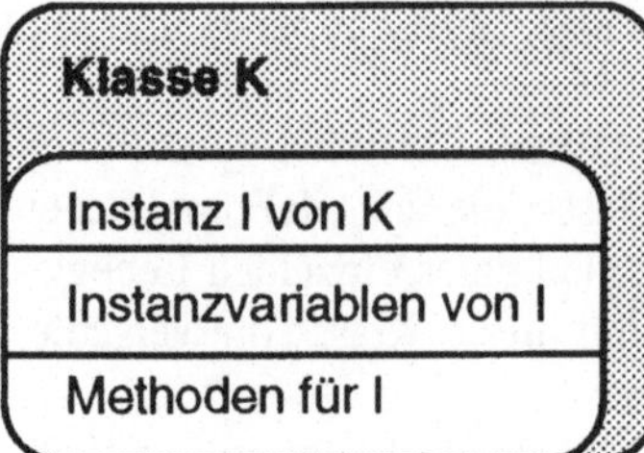

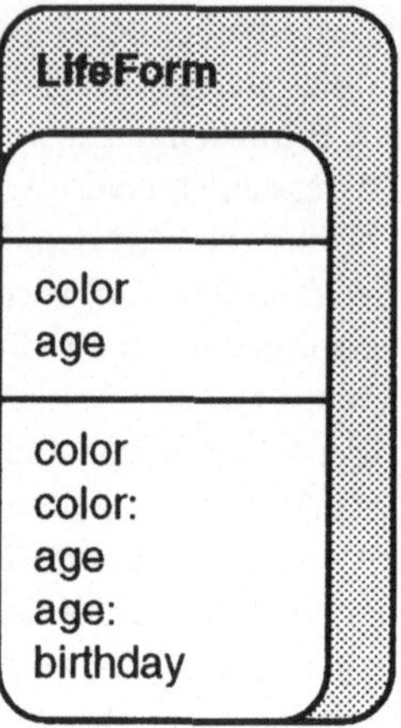

Abb. 3.3: Graphische Darstellung einer Klasse K mit Instanzvariablen und Methoden

Abb. 3.4: Graphische Darstellung der Klasse LifeForm

Von den oben genannten Eigenschaften eines Lebewesens haben wir die Art des Lebewesens bisher nicht in unserer Klasse LifeForm beschrieben. Eine Möglichkeit, die jeweilige Art zu beschreiben, wäre natürlich die Definition einer weiteren Instanzvariablen. Wir wollen hier jedoch eine dritte Möglichkeit zur Beschreibung von Objekteigenschaften kennenlernen, die Bildung von *Unterklassen*. Definieren wir eine Klasse als Unterklasse einer bereits bestehenden Klasse (ihrer *Oberklasse*), so erklären wir damit, daß die Unterklasse (die natürlich eine Beschreibung von Eigenschaften ihrer Instanzen ist) die gesamte Beschreibung der Instanzeigenschaften aus ihrer Oberklasse übernehmen soll. Damit ist gemeint, daß die Instanzen der Unterklasse alle Instanzvariablen der Oberklasse enthalten und die gleichen Nachrichten verstehen wie die Instanzen der Oberklasse. Diese Übertragung von Eigenschaften von Instanzen der Oberklasse auf die Instanzen einer Unterklasse wird als *Vererbung* bezeichnet.

In der Unterklasse können weitere Instanzvariablen und Methoden definiert werden, die die *zusätzlichen* Eigenschaften der Instanzen der Unterklasse beschreiben. Der Vererbungsmechanismus funktioniert jedoch nicht nur für die Instanzen von Klassen, sondern auch für die Klassen selbst. Das heißt, daß die Klasse U dieselben Nachrichten versteht wie ihre Oberklasse K. Die graphische Darstellung dieses Zusammenhangs ist in Abb. 3.5 zu finden (die Richtung des Pfeils deutet die Richtung der Vererbung von Objekteigenschaften an). Die Vererbung wirkt über beliebig viele Unterklassen hinweg. Ist z.B. K Oberklasse von U und U Oberklasse von V, so erbt V die Eigenschaften von K und U.

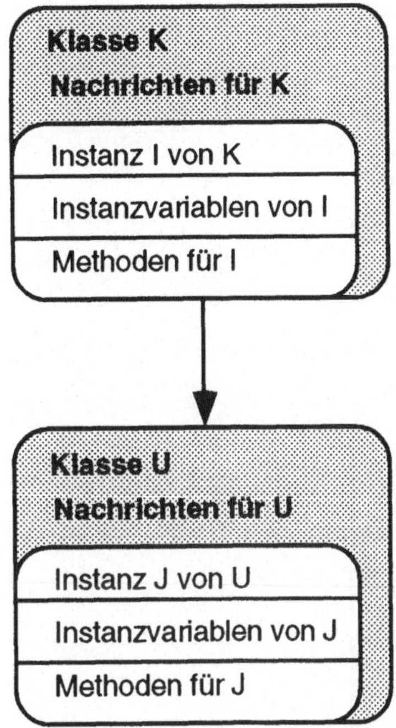

Abb. 3.5: Die Darstellung von Unterklassen. U ist Unterklasse von K. Jede Instanz J von U hat die in K und U definierten Instanzvariablen und versteht sowohl die in K als auch die in U definierten Nachrichten. Die Klasse U versteht neben ihren eigenen Nachrichten auch die der Klasse K.

Kehren wir nun zu unserem Beispiel von den Lebewesen zurück. Verschiedene Arten von Lebewesen können wir durch Definition verschiedener Unterklassen von LifeForm darstellen. Möchten wir beispielsweise Fische als eine spezielle Art von Lebewesen im Rechner modellieren, so definieren wir eine entsprechende Unterklasse von LifeForm, z.B. mit dem Namen Fish. Damit hat eine Instanz von Fish automatisch alle Eigenschaften einer Instanz von LifeForm. Zusätzlich können wir einer Instanz von Fish weitere Eigenschaften geben, die über die von LifeForm geerbten Eigenschaften hinausgehen. Betrachten wir als Beispiel die Nachricht canSwim, auf die jedes Fish–Objekt mit dem Wahrheitswert true antworten soll. Diese Nachricht wird nur von Fish–Objekten verstanden, nicht jedoch von anderen Instanzen von LifeForm. Diesen Zusammenhang zeigt der untere Teil von Abb. 3.6.

Die Definition von Klassen als Unterklassen anderer Klassen ist in Smalltalk ein grundlegendes Konstruktionsprinzip. Jede Klasse ist die Unterklasse genau einer anderen Klasse. Auf diese Weise entsteht eine *Hierarchie* von Klassen (jede Klasse kann mehrere Unterklassen haben, hat jedoch nur eine Oberklasse), an deren Spitze die Klasse Object steht. Tatsächlich ist Object in VisualWorks® die einzige für den Programmierer interessante Klasse, die *nicht* die Unterklasse einer anderen Klasse ist. Wir müssen unsere neue Klasse LifeForm also zumindest als Unterklasse von Object definieren (dargestellt im oberen Teil von Abb. 3.6). Insbesondere versteht die Klasse LifeForm damit die gleichen Nachrichten wie die Klasse Object. Wir können also Instanzen von LifeForm durch Auswerten des Smalltalk–Ausdrucks LifeForm new erzeugen. Wie wir der Abb. 3.6 weiter entnehmen können, besitzen Instanzen von Object keine Instanzvariablen. Eine Instanz von LifeForm oder Fish wird also nur über die Instanzvariablen color und age verfügen.

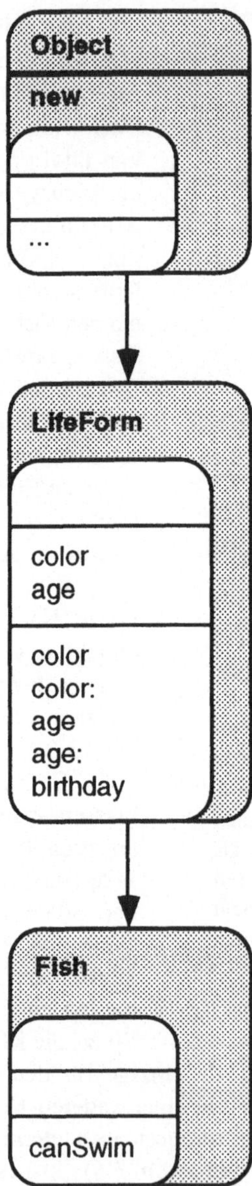

Abb. 3.6: Graphische Darstellung von Fish als Unterklasse von LifeForm. Beide sind
Unterklassen von Object.

Unsere bisherigen Betrachtungen zum Aufbau und der Funktion von Klassen in
Smalltalk haben wir durch das Beispiel von den Lebewesen illustriert. Um einen
ersten Eindruck davon zu gewinnen, welche Klassen es in Visualworks®\
Smalltalk bereits gibt, wie sie aufgebaut sind und wie man vom System verschie-

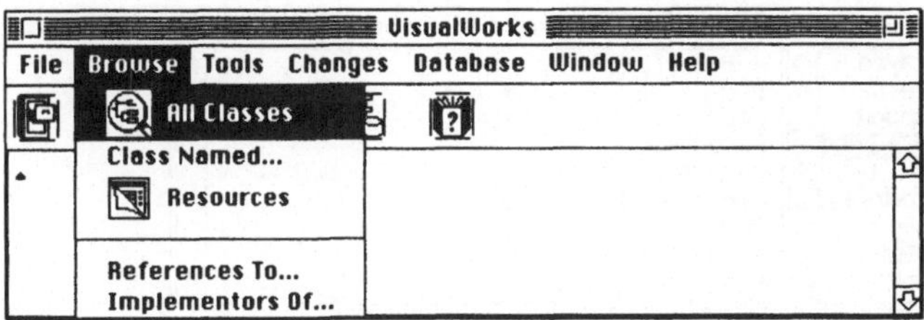

Abb.3.7: Aufruf des Browser–Werkzeugs: Drücken und Halten des Select–Button im Browse–Menü des Launcher, Auswahl des Menüpunktes All Classes, Loslassen des Select–Button

dene Informationen über die Klassen erhält, wollen wir uns nun die Klassen Point und Rectangle näher ansehen, mit denen wir bereits im vorhergehenden Kapitel verschiedene Übungen durchgeführt haben.

Für die Untersuchung von Klassen gibt es in VisualWorks® ein spezielles Werkzeug, den Browser (engl. *browse* = blättern, schmökern). Ähnlich wie der Workspace, den wir bereits in Kapitel 2 kennengelernt haben, wird der Browser mit Hilfe des Launcher aktiviert. Wir zeigen mit der Maus auf den Menüpunkt Browse, drücken den Select–Button und lassen diesen noch *nicht* los. Daraufhin erscheint als Untermenü von Browse ein Menü, das die Auswahl verschiedener

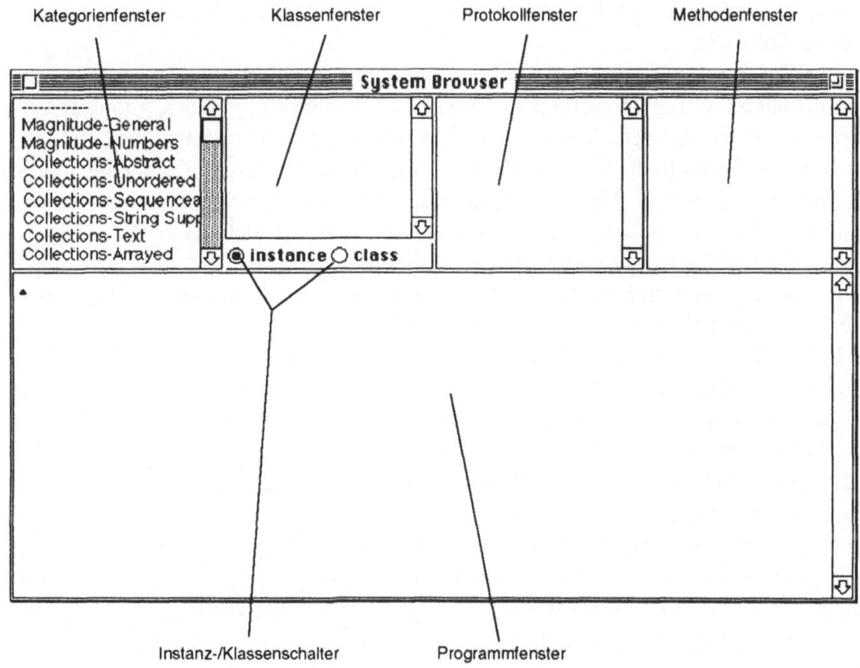

Abb. 3.8: Der Browser nach dem Aufruf

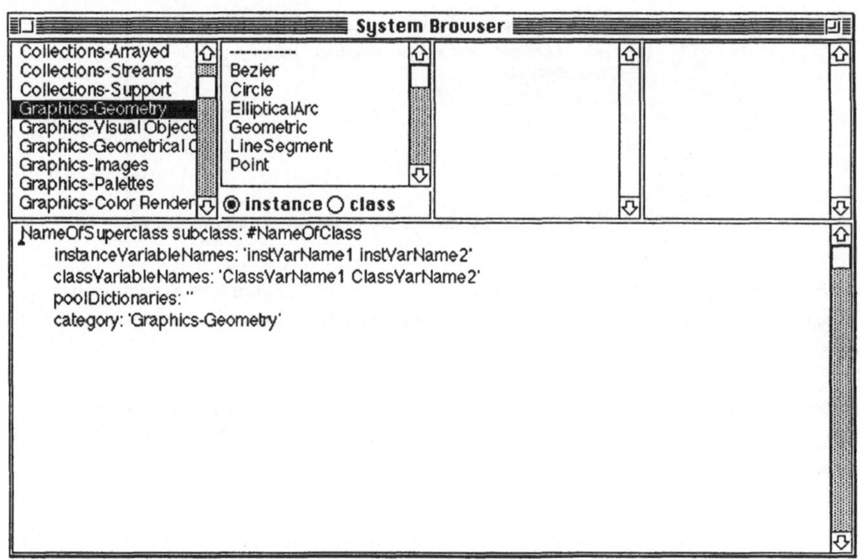

Abb. 3.9: Der Browser nach Auswahl der Kategorie Graphics–Geometry

Arten von Browser ermöglicht (siehe Abb. 3.7). Wir ziehen den Mauszeiger auf
den Menüpunkt All Classes und lassen anschließend den Select–Button los. Auf
dem Bildschirm erscheint nun ein neues Fenster mit dem Titel System Browser
(siehe Abb. 3.8).

Ein Browser ist ähnlich wie ein Inspector aus verschiedenen Teilfenstern zusammengesetzt, im Unterschied zu diesem ist er jedoch wesentlich komplexer aufgebaut und enthält verschiedene nützliche Hilfsmittel für den Umgang mit Visualworks®\Smalltalk. Diese Hilfsmittel und die Bedeutung der einzelnen Teilfenster werden wir im Verlaufe dieses Kapitels Schritt für Schritt kennenlernen.
Für die folgenden Beispiele und Übungen ist es wichtig, daß der Instanz–/ Klassenschalter auf instance eingestellt ist. Sollte dies nicht der Fall sein, so wählen
Sie instance mit dem Select–Button aus. Wir wollen nun kurz auf die Bedeutung
der einzelnen Teilfenster des Browser eingehen.

In VisualWorks® werden Klassen in sogenannte *Kategorien* eingeordnet. Dabei
werden üblicherweise Klassen mit ähnlichen Aufgaben zu einer Kategorie
zusammengefaßt. Die Kategorie, zu der eine Klasse gehört, dient lediglich als
Ordnungsmerkmal und hat keinen Einfluß auf ihre Funktion. Alle Kategorien, die
im System bekannt sind, werden im *Kategorienfenster* (siehe Abb. 3.8) des
Browser in Form einer Liste angezeigt. Jede Kategorie in dieser Liste kann mit
dem Select–Button angeklickt werden. Anschließend erscheint im *Klassenfenster*
eine Liste der Klassen, die in der betreffenden Kategorie zusammengefaßt sind,
und im *Programmfenster* wird ein Text angezeigt. Wählen wir z.B. die Kategorie
Graphics–Geometry, so verändert sich der Browser wie in Abb. 3.9 gezeigt. Im
Klassenfenster finden wir, gegebenenfalls nach Abwärtsrollen der Liste im Klassenfenster, die uns bereits bekannten Klassen Point und Rectangle.

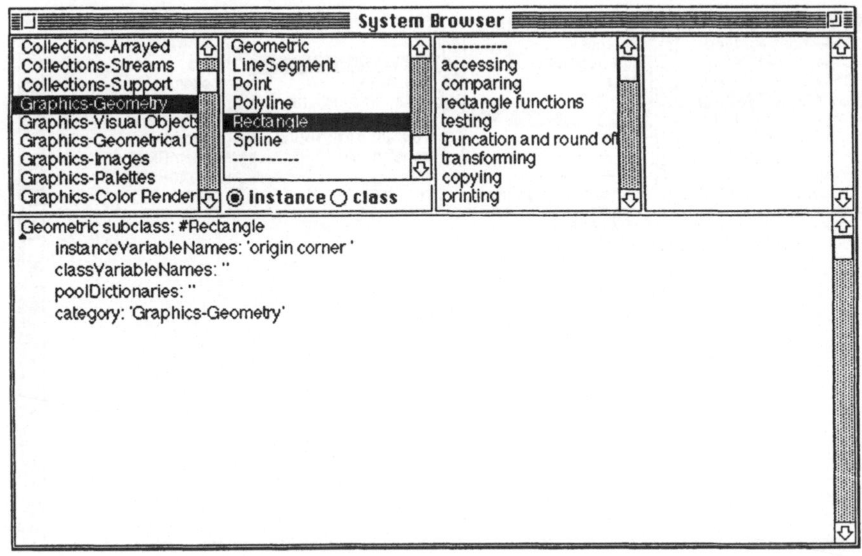

Abb. 3.10: Der Browser nach Auswahl der Klasse Rectangle

Der gleichzeitig im Programmfenster angezeigte Text dient als Musternachricht zur Definition neuer Klassen in der gewählten Kategorie. Der Empfänger dieser Nachricht (bezeichnet mit NameOfSuperClass) ist diejenige Klasse, die die Oberklasse der neuen Klasse sein soll. Der erste Parameter #NameOfClass steht für den Namen der neuen Klasse. Da Klassennamen in Smalltalk eindeutig sein müssen, wird der Name einer neuen Klasse als Symbol angegeben. Der zweite Parameter ist ein String mit den Namen der (beliebig vielen) Instanzvariablen der neuen Klasse, jeweils durch ein Leerzeichen voneinander getrennt. Der Parameter des Schlüsselwortes category: ist ein String mit dem Namen der Kategorie, in die die Klasse eingeordnet werden soll. Auf die Bedeutung des dritten Parameters, der zur Definition von *Klassenvariablen* dient, werden wir in Unterabschnitt 3.3.3 eingehen. Den vierten Parameter, der zur Definition sogenannter *Poolvariablen* dient, werden wir im Rahmen dieses Buches nicht behandeln.

Die jeweilige Nachricht zur Definition einer Klasse bezeichnen wir auch als die *Definition der Klasse*.

Genauso wie eine Kategorie im Kategorienfenster könnnen wir nun im Klassenfenster eine Klasse auswählen, z.B. Rectangle (siehe Abb. 3.10). Anschließend erscheint im *Protokollfenster* eine Liste sogenannter *Protokollnamen* (accessing, comparing, rectangle functions etc.). Außerdem hat sich der Text im Programmfenster verändert. An Stelle des bisherigen Mustertextes für die Klassendefinition steht hier nun die Definition der gewählten Klasse Rectangle. Wie wir sehen können, verfügt jede Instanz von Rectangle über die zwei Instanzvariablen origin und corner, die zur Speicherung der Koordinatenpunkte der rechten oberen und linken unteren Ecke des durch dieses Objekt dargestellten Rechtecks dienen. Wie oben bereits erklärt, ist in Smalltalk jede Klasse die Unterklasse genau einer anderen

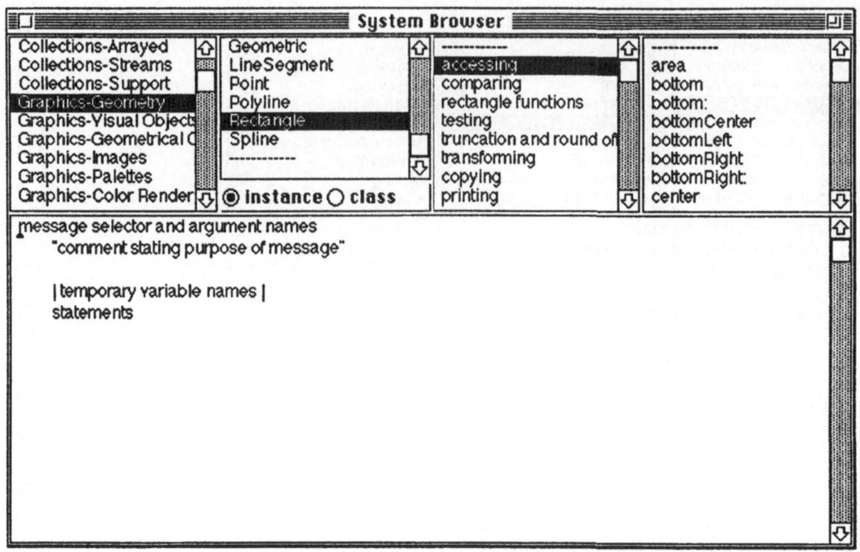

Abb. 3.11: Der Browser nach Auswahl des Protokolls accessing in Rectangle

Klasse (außer der Klasse Object). Die Oberklasse einer gewählten Klasse können wir in der ersten Zeile der Klassendefinition ablesen. Die Klasse Rectangle ist demnach eine Unterklasse von Geometric.

Ein Protokoll ist eine Zusammenfassung, ähnlich einer Kategorie, allerdings nicht von Klassen, sondern von Methoden einer Klasse. Analog zur Zuordnung einer Klasse zu einer Kategorie hat die Zuordnung einer Methode zu einem Protokoll keinen Einfluß auf die Funktion der Methode, und in gleicher Weise wie die Zuordnung einer Klasse zu einer Kategorie kann die Zuordnung einer Methode zu einem Protokoll jederzeit geändert werden. Methoden, die eine ähnliche Bedeutung haben (z.B. Vergleichsoperationen oder Methoden für den Zugriff auf Instanzvariablen) werden üblicherweise in einem Protokoll zusammengefaßt. Protokolle dienen also der Organisation von Methoden zur besseren Übersichtlichkeit.

In vielen Klassen von VisualWorks® werden gleiche Protokollnamen verwendet, so daß sie als Standardprotokolle angesehen werden können. Dazu gehören die Protokolle accessing (Methoden, die den Zugriff auf die Instanzvariablen eines Objektes ermöglichen), comparing (Methoden für Vergleichsoperationen zwischen Objekten), testing (Methoden zur Überprüfung gewisser Eigenschaften von Objekten), printing (Methoden zum Ausdrucken von Informationen über ein Objekt) und private (Methoden, die nur von dem betreffenden Objekt selbst verwendet werden sollten).

Wählen wir nun im Protokollfenster eines der Protokolle aus (z.B. accessing), so erscheint im *Methodenfenster* des Browser eine Liste der Methoden (in Form ihrer Schlüsselwörter), die in dem gewählten Protokoll zusammengefaßt sind. Wir sehen nun im Methodenfenster die Methode area, die wir bereits in Kapitel 2 kennengelernt haben (siehe Abb. 3.11). Gleichzeitig hat sich auch der Text im Programmfenster geändert. Dieser Text dient als Muster zur Definition neuer Methoden, ähnlich dem bereits gesehenen Muster zur Definition neuer Klassen.

Wie nicht anders zu erwarten, können wir im Methodenfenster die einzelnen Methoden mit dem Select–Button auswählen. Wählen wir z.B. area aus, so erscheint im Programmfenster die Methode, die beim Empfang der Nachricht area durch eine Instanz von Rectangle ausgeführt wird.

Die vier oberen Teilfenster des Browser hängen bei der Darstellung ihrer Informationen voneinander ab, und zwar in der gleichen Reihenfolge, in der wir sie eben kennengelernt haben. Das bedeutet, daß der Inhalt der weiter rechts liegenden Teilfenster von den links liegenden Teilfenstern abhängt. Machen wir z.B. die Auswahl im Klassenfenster rückgängig, so daß dort keine Klasse mehr ausgewählt ist, so werden die Listen des Protokoll– und des Methodenfensters automatisch geleert. Der Browser ist jedoch in der Lage, sich die verschiedenen ausgewählten Listeneinträge zu merken, so daß bei einem Wechsel der Auswahl in einem Fenster versucht wird, die gleichen Einträge in den davon abhängigen Teilfenstern zu wiederholen. Verändern wir z.B. im Klassenfenster die Auswahl von Rectangle in Point, so wird im Protokollfenster das zuvor gewählte Protokoll accessing wiedergefunden und ausgewählt. Die vorher gewählte Methode area gibt es im accessing–Protokoll von Point nicht, so daß diese Auswahl nicht wiederholt werden kann. Im Methodenfenster ist daher kein Listeneintrag selektiert.

Zum Abschluß unseres kleinen Überblicks über den Browser und seine Teilfenster wollen wir noch erwähnen, daß jedes der Teilfenster über ein eigenes Menü verfügt, das mit dem Operate–Button der Maus aktiviert werden kann (siehe Abb. 3.12). Das Menü jedes Teilfensters kann sich verändern, je nachdem, ob in dem betreffenden Teilfenster ein Eintrag in der Liste ausgewählt worden ist. In Abb. 3.12 sind die verschiedenen Menüs der Teilfenster abgebildet, wobei z.B. das Menü in Abb. 3.12a immer dann erscheint, wenn keine Kategorie ausgewählt ist und das Menü in Abb. 3.12b, wenn zuvor eine Kategorie gewählt worden ist. Analoges gilt für das Protokollfenster. Im Klassenfenster und im Methodenfenster erscheint überhaupt kein Menü, wenn zuvor keine Klasse bzw. Methode ausgewählt worden ist, das betreffende Teilfenster blinkt dann lediglich auf dem Bildschirm (probieren Sie es ruhig aus!).

Die Bedeutung der verschiedenen Punkte in den Menüs der Teilfenster werden wir im Verlaufe dieses Kapitels noch ausführlich kennenlernen. Einige der Funktionen, die wir benutzen werden, dienen dem Hinzufügen (add...), Umbenennen (rename as...) und Entfernen (remove...) von Kategorien, Klassen, Protokollen und Methoden. In sämtlichen Operate–Menus (bei jeweils selektiertem Listeneintrag) der oberen vier Teilfenster des Browser finden wir die Menüpunkte file out as..., hardcopy und spawn, mit denen eine Kategorie, eine Klasse, ein Protokoll bzw. eine Methode auf eine Datei ausgegegeben, auf dem Drucker ausgedruckt oder in einem (neuen) separaten Browser bearbeitet werden kann. Die letztgenannte Funktion ist besonders dann nützlich, wenn ein begonnener Arbeitsvorgang im Browser unterbrochen werden soll, um den gleichen Browser für eine neue

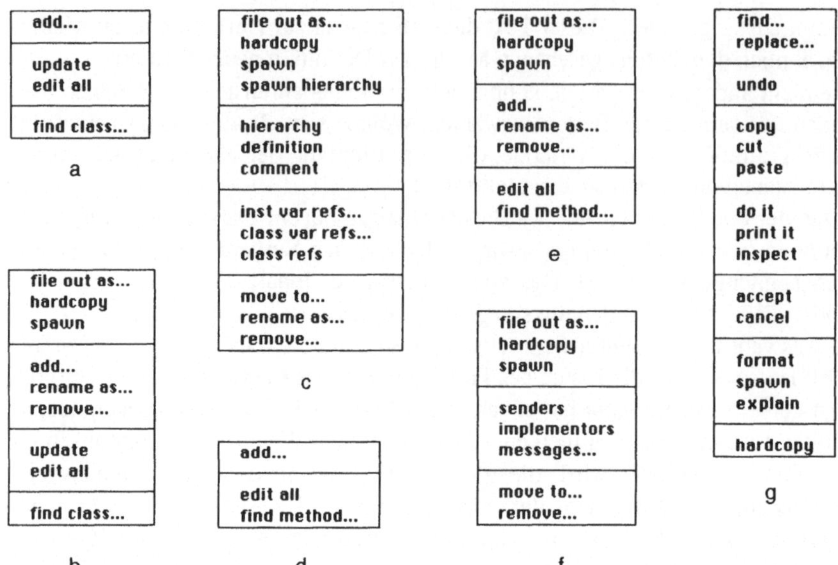

Abb. 3.12. a: Operate–Menu des Kategorienfensters ohne gewählte Kategorie. **b:** Operate–Menu des Kategorienfensters mit gewählter Kategorie. **c:** Operate–Menu des Klassenfensters mit gewählter Klasse. **d:** Operate–Menu des Protokollfensters ohne gewähltes Protokoll. **e:** Operate–Menu des Protokollfensters mit gewähltem Protokoll. **f:** Operate–Menu des Methodenfensters mit gewählter Methode. **g:** Operate–Menu des Programmfensters.

Aufgabe einzusetzen. Der unterbrochene Vorgang wird dann in einen anderen Browser „ausgelagert".

Neben diesen allgemeinen Funktionen enthält jedes der Fenstermenüs noch verschiedene Punkte, die auf den Inhalt des jeweiligen Fensters abgestimmt sind. So liefert z.B. senders im Operate–Menu des Methodenfensters eine Liste aller in VisualWorks®\Smalltalk bekannten Methoden, in denen der Name der ausgewählten Methode als Nachricht gesendet wird.

Eine sehr nützliche Funktion aus dem Operate–Menu des Kategorienfensters wollen wir bereits an dieser Stelle näher behandeln: find class.... Sie dient zum Aufsuchen einer bestimmten Klasse im Browser, wenn man nicht genau weiß, in welcher Kategorie die betreffende Klasse zu finden ist. Zunächst klicken wir aber im Kategorienfenster nochmals die markierte Kategorie Graphics–Geometry an, so daß keine Kategorie mehr gewählt ist und die übrigen Teilfenster der oberen Reihe alle leer sind. Anschließend wählen wir mit dem Operate–Button aus dem Operate–Menu des Kategorienfensters find class... aus.

Nun erscheint auf dem Bildschirm ein Fenster, in dem VisualWorks® nach dem Namen der gesuchten Klasse fragt (siehe Abb. 3.13a). Ein solches Fenster bezeichnen wir als *Eingabefenster*. Es besteht aus einer Mitteilung, die besagt, welche Informationen in das Fenster eingegeben werden sollen, und dem rechteckigen Eingabefeld, in welchem die eigentliche Eingabe erfolgt. Das Eingabefeld ist in

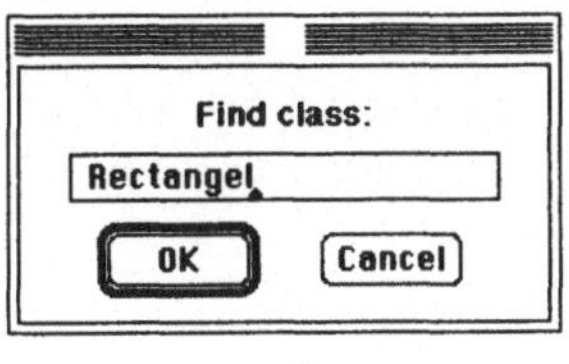
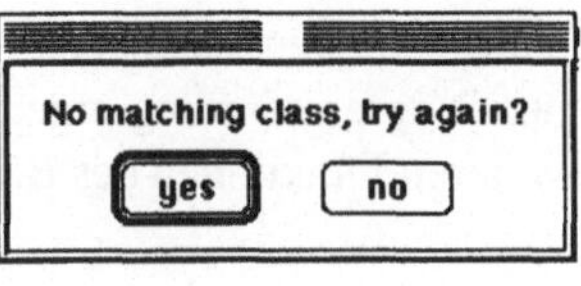

a   b

Abb. 3.13 a: Eingabefenster für die Suche nach der Klasse Rectangle mit dem Browser **b:** Dialogfenster bei erfolgloser Suche nach einem eingegebenen Klassennamen

der Regel mit einer Eingabe vorbelegt, kann aber nach Belieben überschrieben werden. Nach Eingabe des Klassennamens und Drücken der Return–Taste sucht der Browser in VisualWorks® nach einer Klasse dieses Namens und zeigt sie anschließend an. Gibt es keine solche Klasse, so erscheint ein Dialogfenster mit der entsprechenden Mitteilung und der Frage, ob eine erneute Suche stattfinden soll (vgl. Abb. 3.13b). Wird diese Frage durch Anklicken des yes–Button beantwortet, so erscheint erneut das bereits bekannte Eingabefenster aus Abb. 3.13a. Mit Anklicken des no–Buttons wird der Suchprozeß abgebrochen.

Ist der Name der gesuchten Klasse nicht genau bekannt, so können im Eingabefeld auch sogenannte *Platzhalterzeichen* (engl. *wildcards*) eingegeben werden, die bei der Suche für beliebige Zeichen stehen. Ein solches Platzhalterzeichen ist „*“, das für eine Zeichenfolge aus beliebigen Zeichen steht. Geben wir in das Eingabefeld von find class... z.B. „Po*“ ein, so sucht der Browser alle Klassen in Visualworks®\Smalltalk, deren Name mit „Po“ anfängt und mit irgendeiner Zeichenfolge fortgesetzt wird (dazu zählt auch die „leere“ Zeichenfolge). Gibt es mindestens eine Klasse, deren Name zu der Suchzeichenkette paßt, so erscheint ein Fenster mit einer Liste aller dazu passenden Klassennamen auf dem Bildschirm. Aus dieser Liste kann dann genau eine Klasse ausgewählt werden. In unserem Beispiel sieht diese Liste aus wie in Abb. 3.14 gezeigt.

Übung 3.1: Überprüfen Sie mit Hilfe des Browser, welche Klasse die Oberklasse von Object ist.

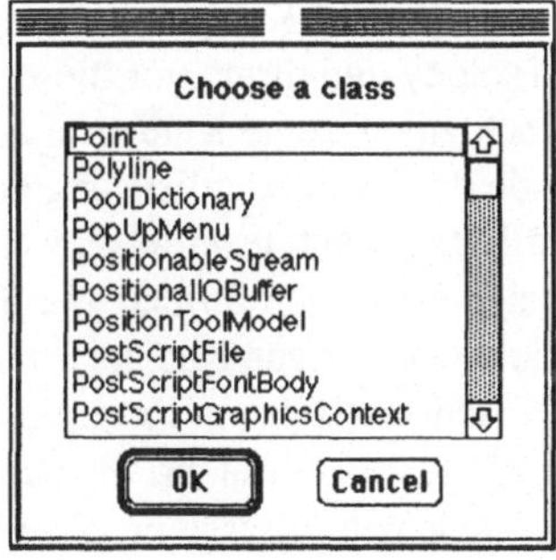

Abb. 3.14: Auswahl von Klassen, die bei der Suche nach „Po*“ in VisualWorks® gefunden wurden

Nach diesen ersten Versuchen mit dem Browser werden wir im nächsten Abschnitt mit der Programmierung eigener Klassen beginnen und dabei Schritt für Schritt die weiteren Funktionen des Browser kennenlernen.

3.2 Eigene Klassen

3.2.1 Erste eigene Klassen – Die ersten Lebewesen

Bei den bisherigen Beispielen und Übungen zur Programmierung haben wir stets Objekte und Klassen benutzt, die in VisualWorks® bereits enthalten sind. Diese vorhandenen Objekte sind jedoch nicht immer geeignet, um eine bestimmte Aufgabe zu erfüllen. Wie bereits im vorhergehenden Abschnitt erwähnt, gibt es daher die Möglichkeit, eigene Klassen in VisualWorks® zu definieren, die die gewünschten Eigenschaften der von uns benötigten Objekte beschreiben. Um zu lernen, wie eigene Klassen in Smalltalk mit Hilfe des Browser definiert werden, betrachten wir wieder unser Programm zur Zooverwaltung. Im Abschnitt 3.1 haben wir bereits kurz diskutiert, wie eine Definition von LifeForm aussehen muß, um die für unser Problem wichtigen Eigenschaften von Lebewesen im Rechner abzubilden.

Da jede Klasse in VisualWorks® einer Kategorie zugeordnet wird, müssen wir vor der Definition einer neuen Klasse dafür eine bestehende Kategorie wählen oder eine neue Kategorie anlegen. Wir wollen unsere neue Klasse LifeForm in einer eigenen Kategorie Biology einordnen. Dazu wählen wir aus dem Operate-Menu des Kategorienfensters add... aus. In das daraufhin erscheinende Eingabefenster schreiben wir den Namen der neuen Kategorie und beenden die Eingabe wie üblich mit der Return-Taste. Anschließend erscheint im Kategorien-fenster die neue Kategorie Biology.

Falls wir vor Auswahl von add... im Kategorienfenster eine andere Kategorie ausgewählt hatten, so steht Biology nun direkt vor dieser in der Liste des Katego-rienfensters. Hatten wir jedoch zuvor keine Kategorie ausgewählt, wird die neue Kategorie einfach an das Ende der Kategorienliste angehängt. In beiden Fällen ist Biology anschließend die im Kategorienfenster ausgewählte Kategorie. Das Klas-senfenster bleibt bis auf zwei waagerechte Striche, die den Anfang und das Ende der Klassenliste markieren, leer, da die neue Kategorie noch keine Klassen enthält.

Nach Durchführung dieser Schritte steht im Programmfenster des Browser die bereits in Abschnitt 3.1 erklärte Musternachricht zur Definition einer neuen Klasse. Wie wir wissen, muß jede neue Klasse in VisualWorks® die Unterklasse einer bereits bestehenden Klasse sein. Object bildet die Spitze der Klassenhierarchie, und jede neue Klasse muß daher eine Unterklasse von Object oder einer ihrer Unterklassen sein.

Wir definieren LifeForm nun als Unterklasse von Object:

```
Object subclass: #LifeForm
    instanceVariableNames: ''
    classVariableNames: ''
    poolDictionaries: ''
    category: 'Biology'
```

Für sämtliche Änderungen der Musternachricht im Programmfenster können die Edierfunktionen verwendet werden, die wir bereits in Kapitel 2 beim Workspace kennengelernt haben. Jetzt wählen wir im Operate–Menu des Programmfensters (siehe Abb. 3.12g) accept aus, um dem Browser mitzuteilen, daß die Methode im Programmfenster eine neue Klasse in VisualWorks® definieren soll. Anschließend erscheint für die Kategorie Biology im Klassenfenster des Browser die neue Klasse LifeForm. Hiermit haben wir unsere erste eigene Klasse in Visualworks®\Smalltalk erzeugt!

Da wir die neue Klasse mit Hilfe einer Nachricht erzeugt haben, wäre es auch möglich gewesen, an Stelle von accept die do it–Funktion aus dem Operate–Menu des Programmfensters zu verwenden. Allerdings hätten wir anschließend erst noch die update–Funktion aus dem Operate–Menu des Kategorienfensters aktivieren müssen, ehe die neue Klasse im Browser angezeigt worden wäre. Das liegt daran, daß mit der Definition einer neuen Klasse eine Veränderung in Visualworks®\Smalltalk durchgeführt worden ist, über die der Browser erst informiert werden muß. Bei Verwendung von accept „weiß" der Browser, daß die Veränderung von ihm selbst bewirkt worden ist. Andere auf dem Bildschirm geöffnete Browser müssen jedoch immer noch durch die update–Funktion über den neuen Zustand informiert werden. Dies ist insbesondere dann wichtig, wenn wir in einem anderen Browser weitere Veränderungen an der zuvor erzeugten Klasse vornehmen möchten. Ohne vorherige Ausführung der update–Funktion existiert die neue Klasse für den anderen Browser überhaupt nicht. Analoge Überlegungen gelten auch für den Fall, daß eine bereits bestehende Klasse verändert worden ist.

Nach allem, was wir bisher über Klassen und ihre Instanzen wissen, müßte es nun möglich sein, ein Modell eines Lebewesens im Rechner zu erzeugen, d.h. eine Instanz der Klasse LifeForm zu erzeugen. Wir können dies in der gleichen Weise tun, wie wir bisher auch Instanzen von Dictionary oder OrderedCollection erzeugt haben, mit Hilfe eines Workspace.

Übung 3.2: Öffnen Sie einen Workspace oder aktivieren Sie das Fenster eines bereits geöffneten Workspace. Erzeugen Sie mit der Nachricht new an die Klasse LifeForm eine Instanz von LifeForm und untersuchen Sie das neue Objekt mit einem Inspector.

Das Operate–Menu des Programmfensters im Browser stimmt zu einem großen Teil mit dem des Workspace überein. Daher können wir alle Übungen, die wir im Workspace durchführen, auch mit dem Programmfenster des Browser bearbeiten.

Im Unterschied zu einem Inspector auf einen Point oder einen String, wie wir
ihn im vorhergehenden Kapitel gesehen haben, macht das linke Teilfenster des
Inspector bei einer Instanz von LifeForm einen ziemlich „leeren" Eindruck. Lediglich das Wort self ist in diesem Fenster eingetragen. Ein Lebewesen scheint bisher
also ein sehr einfaches Objekt zu sein, was uns natürlich nicht weiter verwundert,
da wir VisualWorks® bisher eigentlich nicht viel mehr mitgeteilt haben, als daß
die Klasse LifeForm existieren soll und in welche Kategorie sie eingeordnet sein
soll. Im folgenden Unterabschnitt werden wir die Eigenschaften „Alter" und
„Farbe" zur Definition von LifeForm hinzufügen.

3.2.2   Instanzvariablen – Die Eigenheiten eines Lebewesens

Ein Grundgedanke der objektorientierten Programmierung ist die Zuordnung einer
Information zu demjenigen Objekt, zu dem sie gehört. Für die Eigenschaften eines
Lebewesens, wie Farbe und Alter, die durch andere Objekte dargestellt werden
können (z.B. durch Symbol–Objekte wie #green für eine Farbe), benötigen wir Instanzvariablen, in denen diese Objekte bei der jeweiligen Instanz gespeichert werden können.

Variablen und ihre Bedeutung haben wir bereits in Kapitel 2 kennengelernt.
Eine Variable dient prinzipiell als Aufbewahrungsort für ein anderes Objekt, das
später wieder aus dieser Variablen abgerufen werden kann. Für die Speicherung
von Farbe und Alter eines Lebewesens geben wir in der Klassendefinition von
LifeForm die zwei Instanzvariablen color und age an.

Dazu suchen wir in einem Browser zunächst die Klasse LifeForm auf, so daß im
Programmfenster die Klassendefinition erscheint. Hier führen wir nun als Parameter des Schlüsselwortes instanceVariableNames: die beiden Instanzvariablen ein:

```
Object subclass: #LifeForm
    instanceVariableNames: 'color age'
    classVariableNames: ''
    poolDictionaries: ''
    category: 'Biology'
```

Durch Wahl von accept im Operate–Menu des Programmfensters wird die Definition der Klasse LifeForm geändert.

Zur Benennung von Variablen ist noch zu bemerken, daß es sich aus Gründen
der leichteren Lesbarkeit eines Programms stets empfiehlt, „sprechende" Namen
zu verwenden. Darunter sind solche Namen zu verstehen, aus denen bereits der
Verwendungszweck der Variablen hervorgeht. Einfache Buchstaben (z.B. a, b,
c...) oder kryptische Bezeichnungen (z.B. e35x7) sind zu vermeiden, wenn nicht
die Bedeutung der Variablen daraus hervorgeht (so sind x und y zwar Buchstaben,
werden aber in Point als Koordinatenbezeichnungen verwendet).

Wir erzeugen nun erneut in einem Workspace eine Instanz von LifeForm und
öffnen einen Inspector darauf. Dieser hat das in Abb. 3.15 gezeigte Aussehen. Im
linken Teilfenster des Inspector erscheinen die beiden Instanzvariablen, die wir

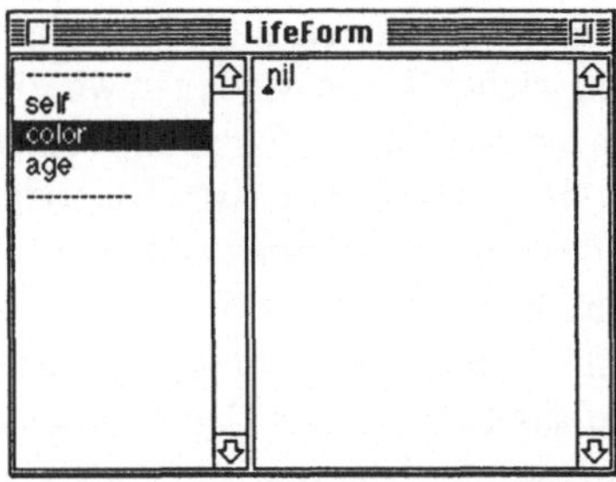

Abb. 3.15: Inspector auf eine Instanz von LifeForm

zuvor in die Klassendefinition eingefügt haben. Wählt man eine dieser Variablen aus, so erscheint im rechten Teilfenster nil. Durch Überschreiben von nil mit einem anderen Smalltalk–Ausdruck (z.B. dem Symbol #green bei der Variablen color) und ein anschließendes accept aus dem Operate–Menu im rechten Textfenster des Inspector wird die Variable mit einem neuen Wert belegt.

Wie bereits in Kapitel 2 erklärt, können Variablen in Smalltalk prinzipiell mit beliebigen Objekten belegt werden. Eine Typbindung von Variablen, wie sie in anderen Programmiersprachen oftmals vorkommt, gibt es nicht.

Wir wollen am Ende dieses Unterabschnitts noch kurz auf zwei Menüpunkte aus dem zum Klassenfenster gehörigen Operate–Menu eingehen. Dieses Menü (siehe Abb. 3.12c) steht nur dann zur Verfügung, wenn zuvor eine Klasse gewählt worden ist. Unter dem Menüpunkt comment finden wir eine Funktion, mit der im Programmfenster ein kommentierender Text zu der gewählten Klasse eingegeben (und angezeigt) werden kann. In diesem Kommentar wird der Verwendungszweck einer Klasse beschrieben, wozu auch eine kurze Erläuterung des Zwecks der in der Klasse definierten Instanzvariablen gehört.

Üblicherweise wird nach Wahl einer Klasse stets deren Definition im Programmfenster angezeigt. Haben wir jedoch z.B. comment aus dem Operate–Menu des Klassenfensters gewählt, so verschwindet die Definition der Klasse aus dem Programmfenster. Durch Wahl von definition aus dem Operate–Menu des Klassenfensters wird die Klassendefinition erneut angezeigt.

Übung 3.3: Fügen Sie für die Klasse LifeForm einen Kommentar in VisualWorks®\ Smalltalk ein. Vergessen Sie dabei bitte nicht, die Instanzvariablen zu erklären.

3.2.3   Methoden und temporäre Variablen – Wer versteht was

Mit unserer bisherigen Definition eines Lebewesens im Rechner können wir lediglich Instanzen von LifeForm erzeugen und (in „Handarbeit" mit einem Inspector) in ihren Instanzvariablen Objekte speichern. Für die Programmierung ist es jedoch weitaus einfacher, dem betreffenden Objekt einfach seine Farbe oder sein Alter mitteilen zu können. Zu diesem Zweck muß jede Instanz von LifeForm entsprechende Nachrichten verstehen können, die wir in Abschnitt 3.1 mit color: und age: bezeichnet haben. In gleicher Weise benötigen wir die Nachrichten color und age, um ein LifeForm–Objekt nach seiner Farbe und seinem Alter fragen zu können. Wie in Abschnitt 3.1 bereits erklärt, müssen wir dazu entsprechende Methoden mit diesen Namen in der Klasse LifeForm definieren.

Dazu verwenden wir die beiden von uns bisher noch nicht für die Programmierung verwendeten Teilfenster des Browser, das Protokoll– und das Methodenfenster. Da alle Methoden aus Gründen der Übersichtlichkeit jeweils Protokollen zugeordnet werden, müssen wir für LifeForm mindestens ein neues Protokoll anlegen. Wir tun dies durch Wahl von add... aus dem Operate–Menu im Protokollfenster des Browser (siehe Abb. 3.12d). Daraufhin erscheint ein Eingabefenster mit der Aufforderung, einen Protokollnamen einzugeben. Wir wählen als Protokollnamen accessing, da wir in diesem Protokoll alle Methoden zusammenfassen wollen, mit denen wir auf die Instanzvariablen eines LifeForm–Objektes zugreifen können. Nach Abschluß der Eingabe erscheint im Protokollfenster der (bereits ausgewählte) neue Protokollname, im Methodenfenster erscheinen zwei waagerechte Striche als Zeichen für eine leere Liste, und im Programmfenster erscheint das in Abschnitt 3.1 bereits erwähnte Textmuster zur Definition einer neuen Methode:

```
message selector and argument names
    "comment stating purpose of message"
    | temporary variable names |
    statements
```

Ähnlich wie bei der Definition einer neuen Klasse muß hier der Text teilweise so ersetzt werden, daß die Definition einer Methode entsteht. Die erste Zeile einer Methodendefinition enthält stets die *Schlüsselwörter* (message selector) der Methode und die Namen ihrer *Argumente* (argument names).

In der nächsten Zeile wird der *Kommentar* eingefügt, der den Zweck der Methode erläutert. Dazu muß der Text zwischen den doppelten Anführungszeichen ausgetauscht werden. Solche Kommentare können in jeder Smalltalk–Methode an beliebigen Stellen eingefügt werden. Jeder Text, der zwischen einer Reihe von Smalltalk–Anweisungen in doppelte Anführungsstriche gesetzt wird, gilt als Kommentar, und VisualWorks® versucht nicht, diesen Text als Programmanweisung zu interpretieren. Ein ausgiebiger Gebrauch von Kommentaren ist sehr zu empfehlen, da Programme auf diese Weise leichter verständlich sind. Dies ist bei der späteren Änderung von Programmen hilfreich, da ansonsten die Bedeutung mancher Programmdetails vergessen wird. Natürlich braucht nicht jede einzelne Nachricht in einer Methode kommentiert werden, aber Programmstücke, die eine größere Aufgabe lösen, sollten in einem kurzen Satz kommentiert werden. Darüber hinaus ist es sinnvoll, die Bedeutung der Argumente der Methode, das Ergebnis der Methode (also ihre Antwort auf die empfangene Nachricht, die ihre Ausführung ausgelöst hat) und eine kurze Erläuterung der Funktionsweise in einem Kommentar festzuhalten, sofern diese nicht deutlich aus dem Programmtext hervorgehen.

Anschließend an den Kommentar werden die *temporären Variablen* der Methode definiert. Temporäre Variablen haben wir bereits in Kapitel 2 kennengelernt. Sie dienen der „Zwischenlagerung" von Objekten während der Ausführung von Smalltalk–Anweisungen. Die beiden „I", zwischen denen die Namen der temporären Variablen aufgeführt werden, stehen bereits im Textmuster, so daß nur der Text temporary variable names gegen die Bezeichnungen der temporären Variablen ausgetauscht werden muß. Wenn wir in den Programmanweisungen Variablennamen verwenden, die in der gerade bearbeiteten Klasse nicht bekannt sind, so fragt uns VisualWorks® (nach Wahl von accept im Operate–Menu des Programmfensters) nach der Art der Variablen, wie wir dies bereits in Kapitel 2 gesehen haben. Die richtige Wahl für eine temporäre Variable lautet hier temp. Der Name der temporären Variablen wird dann automatisch in die Definition der temporären Variablen der Methode aufgenommen.

Die Bezeichnung „temporäre Variable" kommt daher, daß eine solche Variable nur so lange „existiert", wie die Methode ausgeführt wird, in der die Variable definiert ist. Die Variable steht also nur „zeitweise" zur Verfügung. Wird die betreffende Methode zu einem späteren Zeitpunkt nochmals ausgeführt, so entstehen auch die temporären Variablen neu, d.h. die Werte, mit denen die temporären Variablen bei ihrer letzten Ausführung belegt waren, sind verschwunden. Im Unterschied dazu bleiben Instanzvariablen so lange erhalten, wie das Objekt existiert, zu dem sie gehören. In Instanzvariablen können also Werte gespeichert werden, die über die Ausführung einer Methode hinaus Bestand haben sollen.

Wir werden nun die erste Methode für LifeForm implementieren. Auf die Nachricht age soll eine Instanz von LifeForm mit ihrem Alter antworten, das als Zahl in der Instanzvariablen age gespeichert ist. Die zugehörige Methode sieht wie folgt aus:

```
age
    "Antworte mit dem Alter des Lebewesens."

    ^age isNil
        ifTrue: [0]
        ifFalse: [age]
```

Welches Objekt als Antwort auf eine Nachricht an den Sender der Nachricht zurückgeschickt wird, machen wir in einer Methode durch ein dem betreffenden Objekt (oder dem Ausdruck, dessen Ergebnis das Objekt ist) vorangestellten „^" kenntlich. In der obigen Methode age wird also das Ergebnis eines der beiden Blöcke von ifTrue:ifFalse: als Antwort zurückgegeben. Die Auswertung des ^–Ausdrucks bewirkt außerdem, daß die Ausführung der Methode beendet wird, d.h., daß eventuell noch folgende Anweisungen nicht mehr ausgeführt werden.

Wie wir früher bereits festgestellt hatten, haben Instanzvariablen zu Beginn (d.h. zum Zeitpunkt der Erzeugung des Objektes, zu dem sie gehören) den Wert nil. Dies berücksichtigen wir in unserer Methode dadurch, daß mit der Zahl 0 geantwortet wird, falls ein LifeForm–Objekt noch kein Alter hat (die Instanzvariable age hat den Wert nil). Andernfalls wird der in der Instanzvariablen age gespeicherte Wert zurückgegeben. Wie wir sehen, greifen die Programmanweisungen einer Methode auf eine Instanzvariable einfach durch Nennung des Variablennames zu.

Diese Interpretation von nil als Wert der Instanzvariablen ist eine von uns getroffene Entscheidung über das erwünschte Verhalten eines LifeForm–Objektes. Es wäre auch vorstellbar, die Methode stets mit dem Inhalt der Instanzvariablen age auf die Nachricht age antworten zu lassen und zu vereinbaren, daß der Empfänger dem Sender der Nachricht durch nil mitteilt, sein eigenes Alter nicht zu kennen.

Bei der Eingabe der Methode im Programmfenster des Browser erscheint der Methodenname zunächst nicht fett gedruckt. Wählen wir jedoch im Operate–Menu des Programmfensters format aus, so wird der Text im Programmfenster so formatiert, daß er leichter lesbar wird (was insbesondere bei verschachtelten Anweisungen hilfreich ist). Unter anderem werden dabei auch die Schlüsselwörter und Argumentnamen fett hervorgehoben.

Damit eine Instanz von LifeForm die neue Nachricht auch wirklich versteht, müssen wir im Operate–Menu des Programmfensters erst noch accept auswählen. Anschließend erscheint im Methodenfenster des Browser die Methode age. Probieren wir nun aus, ob Instanzen von LifeForm die Nachricht age tatsächlich verstehen!

Übung 3.4: Öffnen Sie einen Workspace und werten Sie die folgenden Smalltalk–Anweisungen durch Auswahl von print it aus dem Operate–Menu aus. Überlegen Sie bitte vorher, welches Ergebnis zu erwarten ist.

```
| life |
life := LifeForm new.
life age
```

Übung 3.5: Implementieren Sie eine Nachricht color, die es erlaubt, von einer Instanz von LifeForm zu erfahren, welche Farbe sie hat. Nehmen Sie an, daß Farben durch Symbol-Objekte repräsentiert werden (z.B. #white, #yellow, #red, #brown, #blue, #green, etc.). Eine LifeForm–Instanz, die noch keine Farbe hat, soll auf color mit #none antworten.

Manchmal ist es notwendig, zusammen mit einer Nachricht gleichzeitig bestimmte Objekte an den Empfänger der Nachricht zu übermitteln (auf diesen Fall wurde bereits in Kapitel 2 kurz eingegangen). Nehmen wir einmal an, eines unserer LifeForm–Objekte repräsentiere ein Chamäleon, das ja bekanntlich seine Farbe wechseln kann. Dieser LifeForm möchten wir z.B. mitteilen, daß seine neue Farbe #yellow sei. Wir benötigen für diese Mitteilung natürlich eine geeignete Nachricht, die jedoch im Unterschied zu den bisherigen Nachrichten gleichzeitig mitteilt, welche Farbe die LifeForm nunmehr annehmen soll. Dazu wird nach dem Schlüsselwort der Methode der Argumentname angegeben, der bei Ausführung der Methode den Parameter der Nachricht enthält, die die Aktivierung der Methode bewirkt hat.

color: aSymbol

> "Teile dem Lebewesen mit, welche Farbe es annehmen soll."

> ^color := aSymbol

Um die Funktionsweise dieser Methode zu verstehen, betrachten wir die folgenden Smalltalk–Anweisungen:

```
I life I
life := LifeForm new.
life color: #yellow
```

Was geschieht bei der Ausführung dieses Anweisungen? Zunächst wird eine neue LifeForm erzeugt und in der Variablen life gespeichert. Anschließend wird diesem Lebewesen die Nachricht color: gesandt. Im Unterschied zu den Nachrichten age und color, die allein aus einem Schlüsselwort bestanden, folgt bei unserer neuen Nachricht dem Schlüsselwort color: ein Parameter. Der Parameter ersetzt in der auf den Empfang der Nachricht hin aktivierten Methode des Nachrichtenempfängers das an der entsprechenden Stelle stehende Argument der Methode. In unserem obigen Beispiel ist aSymbol das (einzige) Argument der Methode color:. Der Argumentname enthält in der Regel einen Hinweis darauf, welche Art von Argument bei Ausführung der Methode erwartet wird (hier also z.B. ein Symbol).

Für die obigen Anweisungen bedeutet dies, daß bei Beginn der Ausführung von color: das Argument aSymbol durch den mit der Nachricht versandten Parameter #yellow ersetzt wird. Das Argument wird innerhalb der Methode wie eine Variable verwendet, allerdings mit dem wichtigen Unterschied, daß einem Argument innerhalb der Methode kein anderer Wert zugewiesen werden kann. In der einzigen Programmanweisung unserer Methode color: wird dann der Wert des Argumentes (also #yellow) der Instanzvariablen color zugewiesen. Die Antwort auf die Nachricht color: ist die neue Farbe, womit der Empfänger der Nachricht gewissermaßen bestätigt, die neue Farbe angenommen zu haben.

> **Übung 3.6:** Schreiben Sie eine Methode für die Klasse LifeForm, mit der einem Lebewesen ein bestimmtes Alter gegeben werden kann. Das LifeForm–Objekt soll auf diese Nachricht mit seinem bisherigen Alter antworten, damit wir dieses für andere Verwendungszwecke weiterhin kennen. Berücksichtigen Sie den Fall, daß das Alter möglicherweise noch nicht definiert ist.

Für das Versenden von Nachrichten betrachten wir noch den wichtigen Spezialfall, daß ein Objekt an sich selbst eine Nachricht senden will. Im Falle unserer Lebewesen benötigen wir eine solche Möglichkeit z.B. dann, wenn eine LifeForm ihr eigenes Alter kennen muß, um auf eine bestimmte Nachricht antworten zu können.

Jedes Lebewesen hat irgendwann einmal Geburtstag und wird dann ein Jahr älter. Wir teilen einem Lebewesen seinen Geburtstag dadurch mit, daß wir ihm die Nachricht birthday schicken. Die Methode für diese Nachricht sieht wie folgt aus:

birthday
> "Es ist Geburtstag. Der Empfaenger der Nachricht wird ein Jahr aelter."

> self age: self age + 1.

In dieser Methode finden wir einen Smalltalk–Ausdruck, den wir zwar schon verwendet, aber noch nicht genau besprochen haben: self. Es handelt sich hierbei um eine sogenannte *Pseudovariable*, mit der stets der Empfänger einer Nachricht „selbst" gemeint ist. Jedes Objekt kennt sich durch diese Variable selbst und kann daher auch mit sich selbst kommunizieren.

Nehmen wir an, eine Instanz von LifeForm erhält die Nachricht birthday, worauf es mit der Ausführung der obigen Methode reagiert. Gemäß den aus Kapitel 2 bekannten Prioritätsregeln bei der Auswertung von Smalltalk–Ausdrücken schickt dieses Lebewesen zuerst an sich selbst die Nachricht age. Dem daraufhin zurückgesandten Objekt (einer Zahl) wird die Nachricht + mit dem Argument 1 gesendet, deren Antwort (die um 1 größere Zahl) das Lebewesen mit der Nachricht age: an sich selbst als sein neues Alter schickt. Wir erinnern uns: in der Methode age, die wir bereits programmiert haben, wurde der Fall berücksichtigt, daß in der Instanzvariablen age noch keine Zahl gespeichert ist. Durch das Versenden der Nachricht age an sich selbst braucht das Lebewesen in der Methode birthday nicht mehr zu überprüfen, ob es schon ein Alter hat, da dies bereits in einer anderen Methode getan wird. Da die Antwort auf die Nachricht age in jedem Falle eine Zahl ist (nämlich 0, falls das Lebewesen noch kein Alter hat), kann zu dem bisherigen Alter einfach 1 addiert werden und auf diese Weise das neue Alter berechnet werden.

> **Übung 3.7:** Öffnen Sie einen Browser, erzeugen Sie eine LifeForm und senden sie ihr die Nachricht birthday. Wie lautet die Antwort der LifeForm darauf?

In der Methode birthday haben wir, im Unterschied etwa zu den Methoden age und color, keine Anweisungen mehr eingegeben, die festlegen, wie der Empfänger der Nachricht antwortet. Andererseits wissen wir aber bereits aus Kapitel 2, daß ein Objekt auf jede verstandene Nachricht eine Antwort gibt, die, sofern nichts anderes festgelegt ist, der Empfänger der Nachricht selbst ist. Man kann sich also bei jeder Methode, in der keine ausdrückliche Antwort festgelegt wird, vorstellen, daß hinter der letzten Anweisung der Methode noch die Programmzeile

> ^self

steht.

Wir sehen uns noch den allgemeineren Fall an, daß mehrere Parameter gleichzeitig mit einer Nachricht versandt werden sollen. Als Beispiel hierfür betrachten wir die Aufgabe, daß einem Lebewesen gleichzeitig sein Alter und seine Farbe mitgeteilt werden. Der Name der Methode, die diese Aufgabe erfüllt, besteht aus zwei Schlüsselwörtern (color und age) und den zwei benötigten Argumenten (aSymbol und anInteger). Die Methode berechnet als Antwort ein zweistelliges

Array mit der neuen Farbe und dem neuen Alter der LifeForm, die die Nachricht
color:age: erhalten hat.

color: aSymbol age: anInteger
> "Teile dem Lebewesen eine neue Farbe mit, die als Symbol uebergeben
> wird, sowie ein neues Alter, das eine ganze Zahl sein soll. Die neue Farbe
> und das neue Alter werden als Array der Laenge 2 zurueckgegeben."
>
> self color: aSymbol.
> self age: anInteger.
> ^Array with: self color with: self age

Übung 3.8: Nehmen Sie an, für die Klasse LifeForm seien die folgenden Methoden implementiert. Was bewirken diese Methoden? Wie würden Sie die Methoden nennen und
kommentieren?

method1: aLifeForm
> ^self age + aLifeForm age / 2

method2: aLifeForm
> ^self color == aLifeForm color

method3: aCollectionOfLifeForms
> | elder sum |
> elder := aCollectionOfLifeForms select: [:element | element age <= self age].
> sum := 0.
> elder do: [:element | sum := sum + element age].
> ^sum / elder size

Übung 3.9: Da wir die Methode color:age: im weiteren nicht mehr benötigen werden,
entfernen Sie diese aus der Definition der Klasse LifeForm.

Manchmal benötigen wir eine Möglichkeit, die Definition einer Klasse (zusammen mit den Methoden) auf einen Drucker auszugeben. Dazu gibt es in den verschiedenen Operate–Menus des Browser die hardcopy–Funktion, mit der, je nachdem, ob die Funktion im Kategorien–, Klassen–, Protokoll– oder Methodenfenster
gewählt wurde, sämtliche Klassen einer Kategorie, eine einzelne Klasse, die Methoden eines Protokolls oder eine einzelne Methode auf den Drucker ausgegeben
werden. Für unsere Klasse LifeForm sieht dieser Ausdruck wie folgt aus:

```
Object subclass: #LifeForm
    instanceVariableNames: 'color age '
    classVariableNames: ''
    poolDictionaries: ''
    category: 'Biology'


LifeForm comment:
'Instanzen der Klassen LifeForm dienen zur Darstellung von Lebewesen im
Rechner.
```

Instanzvariablen:
>   age: Hier wird das Alter eines Lebewesens gespeichert.
>   color: Hier merkt sich eine LifeForm–Instanz, welche Farbe das durch sie
>   dargestellte Lebewesen hat.'

LifeForm methodsFor: 'accessing'

age
>   "Antworte mit dem Alter des Lebewesens."
>
>   ^age isNil
>   ifTrue: [0]
>   ifFalse: [age]

age: anInteger
>   "Teile dem Empfaenger der Nachricht ein neues Alter mit, das als ganze
>   Zahl uebergeben wird."
>
> | previousAge |
>   previousAge := age isNil
>   ifTrue: [0]
>   ifFalse: [age].
>   age := anInteger.
>   ^previousAge

birthday
>   "Es ist Geburtstag. Der Empfaenger der Nachricht wird ein Jahr aelter."
>
>   self age: self age + 1

color
>   "Liefert die Farbe eines Lebewesens oder #none, wenn die Farbe unbe-
>   kannt ist."
>
>   ^color isNil
>   ifTrue: [#none]
>   ifFalse: [color]

color: aSymbol
>   "Teile dem Lebewesen mit, welche Farbe es annehmen soll."
>
>   ^color := aSymbol

Bei der Druckausgabe wird zuerst die Klassendefinition in der uns bereits vertrau-
ten Form des Textmusters ausgegeben, gefolgt vom Kommentar zu der Klasse.
Anschließend werden, geordnet nach Protokollen (hier gibt es nur das Protokoll
accessing), die einzelnen Methoden ausgedruckt.

Übung 3.10: Für den Umgang mit Methoden gibt es in den Operate–Menus des Browser noch einige nützliche Funktionen, die Sie in den folgenden Aufgaben kennenlernen.

a) Suchen Sie in der Klasse Rectangle die Methode intersects: auf.

b) Stellen Sie fest, von welchen Methoden in VisualWorks® die Nachricht intersects: verwendet wird.

c) Stellen Sie fest, in welchen Klassen die Nachricht intersects: implementiert ist.

d) Stellen Sie fest, welche Nachrichten in der Methode intersects: verwendet und von welchen Klassen sie implementiert werden.

3.3 Unterklassen und Vererbung – Das Erbe der Altvorderen

Bei unseren bisherigen Betrachtungen haben wir uns auf eine sehr allgemeine Beschreibung von Lebewesen beschränkt, die nicht mehr enthält als das Alter und die Farbe. Andere interessante Informationen, wie z.B. die Tatsache, ob es sich bei einem Lebewesen um ein Tier oder eine Pflanze handelt oder ob es sich bei einem Tier um einen Vogel handelt oder nicht, können wir bisher von einer LifeForm nicht erfahren. Natürlich wäre es möglich, all diese Informationen in Instanzvariablen in einer LifeForm zu speichern. Dabei ist jedoch zu bedenken, daß bestimmte Eigenschaften nicht für jedes Lebewesen relevant sind. So ist die Anzahl der Zähne im allgemeinen keine Eigenschaft, die bei Pflanzen von Interesse ist. In jeder LifeForm müßten wir also für alle nur denkbaren Eigenschaften entsprechende Instanzvariablen vorsehen, ungeachtet dessen, ob diese Eigenschaften für eine einzelne Instanz überhaupt von Interesse sind.

Alternativ können wir für jede Art von Lebewesen eine eigene Klasse programmieren. Dies hat den Vorteil, daß jede dieser Klassen nur diejenigen Eigenschaften beschreiben muß, die für die angemessene Darstellung dieses Lebewesens im Rechner benötigt werden. Es gibt jedoch Eigenschaften, die bestimmte Arten von Lebewesen gemeinsam haben, wie z.B. die bereits eingeführten Attribute Farbe und Alter. Um für diese Eigenschaften in unterschiedlichen Klassen nicht jedesmal die gleichen Instanzvariablen definieren zu müssen (was außerdem leicht zu Programmierfehlern führen kann, wenn man eine dieser Variablen versehentlich nicht definiert), nutzen wir den in Abschnitt 3.1 beschriebenen Vererbungsmechanismus von Smalltalk.

3.3.1   Unterklassen – Spezielle Lebewesen

Wir betrachten das Beispiel aus Abschnitt 3.1, in dem wir Fische als eine spezielle Art von Lebewesen im Rechner darstellen wollen. Fische haben neben den gleichen Eigenschaften wie unsere bisherigen (allgemeinen) Lebewesen zusätzlich die Fähigkeit schwimmen zu können (was nicht ausschließt, daß auch andere spezielle Lebewesen schwimmen können). Um diesen Sachverhalt zu modellieren, führen wir in VisualWorks® eine neue Klasse mit dem Namen Fish ein, die wir als Unterklasse von LifeForm definieren (zur graphischen Darstellung dieses Zusammenhangs siehe auch Abb. 3.6):

```
LifeForm subclass: #Fish
    instanceVariableNames: ''
    classVariableNames: ''
    poolDictionaries: ''
    category: 'Biology'
```

Um die Wirkung der Vererbung durch eine Unterklassendefinition zu untersuchen und um unsere neue Klasse Fish gleich auszuprobieren, erzeugen wir auf die übliche Weise eine neue Instanz von Fish und sehen uns diese mit einem Inspector an (siehe Abb. 3.16). Obwohl wir in der Klassendefinition von Fish keinerlei Instanzvariablen angegeben hatten, finden wir im Inspector neben dem Eintrag self (also dem betrachteten Objekt selbst) noch die Einträge color und age. Ein Fish verfügt also über die gleichen Instanzvariablen wie unsere bisherigen LifeForm–Objekte.

Probieren wir gleich noch aus, ob ein Fish auch dieselben Nachrichten versteht, die die anderen Instanzen von LifeForm verstehen. Dieses Experiment können wir im rechten Fenster des Inspector durchführen. Nach Auswertung des Smalltalk–Ausdrucks

```
self birthday. self age
```

mit print it erhalten wir das erwartete Ergebnis 1. Dadurch, daß wir Fish als Unterklasse von LifeForm definiert haben, hat jede Instanz von Fish die gleichen Eigenschaften wie die Instanzen von LifeForm.

Bisher kann uns allerdings noch keine Instanz von Fish die Frage beantworten, ob ein Fisch schwimmen kann. Wir implementieren zu diesem Zweck für die Klasse Fish in dem (vorher zu definierenden) Protokoll testing die Nachricht canSwim, auf die jeder Fish mit true antwortet. Die zugehörige Methode sieht wie folgt aus:

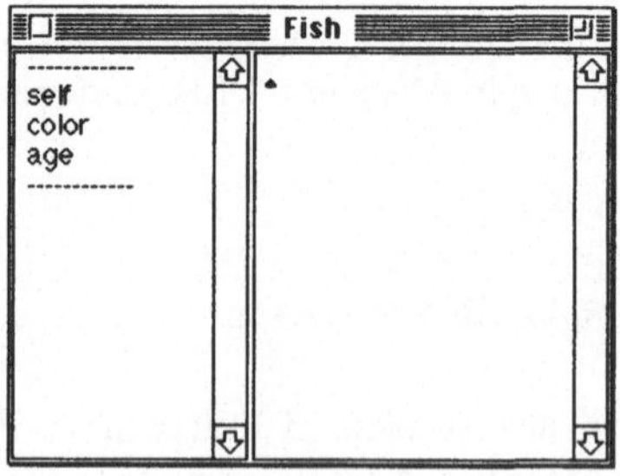

Abb. 3.16: Inspector auf eine Instanz von Fish

canSwim

"Jeder Fisch kann schwimmen!"

^true

Senden wir in dem noch offenen Inspector mit der vorhin erzeugten Instanz von Fish die neue Nachricht canSwim, so erhalten wir als Antwort erwartungsgemäß true.

Die Klasse LifeForm und ihre neue Unterklasse Fish unterscheiden sich nun in der Nachricht canSwim, genauer gesagt darin, daß diese Nachricht von jeder Instanz von Fish verstanden wird, von den übrigen Instanzen von LifeForm jedoch nicht. Um zu überprüfen, daß dies tatsächlich der Fall ist, machen wir folgenden Versuch. Wir erzeugen auf die übliche Weise eine Instanz von LifeForm und sehen uns diese mit einem Inspector an. Im rechten Fenster des Inspector werten wir nun den folgenden Smalltalk–Ausdruck aus:

self canSwim

Das Resultat ist jedoch nicht das Objekt true, sondern die bereits in Kapitel 2 kennengelernte Fehlermeldung, daß der Empfänger die Nachricht nicht versteht. Die umgekehrte Richtung bei der Übertragung von Eigenschaften durch die Unterklassendefinition gilt also nicht. Da eine Instanz von LifeForm offensichtlich nur einen Teil der Eigenschaften eines Fish hat, bezeichnen wir Fish als eine *Spezialisierung* von LifeForm (bzw. LifeForm als *Verallgemeinerung* von Fish) Nachdem wir die Spezialisierung von LifeForm durch das Einführen zusätzlicher Methoden in Fish kennengelernt haben, werden wir nun noch eine andere Form der Spezialisierung durch Einführung zusätzlicher Instanzvariablen kennenlernen.

Dazu implementieren wir eine Klasse Plant als Unterklasse von LifeForm, mit der wir Pflanzen im Rechner darstellen wollen. Pflanzen unterscheiden sich von anderen Lebewesen dadurch, daß sie stets einen festen Standort haben. Wir berücksichtigen dies bei unserer Klassendefinition durch die Einführung der Instanzvariablen location, in der der Standort gespeichert wird. Für die Festlegung des Standortes einer Pflanze und die Frage nach dem Standort werden entsprechende Methoden programmiert. Die gesamte Definition von Plant sieht wie folgt aus:

```
LifeForm subclass: #Plant
    instanceVariableNames: 'location '
    classVariableNames: ''
    poolDictionaries: ''
    category: 'Biology'


Plant comment:
'Plant–Objekte repraesentieren Pflanzen. Als spezielle Lebewesen verfuegen
sie ueber einen Standort.
```

Instanzvariablen:
    location: Der Standort eines Plant–Objektes, dargestellt durch Point–
                Objekte.

Plant methodsFor: 'accessing'

location
    "Antworte mit dem Standort des Empfaengers."

    ^location

location: aPoint
    "Lege aPoint als Standort fuer den Empfaenger fest. Antworte mit dem
    neuen Standort."

    ^location := aPoint

Wenn wir nun eine Instanz von Plant erzeugen und mit einem Inspector untersuchen, stellen wir fest, daß sie neben sämtlichen Instanzvariablen von LifeForm die
zusätzliche Instanzvariable location enthält. Durch die Definition von Plant als
Unterklasse von LifeForm erbt jede Instanz von Plant die Instanzvariablen von
LifeForm. Die Unterklassendefinition von Plant fügt also zu der von LifeForm
übernommenen Definition eine neue Instanzvariable hinzu.

3.3.2   Das Konzept der Unterklassen

Wir haben Klassen bisher als die Beschreibung der Eigenschaften von Objekten in
Smalltalk kennengelernt, d.h., der inneren Struktur der Objekte und der Nachrichten, die von diesen Objekten verstanden werden. Die Definition neuer Klassen ist
der Ausgangspunkt der Entwicklung von Programmen in Smalltalk. In dem Beispiel aus Abschnitt 3.1 haben wir bereits gesehen, wie die Eigenschaften einer
Klasse auf eine andere Klasse mittels Vererbung übertragen werden können. Die
folgende Übungsaufgabe soll zur Wiederholung der dort eingeführten Begriffe
und der Klassendiagramme dienen.

Übung 3.11: Zeichnen Sie ein Diagramm der Klassenhierarchie für LifeForm, Fish und
Plant.

Mit der Verwendung von Unterklassen ist ein besonderer Vorteil bei der Programmierung verbunden. Wird für die Lösung einer Aufgabe ein Objekt mit bestimmten Eigenschaften benötigt, die denen einer bereits in VisualWorks®\Small-
talk bekannten Klasse ähneln, so genügt es oftmals, eine Unterklasse dieser bereits
bestehenden Klasse einzuführen. Die neue Klasse erbt auf diese Weise sämtliche
Eigenschaften ihrer Oberklasse. Abweichende oder zusätzliche Eigenschaften
können durch entsprechende Instanzvariablen und Methoden programmiert werden. Der Programmieraufwand zur Lösung eines neuen Problems kann durch ge-

schickte Ausnutzung der bereits im System vorhandenen Klassenhierarchie relativ gering gehalten werden. Die Fehleranfälligkeit neuer Programme wird mit Hilfe dieses Ansatzes ebenfalls gering gehalten, da auf bereits „funktionierende" Klassen aufgebaut werden kann.

Welche Bedeutung hat der Vererbungsmechanismus für die Ausführung von Methoden? Zur Beantwortung dieser Frage betrachten wir wieder unsere bisherige Hierarchie von LifeForm und eine einzelne Instanz von Plant. Senden wir diesem Objekt die Nachricht color zu, so wird es mit #none antworten, da wir ihm bisher nicht mitgeteilt haben, welche Farbe es haben soll. Bisher hatten wir dazu lediglich festgestellt, daß eine Klasse die Eigenschaften ihrer Oberklassen erbt, also auch die gleichen Nachrichten wie diese versteht. Was geschieht jedoch genau zwischen dem Senden der Nachricht und der Antwort des Adressaten?

Empfängt ein Objekt eine Nachricht von einem anderen Objekt, so muß es zunächst feststellen, ob es diese Nachricht überhaupt versteht. Dies geschieht dadurch, daß es „nachsieht", ob für die betreffende Nachricht in seiner eigenen Klasse eine Methode vorhanden ist. Ist dies der Fall, so wird die betreffende Methode ausgeführt und eine damit berechnete Antwort auf die Nachricht an den Sender zurückgeschickt. Dies hatten wir bereits bei der Klasse LifeForm kennengelernt. In unserem Beispiel von der Instanz von Plant und der Nachricht color würde dieser Mechanismus jedoch versagen, da in der Klasse Plant keine entsprechende Methode definiert worden ist.

Kann ein Objekt die ihm zugesandte Nachricht nicht in der Definition seiner Klasse finden, so wird es in einem darauffolgenden Schritt in der Definition seiner Oberklasse nachsehen, ob dort für diese Nachricht eine Methode definiert ist. Wenn dies der Fall ist, so wird die entsprechende Methode wie üblich ausgeführt und eine damit berechnete Antwort zurückgeschickt. Kann das Objekt jedoch auch dort nicht die gesuchte Methode finden, so wird die Suche in der Oberklasse der Oberklasse in gleicher Weise fortgesetzt. Bei der Suche nach einer passenden Methode zu einer empfangenen Nachricht „hangelt" sich das betreffende Objekt, angefangen bei seiner eigenen Klasse, durch die Klassenhierarchie von Visualworks®\Smalltalk „aufwärts" (in unseren Diagrammen also gegen die Pfeilrichtung). Im Beispiel der Pflanze und der Nachricht color wird in LifeForm, der Oberklasse von Plant, die passende Methode gefunden und ausgeführt.

In Abb. 3.17 ist dieser Vorgang für unser Beispiel dargestellt (die Methoden der Klasse Object sind hier weggelassen). Der Ablauf der Suche nach einer passenden Methode ist durch einen mit der Nachricht bezeichneten gestrichelten Pfeil dargestellt.

Die Suche nach der passenden Methode zu einer Nachricht endet spätestens bei der Klasse Object, da diese Klasse keine Oberklasse besitzt. Wird auch in der Klasse Object keine passende Methode zu einer Nachricht gefunden, so erzeugt der Empfänger der Nachricht eine Fehlermeldung. Damit verstehen wir nun auch, warum Smalltalk auf das Senden der Nachricht canSwim an eine Instanz von LifeForm mit einer Fehlermeldung reagiert. Da in der Klasse LifeForm keine Methode für canSwim gefunden werden kann, wird versucht, sie bei Object zu finden.

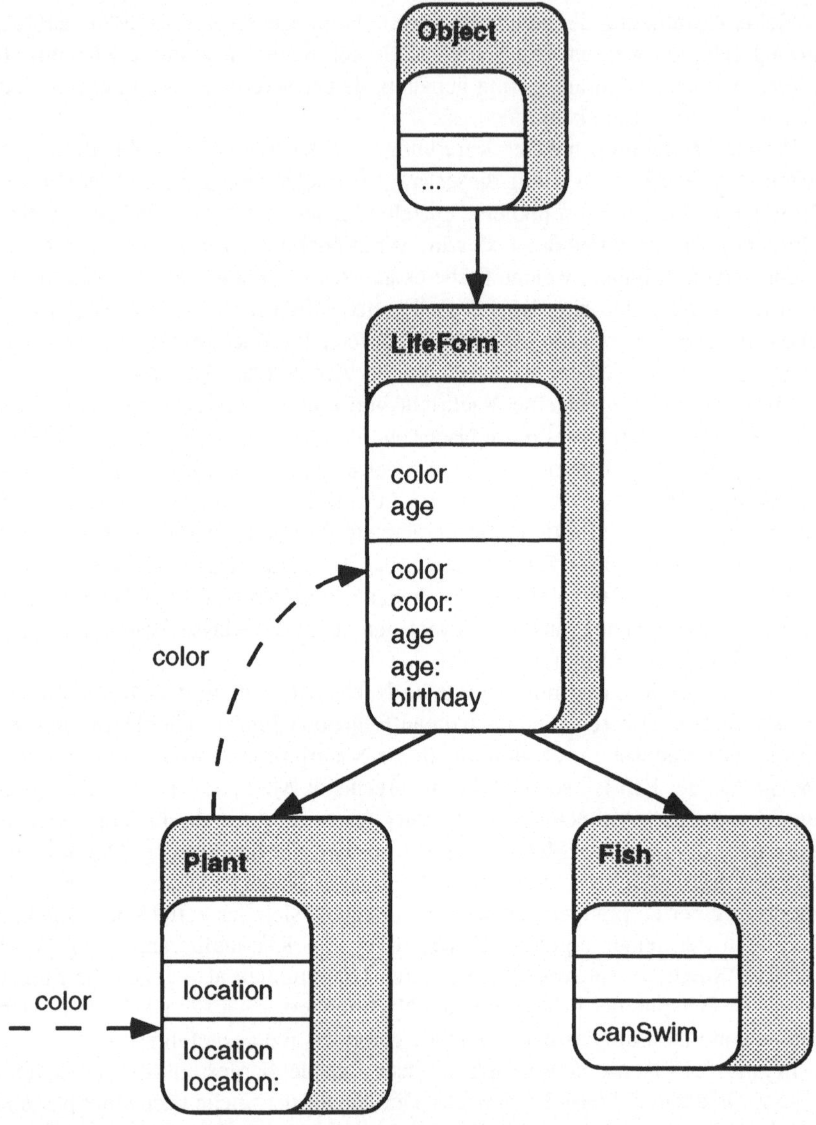

Abb. 3.17: Suche einer Instanz von Plant nach der Methode zur Nachricht color in der Klassenhierarchie. Nachdem für die Nachricht color in der Definition von Plant keine passende Methode , wird die Suche bei der Oberklasse LifeForm fortgesetzt. Dort wird eine passende Methode identifiziert, die anschließend ausgeführt werden kann.

Dort ist sie ebenfalls unbekannt, aus diesem Grund erzeugt die LifeForm die Fehlermeldung Message not understood.

Betrachten wir noch einmal unser Beispiel. Wenn wir einer Instanz von Plant die Nachricht color senden, so wird daraufhin von dieser Instanz eine Methode ausgeführt, die in der Klasse LifeForm programmiert ist. Die übliche Antwort auf diese Nachricht ist #none, sofern wir der Pflanze keine besondere Farbe gegeben haben. Gehen wir nun allerdings davon aus, daß die meisten Pflanzen grün sind, sofern nichts anderes bekannt ist, so ist die Standardantwort #none für die Klasse Plant nicht mehr angemessen. Eine Instanz von Plant sollte in diesem Fall besser mit #green antworten. Wie können wir aber den Instanzen der Klasse Plant beibringen, daß sie auf die Nachricht color anders reagieren sollen als die Instanzen von LifeForm, deren Verhalten sie geerbt haben?

Da ein Objekt die Suche nach der zu einer empfangenen Nachricht passenden Methode abbricht, sobald es diese gefunden hat, können wir unser Problem dadurch lösen, daß in der fraglichen Klasse eine Nachricht, zu der es bereits in einer der Oberklassen eine Methode gibt, noch einmal implementiert wird. Die Suche nach der passenden Methode zu der betreffenden Nachricht wird dann „früher" beendet und dementsprechend auch eine andere Methode ausgeführt. Programmieren wir also in der Klasse Plant eine Methode für die Nachricht color, so wird eine Instanz von Plant die Methode zu dieser Nachricht bereits in der eigenen Klasse finden und somit die Suche beenden. Auf diese Weise können wir für die gleiche Nachricht mit Hilfe einer neuen Methode eine abweichende Reaktion eines Objekts auf die Nachricht programmieren.

Dazu suchen wir im Browser die Klasse Plant auf und wählen das Methodenprotokoll accessing. Hier geben wir nun die folgende neue Methode für die Nachricht color in das Programmfenster ein:

```
color
    "Eine Pflanze ist gruen, falls nichts anderes festgelegt wird."

^color isNil
    ifTrue: [#green]
    ifFalse: [color]
```

Der folgende Ausdruck müßte nun nach unseren Überlegungen als Ergebnis true liefern:

```
Plant new color == #green
```

Durch Ausnutzung des Vererbungsmechanismus reagieren Instanzen einer (Unter–) Klasse U auf eine in ihrer Oberklasse K implementierte Nachricht stets in gleicher Weise wie die Instanzen von K. Die erneute Implementierung dieser Nachricht in U führt dazu, daß die Instanzen der Unterklasse die Nachricht zwar weiterhin verstehen, darauf jedoch in anderer Weise als die Instanzen von K reagieren können. Wir sprechen in diesem Zusammenhang von *Polymorphismus*.

Nachdem wir gelernt haben, wie wir neue Klassen in VisualWorks® einfügen und den Vererbungsmechanismus verwenden können, um die Eigenschaften bereits vorhandener Klassen für neue Klassen zu nutzen, betrachten wir nun den Fall, daß wir die existierende Klassenhierarchie verändern wollen. Dabei wird die Anordung der Klassen im System, also ihre Unter–/Oberklassenbeziehung, verändert. Diese Aufgabe stellt sich dann, wenn wir bei der Programmierarbeit nach

einiger Zeit feststellen, daß die Anordnung der sukzessiv in VisualWorks®
eingefügten Klassen aus Gründen eines konsistenten Programmaufbaus verändert
werden muß, z.B. um die mehrfache Definition gleicher Instanzvariablen zu
vermeiden.

Übung 3.12: Fügen Sie zwei neue Klassen zur Darstellung von Tieren und Vögeln in
VisualWorks® ein: Animal und Bird. Animal ist eine Unterklasse von LifeForm, und Bird
ist eine Unterklasse von Animal. Tiere haben verschiedene Möglichkeiten sich
fortzubewegen. Ergänzen Sie die Klasse Animal um diese Eigenschaft. Nehmen Sie dabei an, daß Fortbewegungsarten durch Symbol–Objekte dargestellt werden. Geben Sie
geeignete Methoden an, mit denen einem Animal bestimmte Fortbewegungsarten zugeordnet oder wieder weggenommen werden können. Jedes Animal soll die Frage beantworten können, ob es sich auf eine bestimmte Art bewegen kann. Erzeugen Sie einen
Bird, der weiß, daß er fliegen kann.

Nach Bearbeitung dieser Übung hat die Hierarchie von LifeForm (einschließlich
ihrer Oberklassen) in VisualWorks® den in Abb. 3.18 gezeigten Aufbau. In der
Abbildung werden nur die Klassennamen gezeigt, Instanzvariablen und Methoden
sind weggelassen.

Nach Einführung der beiden neuen Klassen erscheint es sinnvoll, die bereits vorhandene Klasse Fish zu einer Unterklasse von Animal zu machen (schließlich ist
jeder Fisch ein Tier!). Dazu suchen wir im Browser zunächst die Klasse Fish auf.
Im Programmfenster steht anschließend wie gewohnt das Textmuster mit der Definition von Fish. Damit Fish eine Unterklasse von Animal wird, genügt es, den
Namen der bisherigen Oberklasse LifeForm durch Animal zu ersetzen und anschließend im Operate–Menu des Programmfensters accept auszuwählen:

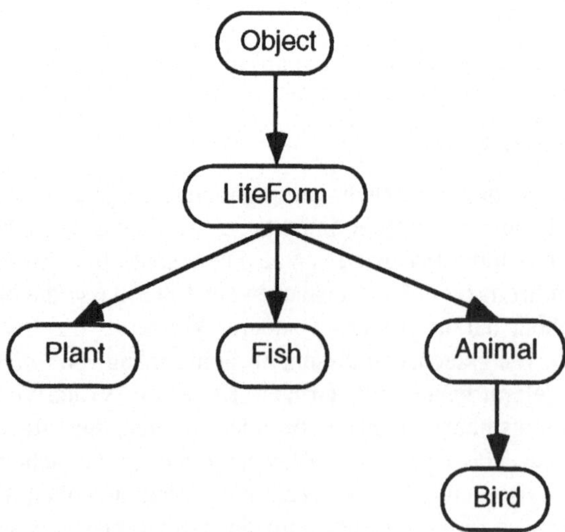

Abb. 3.18: Hierarchie von LifeForm

```
Animal subclass: #Fish
    instanceVariableNames: ''
    classVariableNames: ''
    poolDictionaries: ''
    category: 'Biology'
```

Anschließend erscheint im System Transcript die Meldung

```
Fish recompiling...
```

Eine entsprechende Meldung erscheint stets, wenn an der Definition einer Klasse
eine Veränderung vorgenommen wird, also z.B. auch dann, wenn Instanzvariablen
hinzugefügt oder entfernt werden. In einem solchen Fall werden auch sämtliche
Methoden einer Klasse neu übersetzt. Am Ende der Übersetzung erscheint die
Meldung done im System Transcript. Hat eine modifizierte Klasse weitere Unterklassen, so werden auch diese neu übersetzt (da die Veränderungen über den Vererbungsmechanismus Auswirkungen auf die Unterklassen haben). Für jede neu
übersetzte Klasse erscheint die entsprechende Mitteilung im System Transcript.

Übung 3.13: Zeichnen Sie das Diagramm der Klassenhierarchie nach der Neudefinition
von Fish. Inwiefern haben sich die Eigenschaften von Fish verändert?

Übung 3.14: Die alte Methode canSwim im Protokoll testing von Fish können wir nun
anders programmieren, da Fish von der neuen Oberklasse Animal eine Instanzvariable
zur Speicherung von Fortbewegungsarten erbt. Nehmen Sie an, daß die Fortbewegungsart Schwimmen durch das Symbol #swimming dargestellt wird. Wie lautet die
neue Methode für die Nachricht canSwim?

Aus den beiden letzten Übungen sehen wir, daß die Kenntnis der Klassenbezie-
hungen für die richtige Verwendung von Objekten notwendig ist. Um die hierarchische Anordnung von Klassen sichtbar zu machen, gibt es im Browser verschiedene Hilfsmittel. Im Operate–Menu des Klassenfensters bzw. des Protokollfensters finden wir die Funktionen hierarchy und spawn hierarchy (vgl.
Abb. 3.12c) bzw. edit all (vgl. Abb. 3.12d). Wählen wir z.B. bei markierter Klasse
LifeForm den Menüpunkt hierarchy aus, so erscheint anschließend im Programmfenster die Hierarchie aller Ober– und Unterklassen von LifeForm (siehe
Abb. 3.19). Dabei werden die Namen der Unterklassen einer bestimmten Klasse
jeweils rechts eingerückt in den Zeilen unter der Klasse selbst ausgegeben. Hinter
dem Klassennamen erscheinen in Klammern die Namen der Instanzvariablen jeder
Klasse. Durch Wahl des Menüpunktes edit all im Protokollfenster des Browser erscheinen im Programmfenster sämtliche Methodennamen, für die in der Klasse
eine Methode programmiert ist, geordnet nach Protokollen (siehe Abb. 3.20).

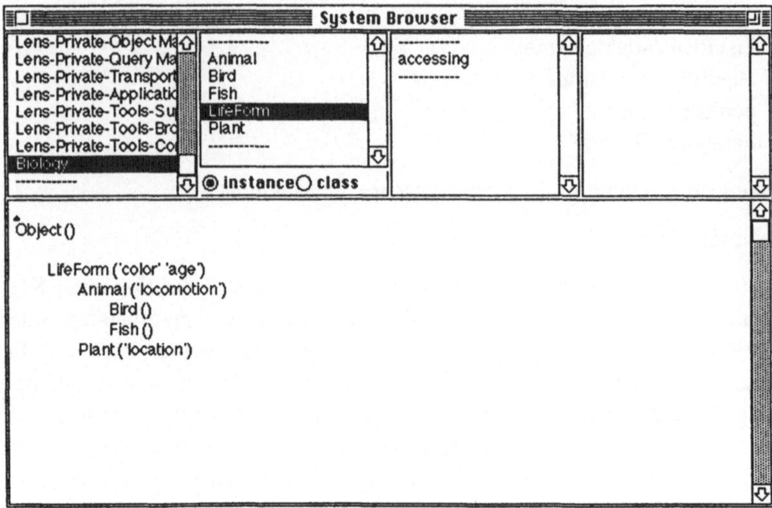

Abb. 3.19: Hierarchie von LifeForm im Browser

Durch Wahl des Menüpunktes spawn hierarchy im Klassenfenster des Browser
wird ein neuer, etwas anders aussehender Browser auf dem Bildschirm geöffnet,
der alle Ober– und Unterklassen einer Klasse enthält (siehe Abb. 3.21). Die in diesem Hierarchie–Browser enthaltenen Klassen können in der gleichen Weise untersucht und verändert werden wie in dem uns bereits bekannten Browser. Der Hierarchie–Browser ist besonders dann nützlich, wenn wir bei der Programmierung Informationen über die geerbten Eigenschaften einer Klasse verwenden möchten,

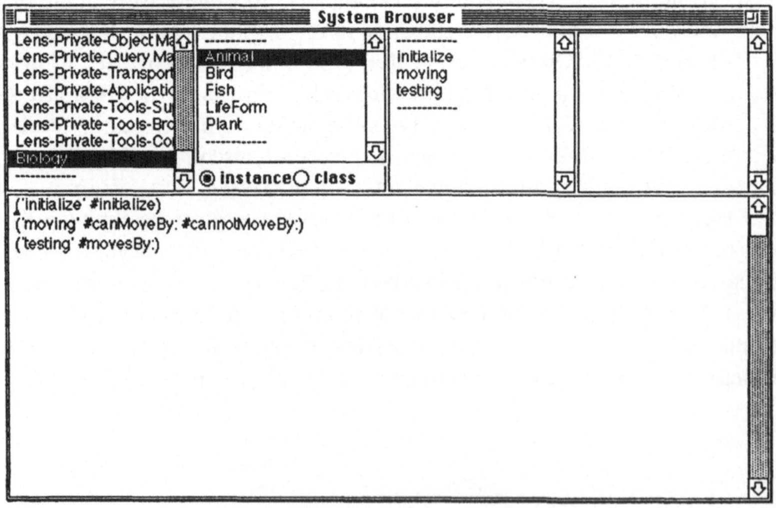

Abb. 3.20: Methodennamen in Animal, geordnet nach Protokollen

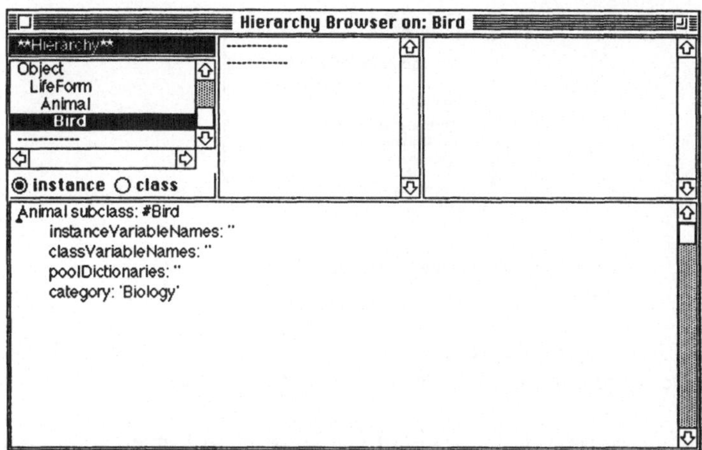

Abb. 3.21: Hierarchie–Browser für die Klasse Bird

ohne jedesmal erst danach suchen zu müssen.

Wir werden nun lernen, wie eine in einer Klasse beschriebene Objekteigenschaft in eine andere Klasse übertragen werden kann. Die Eigenschaft, den eigenen Standort zu kennen, hatten bisher nur die Instanzen der Klasse Plant. Es erscheint jedoch sinnvoll, daß auch andere Lebewesen ihren Standort kennen und ihn möglicherweise sogar verändern können. Dazu müssen wir die Standort–Eigenschaft von Plant nach LifeForm „verschieben". Wir tun dies in vier Schritten: (a) Zuerst kopieren wir die beiden Methoden location und location: von Plant nach LifeForm und (b) entfernen die beiden kopierten Methoden aus der Definition von Plant, (c) anschließend entfernen wir die Instanzvariable location aus der Definition von Plant und (d) fügen sie in die Definition von LifeForm ein.

Für die Durchführung des ersten Schrittes (a) wählen wir in einem Browser für die Klasse Plant im Protokollfenster die Kategorie accessing aus. Im Methodenfenster erscheinen nun die beiden zu kopierenden Methoden. Wir selektieren zuerst die Methode location und wählen anschließend aus dem Operate–Menu des Methodenfensters move to.... Daraufhin erscheint ein Fenster, in das wir eingeben, wohin die Methode bewegt werden soll (siehe Abb. 3.22).

Der Menüpunkt move to... erfüllt zwei verschiedene Aufgaben. Zum einen kann damit innerhalb der betreffenden Klasse die gewählte Methode von einem Protokoll in ein anderes verschoben werden. Dazu genügt es, den Protokollnamen anzugeben, in den die Methode eingeordnet werden soll. Ist der Protokollname für die Klasse noch nicht vorhanden, so wird automatisch ein entsprechendes neues Protokoll angelegt, das anschließend im Browser erscheint.

Auf die andere (für uns wichtige) Aufgabe der move–Funktion wird in der zweiten Zeile des Eingabefensters hingewiesen: eine gewählte Methode kann in eine andere Klasse kopiert werden. Dazu wird der Name der Klasse, gefolgt von einer spitzen Klammer (>) und dem Namen des Protokolls innerhalb dieser Klasse eingegeben.

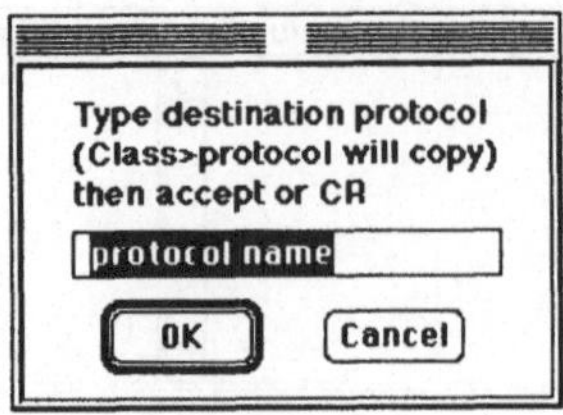

Abb. 3.22: Eingabefenster für das Bewegen einer Methode

Übung 3.15: Kopieren Sie location und location: in die Klasse LifeForm. Beide Methoden sollen dort in das Protokoll accessing eingeordnet werden.

Wenn die Übung richtig durchgeführt wurde, ist beim Kopieren der ersten Methode im System Transcript eine Mitteilung ausgegeben worden, daß die Instanzvariable location in der Klasse LifeForm nicht deklariert ist. Das liegt daran, daß in der Klasse Plant, für die wir die zugehörigen Methoden ursprünglich programmiert hatten, eine Instanzvariable mit dem Namen location bekannt war, so daß beim Übersetzen einer Methode der Name location automatisch mit dieser Instanzvariablen identifiziert worden ist. Da der Vererbungsmechanismus aber nur von der Oberklasse zur Unterklasse wirkt, kennt LifeForm diese Instanzvariable von Plant natürlich nicht. In der zweiten kopierten Methode weiß Visualworks®\Smalltalk bereits, daß der Name location nicht deklariert worden ist und macht daher keine weitere Mitteilung.

Der zweite Schritt (b) wird analog zu Übung 3.9 ausgeführt. Im dritten Schritt (c) entfernen wir die Instanzvariable location aus der Definition von Plant. Nach der Wahl von accept im Operate–Menu des Programmfensters ist die Definition von Plant geändert. Für den letzten Schritt (d) suchen wir in einem Browser die Klasse LifeForm auf, ergänzen die Klassendefinition um die Instanzvariable location und wählen accept im Operate–Menu des Programmfensters aus.

Die Reihenfolge der beiden Schritte (c) und (d) muß eingehalten werden. Kehren wir die Reihenfolge um, so würde VisualWorks® bei Ausführung von Schritt (d) feststellen, daß es zwei Klassen gibt, von denen eine eine Unterklasse der anderen ist und die Instanzvariablen gleichen Namens haben. Eine solche Klassendefinition ist nicht zulässig, da die Unterklasse Plant bei der Benutzung des Namens location nicht eindeutig feststellen kann, welche der beiden Instanzvariablen damit gemeint ist (location in LifeForm oder location in Plant). Daher wird in diesem Fall eine Fehlermeldung ausgelöst (siehe Abb. 3.23).

Um festzustellen, ob die vorgenommenen Änderungen die gewünschten Auswirkungen gehabt haben, lösen wir die folgende Übungsaufgabe.

Übung 3.16: Erzeugen Sie eine Instanz von Bird und weisen Sie ihr den Standort 10 @ 10 zu. Fragen Sie den Bird anschließend nach seinem Standort.

Abb. 3.23: Fenster mit Fehlermeldung über mehrfach vorhandene Instanzvariablen

Durch den Vererbungsmechanismus hat auch die Klasse Plant weiterhin die gleichen Eigenschaften wie vor den Änderungen. Für Pflanzen ist es jedoch nicht immer sinnvoll, ihren Standort zu verändern, sobald sie einmal eingepflanzt worden sind. In unsere Klasse Plant übersetzt heißt das, daß für jede ihrer Instanzen der Standort genau einmal festgelegt werden kann. Ein solches abweichendes Verhalten von Instanzen der Klasse Plant gegenüber denen der Klasse LifeForm können wir durch eine erneute Implementierung der Nachricht location: für die Klasse Plant erreichen, ähnlich wie wir dies weiter oben bereits für die Nachricht color getan haben.

Im Unterschied zu diesem Vorgehen, bei dem wir eine vollständig neue Methode für color programmiert haben, werden wir hier nun ausnutzen, daß sich das Verhalten einer Instanz von Plant bei Empfang der Nachricht location: gegenüber dem anderer LifeForm–Objekte nur dann unterscheidet, wenn eine bestimmte Bedingung erfüllt ist. Wurde für eine Plant der Standort einmal festgelegt, so kann er nicht mehr verändert werden. Die Festlegung des Standortes geschieht jedoch in der gleichen Weise wie bei jeder anderen LifeForm.

In diesem Fall wäre es für uns nützlich, nicht die gesamte Methode location: neu programmieren zu müssen, sondern nur den vom in der Oberklasse festgelegten Verhalten abweichenden Teil. Die neue Methode location: in der Klasse Plant sieht wie folgt aus:

```
location: aPoint
    "Lege einen Standort fuer den Empfaenger zum ersten und letzten Mal
    fest."

    location isNil ifTrue: [super location: aPoint]
```

Wenn noch kein Standort für die Pflanze festgelegt ist (die Instanzvariable in Plant also den Wert nil hat), wird der ifTrue:–Block in der Methode ausgeführt. In diesem Block steht das Wort super, ein Smalltalk–Ausdruck, den wir bisher nicht kennen. super ist, genau wie self, eine Pseudovariable, die den Empfänger der Nachricht selbst meint. Durch das Senden einer Nachricht an super schickt sich der Sender die Nachricht also selbst zu. Im Unterschied zur Variablen self wird damit jedoch gleichzeitig zum Ausdruck gebracht, daß die Suche nach der zugehörigen Methode nicht in der Klasse des Empfängers beginnen soll, sondern in der Oberklasse derjenigen Klasse, in der die gerade ausgeführte Methode implementiert ist.

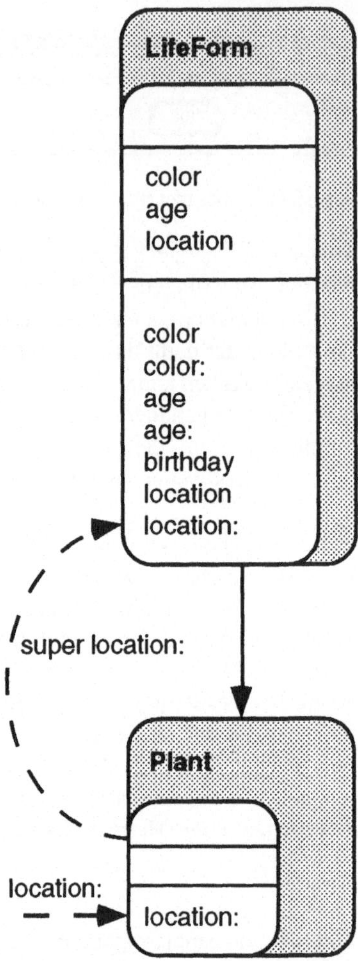

Abb. 3.24: Eine Instanz von Plant sendet sich bei Empfang von location: selbst (super) die Nachricht location:. Die Suche nach einer passenden Methode beginnt in der Oberklasse.

Durch die Anweisung im ifTrue:–Block der neuen Methode location: sendet eine Plant also an sich selbst die Nachricht location:, woraufhin aber die zugehörige Methode in der Klasse LifeForm ausgeführt wird (siehe Abb. 3.24). Würde die Suche nach der Methode in Plant beginnen, so würde die Methode gefunden werden, die ohnehin gerade ausgeführt wird. Dies bedeutete, daß die Methode location: immer wieder sich selbst aufriefe (siehe Abb. 3.25). Ein solcher nicht endender Prozeß wird als *Endlosrekursion* bezeichnet.

Mit Hilfe von super kann eine Methode eine andere gleichnamige Methode aktivieren, die in der ihrer Klasse „nächstgelegenen" Oberklasse implementiert ist. Auf diese Weise wird vermieden, bestimmte Programme neu schreiben oder ko-

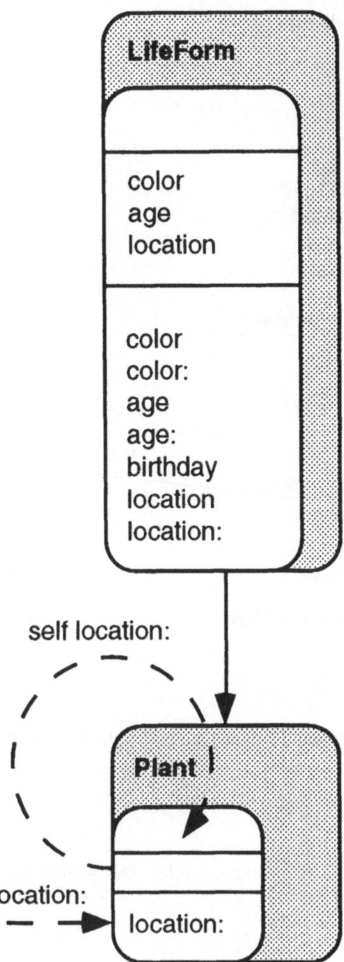

Abb. 3.25: Eine Instanz von Plant sendet sich bei Empfang von location: selbst (self) die Nachricht location:. Die Suche nach einer passenden Methode beginnt in der eigenen Klasse. Es entsteht eine Endlosrekursion.

pieren zu müssen, wenn das Objektverhalten in einer Unterklasse sich nur geringfügig von dem in der Oberklasse unterscheidet.

Übung 3.17: Betrachten Sie die folgenden Definitionen von Smalltalk–Klassen A, B, und C.

```
Object subclass: #A
    instanceVariableNames: ''
    classVariableNames: ''
    poolDictionaries: ''
    category: 'Exercise'
```

```
A methodsFor: 'only message'

a
    ^#a


A subclass: #B
    instanceVariableNames: ''
    classVariableNames: ''
    poolDictionaries: ''
    category: 'Exercise'

B methodsFor: 'only message'

b
    ^super a


B subclass: #C
    instanceVariableNames: ''
    classVariableNames: ''
    poolDictionaries: ''
    category: 'Exercise'

C methodsFor: 'only message'

a
    ^#b
```

Wie lauten die Resultate der folgenden Smalltalk–Ausdrücke?

a) B new a
b) C new b

Übung 3.18: Betrachten Sie die folgenden Definitionen von Smalltalk–Klassen A, B und C.

```
Object subclass: #A
    instanceVariableNames: 'x y '
    classVariableNames: ''
    poolDictionaries: ''
    category: 'Exercise'

A methodsFor: 'accessing'

x
    ^x – 2


x: aNumber
    x := aNumber


y
    ^y – 1
```

```
y: aNumber
    y := aNumber

A subclass: #B
    instanceVariableNames: ''
    classVariableNames: ''
    poolDictionaries: ''
    category: 'Exercise'
```

B methodsFor: 'accessing'

```
x
    | b |
    ^super x <= 0
        ifTrue: [1]
        ifFalse:
            [b := B new.
            b x: super x.
            b x + 1]


A subclass: #C
    instanceVariableNames: ''
    classVariableNames: ''
    poolDictionaries: ''
    category: 'Exercise'
```

C methodsFor: 'accessing'

```
y
    | c |
    ^super y = 0
        ifTrue: [1]
        ifFalse:
            [c := C new.
            c y: super y.
            c y + super y + 1]
```

a) Was ist das Ergebnis der folgenden Smalltalk–Anweisungen?

```
| b |
(1 to: 10) collect: [:i | b := B new. b x: i. b x]
```

b) Was ist das Ergebnis der folgenden Smalltalk–Anweisungen?

```
| c |
(1 to: 10 ) collect: [:i | c := C new. c y: i. c y]
```

c) Was berechnen die Methoden x in der Klasse B und y in der Klasse C im allgemei-
    nen?

Durch die Klassen Fish und Bird haben wir bereits recht spezielle Arten von Lebewesen beschrieben. Mit den Instanzen dieser Klassen können wir bestimmte

reale Fische und Vögel darstellen. Instanzen der Klasse LifeForm, die über weniger Eigenschaften verfügen, als wir für die Beschreibung eines konkreten Lebewesens benötigen, kommen zu diesem Zweck nicht in Frage. In unserem Lebeweseninformationssystem würden daher keine Instanzen von LifeForm vorkommen. Eine solche Klasse, von der keine Instanzen erzeugt werden sollen und die vor allem zur zusammenfassenden Beschreibung gemeinsamer Eigenschaften ihrer Unterklassen verwendet wird, heißt *abstrakte (Ober–) Klasse*.

Durch Verwendung abstrakter Klassen können Protokolle für ihre Unterklassen festgelegt werden, selbst wenn diese Unterklassen erst später definiert werden. Dies hat den Vorteil, daß in den Methoden der abstrakten Klasse bereits Nachrichten verwendet werden können, deren Zweck zwar schon bekannt ist, deren Implementierung aber erst in den verschiedenen Unterklassen durchgeführt wird.

Zur Veranschaulichung dieser Idee betrachten wir folgendes Problem. Jedes Lebewesen soll die Nachrichten isAnimal und isPlant verstehen, auf die es mit true oder false antwortet, je nachdem von welcher Art es ist. Da diese Nachrichten von jedem Lebewesen verstanden werden sollen, werden die entsprechenden Methoden bereits in der Klasse LifeForm definiert. Andererseits weiß eine Instanz von LifeForm aber nichts davon, ob sie eine Plant oder ein Animal ist, da dies Eigenschaften der beiden Unterklassen von LifeForm sind. Wir lösen das Problem, indem wir in der Klasse LifeForm die beiden folgenden Nachrichten implementieren.

isPlant
"Liefert genau dann true, wenn der Empfaenger eine Pflanze darstellt."

^self subclassResponsibility

isAnimal
"Liefert genau dann true, wenn der Empfaenger ein Tier darstellt."

^self subclassResponsibility

Die in beiden Methoden verwendete Nachricht subclassResponsibility bringt zum Ausdruck, daß die jeweilige Methode in einer Unterklasse noch einmal implementiert werden muß (*Reimplementierung*). Senden wir z.B. einem Animal die Nachricht isAnimal, so wird ein Fenster mit einer Fehlermeldung auf dem Bildschirm erscheinen, worin eben dies mitgeteilt wird. Die Nachricht dient somit zur Erinnerung daran, daß bei Definition einer Unterklasse von LifeForm diese beiden Nachrichten implementiert werden müssen, um eine fehlerfreie Funktion eines Programms sicherzustellen. Für die Klasse Animal benötigen wir z.B. die beiden folgenden Methoden (analoge Überlegungen gelten für die Klasse Plant).

isPlant
"Liefert genau dann true, wenn der Empfaenger eine Pflanze darstellt."

^false

isAnimal
"Liefert genau dann true, wenn der Empfaenger ein Tier darstellt."

^true

Hinweis: Diese Methoden werden im weiteren nicht mehr benötigt, so daß sie aus VisualWorks® wieder entfernt werden können.

3.3.3 Klassenvariablen und Klassennachrichten – Was allen gemeinsam ist

Bei den bisherigen Betrachtungen haben wir uns jeweils mit den Eigenschaften einzelner Instanzen einer Klasse beschäftigt, die durch Instanzvariablen und Methoden implementiert werden. Dabei konnten verschiedene Instanzen einer Klasse durchaus unterschiedliche Ausprägungen ein und derselben Eigenschaft haben. So können beispielsweise verschiedene Vögel (also Instanzen von Bird) unterschiedliche Farben haben (es sind unterschiedliche Objekte in der jeweiligen Instanzvariablen color gespeichert).

Um übereinstimmende Eigenschaften aller Instanzen einer Klasse in Visualworks®\Smalltalk beschreiben zu können, haben wir bisher zwei verschiedene Techniken verwendet. Der erste Ansatz zur Darstellung gemeinsamer Eigenschaften von Objekten ist die Verwendung von Standardwerten (engl. *default values*) in Methoden, falls ein zu bestimmender Wert nicht anderweitig bekannt ist. Beispiel hierfür ist die Antwort mit der Zahl 0 in der Methode age, falls der Instanzvariablen age einer Instanz von LifeForm noch kein besonderer Wert zugeordnet ist (vgl. Unterabschnitt 3.2.3). Die zweite Technik zur Modellierung gemeinsamer Eigenschaften ist die Verwendung von Anfangsbelegungen für Instanzvariablen (engl. *initial values*). Ein Beispiel hierfür ist die Speicherung des Symbol #swimming in der Menge der Fortbewegungsarten eines Fish (vgl. Übung 3.14).

Beide Techniken erfüllen ihren Zweck, sind jedoch unflexibel, soweit es die Änderbarkeit und Anpassungsfähigkeit von Programmen betrifft. Die Änderung von verwendeten Standardwerten innerhalb einer Methode impliziert stets die Modifikation und Neuübersetzung der betreffenden Methode. Sofern ein solcher Standardwert in mehreren Methoden benötigt wird, müssen sämtliche dieser Methoden entsprechend geändert werden. Dies kann zeitlich aufwendig und fehlerträchtig sein.

Die Verwendung von Anfangsbelegungen für Instanzvariablen ist eine nützliche Technik, da auf diese Weise keine undefinierten Antworten (bzw. das undefinierte Objekt nil) auf Nachrichten gegeben werden müssen. Unbequem ist an dieser Vorgehensweise, daß einem Objekt nach seiner Erzeugung erst eine die Initialisierung auslösende Nachricht gesendet werden muß. Wird dies vergessen, so bleiben die Werte der Instanzvariablen unbelegt, was bei der weiteren Programmausführung zu unerwünschten Resultaten führen kann. Wir werden nun sehen, wie wir die Vorteile beider Ansätze nutzen können, ohne die genannten Nachteile in Kauf

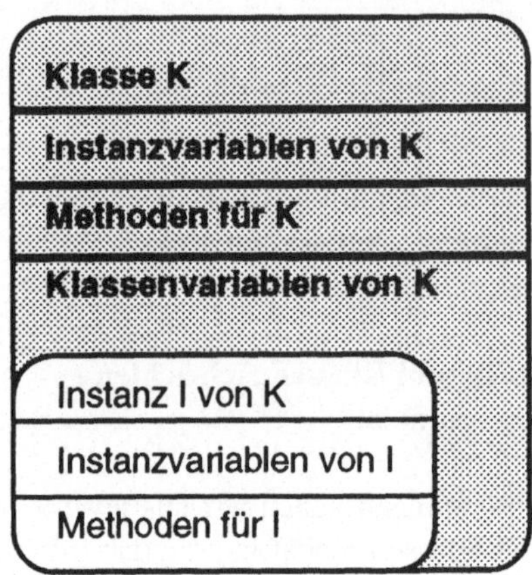

Abb. 3.26: Erweiterung der Klassendiagramme um Klassen– und Instanzeigenschaften

nehmen zu müssen. Zuvor müssen wir uns jedoch noch etwas näher mit Klassen in ihrer Eigenschaft als Smalltalk–Objekte befassen.

Da Klassen in Smalltalk, wie nicht anders zu erwarten ist, ebenfalls Objekte sind, können ihnen, ebenso wie ihren Instanzen, gewisse Eigenschaften zugeordnet sein. Analog zu den Eigenschaften von Instanzen einer Klasse werden die Eigenschaften einer Klasse selbst ebenfalls in Form von Variablen und Methoden implementiert. Für die graphische Darstellung dieses Sachverhalts erweitern wir unsere bisher verwendeten Klassendiagramme um Instanzvariablen und Methoden für Klassen (siehe Abb. 3.26). Die in Abschnitt 3.1 eingeführten „Nachrichten für eine Klasse" haben wir dabei durch die entsprechenden Methoden ersetzt.

Neben den Instanzvariablen einer Klasse K (die wir hier nur der Vollständigkeit halber aufführen, im weiteren aber nicht mehr betrachten werden) und den Methoden von K sind im Klassendiagramm zusätzlich sogenannte *Klassenvariablen* aufgeführt. Klassenvariablen sind Variablen, auf die die Klasse selbst, alle ihre Unterklassen sowie die Instanzen all dieser Klassen zugreifen können. Wir erläutern die Verwendung von Klassenvariablen an einem Beispiel.

Jede Instanz von LifeForm, für die kein besonderer Standort festgelegt worden ist, soll mit dem gleichen Point (z.B. 0 @ 0) antworten, wenn sie die Nachricht location erhält. Um diesen Point nicht fest innerhalb der Methode location programmieren zu müssen, führen wir für die Klasse LifeForm die Klassenvariable DefaultLocation ein, in der dieser Point gespeichert wird. Die neue Definition von LifeForm, die wir mit dem Browser programmieren, lautet dann wie folgt:

```
Object subclass: #LifeForm
    instanceVariableNames: 'color age location'
    classVariableNames: 'DefaultLocation'
    poolDictionaries: ''
    category: 'Biology'
```

Im Unterschied zu Instanzvariablen, deren Namen stets mit einem Kleinbuchstaben beginnen, fangen die Namen von Klassenvariablen üblicherweise mit einem Großbuchstaben an. Dies ist eine Konvention in VisualWorks®\Smalltalk, durch die zum Ausdruck gebracht werden soll, daß auf die beiden Arten von Variablen von einer unterschiedlichen Menge von Objekten aus zugegriffen werden kann. Auf eine Instanzvariable kann immer nur diejenige Instanz zugreifen, zu der sie gehört, auf eine Klassenvariable hingegen können außer der Klasse und ihren Unterklassen alle Instanzen dieser Klasse sowie aller ihrer Unterklassen zugreifen. Man spricht in diesem Zusammenhang auch vom „Sichtbarkeitsbereich" einer Variablen (engl. *scope*).

Probieren wir nun aus, wie wir mit der neuen Klassenvariablen umgehen müssen, damit sie den beabsichtigten Zweck erfüllt. DefaultLocation hat nach ihrer Definition, wie alle anderen bisher verwendeten Variablen, zunächst den Wert nil. Damit sie die von uns geplante Aufgabe wahrnehmen kann, müssen wir ihr also erst den gewünschten Wert 0 @ 0 zuweisen. Wir tun dies im Programmfenster des Browser, nachdem wir dort die Klasse LifeForm aufgesucht haben. Im Unterschied zur Verwendung eines Workspace sind wir durch die Selektion einer Klasse im Browser gewissermaßen „mittendrin" in der Klasse. Somit können allen Objekten, die von der gewählten Klasse aus „erreichbar" sind, vom Programmfenster aus Nachrichten gesandt werden (durch das Auswerten entsprechender Smalltalk–Anweisungen). Wir weisen DefaultLocation also im Programmfenster den neuen Wert zu (siehe Abb. 3.27).

location

```
    "Liefert den Standort des Empfaengers. Falls kein Standort vorgegeben ist,
    wird mit dem Standardwert geantwortet."

    ^location isNil
        ifTrue: [DefaultLocation]
        ifFalse: [location]
```

Übung 3.19:

a) Wie lautet das Resultat der folgenden Smalltalk–Anweisungen?

```
| lifeForms |
lifeForms := OrderedCollection new.
10 timesRepeat: [:i | lifeForms addLast: LifeForm new].
lifeForms last location: 10 @ 10.
lifeForms collect: [:life | life location]
```

b) Weisen Sie DefaultLocation den Wert 20 @ 20 zu. Wie lautet nun das Resultat der Anweisungen aus a)?

c) Ersetzen Sie die dritte Zeile der Anweisungen in a) durch

```
10 timesRepeat: [:i | lifeForms addLast: Bird new].
```

Wie lautet nun das Resultat?

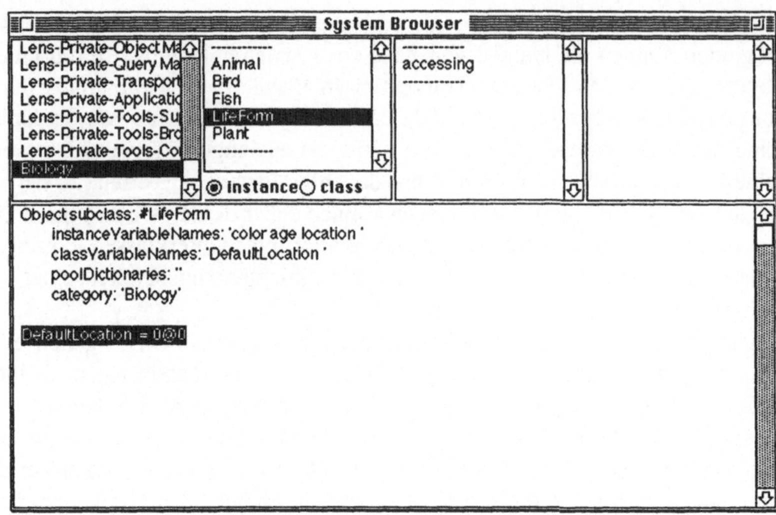

Abb. 3.27: Manuelle Zuweisung eines Wertes an die Klassenvariable DefaultLocation

Nun können wir die Methode location in der Klasse LifeForm so modifizieren, daß nicht der Wert nil zurückgegeben wird, wenn der Instanzvariablen location noch kein Wert zugewiesen worden ist, sondern das in DefaultLocation gespeicherte Standardobjekt. Mit Hilfe von Klassenvariablen können wir also die gemeinsame Verwendung bestimmter Werte durch verschiedene Objekte programmieren. Nach einer Änderung dieses Wertes verfügen sämtliche betroffenen Objekte sofort über den neuen Wert.

Wenden wir uns nun den Methoden einer Klasse und ihren Instanzvariablen zu. Um zu sehen, welche Methoden für eine Klasse implementiert sind, wählen wir zuerst die betreffende Klasse wie gewöhnlich im Browser aus und stellen anschließend den Instanz–/Klassenschalter auf class (siehe Abb. 3.28). Dadurch zeigt der Browser nicht mehr diejenigen Instanzvariablen und Methoden für die *Instanzen* der gewählten Klasse an, sondern für die *Klasse* selbst, das sogenannte *Klassenprotokoll.*

Klassen können Instanzvariablen haben, da sie selbst Instanzen einer anderen Klasse sind, der sogenannten *Metaklasse* der Klasse. Wir werden hierauf allerdings nicht weiter eingehen, da diese Zusammenhänge zunächst nur für die innere Struktur von VisualWorks® von Interesse sind, für die Programmierung von Anwendungsprogrammen in Smalltalk aber nicht unbedingt benötigt werden. Der interessierte Leser sei hier auf die weiterführende Literatur (z.B. Goldberg und Robson 1989) verwiesen.

Um zu sehen, welche Nachrichten die *Klasse* Point versteht, wählen wir diese

Abb. 3.28: Der umgestellte Instanz–/Klassenschalter des Browser

im Browser aus, wobei der Instanz–/Klassenschalter auf class eingestellt ist. Im Protokollfenster sind drei Protokolle aufgeführt: instance creation, constants access und type semantics. Im Protokoll instance creation sind für eine Visualworks®\Smalltalk–Klasse gewöhnlich alle Methoden zusammengefaßt, die mit einer neuen Instanz der betreffenden Klasse antworten. Für Point heißen diese Methoden x:y: und r:theta:. Die zusätzliche Nachricht decodeFromLiteralArray: wird von VisualWorks® für den Aufbau der graphischen Benutzeroberfläche benötigt.

Übung 3.20: Was bewirkt die Auswertung des Smalltalk–Ausdrucks Rectangle fromUser in VisualWorks®?

Eine Nachricht, die von Object sowie prinzipiell allen ihren Unterklassen verstanden wird, haben wir bereits kennengelernt: new (Hinweis: Diese Methode wird man im Klassenprotokoll instance creation von Object allerdings vergeblich suchen). Durch das Senden von new an eine Klasse antwortet diese üblicherweise mit einer neuen Instanz ihrer selbst. Von dieser Regel gibt es einige Ausnahmen, die bei den jeweiligen Klassen explizit programmiert sind. Ein Beispiel für eine derartige Ausnahme ist die Klasse Integer, deren Instanzen durch einfaches „Hinschreiben" einer ganzen Zahl erzeugt werden. Senden wir ihr die Nachricht new, so erscheint ein Fenster mit einer Fehlermeldung. Den Grund dafür finden wir im Klassenprotokoll einer der Oberklassen von Integer, in ArithmeticValue. Suchen wir dort die Nachricht new auf, so wird uns durch einen Kommentar mitgeteilt, daß arithmetische Werte nur durch Ausführung von Rechenoperationen erzeugt werden sollen. In der Methode sehen wir als einzige Programmzeile

```
^self shouldNotImplement
```

Mit der Nachricht shouldNotImplement, die jedes Objekt in Visualworks®\ Smalltalk versteht, wird automatisch die Fehlermeldung ausgelöst, daß das betreffende Objekt diese Nachricht nicht verstehen soll, obwohl eine passende Methode in einer der Oberklassen implementiert ist. Dementsprechend wird im vorliegenden Fall natürlich auch keine neue Instanz von Integer erzeugt.

Da generell beliebige Methoden für die Erzeugung von Instanzen einer Klasse im jeweiligen Klassenprotokoll definiert werden können, haben wir die Möglichkeit, bei der Instanzerzeugung zusätzlich bestimmte Nachrichten zu versenden, die z.B. der Initialisierung der neuen Instanz dienen. Ein Beispiel hierfür ist die Initialisierung von Animal–Objekten, wie wir sie in Übung 3.12 eingeführt haben. Dort mußten wir jeder neuen Instanz von Animal „von Hand" die Nachricht initialize schicken, damit sie in ihren definierten Anfangszustand gelangte. Diese Mühe können wir uns ersparen, indem wir die Nachricht new zur Erzeugung eines neuen Animal wie folgt neu implementieren:

Animal class methodsFor: 'instance creation'

new
```
^super new initialize
```

Im Unterschied zur Auflistung von Programmtexten des Instanzprotokolls steht hier in der ersten Zeile zur Definition des Protokolls hinter dem Klassennamen Animal zusätzlich das Wort class, womit ausgesagt ist, daß die darauf folgende Methode Bestandteil des Klassenprotokolls ist. Die Pseudovariable super wird hier verwendet wie bereits früher im Instanzprotokoll. Die Suche nach einer passenden Methode zu der Nachricht, die an super gesendet wird (hier new), beginnt nicht im Instanzprotokoll der Klasse des Empfängers (hier also im *Klassenprotokoll* von Animal), sondern in dem der Oberklasse derjenigen Klasse, in der die gerade ausgeführte Methode implementiert ist. In unserem Fall ist dies die Klasse Object, da im Klassenprotokoll von LifeForm die Nachricht new nicht neu implementiert worden ist. Der Antwort auf super new, einer neuen Instanz von Animal, wird anschließend die Nachricht initialize gesandt, woraufhin die gewünschte Initialisierung der neuen Instanz durchgeführt wird. Die Antwort auf initialize ist die Instanz selbst, die als Antwort der Methode vom Empfänger (der Klasse Animal) zurückgesendet wird.

> **Übung 3.21:** Was geschieht, wenn den Klassen Fish und Bird jeweils die Nachricht new gesendet wird?

> **Übung 3.22:** Durch die Möglichkeit, die Anfangswerte von Instanzvariablen eines Objektes automatisch bei der Objekterzeugung festzulegen, können wir die bisher programmierten Sicherheitsabfragen (ob der Wert der jeweiligen Instanzvariablen nil ist) aus den Methoden age und color von LifeForm entfernen. Die Werte, mit denen diese Nachrichten im Falle des Wertes nil antworten, werden einfach als Anfangswerte der Instanzvariablen age und color gesetzt. Modifizieren Sie die Klasse LifeForm entsprechend. Welche Auswirkungen haben die Änderungen auf die Implementierung der Unterklassen von LifeForm?

Wir wollen nun noch den Fall betrachten, daß ein Objekt seiner eigenen Klasse eine Nachricht sendet. Dies ist z.B. dann nützlich, wenn ein LifeForm–Objekt einen „Nachkommen" erzeugen soll. Um die Klasse eines beliebigen Objektes zu erfahren, muß man ihm lediglich die Nachricht class senden. Die Methode zur Erzeugung von Nachkommen eines Lebewesen sieht dann wie folgt aus:

```
createDescendant
    "Erzeuge einen Nachkommen."

    ^self class new
```

3.4 Abhängigkeiten zwischen Objekten – Wer muß auf wen aufpassen?

Nachdem wir nun eine Hierarchie von Klassen verschiedenartiger Lebewesen programmiert und einigen Instanzen dieser Klassen Nachrichten gesandt haben, werden wir nun zwei verschiedene Möglichkeiten betrachten, wie Objekte in Visualworks®\Smalltalk voneinander abhängen können. Die erste Möglichkeit ist das Versenden von Nachrichten zwischen Objekten, die sich „kennen". Die zweite Möglichkeit besteht in der Verwendung des sogenannten Dependency–Mechanismus, der für beliebige Objekte in VisualWorks® definiert ist und mit dem Abhängigkeitsbeziehungen bestimmter Objekte von anderen Objekten modelliert werden können.

3.4.1   Abhängigkeit durch Versenden von Nachrichten – Zurufe

Die erste Möglichkeit zur Beschreibung der Abhängigkeit von Objekten ist die gegenseitige Bezugnahme aufeinander über das Versenden von Nachrichten. Zur Illustration betrachten wir folgende Situation.

> **Übung 3.23**: Jedes Tier kann einen Partner haben, in dessen Nähe es sich stets aufhält. Programmieren Sie diese Eigenschaft für die Klasse Animal, indem Sie Methoden schreiben, mit denen ein Animal zum Partner eines anderen Animal gemacht werden kann. Bedenken Sie dabei, daß Partnerschaft eine gegenseitige Beziehung ist.

Wir wollen nun annehmen, daß jedes Animal stets bei seinem Partner bleiben möchte. Um dies zu erreichen, muß jedes Animal seinen Partner über einen eventuellen Standortwechsel unterrichten, so daß auch dieser seinen Standort entsprechend verändern kann. Damit ein Animal seinen Partner über eine Standortveränderung, die mit moveTo: mitgeteilt werde, benachrichtigen kann (und dabei außerdem keine endlose Rekursion auftritt), benötigen wir zusätzlich noch die Methode moveTo:informedPartner:.

Animal methodsFor: 'moving'

moveTo: aPoint

```
"Der Empfaenger veraendert seinen Standort und teilt dies seinem Partner
mit."

self moveTo: aPoint informedPartner: false
```

Animal methodsFor: 'private'

moveTo: aPoint informedPartner: aBoolean
> "Der Empfaenger veraendert seinen Standort in aPoint. aBoolean ist genau
> dann true, wenn der Partner ueber die Veraenderung informiert worden ist."

```
| oldLocation partnerLocation |
oldLocation := self location.
self location: aPoint.
(aBoolean and: [self partner notNil]) ifFalse: [
    partnerLocation := self partner location + aPoint – oldLocation.
    self partner moveTo: partnerLocation
        informedPartner: aBoolean not]
```

Bisher haben wir für unsere verschiedenen Experimente mit Objekten stets einen
Inspector verwendet, um einen Einblick in das Innere eines Objektes zu erhalten.
Ein Inspector ermöglicht allerdings nur eine „statische" Sicht auf Objekte. Wenn
es darum geht, Veränderungen zu beobachten und die Kommunikation zwischen
Objekten zu verfolgen, ist er allerdings nicht das geeignete Werkzeug. Für diese
Zwecke gibt es in VisualWorks® den Debugger (engl. *debug* = Fehler beseitigen;
wörtlich: entwanzen).

Die einfachste Art, einen Debugger zu aktivieren, ist das Senden der Nachricht
halt an die Pseudovariable self. Wir probieren dies gleich aus, indem wir am Anfang der Methode partner: in der Klasse Animal eine Zeile hinzufügen:

partner: anAnimal
> "Der Empfaenger und anAnimal sollen Partner werden. Falls dies nicht
> moeglich ist, Fehlermeldung."

```
self halt.
((anAnimal partner notNil and: [anAnimal partner ~~ self])
    or: [self partner notNil and: [self partner ~~ anAnimal]])
    ifTrue: [^self error: 'Has already a partner.'].
self basicPartner: anAnimal
```

Wir führen nun in einem Workspace die folgenden Smalltalk–Anweisungen aus:

```
| animal1 animal2 |
animal1 := Animal new.
animal2 := Animal new.
animal1 partner: animal2.
animal1 moveTo: animal2 location
```

Nach Auswahl von do it im Operate–Menu des Workspace erscheint ein Fenster,
wie wir es von den Fehlermeldungen her kennen, mit der Nachricht Halt
encountered. auf dem Bildschirm (siehe Abb. 3.29).

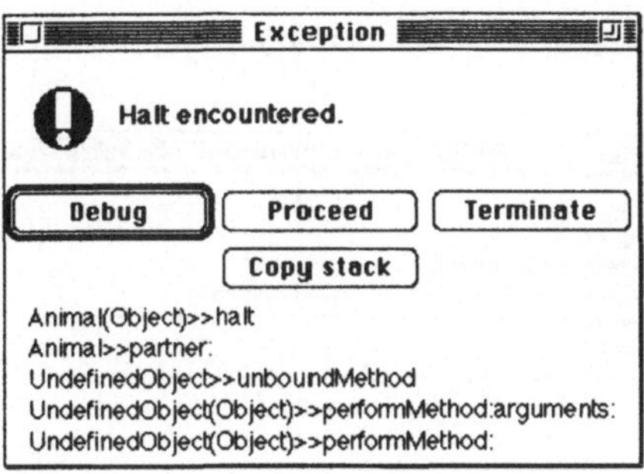

Abb. 3.29: Fenster nach Senden der Nachricht halt

Man kann sich diesen Vorgang so vorstellen, daß der Empfänger von halt den Zustand des dadurch angehaltenen Programms „einfriert". Wir können nun in dem Fenster mit der Mitteilung über die Programmunterbrechnung mit den vorhandenen Schaltern verschiedene Funktionen aktivieren. Mit Proceed wird der „eingefrorene" Programmzustand wieder „aufgetaut", d.h., das Fenster wird geschlossen und die Ausführung des Programms einfach fortgesetzt, mit Terminate wird das unterbrochene Programm endgültig abgebrochen. Wählen wir jedoch die Debug–Funktion, so erhalten wir ein neues Fenster mit dem Titel Halt encountered., und das alte Fenster verschwindet (siehe Abb. 3.30). Eine analoge Vorgehensweise führt zur Aktivierung des Debugger, wenn ein Fenster mit einer Fehlermeldung auf dem Bildschirm erschienen ist.

Ein Debugger–Fenster besteht aus fünf Teilen: dem Methodenfenster, dem Programmfenster, zwei Inspector–Fenstern (auf den Empfänger einer im Methodenfenster gewählten Methode sowie die temporären Variablen und Argumente in der Methode) und den beiden Ausführungsschaltern.

Das Methodenfenster enthält, in Form eines Stapels, die letzten ausgeführten Methoden, bevor die Programmausführung angehalten wurde. Dabei befindet sich in der ersten Zeile der Liste des Methodenfensters die zuletzt ausgeführte Methode (z.B. halt) und in jeder weiteren Zeile diejenige Methode, von der aus die in der darüberstehenden Zeile stehende Methode durch Senden einer entsprechenden Nachricht aktiviert worden ist. Vor jedem Methodennamen steht noch der Name der Klasse des Objekts, das die betreffende Methode ausführt, in Klammern gefolgt vom Namen der Klasse, in der die ausgeführte Methode implementiert ist, sofern diese beiden Klassen verschieden sind. Wir wählen die zweite Zeile im Methodenfenster aus (die Methode halt soll uns hier nicht interessieren). Daraufhin erscheint die Methode partner: (siehe Abb. 3.31).

Das Programmfenster hat eine ähnliche Funktion wie das des Browser. Wählen wir im Methodenfenster eine Methode aus, so erscheint hier die Definition der Methode, jedoch mit dem wichtigen Unterschied, daß die zuletzt gesendete Nachricht im Text markiert ist (siehe Abb. 3.31).

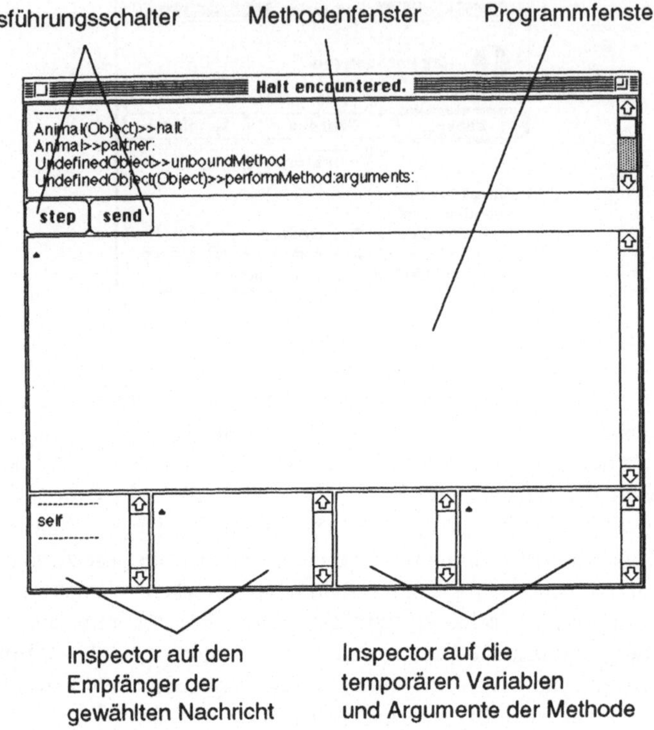

Abb. 3.30: Debugger–Fenster

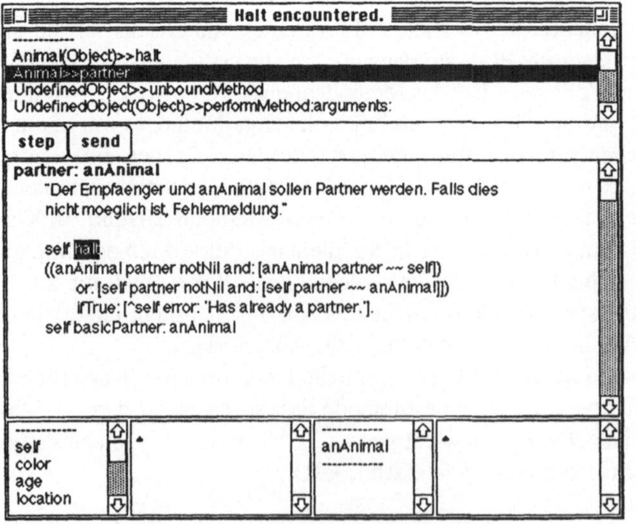

Abb. 3.31: Debugger nach Auswahl der vorletzten ausgeführten Methode

Gleichzeitig mit Auswahl einer Methode ändert sich der Inhalt der beiden Inspector–Fenster. Das linke Inspector–Fenster zeigt das Objekt, das die gewählte Methode ausführt, das rechte Inspector–Fenster die Argumente (anAnimal in Abb. 3.31) und temporären Variablen. Die Werte in den beiden Inspector–Fenstern können jederzeit verändert werden, so daß das Programm mit diesen Änderungen fortgesetzt werden kann.

Mit den beiden Ausführungsschaltern kann die Programmausführung in einzelnen Schritten fortgesetzt werden, so daß nach jedem Schritt die dadurch verursachten Veränderungen an den Objekten in den beiden Inspector–Fenstern beobachtet werden können. Der Unterschied zwischen step und send besteht darin, daß mit step die im Programmfenster markierte Nachricht gesendet und anschließend die gesamte dadurch aktivierte Methode ausgeführt wird. Die Antwort der Methode steht anschließend als Empfänger der nächsten Nachricht in der gerade von uns untersuchten Methode zur Verfügung. Wir befinden uns somit nach der Betätigung des step–Schalters immer noch in derselben Methode.

Bei Verwendung des send–Schalters hingegen wird die markierte Nachricht lediglich an ihren Empfänger gesandt. Dadurch findet ein Sprung von der gerade noch betrachteten Methode in die durch die gerade gesandte Nachricht aktivierte neue Methode statt, die nunmehr als erste Methode in der Liste des Methodenfensters steht. Die Methode, in der der send–Schalter betätigt wurde, ist im Methodenfenster des Debugger eine Zeile tiefer zu finden.

In unserem obigen Beispiel ist die Ausführung der Methode partner: nach siebenmaligem Betätigen des step–Schalters beendet. Wir sehen nun im Methodenfenster unseren Programmtext aus dem Workspace, wobei die von uns angegebenen temporären Variablen in t1 und t2 umbenannt worden sind. Die Nachricht location ist als die nächste zu sendende Nachricht markiert. Bei weiterer schrittweiser Ausführung des Programms gelangen wir schließlich in die Methode moveTo: und können dort verfolgen, wie sich die beiden Animal–Objekte über die Standortveränderung benachrichtigen.

Beide Schalterfunktionen finden wir auch im Operate–Menu des Methodenfensters im Debugger (siehe Abb. 3.32). Als zusätzliche Ausführungsfunktion gibt es dort noch skip to caret, die den Debugger veranlaßt, mit der Programmausführung bis zu derjenigen Anweisung der Methode fortzufahren, vor die der Textcursor (caret–Zeichen) gesetzt worden ist. Dies ist gleichbedeutend mit einer entsprechend häufigen Betätigung des step–Schalters und erlaubt dem Benutzer eine bequemere Handhabung der Einzelschritt–Ausführung eines Programms.

Der Menüpunkt more stack ermöglicht es, mit dem Debugger weiter in die Vergangenheit zu blicken. Durch Wahl dieser Funktion wird die Liste im Methodenfenster „nach unten" verlängert, es werden also noch weiter zurückliegende Nachrichtensendungen angezeigt.

Die partner–Eigenschaft der Animal–Objekte wird im folgenden nicht mehr benötigt, so daß die Instanzvariable partner, das private–Protokoll, das accessing–Protokoll und die Methode moveTo: aus der Klasse Animal entfernt werden können.

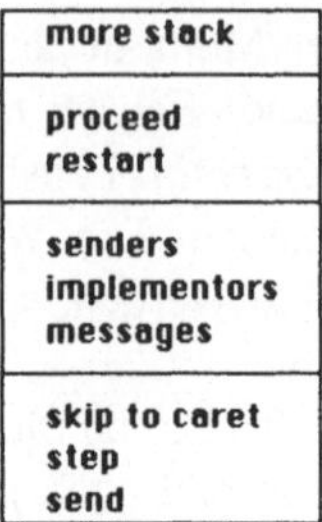

Abb. 3.32: Operate–Menu des Methodenfensters im Debugger (bei gewählter Methode)

3.4.2   Der Dependency–Mechanismus – Abhängigkeiten

Um allgemeine Abhängigkeiten zwischen Objekten modellieren zu können, gibt
es in Smalltalk den sogenannten *Dependency–Mechanismus*. Mit Hilfe dieses
Mechanismus können beliebig viele Objekte zu „abhängigen" Objekten eines anderen Objektes gemacht werden. Auf diese Weise kann ein Objekt nach Empfang
einer Nachricht, die für die von ihm abhängigen Objekte Konsequenzen hat, diese
Objekte entsprechend unterrichten. Dies erspart uns die Einführung von separaten
Instanzvariablen in einer Klasse, die allein zur Modellierung einer solchen Abhängigkeit dienen. Die von einem Objekt abhängigen Objekte erhalten wir als
Antwort auf die Nachricht dependents an das betreffende Objekt.

Die Methoden, die den Dependency–Mechanismus implementieren, sind in den
drei Protokollen dependents access, updating und changing der Klasse Object zu
finden. Obwohl in diesen Protokollen wesentlich mehr Methoden untergebracht
sind, genügen uns zunächst die folgenden vier Nachrichten, um die grundsätzliche
Funktion des Mechanismus zu erklären.

addDependent: anObject

Senden wir einem Objekt die Nachricht addDependent:, so erfährt es auf diese
Weise, daß das als Parameter übergebene Objekt von ihm abhängig sein soll.
anObject wird ein dependent des Empfängers und kann in Zukunft automatisch
über alle Veränderungen unterrichtet werden, von denen es betroffen ist.

removeDependent: anObject

Senden wir einem Objekt die Nachricht removeDependent:, so erfährt es auf diese
Weise, daß das als Parameter übergebene Objekt *nicht* mehr von ihm abhängig
sein soll. anObject ist also kein dependent des Empfängers mehr. War anObject
auch vorher kein dependent des Empfängers, so geschieht nichts.

changed: anAspectSymbol with: aParameter

Führt ein Objekt Anweisungen aus, von denen seine dependents betroffen sind
und über die sie demzufolge unterrichtet werden müssen, so sendet dieses Objekt

an sich selbst die Nachricht changed:with:. Im Parameter anAspectSymbol wird ein Symbol übergeben, das die Art der Veränderung bezeichnet. An Stelle von aParameter kann ein weiteres Objekt stehen, mit dem die Veränderung weiter spezifiert werden kann. Wird dies nicht benötigt, so wird dort einfach nil eingetragen. Anschließend werden alle dependents durch die Nachricht

    update: anAspectSymbol with: aParameter from: aSender

über die Veränderung unterrichtet. Die Parameter anAspectSymbol und aParameter stimmen dabei mit denen von changed:with: überein. Zusätzlich wird der Empfänger (also ein dependent) mittels des Parameters aSender darüber unterrichtet, welches Objekt die Änderung durchgeführt hat. Diese zusätzliche Information kann dann nützlich sein, wenn ein Objekt von verschiedenen anderen Objekten abhängig ist, so daß es wissen muß, auf wessen Veränderung es zu reagieren hat.

Die in Object implementierte Methode update:with:from: besteht darin, überhaupt nichts zu tun (man beachte, daß die Methode update:with:from: lediglich die Nachricht update:with: versendet, die wiederum die Methode update: aktiviert, worin lediglich mit self geantwortet wird!). Sofern wir also möchten, daß ein Objekt in bestimmter Weise auf Veränderungen reagiert, müssen wir diese Methode in seiner Klasse reimplementieren. Die Nachricht changed:with: ist in der oben beschriebenen Weise bereits implementiert und wird gewöhnlich nicht in irgendwelchen Unterklassen reimplementiert.

Als Beispiel für die Verwendung des Dependency–Mechanismus betrachten wir den Fall, daß mehrere Tiere eine Herde bilden können. Eines der Tiere in der Herde ist das Leittier, dem alle anderen folgen, sobald es seinen Standort verändert. Zur Realisierung dieses Verhaltens im Rechner werden alle Instanzen von Animal, die die Herde darstellen, zu dependents des als Leittier ausgewählten Animal–Objekts gemacht. Mit Hilfe des Dependency–Mechanismus können dann alle Instanzen von Animal von der Standortänderung unterrichtet werden.

Dazu sendet das Leittier bei Veränderung seines Standortes an sich selbst lediglich eine changed:with:–Nachricht, woraufhin alle Mitglieder der Herde mittels einer dadurch ausgelösten update:with:from:–Nachricht über die Standortveränderung unterrichtet werden. Dazu werden die folgenden Methoden benötigt:

Animal methodsFor: 'moving'

moveTo: aPoint
```
"Der Empfaenger veraendert seinen Standort. Alle abhaengigen Objekte
werden ueber diese Veraenderung unterrichtet."

| oldPoint |
oldPoint := self location.
self location: aPoint.
self changed: #location with: oldPoint
```

Animal methodsFor: 'leadership'

beLeaderOf: aCollectionOfAnimals
"Der Empfaenger wird Leittier der Herde aCollectionOfAnimals. Diese
werden als seine dependents deklariert."

aCollectionOfAnimals do: [:animal | self addDependent: animal].

Animal methodsFor: 'updating'

update: anAspectSymbol with: aParameter from: aSender
"Bei einer Standortveraenderung enthaelt aParameter den alten Standort
von aSender."

anAspectSymbol == #location
    ifTrue:
        [self moveTo: self location + aSender location – aParameter.]
    ifFalse:
        [super
            update: anAspectSymbol
            with: aParameter
            from: aSender]

Ein Animal wird zum Leittier einer Herde erklärt, indem man ihm die Nachricht
beLeaderOf: zusendet. Als Parameter wird die Herde in Form einer Collection
übergeben.

Zu bemerken ist hier, daß die Reaktion auf eine Ortsveränderung eines abhängi-
gen Animal nur erfolgt, wenn #location als Parameter für das Argument anAspect-
Symbol beim Senden von update:with:from: übergeben wurde. Ist dies nicht der
Fall, so wird (im ifFalse:–Block) versucht, eine in der Oberklasse implementierte
Methode update:with:from: zu aktivieren, die eventuell auf anAspectSymbol reagiert (eine solche Methode wird spätestens in der Klasse Object gefunden). Die
Verwendung der Nachricht moveTo: im ifTrue:–Block ermöglicht es sogar, daß
einzelne Tiere der Herde selbst Leittiere für eine andere Herde sind. Die Standortveränderung wird durch die changed:with:–Nachricht in der Methode moveTo:
automatisch weitergegeben.

Die folgenden Nachrichten sind verkürzte Formen der oben angegebenen
Grundnachrichten des Dependency–Mechanismus in der Klasse Object, die immer
dann verwendet werden können, wenn diesen Nachrichten kein anAspectSymbol
oder kein aParameter mitgegeben werden muß:

changed
changed: anAspectSymbol
update: anAspectSymbol
update: anAspectSymbol with: anObject

Manchmal ist es notwendig, daß ein Objekt seine dependents vorher fragen muß,
ob eine bestimmte Änderung erlaubt ist (z.B. ob ein Fenster geschlossen werden

darf, wenn die darin enthaltenen Daten noch nicht gespeichert sind). Zu diesem
Zweck kann diesem Objekt eine der Nachrichten

    changeRequest
    changeRequest: anAspectSymbol
    changeRequestFrom: aRequestorObject

gesendet werden, in denen es seine dependents mittels der Nachrichten

    updateRequest
    updateRequest: anAspectSymbol

fragt, ob eine Änderung zulässig ist. Lautet die Antwort auf changeRequest (bzw.
changeRequest: und changeRequestFrom:) true, so darf die beabsichtigte Änderung durchgeführt werden. Lautet die Antwort jedoch false, so sollte die Än-
derungsaktion abgebrochen werden.

   Zum Schluß dieses Unterabschnitts sei noch auf die Klasse Model hingewiesen,
die eine direkte Unterklasse von Object ist. Die Instanzen von Model haben im
Prinzip die gleichen Eigenschaften wie die von Object, jedoch ist in Model eine
bezüglich der Rechenzeit effizientere Technik zur Verwaltung abhängiger Objekte
realisiert worden (die sich natürlich auch auf die Unterklassen vererbt). Sofern bereits im vorhinein bekannt ist, daß der Dependency–Mechanismus in einem Anwendungsprogramm häufig benutzt werden soll, ist es also für die Ausführungsge-
schwindigkeit des Programmes günstiger, die auf diesem Mechanismus
beruhenden Klassen als Unterklassen von Model zu definieren. Der Preis der
höheren Rechengeschwindigkeit besteht allerdings in einem erhöhten Spei-
cherplatzbedarf für solche Objekte.

3.5   Ein Lagerverwaltungsprogramm – Die Entwicklung einer Dienstleistungsgesellschaft

Nachdem wir in den vorhergehenden Abschnitten dieses Kapitels gelernt haben,
wie wir durch die Definition neuer Klassen und Methoden Programme in Smalltalk schreiben, werden wir uns in diesem Abschnitt der Frage zuwenden, wie wir
die „richtigen“ Klassen und Methoden finden, die benötigt werden, um ein Problem mit Hilfe eines Smalltalk–Programms zu lösen. Diese Aufgabe kann als Entwicklung einer Dienstleistungsgesellschaft angesehen werden, in der es Anbieter
und Nachfrager von Dienstleistungen gibt. Die Anbieter und Nachfrager entsprechen in Smalltalk den Objekten, die Dienstleistungen den Methoden der Objekte.
Das Versenden von Nachrichten zwischen Objekten repräsentiert die Inanspruch-
nahme der angebotenen Dienstleistungen durch die Nachfrager.
   In Abschnitt 1.1 wurde bereits am Beispiel verschiedener Kessel in einer chemisch–pharmazeutischen Produktionsanlage skizziert, welche Arbeitsschritte hier-

bei benötigt werden: Klassenbildung, Bestimmung von Zustands– und Reaktions–
eigenschaften der Objekte und Bestimmung einer Hierarchie der Objektklassen
zur Vererbung von Eigenschaften ähnlicher Objekte. Diese Schritte sind Teil einer
allgemeinen Vorgehensweise für den objektorientierten Entwurf von Computer–
programmen, die in diesem Abschnitt näher betrachtet wird. Derartige Vorgehens–
weisen, die zu den Methoden des *Software–Engineering* gezählt werden, erlauben
die systematische Konstruktion von Programmen. Zu ihrer exemplarischen
Erläuterung wird schrittweise ein Programm zur Verwaltung eines Warenlagers
erstellt, das in kompletter Form am Ende dieses Abschnitts abgedruckt ist.

Da dieser Abschnitt lediglich als ein erster Einstieg in die Methoden des Soft–
ware–Engineering gedacht ist, sollten sich Leser, die sich für die Durchführung
von praktischen Software–Entwicklungsprojekten interessieren, in jedem Falle in–
tensiv und systematisch mit den hier angesprochenen Problemen der Software–
Entwicklung auseinandersetzen. Entsprechende Literaturhinweise sind am Ende
des Buches zu finden. Das Beispielprogramm für die Lagerverwaltung ist allein zu
didaktischen Zwecken abgedruckt und darf nicht als ein in der Praxis einsetzbares
Lagerverwaltungsprogramm angesehen werden.

3.5.1   Objektorientierter Entwurf

In den vergangenen Jahren sind in der Forschung im Bereich der Informatik unter–
schiedliche Methoden für die Konstruktion von umfangreichen Computerpro–
grammen entwickelt worden. Ziel dieser sogenannten *Software–Engineering–Me–
thoden* ist die Gestaltung der Abläufe bei der Erstellung von Software, um die kor–
rekte Funktion eines Programms garantieren zu können und die Wartbarkeit des
entstehenden Computercodes (d.h., die Möglichkeit zur Änderung und Anpassung
an veränderte Umweltbedingungen) sicherzustellen. Insbesondere für den Einsatz
objektorientierter Softwaretechnologien (dazu zählen neben objektorientierten
Programmiersprachen wie Smalltalk z.B. auch objektorientierte Datenbanksy–
steme) sind dabei verschiedene Vorgehensweisen entstanden, für deren Studium
wir noch einmal auf die am Ende des Buches angegebene Literatur verweisen. Als
eine von vielen Methoden für den objektorientierten Softwareentwurf stellen wir
hier die von Rubin und Goldberg (1992) beschriebene *Object Behavior Analysis
(OBA)* vor.

Vielen Software–Engineering–Methoden liegt ein *Phasen–Modell* zugrunde, in
dem verschiedene Phasen beim Ablauf der Software–Entwicklung beschrieben
werden. Zwei typische Phasen sind dabei die Analysephase und die Designphase,
die bei den den meisten Software–Engineering–Methoden in weitere Teilschritte
zerlegt werden. In der *Analysephase* liegt der Schwerpunkt der Untersuchung auf
der Frage nach den Aufgaben der Software, also dem, *was* ein Programm tun soll.
Die in der Regel darauf folgende *Designphase* dient der Festlegung der Vorge–
hensweisen, mit denen die zuvor bestimmten Aufgaben erfüllt werden sollen, also
der Festlegung, *wie* das Programm arbeiten soll. Im folgenden wenden wir uns
insbesondere der Analysephase zu.

Bei der *objektorientierten Analyse* ist zu untersuchen, in welcher Weise sich das zu entwickelnde Programm insgesamt (und insbesondere gegenüber dem Benutzer) verhalten soll, durch welche Objekte dieses Verhalten entsteht, welche Beziehungen die Objekte untereinander haben und wie sich die Objekte zueinander verhalten. Resultat der Analysephase ist also eine Menge von Objekten, deren Eigenschaften und deren Verhalten festgelegt sind. In Kap. 1 hatten wir in diesem Zusammenhang bereits von Zustands– und Reaktionseigenschaften gesprochen.

Die Vorgehensweise von OBA besteht aus mehreren Phasen, die nacheinander ausgeführt werden, aber auch bei Bedarf wiederholt (iteriert) werden können, d.h., es kann ein Rücksprung aus einer Phase in eine vorgelagerte Entwurfsphase stattfinden. Die fünf (Haupt–) Phasen

– Bestimmung des Analyse–Kontextes
– Detaillierte Beschreibung des Problems
– Definition von Objekten
– Klassifikation von Objekten und Bestimmung von Beziehungen
– Modellierung des dynamischen Verhaltens

sind in Abb. 3.33 graphisch dargestellt. Hier wird auch noch einmal mittels der Pfeile, die den Ablauf der einzelnen Phase verdeutlichen, gezeigt, daß ein Rück-

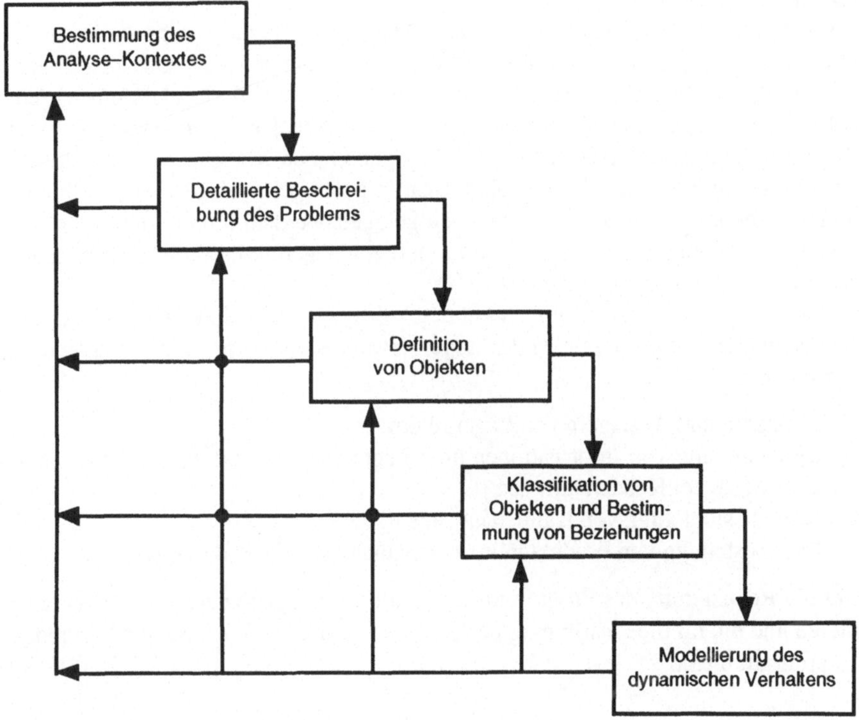

Abb. 3.33: Teilschritte der Vorgehensweise von OBA

sprung von eine Phase in eine frühere (zuvor ausgeführte) Phase möglich ist. Phasenmodelle, wie das in Abb. 3.33 gezeigte, werden oftmals auch als (modifizierte) *Wasserfallmodelle* bezeichnet.

Um zu den Definitionen der Objekte, ihrer Eigenschaften und ihres Verhaltens zu kommen, schlägt die Analyse– und Entwurfsmethode OBA eine konkrete Vorgehensweise vor, die wir in den folgenden Unterabschnitten Schritt für Schritt vorstellen werden.

Beispiel

Als Beispiel für die Anwendung von OBA entwickeln wir ein Programm zur Verwaltung eines Warenlagers. Dazu stellen wir uns folgende Situation vor: In einem Unternehmen werden die verschiedenen Erzeugnisse aus der Produktion in regionale Auslieferungslager gebracht, von wo aus die Kunden bedient werden. Die Anlieferung erfolgt in Form von Produktionslosen, also in größeren Mengen, die auf einmal hergestellt und auf Europaletten verpackt worden sind. Da ein Kunde in der Regel von verschiedenen Produkten jeweils kleine Mengen bestellt, müssen die einzelnen Produkte eines Auftrages aus dem Lager zusammengestellt („kommissioniert") werden, in einem, oder bei größeren Aufträgen auch mehreren, geeigneten Transportbehältern verpackt und anschließend versandt werden (Bahn, Post, Spedition o.ä.).

Das Lager ist ein Gebäude, in dem eine Menge von Regalen steht, in deren Fächern die verschiedenen Produkte mit Regalbediengeräten ein– und ausgelagert werden. Die rechtzeitige Nachbestellung von Produkten beim Produktionsbetrieb, sobald deren Lagerbestand zur Neige geht, ist Aufgabe des Lagerverwalters. Es ist darauf zu achten, daß das Lager einerseits genügende Mengen jedes Produktes vorrätig hat, um die eingehenden Kundenaufträge umgehend bedienen zu können, andererseits aber nicht zu große Mengen gelagert werden, um die durch die Lagerung entstehenden Kosten (z.B. durch in den gelagerten Produkten gebundenes Kapital) möglichst gering zu halten.

Das Programm für die Lagerverwaltung soll bei der Erledigung sämtlicher anfallenden Dispositionsaufgaben des Lagerverwalters einsetzbar sein. Dies sind im einzelnen:

- Einlagern und Auslagern von Lagergütern
- Bereitstellung von Informationen über Lagerbestände und die Lieferfähigkeit des Lagers bei Kundenanfragen
- Kommissionierung von Kundenaufträgen
- Nachbestellung von Produkten in kostengünstigsten Produktionsmengen

Für die Realisierung des Programms in Smalltalk sind geeignete Objekte zu definieren und die für die Ausführung der genannten Funktionen benötigten Methoden zu programmieren.

3.5.2 Bestimmung des Analyse–Kontextes (Phase 0)

Vorgehensweise

Die Phase 0 von OBA dient dazu, Klarheit über die Aufgaben und Ziele des zu entwerfenden Programms zu erhalten. Sie erhält die Nummer 0, da es sich gewissermaßen um eine Vorphase handelt, die jedoch keinesfalls ausgelassen werden darf. Phase 0 besteht aus den folgenden Teilschritten:

(0.1) *Bestimmung der Ziele*, die mit dem zu entwerfenden Programm erreicht werden sollen, und der Bedingungen, unter denen das Programm entwickelt werden soll. Solche Nebenbedingungen betreffen Ressourcen für die Entwicklung (Budget, Personal, Zeitplanung) und Qualitätsanforderungen (Laufzeitverhalten, Robustheit gegen Fehlbedienungen etc.).

(0.2) *Festlegung, welche Informationsquellen beim Programmentwurf herangezogen werden sollen* (Ausnutzung von Expertenwissen).

(0.3) *Bestimmung der Teilfunktionen des Programms*, die einer ausführlichen Analyse in den nachfolgenden Phasen unterzogen werden sollen. Für diese Funktionen ist eine Planung der Analyseaktivitäten vorzunehmen, insbesondere muß festgestellt werden, welche Aktivitäten parallel zueinander ausgeführt werden können.

(0.4) In einem abschließenden Teilschritt ist ein *Zeitplan für den weiteren Ablauf des Programmentwurfs* aufzustellen. Dabei werden den einzelnen Analyseaktivitäten die für ihre Ausführung benötigten Ressourcen zugeordnet (Personal, Arbeitsmittel etc.).

Für die im Schritt 0.4 auszuführenden Projektplanungsaktivitäten gibt es verschiedene Verfahren, die die graphische Darstellung eines Projektes ermöglichen (Methoden der Netzplantechnik) und mit denen eine Zeitplanung durchgeführt werden kann. Dabei werden für die einzelnen Aktivitäten eines Projektes Anfangs– und Endtermine so bestimmt, daß das Projekt innerhalb einer vorgegebenen Zeitspanne beendet werden kann, wobei berücksichtigt wird, daß bestimmte Aktivitäten erst dann ausgeführt werden können, wenn andere Aktivitäten abgeschlossen worden sind. Hierbei werden außerdem sogenannte *kritische Aktivitäten* bestimmt, d.h., solche Aktivitäten, bei deren Verzögerung sich die Fertigstellung des gesamten Projekts verschiebt. Ein Beispiel einer solchen Netzplantechnik–Methode ist die Metra–Potential–Methode. Der an Methoden der Projektplanung interessierte Leser sei auf das Buch von Neumann und Morlock (1993), Kap. 2, verwiesen.

Da sich Software–Engineering–Projekte bezüglich ihres Managements nicht grundsätzlich von anderen Projekten (z.B. dem Bau eines Hauses oder der Entwicklung eines Flugzeuges) unterscheiden, sind auch die bekannten Methoden des Projektmanagements anwendbar. Eine Übersicht hierfür bietet beispielsweise das Buch von Madauss (1994).

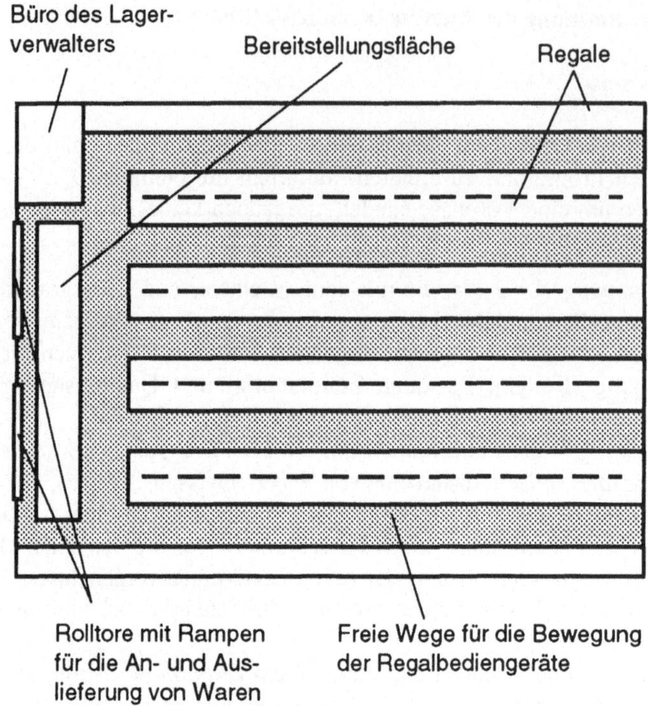

Abb. 3.34: Grundriß eines Hochregallagers

Beispiel (Fortsetzung)

Schritt 0.1: Bestimmung der Ziele
Ziel des zu entwickelnden Programms ist die Bereitstellung von Funktionen zur
Verwaltung eines Warenlagers. Das Programm soll die administrativen und dispo-
sitiven Aufgaben eines Lagerverwalters unterstützen, die bisher manuell durchgeführt worden sind.

Die Aufbewahrung der Lagergüter erfolgt in einer Lagerhalle mit Hochregalen,
die Be– und Entladung der Regale wird mittels mehrerer Regalbediengeräte
durchgeführt, die derzeit noch von Lagerarbeitern gefahren werden. Jedes Regal
verfügt über bestimmte Regalfächer, in denen die einzulagernden Produkte abgelegt werden. Im Zuge der Einführung der neuen EDV–Verwaltung des Lagers sollen die Regalbediengeräte automatisch gesteuert werden. Dazu werden die Regalfächer mit den eingelagerten Produkten im Lagerverwaltungsprogramm gespeichert und der Steuerung der Regalbediengeräte später über eine Schnittstelle zur
Verfügung gestellt. Ein Beispiel für den Grundriß eines Lagers zeigt Abb. 3.34.

Schritt 0.2: Informationsquellen
Beim Entwurf und bei der späteren Evaluation des Programms wird ein Lagerverwalter konsultiert, der mit den bisher eingesetzten manuellen Prozeduren in der Lagerverwaltung vertraut ist. Außerdem wird ein Experte aus der Produktionsplanung des Unternehmens benötigt, der an der Entwicklung der Verfahren zur Bestimmung von kostengünstigsten Produktionsmengen und Auflagezeitpunkten der verschiedenen Produkte beteiligt ist.

Auf die Schritte 0.3 und 0.4 werden wir an dieser Stelle nicht weiter eingehen.

3.5.3 Detaillierte Beschreibung des Problems (Phase 1)

Vorgehensweise

In Phase 1 der Analyse wird untersucht, welche Aufgaben das Programm erfüllen soll und welche Interaktionen zwischen der Software und ihren zukünftigen Benutzern stattfinden sollen. Hierbei sind die folgenden Teilschritte auszuführen:

(1.1) *Planung mit Hilfe von Szenarien.* Die möglichen Abläufe bei der Benutzung des zu entwerfenden Programms werden in Form von Beispielen (Szenarien) beschrieben. Es handelt sich also um Beispiele der Programm*verwendung,* in denen die gesuchten Softwarefunktionen erkennbar werden. Bei der Zusammenstellung der Szenarien können Interviews eingesetzt werden, in denen potentielle Benutzer und Experten befragt werden, in welcher Weise das Programm eingesetzt werden soll. Ist eine solche Befragung nicht möglich, so können schriftliche Unterlagen, wie z.B. Erfahrungsberichte über ähnliche Programme oder Arbeitsanleitungen für die organisatorischen Abläufe, die mit dem zu entwerfenden Programm unterstützt bzw. automatisiert werden sollen, als Grundlage der Entwicklung von Szenarien dienen.

(1.2) *Beschreibung von Abläufen.* Die in den Szenarien enthaltenen Abläufe bei der Programmbenutzung werden in Form von *Ablaufbeschreibungen* zusammengefaßt. Eine Ablaufbeschreibung wird auch kurz als *Skript* bezeichnet. Bei der Zusammenstellung der Skripte wird von der Annahme ausgegangen, daß die Programmfunktionen, wie bei objektorientierter Software üblich, durch eine Menge von Objekten realisiert werden, die gewisse Dienstleistungen anbieten, welche von anderen Objekten in Anspruch genommen werden, um wiederum die von ihnen angebotenen Dienstleistungen realisieren zu können.

Ein Skript besteht aus einer Menge von Verträgen. Ein *Vertrag* ist eine Vereinbarung zwischen zwei Partnern darüber, daß ein Partner (der *Nachfrager;* von Rubin und Goldberg (1992) als „initiator" bezeichnet) die von dem anderen Partner (dem *Anbieter;* von Rubin und Goldberg „participant" genannt) angebotene Dienstleistung in Anspruch nehmen darf. Die Dienstleistung wird von dem Anbieter durch eine bestimmte *Aktion* des Nachfragers angefordert. Die Dienstleistung ist also eine Handlung des Anbieters, die durch eine Handlung des Nachfragers, nämlich dessen Aktion, in Anspruch genommen wird. Stellen wir uns vor, daß die Partner den Objekten in Smalltalk entsprechen, so ist ein Vertrag als Schnittstellenbeschreibung zu verstehen, die festlegt, welche Dienstleistungen durch Objekte in Anspruch genommen werden können und in welcher Weise dies geschehen soll. Über die Art und Weise, in der die Dienstleistungen später tatsächlich realisiert werden, ist dabei noch nichts gesagt!

Für das praktische Projektmanagement werden zu einem Skript üblicherweise noch einige technische Angaben verwaltet. Dazu gehören der (eindeutig identifizierbare) Name des Skripts, der Name des Skript–Autors und die Versionsnummer. Außerdem können Vorbedingungen angegeben werden, die erfüllt sein müssen, damit das Skript angewendet werden kann. Nachbedingungen beschreiben in analoger Weise, welcher Zustand nach der Ausführung eines Skripts eingetreten ist.

(1.3) Die Zusammenstellung von Skripten führt zur Definition einer Terminologie des Problems, deren Begriffe in einer *Menge von Wörterbüchern (Glossaren)* zusammengefaßt werden. Zwei wichtige Glossare enthalten die Definitionen der möglichen Vertragspartner und der von ihnen angebotenen Dienstleistungen.

(1.4) Am Schluß von Phase 1 werden die *Attribute* jedes Vertragspartners aus den Skripten *festgelegt*. Ein Attribut ist dabei als Eigenschaft zu verstehen, die ein Vertragspartner haben muß, um die Dienstleistungen anderer Vertragspartner anfordern zu können bzw. um die von ihm angebotenen Dienstleistungen erbringen zu können. Die spätere Bestimmung der Attribut*werte* kann sowohl durch Abruf gespeicherter Werte als auch durch eine entsprechende Berechnung erfolgen. Da jedem Vertragspartner eigene Attribute zugeordnet werden müssen, wird auch für jeden Vertragspartner ein eigenes *Attributglossar* zusammengestellt.

Beispiel (Fortsetzung)

Schritt 1.1: Planung mit Hilfe von Szenarien
Um die verschiedenen Probleme verstehen zu können, die von dem Lagerverwaltungsprogramm gelöst werden sollen, betrachten wir nun zwei Szenarien, aus denen die zu implementierenden Programmfunktionen abgeleitet werden können.

1. *Ankunft einer Lieferung aus der Produktion.* Ein LKW fährt an der Rampe bei einem der Rolltore des Lagers vor. Der Fahrer übergibt die Ladepapiere an den Lagerverwalter, und der LKW wird von den Lagerarbeitern entladen. Die Paletten mit den Produkten werden zunächst auf der Bereitstellungsfläche des Lagers abgestellt, um später auf die Regale verteilt zu werden. Dort findet auch die Kontrolle der eingehenden Produke statt. Ist auf der Bereitstellungsfläche kein Platz, so muß die Entladung des LKW warten. Nachdem der LKW entladen ist, werden die Regale und die Lagerfächer bestimmt, in denen die einzelnen gelieferten Produkte gelagert werden sollen. Dann wird jede Palette

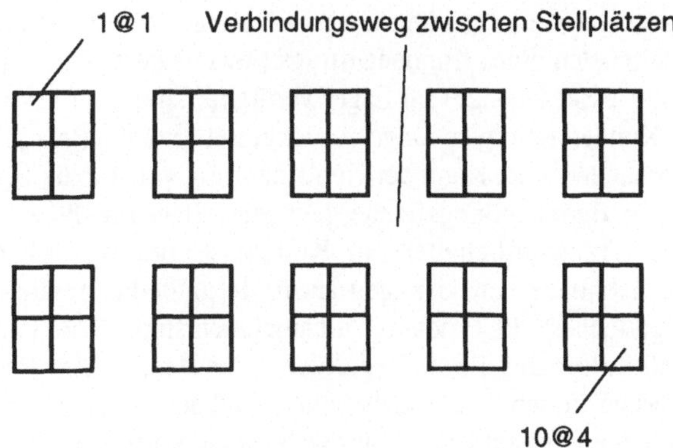

Abb. 3.35: Aufteilung der Bereitstellungsfläche und Numerierung der Palettenstellplätze (Ansicht von oben)

dem für das gewählte Regal zuständige Regalbediengerät zugeteilt und von diesem zu dem gewählten Regalfach gebracht.

Abb. 3.35 zeigt die Aufteilung der Bereitstellungsfläche in Palettenstellplätze. Jeder Stellplatz erhält eine eigene Nummer, bestehend aus der Spalte und der Zeile auf der Bereitsstellungsfläche. Die analoge Numerierung von Regalfächern in einem Regal zeigt Abb. 3.36.

2. *Bearbeitung eines Kundenauftrags.* Kundenaufträge werden von der Vertriebsabteilung des Unternehmens an das für den Kunden zuständige regionale

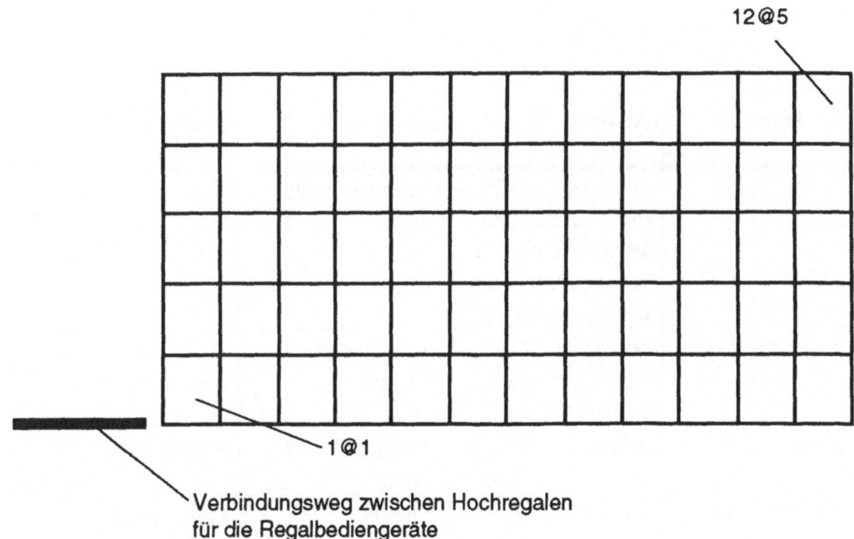

Abb. 3.36: Aufteilung der Regalfächer in einem Hochregal und Numerierung der Regalfächer (Ansicht frontal)

Auslieferungslager weitergeleitet. Dort wird zunächst festgestellt, ob die einzelnen Bestellposten eines Kundenauftrags (jeweils bestehend aus einem Produkt und einer Bestellmenge) im Lager verfügbar sind. Ist dies nicht der Fall, so muß der Kundenauftrag so lange zurückgestellt werden, bis alle benötigten Produkte vorhanden sind. Kann der Kundenauftrag vollständig bedient werden und ist auf der Bereitstellungsfläche genügend Platz für die Aufstellung der notwendigen Transportbehälter zur Kommissionierung des Auftrags, so werden entsprechende Anweisungen an die Regalbediengeräte gegeben, aus welchen Regalfächern die Produkte zu entnehmen sind. Leere Paletten werden anschließend sofort aus ihren Regalfächern entfernt. Alle Produkte eines Auftrags werden in den Transportbehältern auf der Bereitstellungsfläche des Lagers abgelegt und anschließend für den Versand vorbereitet.

Schritt 1.2: Beschreibung von Abläufen
In diesem Schritt fassen wir die in den beiden Szenarien enthaltenen Abläufe in Form von Skripten zusammen (vgl. Tab. 3.1 und 3.2). Den Skripten entsprechen die in den Szenarien beschriebenen Vorgänge, mit denen nun bestimmte Dienstleistungen verknüpft werden.

Die hier angegebenen Skripte enthalten bereits „abstrakte" Nachfrager und Anbieter. In einem vorausgehenden Schritt könnte man die Skripte mit konkreten Nachfragern und Anbietern formulieren (z.B. „LKW 17 des firmeneigenen Fuhrparks fährt an der Rampe des Regionallagers Karlsruhe vor und liefert 10.000 Elektroservomotoren vom Typ ESM 18430 ab"). Diese konkreten Skripte sind dann erst noch zu den hier vorgestellten (abstrakten) Skripten zu aggregieren.

Tabelle 3.1: Skript 1 (Szenario „Ankunft einer Lieferung aus der Produktion")

Nachfrager	Aktion	Anbieter	Name der Dienstleistung
Lagerverwalter	prüft, ob der für die eingehende Lieferung notwendige Platz verfügbar ist auf der	Bereitstellungsfläche	Frei
Lagerverwalter	bestimmt Abstellfläche für jede Palette auf der	Bereitstellungsfläche	Auswahl Stellplatz
Palette	belegt	Bereitstellungsfläche	Abstellen
Lagerverwalter	kontrolliert anhand der Ladepapiere die Produkte auf den	Paletten	Geliefertes Produkt

Tabelle 3.1 (Fortsetzung)

Nachfrager	Aktion	Anbieter	Name der Dienstleistung
Lagerverwalter	aktualisiert Bestandsdaten für jedes gelieferte	Produkt	Bestandsänderung
Lagerverwalter	bestimmt Regal für jede Palette im	Lager	Auswahl Regal
Lagerverwalter	bestimmt Regalfach für jede Palette im gewählten	Regal	Leeres Fach
Palette	wird entfernt von der	Bereitstellungsfläche	Räumen
Palette	wird aufgenommen von einem	Regalfach	Einlagern

Tabelle 3.2: Skript 2 (Szenario „Bearbeiten eines Kundenauftrags")

Nachfrager	Aktion	Anbieter	Name der Dienstleistung
Lagerverwalter	prüft, ob der für die Kommissionierung notwendige Platz verfügbar ist auf der	Bereitstellungsfläche	Frei
Lagerverwalter	bearbeitet nacheinander alle Bestellposten des	Kundenauftrags	Bestellposten
Lagerverwalter	bearbeitet einzelnen	Bestellposten	Verbuchung Bestellung
Lagerverwalter	prüft Verfügbarkeit der Produkte des Kundenauftrags am	Lager	Ausführbar
Lagerverwalter	ordnet den Kundenauftrag zu an eine Menge von	Transportbehältern	Kundenauftrag
Lagerverwalter	bestimmt Abstellfläche für jeden Transportbehälter auf der	Bereitstellungsfläche	Auswahl Stellplatz

Tabelle 3.2 (Fortsetzung)

Nachfrager	Aktion	Anbieter	Name der Dienstleistung
Transportbehälter	belegt	Bereitstellungs-fläche	Abstellen
Lagerverwalter	bestimmt zur Be-dienung eines Be-stellpostens Re-galfächer im	Lager	Bedienfächer
Produkt	wird entnommen aus dem	Regalfach	Entnehmen
Lagerverwalter	aktualisiert Be-standsdaten für jedes entnommene	Produkt	Bestandsänderung
Lagerverwalter	entfernt eine leere Palette aus dem	Regalfach	Leeren
Produkt	wird aufgenom-men von einem	Transportbehälter	Kommissionieren
Transportbehälter	wird versandfertig gemacht auf der	Bereitstellungs-fläche	Versenden
Transportbehälter	wird entfernt von der	Bereitstellungs-fläche	Räumen

Schritt 1.3: Zusammenstellung der Glossare
Wir stellen nun die Glossare mit den Vertragspartnern (Tab. 3.3) und den Dienst-
leistungen (Tab. 3.4) aufgrund der in den Skripten enthaltenen Informationen zu-
sammen. Im Glossar der Vertragspartner wird für jeden *Vertragspartner* eine
Definition aufgestellt. Der *Bezug* gibt an, in welchen Skripten der Vertragspartner
Verträge abgeschlossen hat, und welche *Rolle* er darin spielt (N = Nachfrager, A =
Anbieter). Das Glossar der Dienstleistungen beschreibt in analoger Weise jede
Dienstleistung durch eine *Definition*. Der *Bezug* gibt an, in welchen Skripten die
Dienstleistung nachgefragt worden ist, und der Anbieter der Dienstleistung ist in
der Spalte *Anbieter* angegeben.

Tabelle 3.3: Glossar der Vertragspartner

Vertrags-partner	Definition	Bezug	Rolle
Bereitstel-lungsfläche	Fläche im Lager, auf der eingehende Paletten und ausgehende Transport-behälter abgestellt werden.	Skript 1 Skript 2	A

Tabelle 3.3 (Fortsetzung)

Vertrags-partner	Definition	Bezug	Rolle
Bestellposten	Teil eines Kundenauftrags.	Skript 2	A
Kundenauftrag	Menge von Bestellposten, die komplett vom Lager bedient werden soll.	Skript 2	A
Lager	Raum, in dem verschiedene Produkte auf Hochregalen aufbewahrt werden, um Kundenaufträge erfüllen zu können.	Skript 1 Skript 2	A
Lagerverwalter	Person, die alle im Lager anfallenden Verwaltungs– und Dispositionstätig-keiten verrichtet.	Skript 1 Skript 2	N
Palette	Transporteinheit, auf der Produkte ver-packt sind und die als Ganzes in ein Regalfach eingelagert werden kann.	Skript 1	N/A
Produkt	Bezeichnung einer Menge gleichartiger Gegenstände, die im Lager aufbewahrt werden.	Skript 1 Skript 2	N/A
Regal	Hochregal im Lager, das eine Menge von Regalfächern hat.	Skript 1	A
Regalfach	Kleinster zur Verfügung stehender Lagerraum innerhalb eines Hochregals im Lager. Kann genau eine Palette auf-nehmen.	Skript 1 Skript 2	A
Transport-behälter	Transporteinheit, die für die Kommis-sionierung von Kundenaufträgen ver-wendet wird.	Skript 2	N/A

Tabelle 3.4: Glossar der Dienstleistungen

Dienstleistung	Definition	Bezug	Anbieter
Abstellen	Eine Transporteinheit wird auf der Bereitstellungsfläche für einen Verwaltungsvorgang abgestellt, um später weitertransportiert zu werden.	Skript 1 Skript 2	Bereit-stellungs-fläche
Ausführbar	Es wird festgestellt, ob die für die Be-dienung eines Kundenauftrags benötig-ten Produkte am Lager verfügbar sind.	Skript 2	Lager
Auswahl Regal	Im Lager wird ein Regal für die Einla-gerung einer Palette bestimmt.	Skript 1	Lager
Auswahl Stellplatz	Auf der Bereitstellungsfläche wird ein Standort für eine Transporteinheit bestimmt.	Skript 1 Skript 2	Bereit-stellungs-fläche

Tabelle 3.4 (Fortsetzung)

Dienstleistung	Definition	Bezug	Anbieter
Bedienfächer	Bestimmung von Regalfächern, aus denen die für einen Bestellposten benötigten Produkte entnommen werden sollen.	Skript 2	Lager
Bestandsänderung	Verbuchung der eingelagerten bzw. ausgelagerten Mengen eines Produkts in der Lagerbestandsführung.	Skript 1 Skript 2	Produkt
Bestellposten	Es werden die einzelnen Bestellposten eines Kundenauftrags festgestellt.	Skript 2	Kundenauftrag
Einlagern	Eine Palette wird in einem Regalfach untergebracht.	Skript 1	Regalfach
Entnehmen	Eine Menge eines Artikels wird aus einem (oder mehreren) Regalfächern entnommen.	Skript 2	Regalfach
Frei	Überprüfung, ob die Bereitstellungsfläche genügend freie Plätze für die Aufnahme einer Menge von Transporteinheiten hat.	Skript 1 Skript 2	Bereitstellungsfläche
Geliefertes Produkt	Liefert die auf einer Palette geladenen Produkte zu Kontrollzwecken.	Skript 1	Palette
Kommissionieren	Ein Produkt wird bei der Zusammenstellung eines Kundenauftrags in einen dafür bestimmten Transportbehälter gelegt.	Skript 2	Transportbehälter
Kundenauftrag	Zuordnung eines Kundenauftrags zu einem Transportbehälter.	Skript 2	Transportbehälter
Leeres Fach	Auswahl eines leeren Regalfachs, das eine Palette aufnehmen soll.	Skript 1	Regal
Leeren	Eine Palette wird einem Regalfach entnommen, so daß das Fach anschließend wieder mit einer neuen Palette belegt werden kann.	Skript 2	Regalfach
Räumen	Eine Palette oder ein Transportbehälter wird von der Bereitstellungsfläche entfernt.	Skript 1 Skript 2	Bereitstellungsfläche
Verbuchung Bestellung	Verbuchung der bestellten Menge des Produkts.	Skript 2	Bestellposten
Versenden	Auslieferung der Transportbehälter eines Kundenauftrags.	Skript 2	Bereitstellungsfläche

Tabelle 3.5: Attributglossar für den Vertragspartner „Bereitstellungsfläche"

Name	Definition	Vertrag	Zugriff	Änder-ung	Mehr-fach	Dimen-sion	Zu-stand
Größe	Ausdehnung der Bereit-stellungs-fläche	—	Größe	—	nein	Paletten	—
Belegt	Anzahl be-legter Plätze	—	Belegt	Abstel-len Versen-den	nein	Paletten	—

Schritt 1.4: Zusammenstellung der Attributglossare
Nach den Glossaren für dieVertragspartner und die Dienstleistungen ist nun noch
für jeden der Vertragspartner ein Glossar mit seinen jeweiligen Attributen zusammenzustellen (Tab. 3.5 bis 3.13). In den Spalten dieser Glossare sind für jedes
Attribut neben dessen Namen und Definition (im Zusammenhang mit dem Vertragspartner) noch weitere Angaben zu finden. *Vertrag* gibt an, ob der Vertragspartner mit dem Attribut Verträge hat. Das kann z.B. dann der Fall sein, wenn das
Attribut selbst ein weiterer Vertragspartner ist. *Zugriff* spezifiziert eine Dienstleistung, mittels derer der Vertragspartner einen externen Zugriff auf den Attribut-
wert ermöglicht. Unter Änderung kann eine Dienstleistung angegeben werden, die
die Veränderung des Attributwertes gestattet. Falls unter *Mehrfach* ein „ja" im
Attributglossar eingetragen ist, so repräsentiert die Belegung des Attributs eine
Menge von Werten. Die *Dimension* gibt an, in welchen Bereichen sich Attribut-
werte bewegen dürfen. Mit *Zustand* wird festgelegt, ob das Attribut zur Bestimmung von Objektzuständen verwendet wird. Diese Information kann etwa in der
letzten Phase von OBA, also der Beschreibung des dynamischen Verhaltens des
Programms, verwendet werden (dynamisches Verhalten kann z.B. durch die
Veränderung von Zuständen charakterisiert werden).

Da wir die Felder „Vertrag" und „Zustand" hier nicht weiter betrachten werden,
sind die entsprechenden Spalten in den Tabellen grau unterlegt.

Tabelle 3.6: Attributglossar für den Vertragspartner „Bestellposten"

Name	Definition	Vertrag	Zugriff	Änder-ung	Mehr-fach	Dimen-sion	Zu-stand
Produkt	Produkt, das bestellt wird	—	Produkt	—	nein	—	—
Menge	Menge des bestellten Produkts	—	Menge	—	nein	Produkt-spezi-fisch	—

Tabelle 3.7: Attributglossar für den Vertragspartner „Kundenauftrag"

Name	Definition	Vertrag	Zugriff	Änder-ung	Mehr-fach	Dimen-sion	Zu-stand
Bestell-posten	Bestellposten im Kunden-auftrag	—	Bestell-posten	—	ja	—	—

Tabelle 3.8: Attributglossar für den Vertragspartner „Lager"

Name	Definition	Vertrag	Zugriff	Änder-ung	Mehr-fach	Dimen-sion	Zu-stand
Regale	Im Lager vorhandene Regale	—	Fächer	—	ja	—	—
Pro-dukte	Im Lager vorhandene Produkte	—	Pro-dukte	Ein-lagern Ent-nehmen	nein	—	—

Tabelle 3.9: Attributglossar für den Vertragspartner „Palette"

Name	Definition	Vertrag	Zugriff	Änder-ung	Mehr-fach	Dimen-sion	Zu-stand
Produkt	Das auf der Palette lie-gende Pro-dukt	—	Produkt	—	nein	keine	—
Liefer-menge	Die auf der Palette lie-gende Menge des Produkts	—	Liefer-menge	—	nein	Produkt-spezi-fisch	—

Tabelle 3.10: Attributglossar für den Vertragspartner „Produkt"

Name	Definition	Vertrag	Zugriff	Änder-ung	Mehr-fach	Dimen-sion	Zu-stand
Name	Bezeichnung des Produkts im Unterneh-menssorti-ment	—	Name	—	nein	—	—
Bestand	Vorhandene Menge des Produkts im Lager	—	Bestand	Be-stands-änder-ung	nein	Produkt-spezi-fisch	—

Tabelle 3.10 (Fortsetzung)

Name	Definition	Vertrag	Zugriff	Änder-ung	Mehr-fach	Dimen-sion	Zu-stand
Volu-men	Raumbedarf des Produkts pro Mengen-einheit	—	Ein-heitsvo-lumen	—	nein	Volu-men	—

Tabelle 3.11: Attributglossar für den Vertragspartner „Regal"

Name	Definition	Vertrag	Zugriff	Änder-ung	Mehr-fach	Dimen-sion	Zu-stand
Größe	Ausdehnung des Regals	—	Größe	—	nein	Paletten	—
Fächer	Regalfächer mit ihrer Numerierung	—	Fächer	—	ja	—	—

Tabelle 3.12: Attributglossar für den Vertragspartner „Regalfach"

Name	Definition	Vertrag	Zugriff	Änder-ung	Mehr-fach	Dimen-sion	Zu-stand
Produkt	Produkt, das im Regalfach gelagert wird	—	Produkt	Ein-lagern Ent-nehmen Leeren	nein	—	—
Füll-menge	Menge des Produkts im Regalfach	—	Füll-menge	Ein-lagern Entneh-men Leeren	nein	Produkt-spezi-fisch	—

Tabelle 3.13: Attributglossar für den Vertragspartner „Transportbehälter"

Name	Definition	Vertrag	Zugriff	Änder-ung	Mehr-fach	Dimen-sion	Zu-stand
Kun-denauf-trag	Kundenauf-trag, der in dem Behälter kommissio-niert wird	—	Kun-denauf-trag	—	nein	—	—

In den bisher angegebenen Skripten und Glossaren für das Lagerverwaltungsprogramm ist das ursprüngliche Ziel der Bestimmung von kostengünstigsten Produktionsmengen und Auflagezeitpunkten nicht berücksichtigt worden. Dies soll in
der folgenden Übung nachgeholt werden.

Übung 3.24 (zu den Phasen 0 und 1): Da in der Lagerdisposition des Unternehmens
bisher keine quantitativen Modelle eingesetzt worden sind, soll für die Bestimmung
dieser Größen auf den Rat des Experten aus der Produktionsplanung hin zunächst ein
einfaches Losgrößenmodell implementiert werden. Eine spätere Erweiterung auf komplexere Modelle soll damit allerdings nicht ausgeschlossen sein.

Im folgenden wollen wir kurz die Grundlagen des *klassischen Losgrößenmodells*
(engl. *economic order quantity model*) beschreiben. Der an den theoretischen Grundlagen und an weiteren (komplexeren) Lagerhaltungsmodellen interessierte Leser sei auf
Neumann und Morlock (1992) verwiesen, deren Darstellung wir hier übernehmen wollen.

Bei der Nachfrage von Kunden nach bestimmten im Lager vorhandenen Produkten
werden diese aus dem Lager entnommen, so daß sich der Lagerbestand des jeweiligen
Produktes entsprechend verringert. Um diesen Lagerabgang zu modellieren, wollen wir
annehmen, daß für jedes Produkt eine Nachfragerate bekannt ist, gemäß der dieses aus
dem Lager entnommen wird. Der Lagerabgang wird in Mengeneinheiten pro Zeiteinheit (z.B. Stück pro Tag) gemessen.

Ist der Lagerbestand eines Produktes auf 0 gesunken, so wird das Lager wieder auf
einen bestimmten Bestand aufgefüllt. Dabei entstehen fixe Kosten (gemessen in Geldeinheiten) für die Auflage des Produktes im Produktionsbetrieb (z.B. für die Umrüstung
von Produktionsmaschinen auf die Herstellung dieses Produktes) und variable Kosten,
die von der aufgelegten Menge abhängen. Bestandteil dieser variablen Kosten sind z.B.
die variablen Stückkosten. Die Lieferung des aufgelegten Produktes erfolgt ohne zeit-
liche Verzögerung. Nach der Lieferung ist das Lager wieder aufgefüllt. Der Zeitpunkt,
zu dem ein Produkt bestellt (und geliefert) wird, bezeichnen wir als *Bestellzeitpunkt*.
Wir gehen davon aus, daß unser Warenlager eine beliebig große Lagerkapazität hat.
Diese Annahme ist in praktischen Anwendungen in der Regel nicht erfüllt, wir wollen
sie jedoch als erfüllt ansehen, um unser Beispiel einfach zu halten.

Weiter nehmen wir an, daß für jedes Produkt durch die Benutzung des Lagers bestimmte Lagerungskosten (in Geldeinheiten pro Mengeneinheit) entstehen. Diese Kosten werden z.B. durch die Kosten des in den gelagerten Produkten gebundenen Kapi-
tals verursacht. Ein Diagramm, das den Lagerbestand eines Gutes in Abhängigkeit von
der Zeit zeigt, hat den in Abb. 3.37 gezeigten typischen Verlauf.

Es ist das Ziel unseres Lagerhaltungsmodells, angewendet auf jedes einzelne Produkt
im Lager, die Produkte so zu bestellen und zu lagern, daß die damit verbundenen
Kosten pro Zeiteinheit möglichst gering sind. Diese Kosten beeinflussen wir durch die
Wahl der maximalen Lagerbestände der einzelnen Produkte. Die Lagerhaltungskosten
für das gesamte Lager sind dann minimal, wenn die Lagerhaltungskosten für jedes der
Produkte minimal sind.

Der *optimale Lagerbestand für ein Produkt* kann nach der folgenden Formel berechnet werden:

$$Q^* = \sqrt{\frac{2\,K\,r}{h}}\,.$$

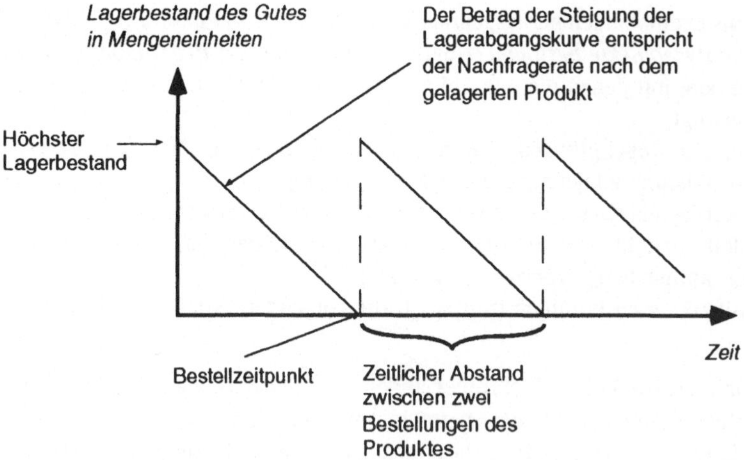

Abb. 3.37: Lagerbestandskurve im klassischen Losgrößenmodell

Dabei bezeichnet Q^* den optimalen Lagerbestand, K die fixen Auflagekosten, r die Nachfragerate und h die Lagerungskosten für das Produkt. Wie zu sehen ist, hängt die optimale Bestellmenge *nicht* von den Herstellkosten des bestellten Produkts ab. Da die Lieferung einer Bestellung immer erst dann im Lager ankommt, wenn der Bestand gerade auf 0 abgesunken ist, gibt Q^* gleichzeitig die optimalen Bestellmengen an.

Für den optimalen zeitlichen Abstand T^* zwischen zwei Bestellungen gilt:

$$T^* = \frac{Q^*}{r} = \sqrt{\frac{2\,K}{h\,r}} \ .$$

Die minimalen Lagerhaltungskosten pro Zeiteinheit betragen

$$C^* = \sqrt{2\,r\,h\,K} + r\,c.$$

Dabei sind c die Herstellkosten pro Mengeneinheit des Produkts.

Nehmen Sie an, daß die Lagerungskosten eines Produktes von dem gebundenen Kapital abhängen, d.h., es gelte $h = I \cdot c$ mit einem bekannten Kalkulationszins I. Schreiben Sie Skripte für die Lagerdisposition mit dem oben beschriebenen Losgrößenmodell. Berücksichtigen Sie den Fall, daß die Kosten für die Lagerhaltung in dem betreffenden Lager bestimmt werden sollen. Ergänzen Sie die verschiedenen Glossare entsprechend.

3.5.4 Definition von Objekten (Phase 2)

Vorgehensweise

Im bisherigen Gang des Programmentwurfs sind Szenarien in Form von Skripten entwickelt worden, mit denen die wesentlichen Eigenschaften und Fähigkeiten des

Programms exemplarisch herausgearbeitet worden sind. In Phase 2 von OBA werden die *Analyseobjekte bestimmt.* Analyseobjekte sind von *Programmobjekten* zu unterscheiden, mit denen die tatsächliche Implementierung des entworfenen Programms erfolgt.

Als generelle Regel gilt: Jeder der in Phase 1 identifizierten Vertragspartner, der eine Dienstleistung anbietet, ist ein potentielles Objekt. Die Eigenschaften dieser Objekte werden als Klassen beschrieben, so daß als Ergebnis der Phase 2 ein Klassen–Modell entsteht. Die Begriffe „Objekt" und „Objektklasse" werden wir in diesem Zusammenhang synonym verwenden.

Als Objektklassen kommen prinzipiell die folgenden Arten von Anbietern in Frage:

(i)   Anbieter, die keine Nachfrager anderer Dienstleistungen sind, können als einfache *Speicher–Objekte* betrachtet werden, deren Dienstleistungen sich auf die Speicherung, den Abruf und gegebenenfalls die Modifikation von bestimmten Werten beschränkt.

(ii)   Ein Anbieter, der aus einer Menge von Objekten besteht, die gegenüber anderen Objekten als ein *Aggregat* auftreten.

(iii)   Ein Anbieter, der zugleich als Nachfrager auftritt und nicht gleichzeitig in „zu vielen" Rollen verwendet wird. Ist die Zahl der Rollen eines Objektes zu groß, so kann es sich bei dem potentiellen Objekt auch um eine Menge von Objekte handeln. Die Entscheidung, ob die Anzahl der angenommenen Rollen eines Anbieters nicht zu groß ist, liegt letztendlich bei der für den Programmentwurf verantwortlichen Person.

Nachfrager, die keine eigenen Dienstleistungen anbieten, werden nicht in Form von Objektklassen beschrieben.

Für die Darstellung der Informationen über die identifizierten Objektklassen werden in OBA sogenannte *Object Modeling Cards* (Klassen–Modell–Karten) verwendet, die u.a. die folgenden Angaben enthalten:

(i)   Den Namen des Objekts
(ii)   Die Namen der Objekte, von denen das betreffende Objekt Attribute und Dienstleistungen erbt (entsprechend den Zustands– und Reaktionseigenschaften)
(iii)   Die mit dem Objekt verbundenen Attribute
(iv)   Die Dienstleistungen, die von dem Objekt angeboten werden
(v)   Die Dienstleistungen, die von dem Objekt in Anspruch genommen werden
(vi)   Ursprung der Objektdefinition

Ein Beispiel einer leeren Klassen–Modell–Karte ist in Abb. 3.38 gezeigt. Der *Bezug* bei den Eigenschaften und Dienstleistungen gibt an, aufgrund welcher Verträge bzw. Glossareinträge die Definition in der Karte erfolgte.

In Phase 2 werden die Angaben (i), (iii) und (iv) der Klassen–Modell–Karte bestimmt. Die Bezeichnung der Klassen–Modell–Karten ist durch die kartenähnliche Darstellung dieser Informationen bedingt, die von computergestützten Werkzeugen für die Durchführung von OBA erzeugt wird. Dort wird eine Verkettung der

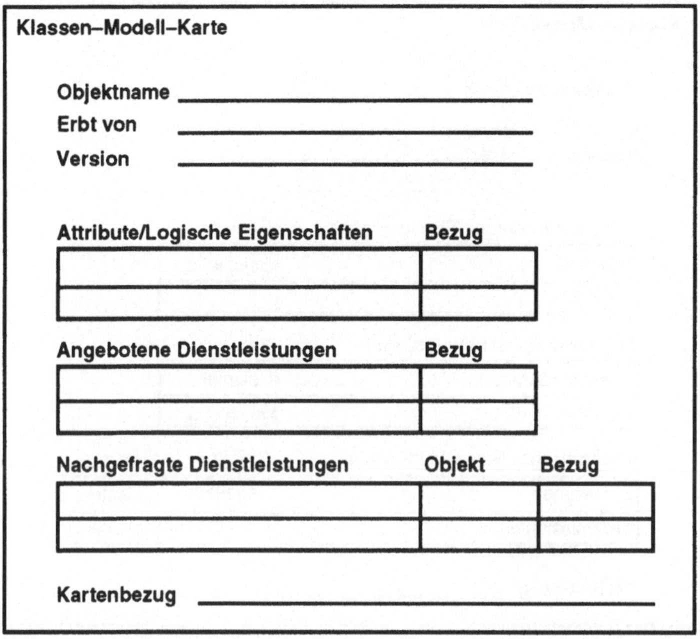

Klassen–Modell–Karte

Objektname ___________________________

Erbt von   ___________________________

Version   ___________________________

Attribute/Logische Eigenschaften	**Bezug**

Angebotene Dienstleistungen	**Bezug**

Nachgefragte Dienstleistungen	**Objekt**	**Bezug**

Kartenbezug ___________________________

Abb. 3.38: Eine leere Klassen–Modellkarte

Karten mittels sogenannter *Hypertext–Verbindungen* (*Hypertext–Links*) vorgenommen, so daß eine schnelle Orientierung über die Zusammenhänge der in der Entwicklung eingeführten Objekte möglich ist.

Beispiel (Fortsetzung)

Den Glossaren aus Phase 1 entsprechend, werden nun die Objektklassen gebildet, die für die Realisierung des Lagerverwaltungsprogramms benötigt werden. Wir legen dazu die folgenden Klassen fest (vgl. die Anbieter im Glossar der Vertragspartner):

– Bereitstellungsfläche
– Bestellposten
– Kundenauftrag
– Lager
– Palette
– Produkt
– Regal
– Regalfach
– Transportbehälter

Wie bereits gesagt, werden für die Definition von Analyseobjekten Klassen–Modell–Karten angelegt. In unserem Beispiel werden wir allerdings keine

Klassen–Modell–Karte

Objektname Produkt

Erbt von

Version   1.0

Attribute/Logische Eigenschaften	Bezug
Bestand	Beispiel …
Volumen	

Angebotene Dienstleistungen	Bezug
Bestandsänderung	Beispiel …
Bestellzeitpunkt	Beispiel …

Nachgefragte Dienstleistungen	Objekt	Bezug
Entnehmen	Regalfach	Beispiel …
Kommissionieren	Transportbeh	Beispiel …

Kartenbezug

Abb. 3.39: Beispiel einer Klassen–Modell–Karte für die Klasse „Produkt"

verwenden, da diese, wie bereits erwähnt, vor allem für rechnergestützte Entwicklungswerkzeuge konzipiert sind.

An dieser Stelle soll daher lediglich ein Beispiel für eine Klassen–Modell–Karte gezeigt werden. In Abb. 3.39 ist die Klassen–Modell–Karte für die Klasse „Produkt" angegeben.

Die in den Klassen–Modell–Karten für die von uns definierten Klassen enthaltenen Informationen, die wir für die spätere Programmierung benötigen, werden wir an dieser Stelle in tabellarischer Form (siehe Tab. 3.14 bis 3.22) angeben, wo-

Tabelle 3.14: Klassendefinition „Bereitstellungsfläche"

Objektname:	Bereitstellungsfläche		
Erbt von:	—		
Version:	1.0		
Attribute	**Angebotene Dienstleistungen**	**Nachgefragte Dienstleistungen**	**Objekt**
Größe	Abstellen		
Belegt	Auswahl Stellplatz		
	Frei		
	Räumen		
	Versenden		

bei die Verkettung zwischen den Karten nicht wiedergegeben wird. Auch die Bezüge der Attribute und Dienstleistungen werden hierbei nicht weiter spezifiziert. Wir gehen davon aus, daß sämtliche Informationen über die Objektklassen aus unseren obigen Szenarien stammen.

Tabelle 3.15: Klassendefinition „Bestellposten"

Objektname:	Bestellposten		
Erbt von:	—		
Version:	1.0		
Attribute	**Angebotene Dienstleistungen**	**Nachgefragte Dienstleistungen**	**Objekt**
Produkt	Verbuchung Bestellung		
Menge			
Datum			

Tabelle 3.16: Klassendefinition „Kundenauftrag"

Objektname:	Kundenauftrag		
Erbt von:	—		
Version:	1.0		
Attribute	**Angebotene Dienstleistungen**	**Nachgefragte Dienstleistungen**	**Objekt**
Bestellposten	Bestellposten		

Tabelle 3.17: Klassendefinition „Lager"

Objektname:	Lager		
Erbt von:	—		
Version:	1.0		
Attribute	**Angebotene Dienstleistungen**	**Nachgefragte Dienstleistungen**	**Objekt**
Regale	Ausführbar		
Produkte	Auswahl Regal		
	Bedienfächer		
	Lagerhaltungs-kosten		

Tabelle 3.18: Klassendefinition „Palette

Objektname:	Palette		
Erbt von:	—		
Version:	1.0		
Attribute	**Angebotene Dienstleistungen**	**Nachgefragte Dienstleistungen**	**Objekt**
Produkt	Geliefertes Produkt	Abstellen	Bereitstellungs- fläche
Liefermenge		Einlagern	Regalfach
		Räumen	Bereitstellungs- fläche

Tabelle 3.19: Klassendefinition „Produkt"

Objektname:	Produkt		
Erbt von:	—		
Version:	1.0		
Attribute	**Angebotene Dienstleistungen**	**Nachgefragte Dienstleistungen**	**Objekt**
Name	Bestandsänderung	Entnehmen	Regalfach
Bestand	Bestellabstand	Kommissionieren	Transportbehälter
Volumen	Losgröße		
Nachfragejournal			

Tabelle 3.20: Klassendefinition „Regal"

Objektname:	Regal		
Erbt von:	—		
Version:	1.0		
Attribute	**Angebotene Dienstleistungen**	**Nachgefragte Dienstleistungen**	**Objekt**
Größe	Leeres Fach		
Fächer			

Tabelle 3.21: Klassendefinition „Regalfach"

Objektname:	Regalfach		
Erbt von:	—		
Version:	1.0		
Attribute	**Angebotene Dienstleistungen**	**Nachgefragte Dienstleistungen**	**Objekt**
Produkt	Einlagern		
Füllmenge	Entnehmen		
	Leeren		

Tabelle 3.22: Klassendefinition „Transportbehälter"

Objektname:	Transportbehälter		
Erbt von:	—		
Version:	1.0		
Attribute	**Angebotene Dienstleistungen**	**Nachgefragte Dienstleistungen**	**Objekt**
Kundenauftrag	Kommissionieren	Abstellen	Bereitstellungs-fläche
	Kundenauftrag	Räumen	Bereitstellungs-fläche
		Versenden	Bereitstellungs-fläche

3.5.5 Objektklassifikation und Bestimmung von Beziehungen zwischen Objekten (Phase 3)

Vorgehensweise

Gegenstand der Phase 3 von OBA ist die Bestimmung der Oberklassen, von denen eine Objektklasse Attribute und (angebotene) Dienstleistungen erbt, sowie die Bestimmung der von der Objektklasse nachgefragten Dienstleistungen und des Ursprungs der Objektdefinition (also der Angaben (ii), (v) und (vi) der Klassen–Modell–Karte).

Phase 3 zerfällt in zwei Teilschritte:

(3.1) Beschreibung der Vertragsbeziehungen zwischen Objekten. Indem für jedes Objekt, das in Phase 2 definiert worden ist, auf der zugehörigen Klassen–Modell–Karte die von dem Objekt angebotenen bzw. nachgefragten Dienstleistungen dokumentiert werden, ist sichergestellt, daß alle angebotenen Dienste tatsächlich benötigt werden und daß für jede nachgefragte Dienstleistung mindestens ein Anbieter existiert.

(3.2) Anschließend werden die vorhandenen Klassen in einer Hierarchie organisiert. Dazu werden drei verschiedene Techniken verwendet: Durch *Abstraktion* werden mehrere Objekte mit gleichen Dienstleistungen zu einem allgemeineren Objekt zusammengefaßt. Die so abstrahierten Objekte erben diese Dienstleistungen von der abstrakten (Ober–) Klasse. Die Hierarchiebildung durch Abstraktion bietet sich außerdem für Klassen an, die über gleiche Attribute verfügen. Kann eine Klasse durch Verfeinerung einer anderen Klasse beschrieben werden, so wird dementsprechend zwischen diesen beiden Klassen eine *Spezialisierung* durchgeführt. Die dritte Technik der Hierarchiebildung wird als *Zerlegung* (engl. *factorization*) bezeichnet. Sie findet Anwendung bei solchen Klassen, die viele unterschiedliche Funktionen erfüllen müssen. Solche Klassen werden sinnvollerweise in mehrere Klassen zerlegt.

Bei der Hierarchiebildung können zusätzliche Klassen definiert worden sein. Für diese sind natürlich entsprechende Klassen–Modell–Karten anzulegen. In der Spalte *Kartenbezug* wird eingetragen, durch welche Technik der Hierarchiebildung die neue Klasse entstanden ist. Falls eine Klasse die Spezialisierung einer anderen Klasse ist, so wird dies entsprechend im *Erbt von*–Feld der zugehörigen Karte eingetragen.

Beispiel (Fortsetzung)

Bei Betrachtung der Objektklassen „Bereitstellungsfläche" und „Regal" ist festzustellen, daß diese über eine gemeinsame Größen–Eigenschaft und die Fähigkeit der Bestimmung eines leeren Abstellbereichs verfügen, so daß eine Abstraktion dieser Klassen angebracht erscheint. Wir führen daher eine neue Klasse „Lagerbereich" ein, und definieren „Bereitstellungsfläche" und „Regal" als Unterklassen von „Lagerbereich". Die entsprechend modifizierten Angaben aus den Klassen–Modell–Karten sind in Tab. 3.23 bis 3.25 angegeben. Die Hierarchie der Klassen ist in Abb. 3.40 zu finden. Die Dienstleistungen „Auswahl Stellplatz" von „Bereitstellungsfläche" und „Leeres Fach" von „Regal" werden in der Dienstleistung „Auswahl" von „Lagerbereich" zusammengefaßt. Die entsprechenden Modifikationen der Glossare für Vertragspartner, Dienstleistungen und Attribute geben wir hier nicht mehr an.

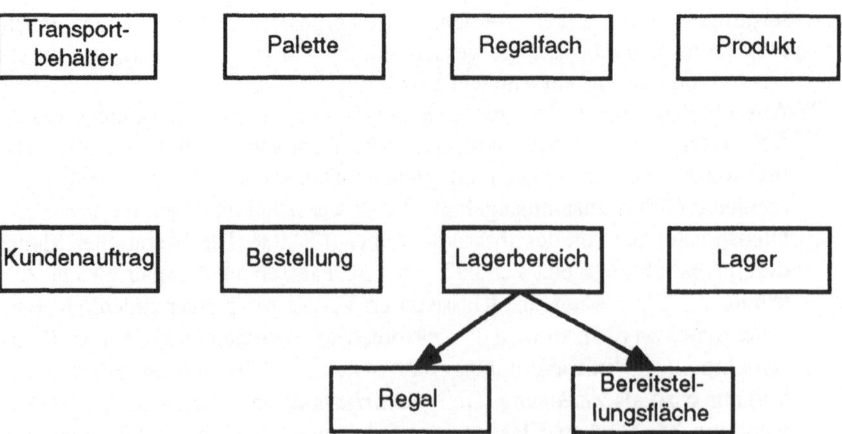

Abb. 3.40: Hierarchie der Objektklassen für das Lagerverwaltungsprogramm

Tabelle 3.23: Klassendefinition „Lagerbereich"

Objektname: Erbt von: Version:	Lagerbereich — 1.0		
Attribute	**Angebotene Dienstleistungen**	**Nachgefragte Dienstleistungen**	**Objekt**
Größe	Auswahl		

Tabelle 3.24: Klassendefinition „Bereitstellungsfläche"

Objektname: Erbt von: Version:	Bereitstellungsfläche — 1.1		
Attribute	**Angebotene Dienstleistungen**	**Nachgefragte Dienstleistungen**	**Objekt**
Belegt	Abstellen		
	Frei		
	Räumen		
	Versenden		

Tabelle 3.25: Klassendefinition „Regal"

Objektname: Erbt von: Version:	Regal — 1.1		
Attribute	**Angebotene Dienstleistungen**	**Nachgefragte Dienstleistungen**	**Objekt**
Fächer			

3.5.6 Objektlebenszyklus und dynamische Aspekte des Programms (Phase 4)

In den Phasen 1 bis 3 sind die statischen Eigenschaften von Objekten, also die in der Zeit invarianten Eigenschaften, analysiert worden. Die Variation von Objekteigenschaften und die vom Zustand von Objekten abhängige Aktivierung von Dienstleistungen ist Gegenstand der Phase 4.

Die dynamischen Aspekte des zu entwerfenden Programms werden in Form von Objektzuständen, Ereignissen und einzuhaltenden Reihenfolgen bei der Aktivierung von Dienstleistungen beschrieben. Die Änderung von Objektzuständen ist gewöhnlich ein Resultat des Verhaltens von Objekten im Programm. Objektzustände können demnach aus den Vor– und Nachbedingungen (siehe Schritt 1.2) für die Ausführung eines Skripts abgeleitet werden. Für die Beschreibung von Abläufen benötigte Objektzustände, die nicht auf diese Weise abgeleitet werden können, sind ein Hinweis darauf, daß eine Iteration der Phase 1 durchgeführt werden muß.

Wir werden auf die Beschreibung der dynamischen Aspekte des Programms an dieser Stelle nicht weiter eingehen. Rubin und Goldberg schlagen die Verwendung von Zustandsglossaren vor. Ein formales Beschreibungsverfahren zur Repräsentation von zustandsabhängigen Abläufen sind hierarchische Petri–Netze. Der interessierte Leser sei hierfür auf das einführende Buch von Rosenstengel und Winand (1991) verwiesen.

3.5.7   Implementierung des Programms

Das Smalltalk–Programm, in dem die während der Analyse identifizierten Klassen implementiert werden, ist im folgenden abgedruckt. Für die Implementierung wurden, wie bereits gewohnt, englische Wörter verwendet.

Zur Namenswahl von Smalltalk–Klassen sei an dieser Stelle noch eine Bemerkung gemacht. Sofern man nicht sicher ist, daß der Name einer neu in VisualWorks® einzufügenden Klasse nicht bereits existiert, empfiehlt es sich, dies vor der Klassendefinition zu überprüfen. Dies kann z.B. durch das Kommando Find class... im Kategorienfenster des Browser geschehen. Falls dies unterlassen wird und z.B. eine „neue" Klasse Palette in folgender Weise als Unterklasse von Object definiert wird,

```
Object subclass: #Palette
    instanceVariableNames: 'product'
    classVariableNames: ''
    poolDictionaries: ''
    category: 'Warehouses'
```

so erscheinen im System Transcript die folgenden Meldungen:

```
Palette recompiling... done
CoveragePalette recompiling... done
ColorPalette recompiling... done
FixedPalette recompiling... done
MappedPalette recompiling... done
MonoMappedPalette recompiling... done
```

Anschließend wird der Übersetzungsprozeß der Klassendefinition mit der in Abb. 3.41 gezeigten Fehlermeldung abgebrochen.

Da beim Überschreiben der alten Klassendefinition die Instanzvariablen der Klasse verschwinden können, muß davon ausgegangen werden, daß auch die alte Funktionalität dieser Klasse nicht mehr zur Verfügung steht. Dies gilt auch für alle eventuell vorhandenen Unterklassen. Im Fall der Klasse Palette muß man damit rechnen, daß nach der irrtümlichen Änderung der Definition die Graphik-

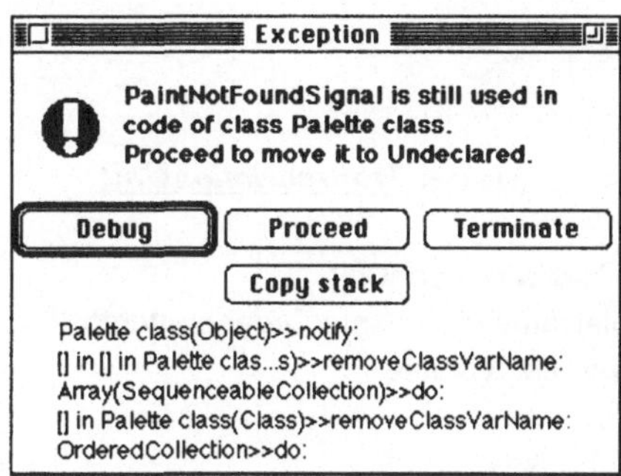

Abb. 3.41: Fehlermeldung bei Neudefinition der Klasse Palette

ausgabe nicht mehr korrekt funktionieren wird. Ein Verlassen des Systems ohne
zu speichern kann helfen, größere Schäden zu vermeiden.

Die Zuordnung der Analyse–Klassen zu den Smalltalk–Klassen des unten
stehenden Programms kann Tab. 3.26 entnommen werden. Die den Skripten 1 und
2 entsprechenden Smalltalk–Nachrichten sind als example1 und example2 im
Klassenprotokoll der Klasse Warehouse programmiert.

Im Unterschied zu den bisher abgedruckten kurzen Smalltalk–Programmen wird
aus Gründen der Übersichtlichkeit im folgenden eine Untergliederung des Programms mit Hilfe von Überschriften vor den einzelnen Klassendefinitionen vorgenommen. Darüber hinaus enthalten die Kommentare zu den Klassen bei der Beschreibung der Instanz– und Klassenvariablen in spitzen Klammern die Angabe
der (abstrakten Ober–) Klasse, deren Instanzen in den Variablen gespeichert werden sollen. Die in den printing–Protokollen enthaltenen printString–Methoden dienen der leichteren Betrachtung von Objekten des Lagerverwaltungsprogramms
mit Hilfe des Inspector–Werkzeugs. Außerdem ist nicht mehr jede einzelne Methode mit einem Kommentar versehen. Sofern der Zweck einer Methode unmittelbar klar ist, z.B. bei Methoden für den Zugriff auf Instanzvariablen, wird auf den
Kommentar zur Methode verzichtet.

Tabelle 3.26: Zuordnung von Analyse–Klassen zu Smalltalk–Klassen

Analyse–Klasse	Smalltalk–Klasse
Bereitstellungsfläche	WarehouseBuffer
Bestellposten	OrderPosition
Kundenauftrag	CustomerOrder
Lager	Warehouse
Lagerbereich	StorageArea
Palette	SupplyPalette
Produkt	Product
Regal	Storage
Regalfach	StorageShelf
Transportbehälter	TransportationUnit

Das Lagerverwaltungsprogramm

Klasse: TransportationUnit

```
Object subclass: #TransportationUnit
    instanceVariableNames: 'customerOrder contents '
    classVariableNames: 'Volume '
    poolDictionaries: ''
    category: 'Warehouses'
```

```
TransportationUnit comment:
'Diese Klasse entspricht der Klasse
    Transportbehaelter
aus der OBA–Analyse.
```

```
Instanzvariablen:
    customerOrder    <CustomerOrder>
        Der Kundenauftrag, dessen Produkte im Behaelter abgelegt werden
```

```
Klassenvariablen:
    Volume           <Number>
        Das Fassungsvermoegen eines einzelnen Transportbehaelters'
```

TransportationUnit methodsFor: 'initialize–release'

initialize
```
    customerOrder := nil.
    contents := IdentityDictionary new
```

release
```
    customerOrder := nil.
    contents := nil
```

TransportationUnit methodsFor: 'provided services'

customerOrder
```
    "Entspricht der Dienstleistung 'Kundenauftrag'"

    ^customerOrder
```

pack: aProduct amount: aNumber
```
    "Entspricht der Dienstleistung 'Kommissionieren'"
    "Es wird die Menge zurueckgegeben, die nicht in den Behaelter
    verpackt werden konnte."

    | free actualAmount currentAmount |
    (free := self freeSpace) < (aNumber * aProduct unitVolume)
        ifTrue: [actualAmount := free // aProduct unitVolume]
```

```
        ifFalse: [actualAmount := aNumber].
    currentAmount := contents at: aProduct ifAbsent: [0].
    contents at: aProduct put: currentAmount + actualAmount.
    ^aNumber - actualAmount
```

TransportationUnit methodsFor: 'accessing'

customerOrder: aCustomerOrder
```
    customerOrder := aCustomerOrder
```

freeSpace
```
    "Liefert das noch freie Packvolumen im Behaelter."

    | free |
    free := self class volume.
    contents keysAndValuesDo: [:product :amount | free := free -
                                        (product unitVolume * amount)].

    ^free
```

TransportationUnit methodsFor: 'printing'

printString
```
    ^'TransportationUnit. Free: ' , self freeSpace printString
```

```
TransportationUnit class
    instanceVariableNames: ''
```

TransportationUnit class methodsFor: 'instance creation'

new
```
    ^super new initialize
```

TransportationUnit class methodsFor: 'class initialization'

initialize
```
    "TransportationUnit initialize."

    Volume := 100
```

TransportationUnit class methodsFor: 'accessing'

volume
```
    ^Volume
```

Klasse: StorageArea

```
Object subclass: #StorageArea
    instanceVariableNames: 'size places '
    classVariableNames: ''
    poolDictionaries: ''
    category: 'Warehouses'
```

StorageArea comment:
'Diese Klasse entspricht der Klasse
    Lagerbereich
aus der OBA–Analyse.

Instanzvariablen:
    size   <Point>
        Ausdehnung des Lagerbereichs
    places   <Dictionary>
        Belegte Plaetze im Lagerbereich'

StorageArea methodsFor: 'initialize–release'

initialize: aPoint
    size := aPoint.
    places := Dictionary new

release
    size := nil.
    places := nil

StorageArea methodsFor: 'provided services'

choosePlace
    "Entspricht der Dienstleistung 'Auswahl'"

    1 to: self size x do: [:u | 1 to: self size y do: [:v | (self isUsedAt: u @ v)
            ifFalse: [^u @ v]]].
    ^nil

StorageArea methodsFor: 'accessing'

at: aPoint
    aPoint <= self size ifFalse: [^self notify: 'No such place.'].
    ^places at: aPoint ifAbsent: []

placeOf: anObject
    ^places keyAtValue: anObject ifAbsent: []

size
    ^size

totalSpace
    "Anzahl verfuegbarer Plaetze."

    ^self size x * self size y

usedSpace
    "Anzahl belegter Plaetze."

    ^places keys size

StorageArea methodsFor: 'testing'

isUsedAt: aPoint
    ^(places at: aPoint ifAbsent: []) notNil

StorageArea methodsFor: 'enumerating'

usedPlacesDo: aBinaryBlock
    "Wertet aBinaryBlock fuer jeden belegten Platz aus.
    aBinaryBlock muss genau zwei Argumente haben. Das erste
    Argument ist die Koordinate des Platzes und das zweite Argument ist der
    Platz selbst."

    places keysAndValuesDo: [:point :place | aBinaryBlock
                                                value: point value: place]

StorageArea class
    instanceVariableNames: ''

StorageArea class methodsFor: 'instance creation'

new
    ^self shouldNotImplement

new: aPoint
    ^super new initialize: aPoint

Klasse: CustomerOrder

Object subclass: #CustomerOrder
    instanceVariableNames: 'orderPositions '
    classVariableNames: ''
    poolDictionaries: ''
    category: 'Warehouses'

CustomerOrder comment:
'Diese Klasse entspricht der Klasse
    Kundenauftrag
aus der OBA-Analyse.

Instanzvariablen:
    orderPositions   <OrderedCollection>
        Menge der Bestellposten eines Kundenauftrags'

CustomerOrder methodsFor: 'initialize-release'

initialize
    orderPositions := OrderedCollection new

release
    orderPositions do: [:position I position release].
    orderPositions := nil

CustomerOrder methodsFor: 'provided services'

orderPositions
    ^orderPositions

CustomerOrder methodsFor: 'accessing'

addPosition: anOrderPosition
    orderPositions add: anOrderPosition

removePosition: anOrderPosition
    orderPositions remove: anOrderPosition ifAbsent: []

CustomerOrder class
    instanceVariableNames: ''

CustomerOrder class methodsFor: 'instance creation'

new
    ^super new initialize

Klasse: OrderPosition

Object subclass: #OrderPosition
    instanceVariableNames: 'product quantity date '
    classVariableNames: ''
    poolDictionaries: ''
    category: 'Warehouses'

OrderPosition comment:
'Diese Klasse entspricht der Klasse
    Bestellposten
aus der OBA–Analyse.

Instanzvariablen:
    product   <Product>
        Bestelltes Produkt
    quantity   <Number>
        Bestellte Menge
    date   <Date>
        Datum der Bestellung'

OrderPosition methodsFor: 'initialize–release'

initialize
    product := nil.
    quantity := 0.
    date := Date today

release
    product := nil.
    quantity := nil.
    date := nil

OrderPosition methodsFor: 'provided services'

logOrderPosition
    "Entspricht der Dienstleistung 'Verbuchung Bestellung'"

    self product logDemand: self

OrderPosition methodsFor: 'accessing'

date
    ^date

date: aDate
    date := aDate

product
    ^product

product: aProduct
    product := aProduct

quantity
    ^quantity

quantity: aNumber
    quantity := aNumber

OrderPosition methodsFor: 'printing'

printString
    ^self date printString , ': ' , self quantity printString , ' units of ' ,
        self product printString

OrderPosition class
    instanceVariableNames: ''

OrderPosition class methodsFor: 'instance creation'

new
    ^super new initialize

Klasse: StorageShelf

```
Object subclass: #StorageShelf
    instanceVariableNames: 'palette storedQuantity '
    classVariableNames: ''
    poolDictionaries: ''
    category: 'Warehouses'
```

```
StorageShelf comment:
'Diese Klasse entspricht der Klasse
    Regalfach
aus der OBA–Analyse.
```

```
Instanzvariablen:
    palette                 <Product>
        Die im Regalfach liegende Palette
    storedQuantity          <Number>
        Im Regalfach enthaltene Menge des Produktes'
```

StorageShelf methodsFor: 'initialize–release'

initialize
```
    palette := nil.
    storedQuantity := 0
```

release
```
    palette := nil.
    storedQuantity := nil
```

StorageShelf methodsFor: 'provided services'

clear
```
    "Entspricht der Dienstleistung 'Leeren'"

    palette := nil.
    storedQuantity := 0
```

pick: aNumber
```
    "Entspricht der Dienstleistung 'Entnehmen'"

    aNumber <= storedQuantity ifFalse: [^self notify:
                                        'No such amount available in shelf.'].
    storedQuantity := storedQuantity – aNumber
```

store: aSupplyPalette
```
    "Entspricht der Dienstleistung 'Einlagern'"

    palette := aSupplyPalette.
    storedQuantity := aSupplyPalette suppliedQuantity
```

StorageShelf methodsFor: 'accessing'

product
    ^palette product

storedQuantity
    ^storedQuantity

StorageShelf methodsFor: 'testing'

isEmpty
    ^palette isNil

StorageShelf class
    instanceVariableNames: ''

StorageShelf class methodsFor: 'instance creation'

new
    ^super new initialize

Klasse: Warehouse

Object subclass: #Warehouse
    instanceVariableNames: 'products storages buffer '
    classVariableNames: ''
    poolDictionaries: ''
    category: 'Warehouses'

Warehouse comment:
'Diese Klasse entspricht der Klasse
    Lager
aus der OBA–Analyse.

Instanzvariablen:
    products   <Set>
        Die im Lager vorhandenen Produkte
    storages   <Dictionary>
        Die im Lager stehenden Regale werden mit Reihennummern versehen
    buffer   <WarehouseBuffer>
        Die Bereitstellungsflaeche des Lagers'

Warehouse methodsFor: 'initialize–release'

initialize
    products := IdentitySet new.
    storages := Dictionary new.
    buffer := WarehouseBuffer new: 1@1

release
```
products := nil.
storages := nil.
buffer := nil
```

Warehouse methodsFor: 'provided services'

canSatisfy: aCustomerOrder
```
"Entspricht der Dienstleistung 'Ausfuehrbar'"

aCustomerOrder orderPositions do: [:position |
    position product availableQuantity < position quantity ifTrue: [^false]].
^true
```

chooseStorage
```
"Entspricht der Dienstleistung 'Auswahl Regal'"
"Es wird immer dasjenige Regal gewaehlt, das die geringste
relative Belegung aufweist."

| minUsage minStore |
minUsage := 1.0.
minStore := nil.
storages do:
    [:store |
    | newMin |
    (newMin := store usedSpace / store totalSpace) < minUsage
        ifTrue:
            [minUsage := newMin.
            minStore := store]].
minStore isNil ifTrue: [^self notify: 'No space to put item into storage.'].
^minStore
```

shelvesToServe: anOrderPosition
```
"Entspricht der Dienstleistung 'Bedienfaecher'"
"Die Methode liefert ein Dictionary mit Elementen der Form
Regalnummer-->Fachnummer."
"Es muessen soviele Faecher bestimmt werden, dass deren
summierte Inhalte mindestens die bestellte Menge erreichen.
Dabei wird eine einfache Strategie verfolgt: Das erste Fach, das
noch etwas von dem bestellten Produkt enthaelt, wird zur
Bedienung des Bestellpostens herangezogen."

| shelves remainingQuantity |
shelves := Dictionary new.
remainingQuantity := anOrderPosition quantity.
(self products includes: anOrderPosition product)
    ifFalse: [^self notify: 'Product not in warehouse.'].
```

```
self storagesDo: [:row :store | store usedPlacesDo: [:point :shelf |
        shelf product == anOrderPosition product
            ifTrue:
                [remainingQuantity := remainingQuantity –
                                            shelf storedQuantity.
            shelves at: row put: point.
            remainingQuantity < 0 ifTrue: [^shelves]]]]
```

totalCost
```
"Entspricht der Dienstleistung 'Lagerhaltungskosten'"

^self products inject: 0 into: [:total :product | total + product storageCost]
```

Warehouse methodsFor: 'accessing'

addProduct: aProduct
```
products add: aProduct
```

addStorage: aStorage inRow: aNumber
```
"Fuege dem Lager eine neue Regalreihe hinzu."

(storages at: aNumber ifAbsent: []) isNil
        ifFalse: [^self notify: 'Row already in use.'].
storages at: aNumber put: aStorage
```

buffer
```
^buffer
```

products
```
^products
```

storageInRow: aNumber
```
"Liefert das Regal mit der Nummer aNumber."

^storages at: aNumber ifAbsent: []
```

Warehouse methodsFor: 'enumerating'

storagesDo: aBinaryBlock
```
"Wertet aBinaryBlock fuer jedes Regal aus.
aBinaryBlock muss genau zwei Argumente haben. Das erste
Argument ist die Reihe des Regals und das zweite
Argument ist das Regal selbst."

storages keysAndValuesDo: [:row :store | aBinaryBlock
                                    value: row value: store]
```

```
Warehouse class
    instanceVariableNames: ''
```

Warehouse class methodsFor: 'instance creation'

new
    ^super new initialize

Warehouse class methodsFor: 'examples'

example1
    "Ankunft einer Lieferung aus der Produktion."
    "Warehouse example1."

    | warehouse supply store place |
    warehouse := Warehouse new.
    warehouse buffer initialize: 10 @ 4.
    1 to: 5 do: [:i | warehouse addStorage: (Storage new: 5 @ 4)
            inRow: i]. "Erzeuge zunaechst eine Lieferung."
    supply := Set new.
    supply add: ((SupplyPalette new) product: (Product name: #'0001');
        suppliedQuantity: 100).
    supply add: ((SupplyPalette new) product: (Product name: #'0002');
        suppliedQuantity: 200).
    supply add: ((SupplyPalette new) product: (Product name: #'0003');
        suppliedQuantity: 300).
    supply add: ((SupplyPalette new) product: (Product name: #'0004');
        suppliedQuantity: 400).
    supply add: ((SupplyPalette new) product: (Product name: #'0005');
        suppliedQuantity: 500).
    (warehouse buffer hasSufficientSpaceFor: supply)
        ifFalse: ["Pruefe, ob genuegend Platz auf der
            Bereitstellungsflaeche verfuegbar ist."
            ^self notify: 'Not enough space to accept supply.'].
    supply do:
            [:palette |
            "Falls ja, wird die Lieferung entgegengenommen."
            place := warehouse buffer choosePlace.
            warehouse buffer drop: palette at: place].
    warehouse inspect.
    supply do:
            [:palette |
            store := warehouse chooseStorage.
            place := store choosePlace.
            (store at: place)
                store: palette.
            warehouse addProduct: palette product.
            palette product add: palette suppliedQuantity.
            warehouse buffer clearFrom: palette].
    ^warehouse

example2
    "Bearbeiten eines Kundenauftrags."
    "Warehouse example2."

```
| warehouse order randomGenerator place currentUnit transUnitsToShip
    remainingQuantity shelf shelves |
warehouse := Warehouse example1.
randomGenerator := Random new.
order := CustomerOrder new.
warehouse products
    do:
        [:product |
        | position |
        position := OrderPosition new.
        position product: product;
                    quantity: (randomGenerator next * 100) rounded.
        order addPosition: position].
(warehouse canSatisfy: order)
    ifFalse: [^self notify: 'Cannot deliver complete demand.'].
order inspect.
self halt.
currentUnit := TransportationUnit new.
currentUnit customerOrder: order.
(place := warehouse buffer choosePlace) isNil
                ifTrue: [^self notify: 'You have to wait for a place.'].
warehouse buffer drop: currentUnit at: place.
transUnitsToShip := OrderedCollection with: currentUnit.
order orderPositions
    do:
        [:position |
        shelves := warehouse shelvesToServe: position.
        position product logOrderPosition: position.
        remainingQuantity := position quantity.
        shelves
            keysAndValuesDo:
                [:row :point |
                | shippingQuantity |
                shelf := (warehouse storageInRow: row)
                        at: point.
                shippingQuantity := shelf storedQuantity
                                                min: remainingQuantity.
                shelf pick: shippingQuantity.
                shelf storedQuantity = 0 ifTrue: [shelf clear].
                position product remove: shippingQuantity.
                remainingQuantity := remainingQuantity – shippingQuantity.
```

```
                    [shippingQuantity := currentUnit pack: position product
                                           amount: shippingQuantity.
                    shippingQuantity > 0]
                        whileTrue:
                            [Transcript show: 'Need a new unit.'; cr.
                            currentUnit := TransportationUnit new.
                            transUnitsToShip add: currentUnit.
                            currentUnit customerOrder: order.
                            (place := warehouse buffer choosePlace) isNil
                                ifTrue: [^self notify: 'You have to wait for a place.'].
                            warehouse buffer drop: currentUnit at: place]]].
        transUnitsToShip inspect.
        transUnitsToShip
            do:
                [:trans |
                warehouse buffer ship: trans.
                warehouse buffer clearFrom: trans].
    ^warehouse
```

Klasse: Storage

```
StorageArea subclass: #Storage
    instanceVariableNames: ''
    classVariableNames: ''
    poolDictionaries: ''
    category: 'Warehouses'


Storage comment:
'Diese Klasse entspricht der Klasse
    Regal
aus der OBA–Analyse.'
```

Storage methodsFor: 'initialize–release'

initialize: aPoint
```
    "Zusaetzlich zur Methode in der Oberklasse muessen noch die
    Regalfaecher eingerichtet werden."

    super initialize: aPoint.
    1 to: aPoint x do: [:u | 1 to: aPoint y do:
            [:v | places at: u @ v put: StorageShelf new]]
```

release
```
    super usedPlacesDo: [:place | place release].
    super release
```

Storage methodsFor: 'accessing'

usedSpace
>"Anzahl belegter Plaetze. Reimplementierung, da leere
>Regalfaecher gesucht werden muessen."

>^places inject: 0 into: [:subTotal :next I subTotal + (next isEmpty
>   ifTrue: [0]
>   ifFalse: [1])]

Storage methodsFor: 'testing'

isUsedAt: aPoint
>"Reimplementierung wegen Belegung der Plaetze durch
>Regalfaecher."

>^(self at: aPoint) isEmpty not

Storage methodsFor: 'enumerating'

usedPlacesDo: aBinaryBlock
>"Wertet aBinaryBlock fuer jeden belegte Platz aus.
>aBinaryBlock muss genau zwei Argumente haben. Das erste
>Argument ist die Koordinate des Platzes und das zweite
>Argument ist der Platz selbst."

>super usedPlacesDo: [:point :shelf I shelf isEmpty
>   ifFalse: [aBinaryBlock value: point value: shelf]]

Klasse: SupplyPalette

Object subclass: #SupplyPalette
    instanceVariableNames: 'product suppliedQuantity '
    classVariableNames: ''
    poolDictionaries: ''
    category: 'Warehouses'

SupplyPalette comment:
'Diese Klasse entspricht der Klasse
    Palette
aus der OBA–Analyse.

Instanzvariablen:
    product   <Product>
        Das auf der Palette liegende Produkt
    suppliedQuantity   <Number>
        Die Liefermenge des Produkts'

SupplyPalette methodsFor: 'initialize–release'

initialize
    product := nil.
    suppliedQuantity := 0

release
    product := nil.
    suppliedQuantity := nil

SupplyPalette methodsFor: 'provided services'

product
    "Entspricht der Dienstleistung 'Geliefertes Produkt'"

    ^product

SupplyPalette methodsFor: 'accessing'

product: aProduct
    product := aProduct

suppliedQuantity
    ^suppliedQuantity

suppliedQuantity: aNumber
    suppliedQuantity := aNumber

SupplyPalette methodsFor: 'printing'

printString
    ^'Palette with ' , self suppliedQuantity printString ,
            ' units of (' , self product printString , ')'

SupplyPalette class
    instanceVariableNames: ''

SupplyPalette class methodsFor: 'instance creation'

new
    ^super new initialize

Klasse: Product

Object subclass: #Product
    instanceVariableNames: 'name availableQuantity unitVolume demandLog
                                unitCost setupCost '
    classVariableNames: 'Interest '
    poolDictionaries: ''
    category: 'Warehouses'

Product comment:
'Diese Klasse entspricht der Klasse
    Produkt
aus der OBA–Analyse.

Instanzvariablen:
    name   <Symbol>
        Die Produktbezeichnung innerhalb des Unternehmenssortiments
    availableQuantity   <Number>
        Im Lager aktuell verfuegbare Menge des Produktes
    unitVolume   <Number>
        Raumbedarf des Produktes pro Mengeneinheit
    demandLog   <OrderedCollection>
        Menge der Bestellposten fuer das Produkt in der Reihenfolge des
        Eingangs
    unitCost   <Number>
        Die Herstellkosten des Produkts pro Mengeneinheit
    setupCost   <Number>
        Die auflagefixen Kosten des Produkts

Klassenvariablen:
    Interest   <Number>
        Der Kalkulationszins (pro Jahr) fuer die Bestimmung von
        Kapitalbindungskosten'

Product methodsFor: 'initialize–release'

initialize
```
    name := nil.
    availableQuantity := 0.
    unitVolume := 1.
    demandLog := SortedCollection sortBlock: [:position1 :position2 |
                            position1 date <= position2 date].
    unitCost := 0.
    setupCost := 0
```

release
```
    name := nil.
    availableQuantity := nil.
    unitVolume := nil.
    demandLog := nil.
    unitCost := nil.
    setupCost := nil
```

Product methodsFor: 'provided services'

add: aNumber
"Entspricht der Dienstleistung 'Bestandsaenderung', Teil 1"

availableQuantity := availableQuantity + aNumber

eoq
"Entspricht der Dienstleistung 'Losgroesse'"

^(2 * self setupCost * self demandRate / self holdingCost) sqrt

remove: aNumber
"Entspricht der Dienstleistung 'Bestandsaenderung', Teil 2"

availableQuantity := availableQuantity – aNumber

timeBetweenOrders
"Entspricht der Dienstleistung 'Bestellabstand'"

^(2 * self setupCost / self holdingCost / self demandRate) sqrt

Product methodsFor: 'accessing'

availableQuantity
^availableQuantity

logOrderPosition: anOrderPosition
"anOrderPosition wird verbucht, um die Nachfragerate
berechnen zu koennen."

demandLog add: anOrderPosition

name
^name

name: aSymbol
name := aSymbol

setupCost
^setupCost

setupCost: aNumber
setupCost := aNumber

unitCost
^unitCost

unitCost: aNumber
unitCost := aNumber

unitVolume
^unitVolume

unitVolume: aNumber
  unitVolume := aNumber

Product methodsFor: 'private'

demandRate
  "Liefert die Nachfragerate nach dem Produkt."
  "Es wird der Durchschnittsbedarf ueber alle Bestellungen
  hinweg verwendet. Der Bedarf der ersten Bestellung ist
  abzuziehen, da diese lediglich das erste Datum für die
  Berechnung des Zeitraumes liefert."

  I totalDemand totalTime I
  demandLog size <= 1
          ifTrue: [^self notify: 'Unsufficient data to determine demand rate.'].
  totalDemand := demandLog
                      inject: 0 into: [:total :position I total + position quantity]
                      – demandLog first quantity.
  totalTime := demandLog last date – demandLog first date.
  ^totalDemand / totalTime

holdingCost
  "Liefert die Lagerungskosten."

  ^self unitCost * self class interest

storageCost
  "Liefert die minimalen Lagerhaltungskosten pro Zeiteinheit."

  I r I
  r := self demandRate.
  ^(2 * r * self holdingCost * self setupCost) sqrt + (r * self unitCost)

Product methodsFor: 'printing'

printString
  ^'P#',(self name asString , ': ' , self availableQuantity printString) , ' avail.'

Product class
  instanceVariableNames: ''

Product class methodsFor: 'instance creation'

name: aSymbol
  I product I
  product := super new initialize.
  product name: aSymbol.
  ^product

new
```
^self shouldNotImplement
```

Product class methodsFor: 'class initialization'

initialize
```
"Product initialize."

Interest := 0.1
```

Product class methodsFor: 'accessing'

interest
```
^Interest
```

Klasse: WarehouseBuffer

```
StorageArea subclass: #WarehouseBuffer
    instanceVariableNames: ''
    classVariableNames: ''
    poolDictionaries: ''
    category: 'Warehouses'


WarehouseBuffer comment:
'Diese Klasse entspricht der Klasse
    Bereitstellungsflaeche
aus der OBA–Analyse.'
```

WarehouseBuffer methodsFor: 'provided services'

clearFrom: aTransportationUnitOrSupplyPalette
```
"Entspricht der Dienstleistung 'Raeumen'"

I place I
place := self placeOf: aTransportationUnitOrSupplyPalette.
place isNil ifTrue: [^self notify: 'Cannot find.'].
places removeKey: place
```

drop: aTransportationUnitOrSupplyPalette at: aPoint
```
"Entspricht der Dienstleistung 'Abstellen'"

(places at: aPoint ifAbsent: []) isNil
        ifFalse: [^self notify: 'Place already used.'].
places at: aPoint put: aTransportationUnitOrSupplyPalette
```

hasSufficientSpaceFor: aCollection
```
"Entspricht der Dienstleistung 'Frei'"

^aCollection size <= (self totalSpace – self usedSpace)
```

ship: aTransportationUnit
"Entspricht der Dienstleistung 'Versenden'"

"An dieser Stelle kann noch Code eingefuegt werden, der z.B.
spezielle Probleme im Zusammenhang mit dem gewaehlten
Frachtsystem loest."

3.6 Lösungen zu den Übungsaufgaben

Übung 3.1: Wie wir bereits gesagt hatten, ist Object in VisualWorks® die einzige
für den Programmierer interessante Klasse, die *nicht* die Unterklasse einer anderen
Klasse ist. Der Smalltalk–Ausdruck, der zur Darstellung eines nicht vorhandenen
Objekts dient, ist das undefinierte Objekt nil. Suchen wir nun mit der find class...–
Funktion des Kategorienfensters im Browser die Klasse Object (sie ist in der
Kategorie Kernel–Objects zu finden), so wird im Programmfenster nil als Ober-
klasse von Object angezeigt. Unsere frühere Aussage ist damit bestätigt. Der Voll-
ständigkeit halber bemerken wir, daß es noch die Klasse LensAbsentee gibt, deren
Oberklasse ebenfalls nil ist. Diese Klasse ist die Basis für die programmtechnische
Verbindung von VisualWorks® mit Datenbanken und sollte vom Programmierer
keinesfalls verwendet werden.

Übung 3.2: Der folgende Ausdruck wird im Workspace durch Auswahl von do it
aus dem Operate–Menu ausgeführt:

    LifeForm new inspect

Alternativ kann der folgende Ausdruck im Workspace durch Auswahl von inspect
aus dem Operate–Menu ausgeführt werden:

    LifeForm new

Übung 3.3: Nach Wahl der Klasse LifeForm im Browser wird durch Wahl von
comment im Operate–Menu des Klassenfensters der Kommentar zu LifeForm
angezeigt. Da wir hierfür bisher noch keinen Kommentar eingegeben hatten, erscheint der Browser nun in der in Abb. 3.42 gezeigten Form.

Der Text im Programmfenster beschreibt den Zweck des Kommentars zu der
Klasse. Durch Überschreiben dieses Textes und anschließende Wahl von accept
aus dem Operate–Menu des Programmfensters geben wir unseren eigenen Kommentar zu LifeForm ein (siehe Abb. 3.43).

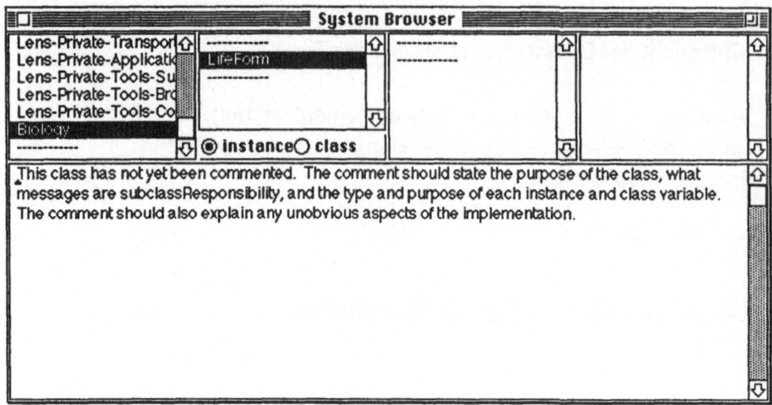

Abb. 3.42: Kommentar zu einer neuen Klasse

Übung 3.4: Das Ergebnis der Anweisungen lautet 0. In der ersten Programm-anweisung wird eine neue LifeForm erzeugt und in der Variablen life abgelegt. Da bei einem gerade erzeugten LifeForm–Objekt die Instanzvariable age mit dem Wert nil belegt ist, antwortet es auf die darauffolgende Nachricht age, gemäß der von uns programmierten Methode zu age, mit 0.

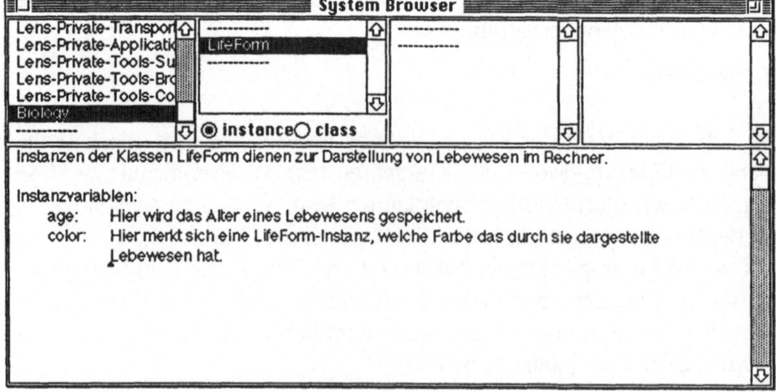

Abb. 3.43: Kommentar zur Klasse LifeForm

Übung 3.5:

color

    "Liefert die Farbe eines Lebewesens oder #none, wenn die Farbe unbekannt ist."

    ^color isNil
        ifTrue: [#none]
        ifFalse: [color]

Übung 3.6: Mit der folgenden Methode kann einer LifeForm ein Alter gegeben werden. Um mit dem bisherigen Alter antworten zu können, muß der letzte Wert der Instanzvariablen **age** in einer temporären Variablen gespeichert werden, deren Wert dann als Antwort zurückgegeben wird.

age: anInteger

    "Teile dem Empfaenger der Nachricht ein neues Alter mit, das als ganze Zahl uebergeben wird."

    I previousAge I
    previousAge := age isNil
            ifTrue: [0]
            ifFalse: [age].
    age := anInteger.
    ^previousAge

Übung 3.7: Die LifeForm antwortet auf birthday mit sich selbst. Dies können wir mit Hilfe des Identitätsoperators für Objekte überprüfen. Bei Ausführung der folgenden Smalltalk–Anweisungen (z.B. in einem Workspace mit print it) muß im System Transcript die Mitteilung Sind identisch erscheinen.

    I life I
    life := LifeForm new.
    life birthday == life
        ifTrue: [Transcript show: 'Sind identisch.']
        ifFalse: [Transcript show: 'Sind nicht identisch.']

Übung 3.8:

a) method1: liefert das arithmetische Mittel aus dem Alter des Empfängers der Nachricht und dem der als Parameter mitgegebenen LifeForm.

b) method2: liefert genau dann true, wenn der Empfänger der Nachricht und die als Argument mitgegebene LifeForm identische Farben haben.

c) method3: liefert das arithmetische Mittel aus dem Alter aller Elemente in aCollectionOfLifeForms (von denen wir annehmen wollen, daß es sich dabei

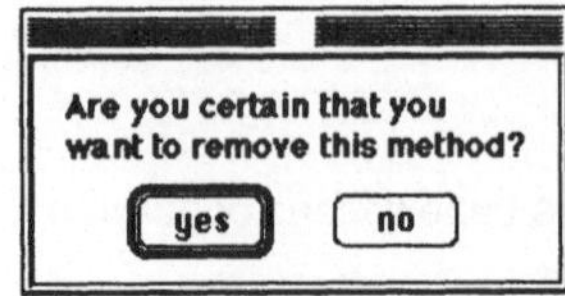

Abb. 3.44: Sicherheitsabfrage vor dem Entfernen einer Methode aus Smalltalk

um Instanzen von LifeForm handelt), die nicht älter sind als der Empfänger dieser Nachricht.

Übung 3.9: Um die Methode color:age: aus der Klasse LifeForm zu entfernen, wählen wir diese zunächst innerhalb des Methodenfensters im Browser aus. Dann wählen wir aus dem Operate–Menu des Fensters remove... aus. Es erscheint ein Fenster mit der Frage, ob die gewählte Methode wirklich aus VisualWorks®\ Smalltalk entfernt werden soll (siehe Abb. 3.44). Wir wählen yes, und die Methode wird aus dem System entfernt.

Übung 3.10:

a) Wir suchen im Browser die Klasse Rectangle auf und wählen anschließend aus dem Operate–Menu des Klassenfensters (siehe Abb. 3.12c) den Menüpunkt find method... aus. Daraufhin erscheint ein Fenster mit einer alphabetisch geordneten Liste aller Methoden, die in Rectangle definiert sind, und der Frage Find which selector?. Nach doppeltem Anklicken eines Methodennamens erscheint die entsprechende Methode im Programmfenster. Protokoll und Methodenname sind automatisch gewählt. Wählen wir also intersects: aus der Liste der Methodennamen aus, so sehen wir die Methode anschließend im Browser.

b) Um festzustellen, welche Methoden die Nachricht intersects: versenden, wählen wir (bei selektierter Methode intersects:) aus dem Operate–Menu des Methodenfensters den Menüpunkt senders (siehe Abb. 3.12f) aus. Anschliessend erscheint ein neues Fenster auf dem Bildschirm, in dessen oberem Teilfenster eine Liste der Methoden (alphabetisch geordnet nach dem davorstehenden Namen der Klasse, in der die Methode definiert ist) erscheint, in denen intersects: verwendet wird. Wählen wir z.B. die Methode areasOutside: aus der Klasse Rectangle aus, so erscheint im unteren Fenster der Programmtext dieser Methode. Die Nachricht intersects: wird an der Stelle im Programmtext hervorgehoben, an der sie erstmalig in der Methode verwendet wird (siehe Abb. 3.45).

c) Um festzustellen, von welchen Klassen die Nachricht intersects: implementiert wird, wählen wir (bei selektierter Methode intersects:) aus dem Operate–Menu des Methodenfensters den Menüpunkt implementors (siehe Abb. 3.12f) aus. Anschließend wird ein neues Fenster auf dem Bildschirm geöffnet, in dessen

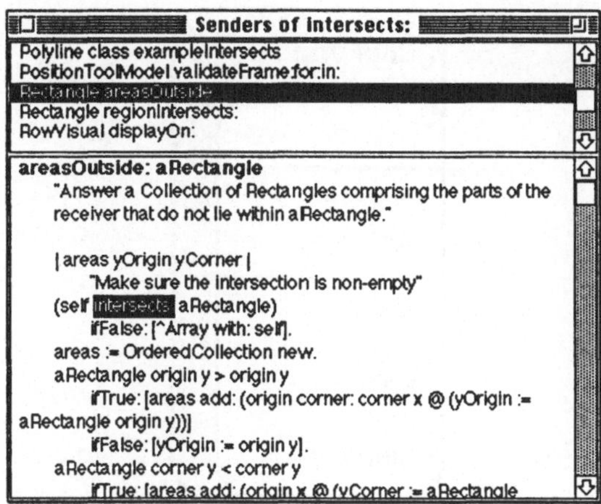

Abb. 3.45: Die Sender der Nachricht intersects:

oberem Teilfenster eine alphabetisch geordnete Liste der Klassen erscheint
(jeweils gefolgt vom Namen der gesuchten Methode intersects:), in denen
intersects: implementiert ist. Bei Wahl eines Listenelements aus diesem Teilfenster sehen wir im unteren Teilfenster die implementierte Methode (siehe
Abb. 3.46).

d) Um festzustellen, welche Nachrichten in der Methode intersects: gesendet
werden, wählen wir (bei selektierter Methode intersects:) aus dem Operate–
Menu des Methodenfensters den Menüpunkt messages (siehe Abb. 3.12f) aus.
Daraufhin erscheint ein Fenster mit einer alphabetisch geordneten Liste aller
Nachrichten, die in intersects: versandt werden. Nach Auswahl einer dieser
Nachrichten erscheint anschließend auf dem Bildschirm ein Fenster mit den

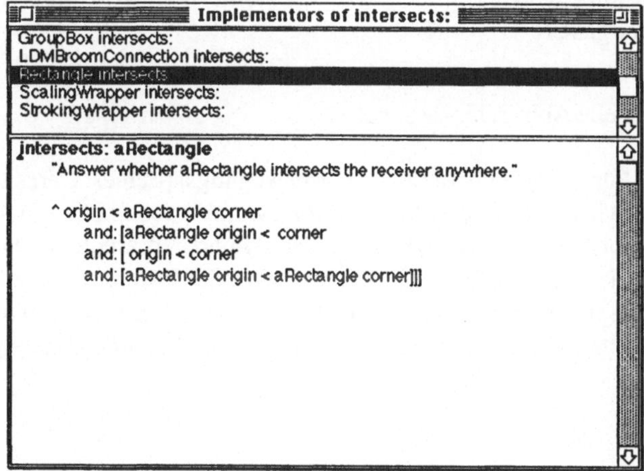

Abb. 3.46: Die Implementierungen der Nachricht intersects:

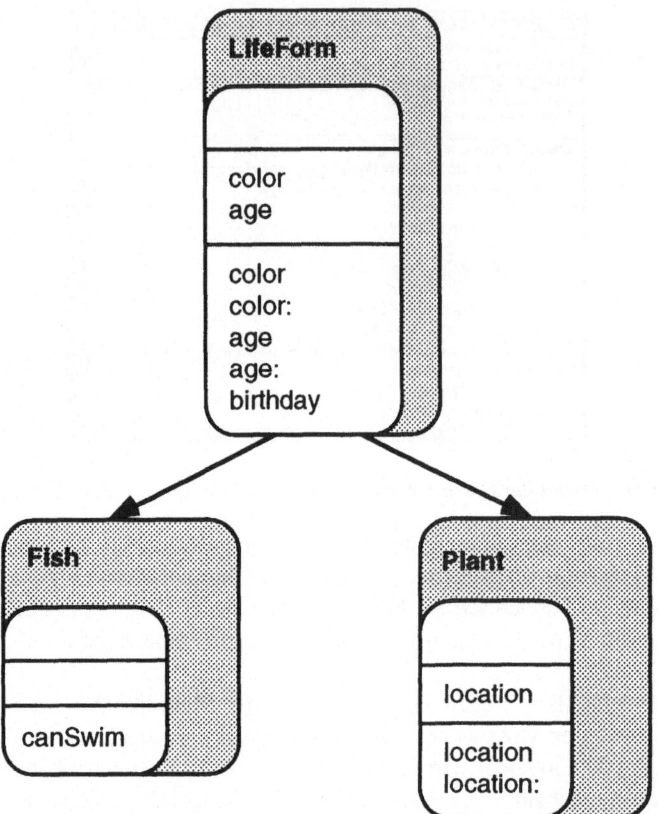

Abb. 3.47: Hierarchiediagramm für LifeForm, Fish und Plant

Methoden aller Klassen, in denen die gewählte Nachricht implementiert ist
(vgl. Teilaufgabe (c)).

Übung 3.11: siehe Abb. 3.47.

Übung 3.12: Für die Speicherung der Fortbewegungsart eines Tieres (und somit
eines Vogels) wird eine entsprechende Instanzvariable locomotion in Animal eingeführt. Jede Fortbewegungsart wird durch ein Symbol repräsentiert. Da Tiere sich
auf verschiedene Arten fortbewegen können, wird die Instanzvariable locomotion
in der Methode initialize mit einem Set belegt. Das Hinzufügen und die Weg-
nahme von Fortbewegungsarten zu einem Animal geschieht dann durch Einfügen
bzw. Entfernen aus diesem Set.

```
LifeForm subclass: #Animal
    instanceVariableNames: 'locomotion '
    classVariableNames: ''
    poolDictionaries: ''
    category: 'Biology'
```

```
Animal comment:
'Ein Tier ist ein Lebewesen, das sich auf verschiedene Arten fortbewegen kann.
```

```
Instanzvariablen:
    locomotion:   In diesem Set wird die Menge der Fortbewegungsarten eines
                  Lebewesens gespeichert.
                  Fortbewegungsarten werden durch Symbol–Objekte
                  dargestellt.'
```

Animal methodsFor: 'initialize'

initialize
```
    "Am Anfang gibt es keine Fortbewegungsarten."

    locomotion := Set new
```

Animal methodsFor: 'moving'

canMoveBy: aSymbol
```
    "Der Empfaenger erhaelt eine zusaetzliche Fortbewegungsart."

    locomotion add: aSymbol
```

cannotMoveBy: aSymbol
```
    "Dem Empfaenger wird mitgeteilt, dass er sich auf die Art aSymbol nicht
    mehr fortbewegen kann."

    locomotion remove: aSymbol ifAbsent: []
```

Animal methodsFor: 'testing'

movesBy: aSymbol
```
    "Antworte genau dann mit true, wenn der Empfaenger sich auf die Art
    aSymbol fortbewegen kann."

    ^locomotion includes: aSymbol
```

```
Animal subclass: #Bird
    instanceVariableNames: ''
    classVariableNames: ''
    poolDictionaries: ''
    category: 'Biology'
```

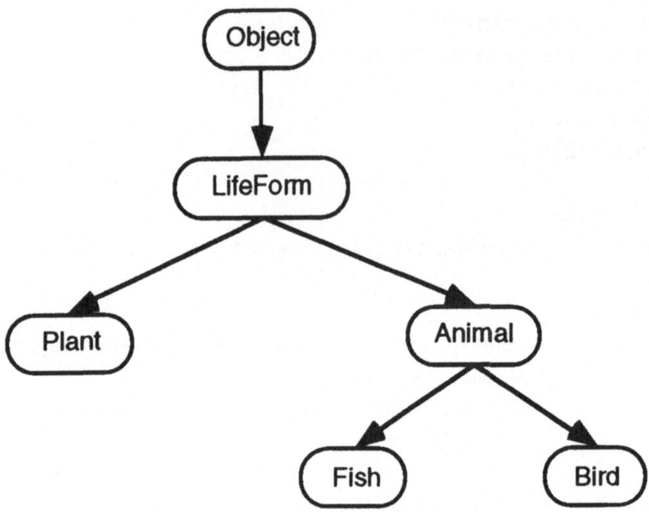

Abb. 3.48: Hierarchiediagramm der neuen Unterklassenbeziehungen

Achtung: Damit dieser Mechanismus tatsächlich funktioniert, muß jeder Instanz von Animal (oder einer Unterklasse) nach der Erzeugung durch new sofort die Nachricht initialize gesendet werden. Geschieht dies nicht und wird ein Animal gefragt, ob es eine bestimmte Fortbewegungsart beherrscht (durch Senden von movesBy:), so wird von VisualWorks® eine Fehlermeldung ausgegeben werden, da in der zugehörigen Methode an Stelle eines Set dem Objekt nil die Nachricht includes: gesendet wird (die es natürlich nicht versteht). Um einen Bird zu erzeugen, der fliegen kann, müssen wir also den folgenden Smalltalk–Ausdruck auswerten:

```
Bird new initialize canMoveBy: #flying
```

Übung 3.13: Wir betrachten hier nur die Unterklassenbeziehungen. Instanzvariablen und Methoden der einzelnen Klassen sind weggelassen. Jeder Fish hat nunmehr die Eigenschaften eines Animal und nicht mehr nur die einer LifeForm (siehe Abb. 3.48).

Übung 3.14: Da jeder Fisch schwimmen kann, muß zunächst die Methode initialize neu implementiert werden:

```
initialize
    "Jeder Fisch kann schimmen!"

    locomotion := Set new
    self canMoveBy: #swimming
```

Die neue Methode für canSwim lautet dann wie folgt:

canSwim

"Liefert genau dann true, wenn ein Fisch schwimmen kann."

^self movesBy: #swimming

Übung 3.15: Wir geben in das Eingabefenster LifeForm>accessing ein. Anschließend wählen wir die Methode location: aus. Durch die erneute Auswahl der move to...–Funktion im Methodenfenster erscheint das gleiche Eingabefenster, diesmal bereits mit der letzten Eingabe belegt. Wir brauchen also unser Zielprotokoll kein zweites Mal einzugeben, sondern lediglich die vorgeschlagene Eingabe zu bestätigen. Wählen wir nun im Browser das Protokoll accessing der Klasse LifeForm, so finden wir die kopierten Methoden im Methodenfenster vor.

Übung 3.16: Da alle Unterklassen von LifeForm die Standort–Eigenschaft erben, muß das Ergebnis der folgenden Anweisungen 10 @ 10 lauten.

```
| bird |
bird := Bird new initialize.
bird location: 10 @ 10.
bird location
```

Übung 3.17: a) #a   b) #a

Übung 3.18:

a) #(1 1 2 2 3 3 4 4 5 5).
b) #(1 3 6 10 15 21 28 36 45 55).
c) Die Antwort auf die Nachricht x an eine Instanz von B ist die Hälfte der Zahl, die in der Instanzvariablen x gespeichert ist. Falls diese Zahl keine gerade Zahl ist, wird die Hälfte von x + 1 genommen. Die Antwort auf die Nachricht y an eine Instanz von C ist die Summe der Zahlen 1, 2, ..., y.

Übung 3.19:

a) OrderedCollection(0@0 0@0 0@0 0@0 0@0 0@0 0@0 0@0 0@0 10@10)
b) OrderedCollection(20@20 20@20 20@20 20@20 20@20 20@20 20@20 20@20 20@20 10@10)
c) OrderedCollection(20@20 20@20 20@20 20@20 20@20 20@20 20@20 20@20 20@20 10@10)

Übung 3.20: Die Bedeutung der Nachricht fromUser an die Klasse Rectangle ist den Kommentaren zu fromUser sowie den Kommentaren zu den bei der Ausführung gesendeten Nachrichten fromUser: und fromUser:phase: zu entnehmen. Sämtliche Methoden finden sich im Klassen–Protokoll instance creation von Rectangle. Bei Ausführung der Methode wird der Systembenutzer zur Festlegung eines Rechtecks aufgefordert, indem er mit dem auf dem Bildschirm erscheinenden Kreuz–Cursor ein Rechteck aufzieht. Die Eingabe wird durch Drücken der Select–Maustaste beendet. Die Eckpunkte des als Antwort auf fromUser zurückgegebenen Rectangle ergeben sich aus den Bildschirmkoordinaten des zuvor aufgezogenen Rechtecks.

Übung 3.21: Nachdem die Klasse Fish die Nachricht new empfangen hat, versucht sie eine zu der Nachricht passende Methode zu finden. Dies ist die Methode new im Klassenprotokoll von Animal. Hier wird nun mit super new eine neue Instanz (von Fish !) erzeugt, der anschließend die Nachricht initialize gesandt wird. Daraufhin wird die Methode initialize im Instanzprotokoll von Fish ausgeführt, wodurch die für einen Fish spezifische Initialisierung durchgeführt wird. Wir sehen, daß wir mit unserer neuen Methode new in Animal automatisch auch neue Instanzen sämtlicher Unterklassen von Animal automatisch initialisieren. Sofern diese Unterklassen in ihrem Instanzprotokoll keine eigenen Methoden mit dem Namen initialize enthalten, werden wie gewohnt entsprechende, in den jeweiligen Oberklassen implementierte Methoden ausgeführt. Erhält also z.B. die Klasse Bird die Nachricht new, so wird die Methode initialize von Animal ausgeführt.

Übung 3.22: In gleicher Weise, wie wir die neuen Instanzen von Animal automatisch initialisiert haben, tun wir dies nun mit den Instanzen von LifeForm durch Implementierung der Nachricht initialize im Instanzprotokoll von LifeForm. Analog implementieren wir eine neue Methode für new im Klassenprotokoll von LifeForm. Damit wird gleichzeitig die Nachricht new im Klassenprotokoll von Animal überflüssig, da diese Klasse die Methode new jetzt von LifeForm erbt. Außerdem ist in allen Unterklassen von LifeForm, die über eine eigene Implementierung von initialize verfügen, die Anweisung super initialize einzufügen, damit die automatische Initialisierung vollständig durchgeführt wird. Zur besseren Übersicht über die vorzunehmenden Änderungen geben wir im folgenden die vollständige Definition von LifeForm mit allen Unterklassen an. Sehen Sie sich diese Klassendefinitionen bitte sorgfältig an, und studieren Sie die Unterschiede zur bisherigen Implementation.

```
Object subclass: #LifeForm
      instanceVariableNames: 'color age location '
      classVariableNames: 'DefaultLocation '
      poolDictionaries: ''
      category: 'Biology'


LifeForm comment:
'Instanzen der Klassen LifeForm dienen zur Darstellung von Lebewesen im
Rechner.
```

Instanzvariablen:
>   age: Hier wird das Alter eines Lebewesens gespeichert.
>   color: Hier merkt sich eine LifeForm–Instanz, welche Farbe das durch
>   sie dargestellte Lebewesen hat.
>   location: Speichert den Aufenthaltsort eines Lebewesens als Point–Objekt.

Klassenvariablen:
>   DefaultLocation: Falls kein besonderer Aufenthaltsort bekannt ist, wird ein
>   Standardwert benutzt.'

LifeForm methodsFor: 'accessing'

age
>   "Antworte mit dem Alter des Lebewesens"
>
>   ^age

age: anInteger
>   "Teile dem Empfaenger der Nachricht ein neues Alter mit, das als ganze
>   Zahl uebergeben wird."
>
>   I previousAge I
>   previousAge := age.
>   age := anInteger.
>   ^previousAge

birthday
>   "Es ist Geburtstag. Der Empfaenger der Nachricht wird ein Jahr
>   aelter."
>
>   self age: self age + 1

color
>   "Liefert die Farbe eines Lebewesens oder #none, wenn die Farbe
>   unbekannt ist."
>
>   ^color

color: aSymbol
>   "Teile dem Lebewesen mit, welche Farbe es annehmen soll."
>
>   ^color := aSymbol

location
"Liefert den Standort des Empfaengers. Falls kein Standort vorgegeben ist,
wird mit dem Standardwert geantwortet."

```
^location isNil
    ifTrue: [DefaultLocation]
    ifFalse: [location]
```

location: aPoint
"Lege aPoint als Standort fuer den Empfaenger fest. Antworte mit dem
neuen Standort."

```
^location := aPoint
```

LifeForm methodsFor: 'initialize'

initialize
```
    age := 0.
    color := #none
```

```
LifeForm class
    instanceVariableNames: ''
```

LifeForm class methodsFor: 'instance creation'

new
```
    ^super new initialize
```

```
LifeForm subclass: #Animal
    instanceVariableNames: 'locomotion '
    classVariableNames: ''
    poolDictionaries: ''
    category: 'Biology'
```

```
Animal comment:
'Ein Tier ist ein Lebewesen, das sich auf verschiedene Arten fortbewegen kann.

Instanzvariablen:
    locomotion:   In diesem Set wird die Menge der Fortbewegungsarten eines
                  Lebewesens gespeichert.
                  Fortbewegungsarten werden durch Symbol–Objekte
                  dargestellt.'
```

Animal methodsFor: 'initialize'

initialize
"Am Anfang gibt es keine Fortbewegungsarten."

super initialize.
locomotion := Set new

Animal methodsFor: 'moving'

canMoveBy: aSymbol
"Der Empfaenger erhaelt eine zusaetzliche Fortbewegungsart."

locomotion add: aSymbol

cannotMoveBy: aSymbol
"Dem Empfaenger wird mitgeteilt, dass er sich auf die Art aSymbol nicht
mehr fortbewegen kann."

locomotion remove: aSymbol ifAbsent: []

Animal methodsFor: 'testing'

movesBy: aSymbol
"Antworte genau dann mit true, wenn der Empfaenger sich auf die Art
aSymbol fortbewegen kann."

^locomotion includes: aSymbol

Animal subclass: #Fish
    instanceVariableNames: "
    classVariableNames: "
    poolDictionaries: "
    category: 'Biology'

Fish methodsFor: 'testing'

canSwim
"Liefert genau dann true, wenn ein Fisch schwimmen kann."

^self movesBy: #swimming

Fish methodsFor: 'initialize'

initialize
"Jeder Fisch kann schwimmen!!"

super initialize.
self canMoveBy: #swimming

```
LifeForm subclass: #Plant
    instanceVariableNames: ''
    classVariableNames: ''
    poolDictionaries: ''
    category: 'Biology'
```

```
Plant comment:
'Plant–Objekte repraesentieren Pflanzen.'
```

Plant methodsFor: 'accessing'

color
```
    "Eine Pflanze ist gruen, falls nichts anderes festgelegt ist."

    ^color isNil
        ifTrue: [#green]
        ifFalse: [color]
```

location: aPoint
```
    "Lege einen Standort fuer den Empfaenger zum ersten und letzten Mal
    fest."

    location isNil ifTrue: [super location: aPoint]
```

Plant methodsFor: 'initialize'

initialize
```
    super initialize.
    self color: #green
```

```
Animal subclass: #Bird
    instanceVariableNames: ''
    classVariableNames: ''
    poolDictionaries: ''
    category: 'Biology'
```

Übung 3.23: Wir führen zur Modellierung der Partnerbeziehung in Animal eine neue Instanzvariable partner ein. Die folgenden Methoden ermöglichen die gegenseitige Bezugnahme zweier Animal–Objekte aufeinander. Die Protokollbezeichnung private deutet an, daß die darin enthaltene Methode nur für den Gebrauch durch die Instanz selbst vorgesehen ist und nicht „von außen" aktiviert werden soll. Die Verwendung dieser Nachricht durch andere Objekte ist allerdings nicht ausgeschlossen.

Animal methodsFor: 'accessing'

partner
    ^partner

partner: anAnimal
    "Der Empfaenger und anAnimal sollen Partner werden. Falls dies nicht moeglich ist, Fehlermeldung."

    ((anAnimal partner notNil and: [anAnimal partner ~~ self])
        or: [self partner notNil and: [self partner ~~ anAnimal]])
        ifTrue: [^self error: 'Has already a partner.'].
    self basicPartner: anAnimal

Animal methodsFor: 'private'

basicPartner: anAnimal
    "anAnimal ist der neue Partner des Empfaengers."

    partner := anAnimal.
    anAnimal partner isNil ifTrue: [anAnimal basicPartner: self]

Übung 3.24: Die beiden Skripte für die Vorgänge zur Lagerdisposition bzw. zur Bestimmung der Lagerhaltungskosten sind in Tab. 3.27 und 3.28 angegeben. Die Ergänzungen zum Glossar mit den Dienstleistungen sind in Tab. 3.29 zu finden. Die modifizierten Attributglossare der Kontraktpartner „Produkt" und „Bestellung" sind in Tab. 3.30 und 3.31 angegeben.

Tabelle 3.27: Skript 3 (Szenario „Lagerdisposition")

Nachfrager	Aktion	Anbieter	Name der Dienstleistung
Lagerverwalter	bestimmt zeitlichen Abstand zwischen zwei Bestellungen eines	Produktes	Bestellabstand
Lagerverwalter	bestimmt Losgröße für die Bestellung eines	Produktes	Losgröße

Tabelle 3.28: Skript 4 (Szenario „Lagerhaltungskosten")

Nachfrager	Aktion	Anbieter	Name der Dienstleistung
Lagerverwalter	bestimmt durchschnittliche Lagerungskosten des	Lagers	Lagerhaltungskosten

Tabelle 3.29: Glossar der Dienstleistungen (Ergänzung)

Dienstleistung	Definition	Bezug	Anbieter
Bestellabstand	Für ein Produkt wird der nächste Bestellzeitpunkt berechnet, zu dem eine Bestellung an die Produktion abgeschickt werden soll.	Skript 3	Produkt
Lagerhaltungskosten	Berechnung der durchschnittlichen Lagerhaltungskosten seit Inbetriebnahme des Lagers.	Skript 4	Lager
Losgröße	Für eine Produkt wird die kostenminimale Menge bestimmt, die bei der nächsten Bestellung an die Produktion angefordert werden soll.	Skript 3	Produkt

Tabelle 3.30: Erweitertes Attributglossar für den Vertragspartner „Produkt"

Name	Definition	Vertrag	Zugriff	Änderung	Mehrfach	Dimension	Zustand
Name	*Bezeichnung des Produkts im Unternehmenssortiment*	—	*Name*	—	*nein*	—	—
Bestand	*Vorhandene Menge des Produkts im Lager*	—	*Bestand*	*Bestandsänderung*	*nein*	*Produktspezifisch*	—
Volumen	*Raumbedarf des Produkts pro Mengeneinheit*	—	*Einheitsvolumen*	—	*nein*	*Volumen*	—
Nachfragejournal	Historische Aufzeichnung von Bestellungen des Produkts	—	Journal	Hinzufügen	ja	Bestellung	—

Tabelle 3.31: Erweitertes Attributglossar für den Vertragspartner „Bestellung"

Name	Definition	Kontrakt	Zugriff	Änderung	Mehrfach	Dimension	Zustand
Produkt	*Produkt, das bestellt wird*	—	*Produkt*	—	*nein*	—	—
Menge	*Menge des bestellten Produkts*	—	*Menge*	—	*nein*	*Produktspezifisch*	—
Datum	Tag der Bestellung	—	Datum	—	nein	Datum	—

4 Ein tiefer Blick in den Browser – Wichtige Klassen in Smalltalk

In diesem Kapitel wollen wir uns mit einigen in VisualWorks® schon vorhandenen Systemklassen beschäftigen, die in gewissen Situationen die Programmierung in Smalltalk stark vereinfachen und die daher zum „Repertoire" eines Smalltalk–Programmierers gehören sollten.

Bei diesen Klassen handelt es sich um

- Klassen für den Zugriff auf Dateien und damit verwandte Klassen (Stream– und Filename–Klassen),
- Klassen zur Modellierung konkurrierender (parallel ablaufender) Prozesse (Semaphore– und Process–Klassen),
- Klassen für die Behandlung von Fehlersituationen (Signal– und Exception– Klassen) sowie
- Klassen für die Verwaltung von Daten, die von mehreren unabhängigen Stellen aus referenziert werden können (WeakArray und WeakDictionary).

Natürlich gibt es neben den hier behandelten Klassen noch viele weitere, die für die Programmierung in VisualWorks® wertvolle Dienste leisten können. Alle Klassen vorzustellen, würde jedoch bei weitem den Rahmen dieses Buches sprengen und ist außerdem unnötig, da sie ja alle mit Hilfe des System Browser erforscht werden können. Dies gilt selbstverständlich auch für die hier vorgestellten Klassen, so daß wir in den folgenden Abschnitten letzlich nicht alle Möglichkeiten bis ins letzte Detail beschreiben werden. Vielmehr soll auch Raum für die Phantasie des Lesers bleiben, der mit Hilfe der schon vorgestellten Werkzeuge selbst untersuchen kann, welche zusätzlichen Ideen er noch verwirklichen kann.

4.1 Stream und Filename – Wohin mit den Daten?

Dieser Abschnitt beschäftigt sich mit einer „Sorte" von Klassen, die in gewisser Hinsicht den Collection–Klassen sehr ähnlich sind. Die hier vorgestellten Stream– Klassen werden jedoch in der Regel benutzt, um einzelne Objekte zu sammeln

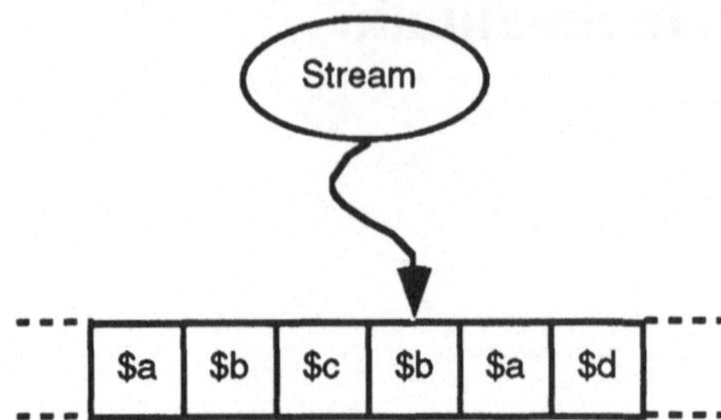

Abb. 4.1: Stream auf einer Folge von Character–Objekten

oder Objekt für Objekt abzuarbeiten. Eine effiziente Verwaltung der Objekte nach bestimmten Kriterien, wie wir sie bei den Collection–Klassen kennengelernt haben, ist dabei eher zweitrangig.

Zu unterscheiden sind hier interne Stream–Objekte, die beispielsweise verwendet werden, um einen String von unbekannter Länge zusammenzusetzen, der dann auf dem Bildschirm ausgegeben werden soll, und Stream–Objekte, die für den Zugriff auf Dateien benutzt werden (externer Stream). Außerdem werden wir noch eine besondere Art von Stream–Objekten betrachten, die dazu dienen, auch komplexere Objekte in binärer Form in Dateien abzulegen.

In allen Fällen jedoch dient als Basis ein Stream–Objekt, wie es in Abb. 4.1 angedeutet ist. Dazu stellen wir uns vor, daß eine Folge von Character–Objekten gegeben ist, die mit Hilfe eines Stream–Objektes der Reihe nach gelesen werden sollen. Das Stream–Objekt kennt dann nur einen Zeiger auf das *nächste* zu lesenden Objekt und kann nach diesem Objekt gefragt werden. Dabei setzt das Stream–Objekt seinen Zeiger um eine Position weiter. Ebenso kennt ein Stream–Objekt, auf dem Objekte abgelegt werden können, auch nur einen Zeiger auf die nächste Position, die zur Aufnahme eines Objektes genutzt werden kann.

Zwei der wichtigsten Nachrichten an Stream–Objekte sind daher die Nachrichten

– next, mit der das nächste Objekt von einem Stream–Objekt gelesen wird und
– nextPut:, mit der ein Objekt auf einem Stream–Objekt abgelegt wird (sollen gleich mehrere Objekte aus einer indizierbaren Collection auf dem Stream abgelegt werden, kann man nextPutAll: verwenden).

Versucht man allerdings, mit der Nachricht next von einem Stream ein Objekt zu lesen, obwohl der Stream kein weiteres Objekt mehr enthält, so kann dies bei einigen Stream–Objekten zu einem Fehler führen, der den Programmablauf unterbricht. Um dies zu vermeiden, können entsprechende Lesenachrichten an ein Stream–Objekt gesendet werden. Oft wird jedoch einfach mit Hilfe der Nachricht atEnd überprüft, ob der Stream noch ein weiteres Objekt enthält, das dann mit Hilfe der Nachricht next gelesen werden kann.

Übung 4.1: Untersuchen Sie mit Hilfe des System Browser, welche Nachrichten die abstrakte Klasse Stream versteht, um Objekte von einem Stream zu lesen, bzw. um Objekte auf einen Stream zu schreiben. Welche weiteren Nachrichten verstehen Stream–Objekte?

4.1.1 Objekt für Objekt – Interne Stream–Objekte

In diesem Unterabschnitt wollen wir uns mit Stream–Objekten befassen, die nur Smalltalk–intern verwendet werden. Solche Stream–Objekte werden in der Smalltalk–Programmierung gerne benutzt, um eine unbekannte (große) Anzahl von Objekten der Reihe nach „einzusammeln" oder Objekte der Reihe nach „abzuarbeiten". Obwohl solche Aufgaben auch mit Collection–Objekten durchgeführt werden können, sind Stream–Objekte den Collection–Objekten insbesondere dann vorzuziehen, wenn dieses Abarbeiten effizient unterstützt werden soll.

Die Stream–Objekte, die ebenso wie die Collection–Objekten dazu gedacht sind, Objekte aufzunehmen, verwenden bei dieser Aufgabe die Collection–Objekte. Dabei organisieren sie lediglich den lesenden bzw. schreibenden Zugriff auf das aktuelle Element des Collection–Objektes (Position des Stream–Objektes) besonders effizient. Da die Stream–Objekte die Objekte des zugrundeliegenden Collection–Objektes jedoch der Reihe nach abarbeiten, muß das Collection–Objekt indizierbar sein (also ein Objekt einer Unterklasse der abstrakten Klasse SequenceableCollection, die beispielsweise eine Oberklasse der Klassen Array oder OrderedCollection ist).

Um ein Stream–Objekt zu erzeugen, ist es daher notwendig, ein entsprechendes Collection–Objekt anzugeben. Da die am häufigsten verwendeten Arten von Stream–Objekten nur zum Lesen bzw. Schreiben von Objekten benutzt werden, können Stream–Objekte durch das Senden folgender beider Nachrichten an ein indizierbares Collection–Objekt erzeugt werden:

– readStream, erzeugt ein Stream–Objekt, von dem mit Hilfe der Nachricht next die Objekte des Collection–Objektes der Reihe nach abgefragt werden können, wie es im folgenden Beispiel verdeutlicht wird:

```
| stream |
stream := #($a 'string' #symbol 0) readStream.
[stream atEnd] whileFalse: [Transcript show: stream next printString; cr]
```

In diesem Beispiel wird mit Hilfe der Nachricht readStream an ein Array–Objekt ein neues ReadStream–Objekt erzeugt, von dem dann Objekt für Objekt gelesen und auf dem Transcript ausgegeben wird.

Dieses ReadStream–Objekt versteht alle Nachrichten, mit denen man Objekte von ihm lesen kann. Werden ihm dagegen Nachrichten gesandt, um Objekte auf ihm abzulegen (z.B. nextPut:), so führt dies zu einem Fehler. Weiterhin ist bei diesem internen ReadStream–Objekt zu beachten, daß es auf die Nachricht next mit nil antwortet, falls kein weiteres Objekt in dem zugrundeliegenden Collection–Objekt mehr gefunden werden kann. Falls wir also das Beispiel um die Zeile

```
stream next
```

erweitern und mit print it auswerten, so ist das angezeigte Ergebnis nil.

– writeStream, erzeugt ein Stream–Objekt auf das mit Hilfe der Nachrichten nextPut: oder nextPutAll: Objekte in dem zugrundeliegenden Collection–Objekt abgelegt werden können (beginnend bei Position 1). Auch dies soll an einem Beispiel verdeutlicht werden:

```
| stream |
stream := #($a 'string' #symbol 0) writeStream.
stream nextPut: 'string'.
stream nextPutAll: #(4 $e #newSymbol 9.0 8).
stream contents
```

In diesem Beispiel wird mit der Nachricht writeStream an ein Array ein neues WriteStream–Objekt erzeugt, auf dem mit den Nachrichten nextPut: und nextPutAll: *ab Position 1* Objekte abgelegt werden können. Dabei muß nicht auf die Größe des zugrundegelegten Array geachtet werden, wie das Beispiel zeigt. Werden die obigen Ausdrücke nämlich mit print it ausgewertet, so ist das Ergebnis #('string' 4 $e #newSymbol 9.0 8), also ein Array mit 6 Objekten. Wird andererseits die Zeile

```
stream nextPutAll: #(4 $e #newSymbol 9.0 8).
```

weggelassen, so erhalten wir als Ergebnis #('string'), also ein Array mit nur einem Element.

Aus diesem Beispiel wird auch deutlich, daß das ursprüngliche Array #($a 'string' #symbol 0) nur als Vorlage für das Stream–Objekt gedient hat, um den Inhalt des Stream–Objektes in einem „passenden" Collection–Objekt einzusammeln. Die Elemente dieses Arrays gehen jedoch bei der Arbeit mit dem WriteStream verloren. Weiterhin bleibt für WriteStream–Objekte zu bemerken, daß sie nur für indizierbare Collection–Objekte erzeugt werden können, die die Nachricht at:put: verstehen. Daher führt die Verwendung eines SortedCollection–Objektes für eine WriteStream–Objekt zu einem Fehler, wenn Objekte auf dem Stream abgelegt werden sollen. Wird darüber hinaus durch das vorgegebene Collection–Objekt auch noch die „Art" der Objekte festgelegt, die in diese Collection eingefügt werden dürfen (z.B. in ein String–Objekt nur Character–Objekte), so muß diese Einschränkung auch bei den Nachrichten nextPut: bzw. nextPutAll: eingehalten werden.

Neben der Möglichkeit, Stream–Objekte mit den Nachrichten readStream bzw. writeStream an ein indizierbares Collection–Objekt zu erzeugen, gibt es auch die Möglichkeit, Stream–Objekte direkt mit Hilfe von Nachrichten an die entsprechenden Klassen zu erzeugen. Diese Möglichkeiten sollen in der folgenden Übung untersucht werden.

> **Übung 4.2:** Untersuchen Sie mit Hilfe des Hierarchy Browser die Klassen ReadStream, WriteStream und ReadWriteStream. Untersuchen Sie insbesondere die verschiedenen Möglichkeiten, um die entsprechenden Stream–Objekte zu erzeugen, und lesen Sie den Klassenkommentar.

Ein typisches Beispiel für die Verwendung eines Stream–Objektes – und wohl auch die häufigste Anwendung von Smalltalk–internen Stream–Objekten – ist die Nachricht printString, die jedes Objekt versteht. Diese Nachricht ist in der Klasse Object folgendermaßen implementiert:

printString
```
    "Answer a String whose characters are a description of the receiver."

    | aStream |
    aStream := WriteStream on: (String new: 16).
    self printOn: aStream.
    ^aStream contents
```

Hier wird zuerst ein neues WriteStream–Objekt auf einem String–Objekt erzeugt, das schließend der Nachricht printOn: als Parameter übergeben wird. Die Nachricht printOn: ist dann dafür verantwortlich, daß ein String–Objekt zusammengesetzt wird, das als Beschreibung des Empfängers der ursprünglichen Nachricht printString dient.

Aus diesem Grund wird in der Regel die Nachricht printString auch nicht überschrieben, wenn ein Objekt seinen „eigenen printString" realisieren soll. Vielmehr wird statt dessen die Nachricht printOn: so implementiert, daß die gewünschte Darstellung auf das übergebene Stream–Objekt geschrieben wird. Diese Vorgehensweise wird im folgenden eingeübt:

> **Übung 4.3:** Fügen Sie in die Klasse LifeForm und in alle ihren Unterklassen Methoden ein, die dafür sorgen, daß die entsprechenden Objekte auf die Nachricht printString nicht nur angeben, zu welcher Klasse sie gehören, sondern auch noch, welche Objekte in den Instanz–Variablen abgelegt sind, falls diese nicht nil sind.

Neben diesen Stream–Objekten zum Lesen und Schreiben beliebiger Objekte gibt es in Smalltalk noch einen weiteren internen Stream, den wir im folgenden Unterabschnitt kurz besprechen wollen.

4.1.2   Wie es der Zufall so will – Zufallszahlen

(Pseudo–)Zufallszahlen sind insbesondere für Simulationsprogramme von besonders Bedeutung. Da Smalltalk ursprünglich viele Ideen aus der Simultionssprache Simula übernommen hat, ist es nicht verwunderlich, daß es in Smalltalk auch ein eigenes Objekt zur Erzeugung dieser (Pseudo–)Zufallszahlen gibt. Die Erzeugung von solchen (Pseudo–)Zufallszahlen wird in Smalltalk mit Hilfe eines Stream–Objektes durchgeführt. Diese Zufallszahlengeneratoren (Objekte der Klasse Random) kann man sich als ein Stream–Objekt vorstellen, von dem unendlich viele (gleichverteilte) Zahlen gelesen werden können. Daher ist die Klasse Random auch eine Unterklasse von Stream und verhält sich wie ein ReadStream–Objekt. Im Gegensatz zu anderen Stream–Objekten kann ein Random–Objekt jedoch einfach durch die Nachricht new erzeugt werden, da es ja nicht notwendig ist, ein „geeignetes Collection–Objekt" anzugeben. Wird dann dem Random–Objekt die Nachricht next gesendet, so antwortet es mit einer Float–Zahl die zwischen 0.0 (inklusive) und 1.0 (exklusive) liegt.

> **Übung 4.4:** Wie allgemein bekannt ist, werden Tiere ja nicht beliebig alt. Andererseits hängt das gesamte Lebensalter eines einzelnen Tieres auch vom „Zufall" ab. Schreiben Sie also in der Klasse Animal eine Methode, mit der Sie das Tier fragen können, ob es ein weiteres Jahr überlebt. Die Überlebenswahrscheinlichkeit soll dabei mit steigendem Alter des Tieres abnehmen.
>
> Hinweis: Verwenden Sie für alle Tiere denselben Zufallszahlengenerator, den Sie sich in einer Klassenvariablen merken.

Aufbauend auf den gleichverteilten Zufallszahlen, die von den Random–Objekten erzeugt werden, können beliebige weitere Verteilungsfunktionen implementiert werden. Für Leser, die sich genauer mit dieser Problematik auseinandersetzen wollen, sei auf Goldberg und Robson (1989) verwiesen, wo die Implementation einiger weiterer Verteilungsfunktionen detailliert beschrieben ist. Weiterhin sei darauf hingewiesen, daß es vor einer Verwendung der (Pseudo–)Zufallszahlen eventuell notwendig sein kann, zu überprüfen, ob die hier beschriebene Standardklasse den benötigten Anforderungen an Zufallszahlen genügt.

Nachdem wir uns bisher ausschließlich mit Stream–Objekten beschäftigt haben, die nur innerhalb von Smalltalk zu verwenden sind, wollen wir im nächsten Unterabschnitt kennenlernen, wie von Smalltalk aus eine Verbindung nach „außen", zum Dateisystem, hergestellt werden kann, um auf Dateien zuzugreifen und so Daten auf der Festplatte abzulegen oder zu lesen.

4.1.3 Die Verbindung nach außen – Dateinamen und Externe Stream–Objekte

Um auf Dateien zuzugreifen, die auf der Festplatte abgelegt sind, ist es natürlich notwendig, den Namen der entsprechenden Datei zu kennen. Daher liegt der Gedanke nahe, daß es für den Zugriff auf eine Datei von Smalltalk aus genügen sollte, den Namen der Datei als String–Objekt „hinzuschreiben" und dann diesem Objekt einfach zu sagen, daß es jetzt einen Dateinamen repräsentiert. Und so einfach ist es im Prinzip auch, denn jedem String–Objekt kann die Nachricht

Tabelle 4.1: Unterschiedliche Konventionen in den Dateisystemen

Datei-system	vollständiger Dateiname	Pfadname	Datei-bezeichnung	Tren-nung
DOS	c:\users\visual\personal.txt	c:\users\visual	personal.txt	\
Unix	/C/users/visual/PersonalNotes.txt	/C/users/visual	PersonalNotes.txt	/
MacOS	C:users:visual:PersonalNotes.txt	C:users:visual:	PersonalNotes.txt	:

asFilename gesendet werden. Das Ergebnis ist ein Filename–Objekt, das den Dateinamen repräsentiert, wobei auch sofort die für das jeweilige Dateisystem gültigen Konventionen überprüft und sichergestellt werden.

Und genau hier liegt auch der Haken bei dieser Vorgehensweise. Dasselbe String–Objekt hat nämlich auf unterschiedlichen Dateisystemen auch unterschiedliche Bedeutungen, da von den Dateisystemen unterschiedliche Konventionen für Datei– und Pfadnamen zugrundegelegt werden. Tabelle 4.1 zeigt die Unterschiede an einer Datei mit Namen „PersonalNotes.txt", die im Unterverzeichnis „visual" des Verzeichnisses „users" auf dem Laufwerk „C" abgelegt ist (also unter dem Pfad „users, visual" auf der Festplatte C).

Diese unterschiedlichen Konventionen zur Konstruktion eines Dateinamens führen natürlich nur dann zu Problemen, wenn mit Smalltalk ein Programm geschrieben wird, das auf den unterschiedlichen Dateisystemen lauffähig sein soll. Dann nämlich muß bei der Konstruktion des Dateinamens die jeweils gültige Konvention beachtet werden. Daher bietet die Klasse Filename die Methoden construct: und constructString: an, mit denen gültige Dateinamen konstruiert werden können. Der Empfänger dieser Nachrichten – ein Filename–Objekt – geht jeweils davon aus, daß er der Name eines Pfades ist und daß der übergebene String eine Datei innerhalb dieses Pfades darstellt. Als Resultat erhält man bei der Nachricht construct: ein Filename–Objekt und bei der Nachricht constructString: ein String–Objekt zurück.

> **Übung 4.5:** Konstruieren Sie einen für Ihr Dateisystem gültigen Dateinamen, für die Datei „einDateiname" im lokalen Pfad „derErsteTeil, derZweiteTeil". Öffnen Sie einen Inspector auf dem Filename–Objekt.
>
> Hinweis: Um einen Pfadnamen als lokal zu kennzeichnen, ist es ausreichend, den vollständigen Dateinamen einfach mit dem Pfadnamen (ohne Trennzeichen!) zu beginnen.

Wie wir in Übung 4.5 festgestellt haben, ist das Ergebnis unserer Operation nicht ein Filename–Objekt, sondern ein Objekt einer Klasse, die abhängig vom aktuellen Dateisystem ausgewählt wurde. Jede dieser speziellen Klassen implementiert alle Besonderheiten, die für das entsprechende Dateisystem spezifisch sind, also vom Dateisystem und evtl. vom Betriebssystem abhängen.

Die (abstrakte) Klasse Filename dagegen stellt alle Methoden zur Verfügung, die zur Manipulation von Dateinamen (und Dateien als Ganzes) benötigt werden.

Außerdem hat sie die Aufgabe, das zur Zeit gültige Dateisystem zu bestimmen und die Auswahl der „richtigen" Unterklasse zur Erzeugung eines konkreten Filename–Objektes zu steuern. Deshalb wird in Smalltalk bei der Manipulation von Dateien in der Regel nur mit Methoden gearbeitet, die in der Klasse Filename implementiert sind, um so die wichtige Unabhängigkeit vom tatsächlich verwendeten Dateisystem zu bewahren.

Um nun die Klasse Filename und die von ihr gebotenen Möglichkeiten besser kennenzulernen, führen wir folgende Übung durch:

Übung 4.6: Untersuchen Sie die Klasse Filename mit dem System Browser; beachten Sie insbesondere die Methoden in den Protokollen parsing, testing, file utilities und stream creation. Untersuchen Sie auch die Hierarchie der Klasse Filename.

Nachdem wir uns mit der Verwendung von Dateinamen vertraut gemacht haben, wollen wir uns nun wieder dem eigentlichen Thema dieses Kapitels, den Stream–Objekten, zuwenden. Stream–Objekte werden nämlich benötigt, wenn Daten auf die Festplatte geschrieben oder von ihr gelesen werden sollen. Wie ein Stream–Objekt zum Lesen oder Schreiben von Daten mt Hilfe eines Filename–Objektes erzeugt werden kann, haben wir in Übung 4.6 schon gesehen. Bevor wir nun jedoch in Übung 4.7 eine erste eigene Datei erzeugen, sollen zuerst noch zwei Dinge kurz angesprochen werden.

Wenn von einem Programm Daten (z.B. ein String–Objekt) auf der Festplatte abgelegt werden sollen, so wird nicht jeder Buchstabe sofort auf die Festplatte geschrieben, da dieses viel zu zeitaufwendig wäre. Vielmehr werden (vom Betriebssystem) erst einige Buchstaben in einem Puffer gesammelt, die am Stück auf die Festplatte geschrieben werden, sobald der Puffer voll ist. Damit nun in diesem Puffer keine Daten stehen bleiben, die nie auf die Festplatte geschrieben werden, ist es notwendig, innerhalb des Programms festzulegen, wann die Daten vollständig dem Betriebssystem zu übergeben sind, damit der Puffer geleert werden kann. Diese Operation bezeichnet man im allgemeinen als das „Schließen" der Datei und sie kann in Smalltalk mit der Nachricht close an ein Stream–Objekt durchgeführt werden.

Da das Schließen einer Datei eine Aufgabe ist, die in jedem Fall – also auch im Fehlerfall – durchgeführt werden sollte, wird der Zugriff auf die Datei oft in einem Block gekapselt, der dann mit der Nachricht valueNowOrOnUnwindDo: ausgewertet wird. Diese Nachricht bewirkt, daß zunächst der Empfänger–Block ausgeführt wird und daran anschließend der übergebene Parameter–Block. Durch einen in VisualWorks® eingebauten Mechanismus wird darüber hinaus garantiert, daß der Parameter–Block auch dann ausgeführt wird, wenn im Empfänger–Block ein Fehler aufgetreten ist. Damit stellt also ein Smalltalk–Ausdruck der Art

```
[stream := 'test' asFilename writeStream.
Operationen auf stream.
...]
    valueNowOrOnUnwindDo: [stream close]
```

sicher, daß der temporären Variablen stream die Nachricht close geschickt wird, selbst dann, wenn ein Fehler während der Operationen aufgetreten sein sollte.

Der zweite Punkt, den wir in der folgenden Übung verwenden wollen, ist die Möglichkeit, eine Beschreibung eines Objektes mit Hilfe der Nachricht storeOn: an dieses Objekt auf einem Stream (dem Parameter) abzulegen. Diese textuelle Beschreibung kann dann mit der Nachricht readFrom: an die gewünschte Klasse (oder eine ihrer Oberklassen) wieder eingelesen werden.

Übung 4.7: Verwenden Sie die folgenden Smalltalk–Ausdrücke zum Erzeugen einer OrderedCollection:

```
| oc array |
oc := OrderedCollection new.
array := Array with: 6 with: 9 with: $e.
oc add: array.
oc add: 'Ein String'.
oc add: array.
```

a) Legen Sie die OrderedCollection oc in einer Datei mit dem Namen „test" ab.

b) Lesen Sie das in der Datei „test" beschriebene Objekt ein und öffnen Sie einen Inspector auf dem eingelesenen Objekt. (Vergessen Sie nicht, den Stream zu schließen, von dem Sie gelesen haben.)

c) Überprüfen Sie, ob das erste und das dritte Objekt in der wieder eingelesenen OrderedCollection identisch sind.

Wie wir in Übung 4.7c gesehen haben, ist das Ablegen von Objekten mit Hilfe der Nachricht storeOn: nur bedingt tauglich zum Ablegen von (komplexeren) Objekten in einer Datei. Mit den zusätzlichen Möglichkeiten, die VisualWorks® für diese spezielle Fragestellung bietet, werden wir uns im nächsten Unterabschnitt beschäftigen.

Dennoch stellen natürlich auch Dateien, so wie wir sie bisher kennengelernt haben, ein wichtiges Element in der Programmierung dar, weil oft nicht Objekte abgelegt werden müssen, sondern andere Daten, die für ein Programm von Interesse sind. Da außerdem der bequeme Zugriff auf Dateien häufig während der Programmierarbeit benötigt wird, bietet VisualWorks® für diesen Zugriff ein besonderes Werkzeug, den File Browser, an. Ein solcher File Browser wird in Abb. 4.2 gezeigt und kann mit dem Sinnbild aus Abb. 4.3

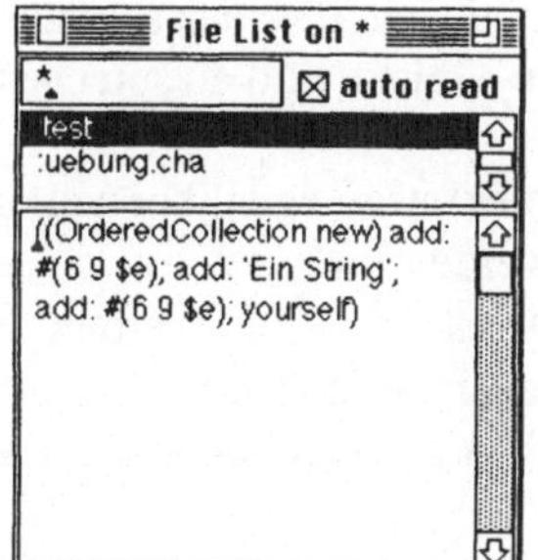

Abb. 4.2: File Browser

Abb. 4.3: Sinnbild zum Öffnen eines File Browser

geöffnet werden. Dieser File Browser ermöglicht es dabei unter anderem, mit der Menüoption file in Smalltalk Programmtexte in ein Smalltalk–Image zu laden, falls sie zuvor vom System Browser aus mit der Menüoption file out in eine Datei geschrieben wurden.

> **Übung 4.8:** Untersuchen Sie die Möglichkeiten, die ein File Browser bietet, indem Sie die Menüeinträge in der Dateinamenliste und im Textfenster untersuchen.

Der nun folgende Unterabschnitt befaßt sich mit der Fragestellung, wie auch komplexere Objekte in einer Datei abgespeichert werden können, damit man sie später wieder einlesen kann. Daß diese Frage nicht so einfach zu beantworten ist, haben wir schon in Übung 4.7 gesehen, als beim Abspeichern einer OrderedCollection die Beziehungen der einzelnen Elemente untereinander verlorengegangen waren.

4.1.4   Der BOSS – Objekte abspeichern

Um auch komplexere Objekte mit ihren Beziehungen untereinander abspeichern zu können, stellt VisualWorks® einige spezielle Klassen zur Verfügung, die i.a. mit BOSS (*B*inary *O*bject *S*torage *S*ystem) bezeichnet werden. Diese Klassen garantieren, daß die Beziehungen der abgespeicherten Objekte untereinander konsistent bleiben und korrekt wieder hergestellt werden können. Beziehungen zu nicht abgespeicherten Objekten hingegen werden von BOSS natürlich nur dann „konserviert", wenn die nicht abgespeicherten Objekte in Smalltalk sowieso eindeutig sind, wie dies z.B. bei Symbol–Objekten oder Klassen der Fall ist.

Wir wollen nun diese BOSS–Klassen verwenden, um die Schwierigkeiten mit der Objektidentität zu überwinden, die in Übung 4.7 aufgetreten sind. Dazu müssen folgende Dinge beachtet werden:

- Um mit den BOSS–Klassen Objekte abzuspeichern oder zu lesen, muß zuerst ein Objekt der Klasse BinaryObjectStorage erzeugt werden.
- Sollen Objekte mit BOSS in einer Datei abgelegt werden, so wird das benötigte BinaryObjectStorage–Objekt mit der Nachricht onNew: erzeugt, wobei der übergebene Parameter ein Stream–Objekt sein muß, auf das man schreiben kann. Für das Lesen der Objekte von einem Stream–Objekt wird entsprechend die Nachricht onOld: benutzt.
- Um Objekte auf einem BinaryObjectStorage–Objekt abzulegen, können die Nachrichten nextPut: bzw. nextPutAll: verwendet werden.
- Um Objekte von einem BinaryObjectStorage–Objekt zu lesen, werden die Objekte i.d.R. mit der Nachricht next einzeln nacheinander gelesen.
- Ist die Arbeit mit dem BinaryObjectStorage–Objekt beendet, so wird dieses mit close geschlossen.

Mit diesen Vorbereitungen können nun Objekte in einer BOSS–Datei abgespeichert und wieder eingelesen werden.

Übung 4.9: Wiederholen Sie Übung 4.7, speichern Sie dabei die OrderedCollection jedoch in einer BOSS–Datei ab.

Damit sind wir jetzt also in der Lage, Objekte mit ihre Beziehungen auf der Festplatte „für immer und ewig" abzuspeichern und wieder einzulesen, um sie so in mehreren Smalltalk–Sitzungen zu verwenden. Eigentlich könnten wir uns nun also beruhigt zurücklehnen und mit dem Ergebnis zufrieden sein, wenn es da nicht einige prinzipielle Schwierigkeiten mit der Abspeicherung von Objekten gäbe.

Was passiert, wenn wir ein Objekt abspeichern, danach die Klasse dieses Objektes verändern, und daran anschließend das alte – und jetzt ungültige – Objekt wieder einlesen wollen? Für diese Fragestellung müssen offensichtlich besondere Mechanismen von den BOSS–Klassen zur Verfügung gestellt werden, die wir jetzt näher untersuchen wollen. Zur Vorbereitung und Vertiefung dient dabei folgende Übung:

Übung 4.10: Lösen Sie folgende drei Teilaufgaben:

a) Implementieren Sie für die Animal–Objekte eine Möglichkeit, daß Sie die Objekte in einer BOSS–Datei (deren Name übergeben wird) speichern können.

b) Implementieren Sie auf der Klassenseite von Animal die Möglichkeit, ein Animal–Objekt aus einer BOSS–Datei (deren Name übergeben wird) einzulesen. (Achten Sie dabei darauf, daß das Öffnen einer nicht existierenden Datei zum Lesen zu einem Fehler führt.)

c) Testen Sie Ihre Implementation an einem Fish–Objekt, das blau und drei Jahre alt ist, fliegen kann (ein fliegender Fisch) und gerade an der Stelle 7@9 steht.

Da wir im folgenden die in c) entstandene Datei benötigen, sollten Sie darauf achten, daß Sie diese Datei nicht löschen. Falls Sie es dennoch getan haben, müssen Sie sie wieder anlegen, bevor die Klasse Animal erweitert wird.

Als nächstes wollen wir nun die Klasse Animal ändern, indem wir eine weitere Instanz–Variable hinzufügen. Da Tiere bekanntermaßen Namen tragen, wollen wir dies auch bei unseren Tieren einführen, wir erweitern die Klasse Animal also gemäß folgender Definition:

```
LifeForm subclass: #Animal
    instanceVariableNames: 'locomotion name '
    classVariableNames: 'Rand '
    poolDictionaries: ''
    category: 'Biology'
```

Außerdem fügen wir die beiden folgenden Methoden unter dem Protokoll accessing ein, um den Name des Tieres setzen und abfragen zu können:

```
name: aString
    "Setze den Namen des Empfaengers."

    name := aString
```

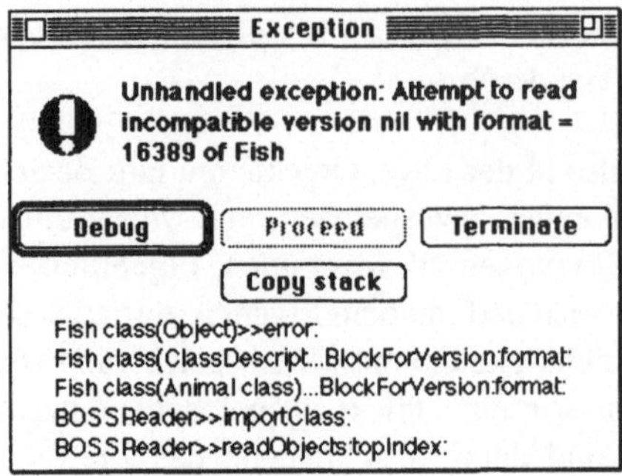

Abb. 4.4: Fehlermeldung beim Einlesen einer alten Version eines Objektes mit BOSS

name
> "Gebe den Namen des Empfaengers zurueck. Falls kein Name bekannt ist,
> antworte mit einem Standardnamen."

```
^name isNil
    ifTrue: [name := 'unknown name']
    ifFalse: [name]
```

Nachdem wir jetzt also die Definition eines Tieres verändert haben, wollen wir nun versuchen, das in Übung 4.10 abgespeicherte Fish–Objekt wieder einzulesen. Dazu wird folgender Smalltalk–Ausdruck ausgeführt:

```
Animal readFromBOSSNamed: 'fish'
```

Wenn Sie alles richtig gemacht haben, wird die Fehlermeldung aus Abb. 4.4 auf Ihrem Bildschirm erscheinen.

Diese Fehlermeldung rührt daher, daß das BOSS–System erkannt hat, daß die abgespeicherte Version des Fish–Objektes nicht mehr kompatibel ist mit der derzeit aktuellen Version der Klassendefinition (das alte Fish–Objekt hatte keinen Namen). Daher weiß das BOSS–System auch nicht, wie dieses Objekt wieder richtig erzeugt werden kann.

Andererseits kann man an dieser Fehlermeldung schon erkennen, daß BOSS Versionen von Klassen verwaltet. Zu jedem in einer BOSS-Datei abgespeicherten Objekt, wird auch eine Versionsbezeichnung der entsprechenden Klasse mit abgelegt. Die Versionsbezeichnung darf ein beliebiges Objekt sein, wobei die Standardversionsbezeichnung nil ist. Welche Versionsbezeichnung in einer BOSS–Datei abgelegt wird, bestimmt die Klassenmethode binaryRepresentationVersion, die immer dann zu implementieren bzw. zu ändern ist, wenn die Klasse sich so ändert, daß alte Objektversionen nicht mehr eingelesen werden können. Für die soeben erstellte neue Version der Klasse Animal sollte also auch die folgende Klassenmethode im Protokoll file in/out implementiert werden:

binaryRepresentationVersion
    "Beschreibung der neuesten Version der Klasse."

    ^'with name'

Darüber hinaus stellt BOSS eine Möglichkeit zur Verfügung, mit der alte Versionen eines Objektes in eine neue Version konvertiert werden können. Dazu muß die Klassenmethode binaryReaderBlockForVersion:format: implementiert werden. Der erste Parameter in dieser Methode ist die Versionsbezeichnung des alten Objektes, der zweite Parameter ist ein Integer, der das alte „Format" der Klasse beschreibt. Von diesen beiden Parametern wird üblicherweise nur der erste Parameter, die Versionsbezeichnung, verwendet, so daß wir hier auf eine Beschreibung des Format–Integer verzichten können. Wichtig ist jedoch die Antwort, die die Methode binaryReaderBlockForVersion:format: liefern muß. Diese Methode muß mit einem Block–Objekt antworten, dessen einziges Argument eine Beschreibung der alten Version des eingelesenen Objektes ist. Diese Beschreibung wird bei der Ausführung des Block-Objektes durch das BOSS–System in Form eines Arrays geliefert, dessen Elemente den Instanz–Variablen (in der Reihenfolge der alten Definition) entsprechen. Innerhalb des Blocks muß dann das neue und jetzt gültige Objekt erzeugt und gemäß der alten Version initialisiert werden. Abschließen müssen dann die Identität des alten und des neuen Objektes mit Hilfe der Nachricht become: vertauscht werden, damit alle Referenzen auf das Objekt konsistent bleiben.

    Um eine entsprechende Konvertierung für unsere Klasse Animal durchzuführen, muß also etwa folgende Klassenmethode im Protokoll file in/out implementiert werden. In dem zur Konvertierung verwendeten Block wird wird dabei zuerst eine neue *nicht initialisierte* Instanz eines Animal-Objektes erzeugt (basicNew). Dann werden die Identitäten des neen und des alten Objektes vertauscht (become:) und erst danach wird das neue Objekt – das jetzt im Block-Parameter old steht - initialisiert und die entsprechenden Werte werden gesetzt. Diese Vorgehensweise empfiehlt sich insbesondere, um sicherzustellen, daß Referenzen auf das neue Objekt, die evtl. in der Methode initialize aufgebaut werden, auch wirklich korrekt sind. (Im nächsten Abschnitt werden wir solche Referenzen tatsächlich aufbauen.)

binaryReaderBlockForVersion: oldVersion format: oldFormat
    "Antworte mit einem Block zur Konvertierung von Version nil auf die
    aktuelle Version."

```
oldVersion isNil
    ifTrue: [^
        [:old |
        | new |
        new := self basicNew.
        old become: new.
        old initialize.
```

```
old color: (new at: 1).
old age: (new at: 2).
old location: (new at: 3).
(new at: 4)
    do: [:each | old canMoveBy: each].
old name: 'old versioned object']]
ifFalse: [^super binaryReaderBlockForVersion: oldVersion
            format: oldFormat]
```

Zum Abschluß dieses Abschnitts über Stream-Objekte wird die kurz
beschriebene Möglichkeit, verschieden Objektversionen mit Hilfe des BOSS–
Systems zu verwalten, noch ausprobiert. (Falls Sie es noch nicht getan haben,
können Sie nun auch die Fehlermeldung aus Abb. 4.4 mit der Option Terminate
schließen.)

Übung 4.11: Implementieren Sie die beschriebenen Methoden und öffnen Sie einen
Inspector auf dem Objekt, das Sie erhalten, wenn Sie die alte Version des Fish–
Objektes einlesen.

In dem nun folgenden Abschnitt wollen wir uns mit der Möglichkeit beschäftigen,
in Smalltalk mehrere Prozesse gleichzeitig ausführen zu lassen.

4.2   Wenn alle gleichzeitig reden – Prozesse

In diesem Abschnitt soll gezeigt werden, wie Aufgaben, die im Prinzip von
einander unabhängig sind, in Smalltalk beschrieben und „parallel" zueinander
ausgeführt werden können. Parallel bedeutet dabei i.d.R. natürlich nicht, daß diese
Aufgaben wirklich parallel ausgeführt werden, da dies nur auf Rechnern mit
mehreren Prozessoren physikalisch möglich ist. Dennoch werden die Aufgaben
mit den Konzepten, die wir gleich kennenlernen, unabhängig voneinander bearbeitet, und der Programmierer ist dabei nur bedingt in der Lage zu bestimmen,
wann welche Teilaufgabe auf dem Prozessor abgearbeitet wird.
   Im ersten Unterabschnitt wollen wir uns nun mit Prozessen befassen. Der zweite
Unterabschnitt geht auf die Kommunikation zwischen mehreren Prozessen ein,
und der dritte Unterabschnitt beschreibt einige nützliche Ergänzungen.

4.2.1   Die Unabhängigen – Prozesse

Um das Konzept der Parallelität zu verstehen, erinnern wir uns daran, daß Tiere
eine begrenzte Lebensdauer besitzen. (Das Gleiche gilt zwar auch für Pflanzen,
soll hier aber nicht weiter berücksichtigt werden.) Sinnvoll wäre es also, daß mit

Erzeugen eines neuen Tieres sozusagen immer eine „Lebensuhr" gestartet wird, die die Lebensspanne des Tieres überwacht. Eine sehr vereinfachte Lebensuhr wäre etwa durch eine Wiederholung gegeben, in der immer wieder überprüft wird, ob das Tier noch ein weiteres Jahr überleben wird und falls dies der Fall ist, nach einer Weile Geburtstag zu feiern. Diese Idee ließe sich sehr einfach mit Hilfe der Nachricht whileTrue: in folgender Art realisieren:

```
[self willSurvive]
    whileTrue:
        [ 10 Sekunden warten
        self birthday]
```

Somit bleiben eigentlich nur noch zwei Fragen zu klären. Zuerst einmal, wie kann Smalltalk dazu gebracht werden, den gerade aktuell laufenden Prozeß eine Weile warten zu lassen, bevor es weitergeht. Ein solches Warten wird von der Klasse Delay realisiert, und Delay–Objekte können mit den Nachrichten forSeconds: und forMilliseconds: erzeugt werden. Mit dem Erzeugen eines Delay–Objektes beginnt allerdings das Warten noch nicht, dieses wird erst mit der Nachricht wait an das Delay–Objekt ausgelöst. Dies kann ausprobiert werden, indem der Smalltalk–Ausdruck

```
Delay forSeconds: 15
```

mit print it ausgeführt wird. Wir erhalten sofort die Antwort a Delay. Wird dagegen

```
(Delay forSeconds: 15) wait
```

mit print it ausgeführt, vergehen 15 Sekunden bis die Antwort a Delay erscheint.

Die zweite Frage, die noch zu klären ist, ist die Frage, wie die Lebensuhr des Animal–Objektes „zum Leben erweckt" werden kann, so daß sie selbständig abläuft, ohne daß andere Prozesse (wie z.B. die Tastatureingabe oder auch Lebensuhren anderer Animal–Objekte) von ihr gestört werden.

Dazu überlegen wir uns, daß ein Block–Objekt eigentlich sehr geeignet wäre, die Lebensuhr aufzunehmen. In diesem Fall muß es nur noch die Möglichkeit geben, das Block–Objekt *parallel* zu anderen Prozessen auszuwerten. Daß dies durch die Nachricht value nicht geschieht, zeigt sich, wenn folgender Smalltalk–Ausdruck mit do it ausgewertet wird:

```
[1 to: 1000 do:
    [:i | Transcript show: i printString;
        cr.
    (Delay forMilliseconds: i) wait]] value
```

Während der Ausgabe der Zahlen auf dem System Transcript steht Smalltalk praktisch still (nur der Mauszeiger läßt sich noch bewegen), obwohl eigentlich genügend Zeit wäre, anderes zu tun, da ja viele Pausen eingelegt werden.

Wird das Block–Objekt hingegen mit der Nachricht fork ausgewertet („fork" hat hier die Bedeutung *spalten, verzweigen*), können z.B. weitere Einträge in den Workspace gemacht werden (dafür kann allerdings die Ausgabe der tausend Zahlen im System Transcript nicht mehr mit <Ctrl–C> abgebrochen werden). Die Nachricht fork an ein Block–Objekt bewirkt nämlich, daß die Ausführung des Block–Objektes in einem eigenen, unabhängigen Prozeß ausgeführt wird, so daß auch andere Prozesse die Möglichkeit erhalten, etwas zu tun. Das Ergebnis der Nachricht fork an ein Block–Objekt ist dabei ein Objekt der Klasse Process, das die Auswertung des Block–Objektes überwacht. Dieses Process–Objekt existiert dabei i.d.R. so lange, wie das Block–Objekt ausgeführt wird.

Objekte der Klasse Process können außerdem noch mit folgenden Nachrichten erzeugt werden:

– Die Nachricht forkAt: an ein Block–Objekt erzeugt ein Process–Objekt und startet dieses nicht mit der Standardpriorität, sondern es wird der übergebene Integer–Wert als Priorität des Prozesses verwendet. Die Priorität eines Process–Objektes muß dabei zwischen 1 (niedrigste Priorität) und 100 (höchste Priorität) liegen, wobei es sinnvoll ist, nur Prioritäten zwischen 30 (= Processor userBackgroundPriority) und 70 (= Processor userInterruptPriority) zu verwenden, damit überhaupt etwas getan und andererseits das System nicht völlig lahmgelegt wird.

– Mit der Nachricht newProcess an ein Block–Objekt wird ein neues Process– Objekt erzeugt, der entsprechende Prozeß wird jedoch noch nicht gestartet. Soll dieses neue Process–Objekt eine von der Standardpriorität abweichende Priorität haben, so kann diese mit der Nachricht priority: an das Process– Objekt gesetzt werden.

Es folgen die wichtigsten Nachrichten, die Process–Objekte verstehen. Sie werden verwendet, um Prozesse zu starten bzw. anzuhalten:

– Die Nachricht resume an ein Process–Objekt bewirkt, daß das Process– Objekt seine Arbeit (wieder) aufnimmt.

– Die Nachricht suspend an ein Process–Objekt bewirkt, daß das Process– Objekt seine Arbeit unterbricht (mit der Nachricht resume wird weiter- gemacht).

– Die Nachricht terminate an ein Process–Objekt bewirkt, daß das Process– Objekt seine Arbeit völlig abbricht.

Soll innerhalb eines Prozesses keine Pause mittels Delay eingelegt werden, so empfiehlt es sich dennoch, innerhalb des Prozesses dafür zu sorgen, daß auch andere Prozesse zu ihrem Recht kommen. Dies gilt insbesondere natürlich für Prozesse, die möglicherweise sehr lange oder sogar ewig dauern können (sogenannte Endlosschleifen). Daher gibt es die Möglichkeit, daß ein Process– Objekt freiwillig die Kontrolle aufgibt, um anderen Prozessen Gelegenheit zu bieten, etwas zu tun. Dies geschieht durch die Nachricht yield an die globale Variable Processor (also Processor yield).

Mit diesem Smalltalk–Ausdruck können wir beispielsweise auf das Warten mit Hilfe eines Delay verzichten und unser obiges Beispiel folgendermaßen umformulieren:

```
[1 to: 1000 do:
    [:i | Transcript show: i printString;
        cr.
    Processor yield]] fork
```

Wird dieser Smalltalk–Ausdruck dagegen ohne Processor yield ausgeführt, so belegt das durch fork erzeugte Process–Objekt den Prozessor des Computers vollständig und gibt die Kontrolle erst wieder ab, wenn der Prozess beendet ist. Dies führt dazu, daß andere Prozesse während der Aufzählung der Zahlen nichts tun können, so daß auch keine weiteren Eingaben oder andere Aktionen möglich sind. Ohne die Verwendung von Processor yield (oder eines Delay) ist es also völlig nutzlos, mit parallelen Prozessen zu arbeiten.

Die nun folgende Übungsaufgabe dient dazu, noch mehr mit Prozessen vertraut zu werden.

Übung 4.12: Erweitern Sie die Implementation der Klasse Animal so, daß mit Erzeugen eines neuen Animal–Objektes auch eine Lebensuhr gestartet wird, die dafür sorgt, daß das Animal–Objekt alle 10 Sekunden Geburtstag hat. Geben Sie auf dem Transcript die „Geburtstage" und das „Ende" des Animal–Objektes aus.

Nach diesem ersten Einblick in die Welt der Prozesse beschäftigt sich der nächste Unterabschnitt mit den Möglichkeiten einer Kommunikation zwischen Prozessen in Smalltalk.

4.2.2   Die Ampel – Semaphore

Bislang haben wir gelernt, wie Prozesse erzeugt und gestartet werden können. Eine Kommunikation der Prozesse untereinander jedoch ist nicht möglich, da jeder Prozeß für sich alleine abläuft und nichts über andere Prozesse weiß. Dennoch ist es bisweilen wünschenswert, wenn sich Prozesse untereinander verständigen und Informationenen austauschen könnten. Stellen wir uns etwa vor, daß unsere Tiere direkt nach der Geburt und nach jedem Geburtstag gefüttert werden müssen, daß aber nur ein einziger Tierpfleger verfügbar ist, der immer nur ein Tier zur gleichen Zeit füttern kann. Dann müssen sich die Tiere offensichtlich in einer Art „Schlange" aufstellen und es muß koordiniert werden, wann mit der Fütterung des nächsten Tieres begonnen werden kann. Das ist aber nur mit Kommunikation zwischen den einzelnen Alterungsprozessen der Animal–Objekte möglich, wobei erschwerend hinzukommt, daß nicht bekannt ist, wieviele Tiere sich um die Fütterung „streiten".

Für solche Aufgaben stellt die Informatik das Konzept des Semaphor zur Verfügung, das in Smalltalk in der Klasse Semaphore realisiert ist. Ein Semaphor ist gewissermaßen eine Ampel, die den Verkehr an einem Engpaß überwacht, der immer nur von einer bestimmten Anzahl Fahrzeugen befahren werden darf. Will ein Fahrzeug nun diesen Engpaß befahren, so muß es zuerst seine Bereitschaft zum Warten dem Semaphor mitteilen. Ist der Engpaß gerade belegt, so hält das Semaphor das Fahrzeug an und erlaubt erst dann die Weiterfahrt, wenn ein anderes Fahrzeug den Engpaß verlassen hat. Nach der Durchfahrt durch den Engpaß signalisiert nämlich jedes Fahrzeug dem Semaphor, daß nun wieder Platz für ein weiteres Fahrzeug ist.

Diese Situation, der Überwachung eines Engpasses, wird in Smalltalk durch die Semaphore–Objekte und die folgenden beiden Nachrichten abgebildet:

– Die Nachricht wait an ein Semaphore–Objekt entspricht der Bereitschaft zum Warten. Ist der durch das Semaphore überwachte Engpaß gerade belegt, so wird der Prozeß, in dem diese Nachricht an das Semaphore gesendet wurde, automatisch angehalten und in eine Warteliste des Semaphore eingetragen. Dies entspricht dem Senden der Nachricht suspend an das entsprechende Process–Objekt. Ist der Engpaß hingegen frei, so läuft der entsprechende Prozeß ungehindert weiter.

– Nachdem ein Prozeß die kritische Situation gemeistert also den Engpaß durch-laufen hat, sendet er die Nachricht signal an das Semaphore, das den Engpaß überwacht. Dadurch weiß das Semaphore, daß nun einer der Prozesse in seiner Warteliste weiterlaufen kann und sendet deshalb dem ersten Prozeß in der Warteliste die Nachricht resume. Ist gerade kein Prozeß in der Warteliste eingetragen, so merkt sich das Semaphore, das ihm die Nachricht signal gesendet wurde, da es ja nun den nächsten Prozeß, der ihm wait sendet, nicht anhalten muß.

Semaphore–Objekte sind also geradezu ideal, um dafür zu sorgen, daß von mehreren Prozessen immer nur einer zur gleichen Zeit eine kritische Aktion ausführen kann. Dafür benötigt man ein Semaphore, das mit einem signal initialisiert ist. Jeder Prozeß muß dann zu Beginn der Aktion, die geschützt ablaufen soll, diesem Semaphore–Objekt die Nachricht wait senden, um das Semaphor zum Abschluß der Aktion mit signal wieder freizugeben. Um ein Semaphore–Objekt zu erzeugen, das mit einem signal vorinitialisiert ist, kann der Klasse Semaphore die Nachricht forMutualExclusion gesendet werden. Ist dagegen nicht klar, wie ein Semaphore–Objekt initialisiert sein soll, wird das Semaphore–Objekt mit new erzeugt.

Damit haben wir nun alle nötigen Informationen, um folgende Aufgabe zu lösen:

Übung 4.13: Sorgen Sie dafür, daß jedes Tier direkt nach der Geburt und nach dem Geburtstag gefüttert wird. Dabei kann immer nur ein Tier zur Zeit gefüttert werden, wobei ein Landtier (Animal) 127, ein Fisch 305 und ein Vogel 107 Millisekunden für die Fütterung benötigt. Jede Fütterung sollte dabei mit dem Namen des Tieres auf dem System Transcript ausgegeben werden.

Mit den Semaphore–Objekten läßt sich also eine sehr einfache Kommunikation zwischen Prozessen realisieren, die jedoch nur darin besteht, daß sich die Prozesse gegenseitig synchronisieren, wenn sie an bestimmten kritischen Punkten im Ablauf angelangt sind. Eine direkt Übergabe von Information durch Austausch von Objekten hingegen findet nicht statt. Wird eine solche Informationsweitergabe benötigt, so kann dazu ein Objekt der Klasse SharedQueue verwendet werden, das mit new erzeugt werden kann. Die beiden wichtigsten Nachrichten, die SharedQueue–Objekte verstehen, sind die Nachrichten next und nextPut:. Mit der Nachricht next wird das nächste Objekt von der SharedQueue abgefragt, wobei der abfragende Prozess so lange unterbrochen wird, bis tatsächlich ein Objekt der SharedQueue mit der Nachricht nextPut: hinzugefügt wurde. Wichtig bei der Arbeit mit einer SharedQueue ist noch, daß jeder Zugriff auf die SharedQueue in eigenen Prozessen stattfinden sollte, damit die Koordination durch die SharedQueue reibungslos ablaufen kann.

Den Umgang mit einer SharedQueue zeigt folgendes Beispiel:

– Prozeß 1 fügt die Zahl 1001 einer SharedQueue hinzu und endet dann sofort.
– Prozeß 2 bearbeitet alle geraden Zahlen, teilt diese durch 2 und fügt das Ergebnis der SharedQueue hinzu.
– Prozeß 3 bearbeitet die ungeraden Zahlen, multipliziert sie mit 3, addiert 1 hinzu und fügt das Ergebnis der SharedQueue hinzu.
– Findet Prozeß 2 oder 3 eine Zahl in der SharedQueue, die er nicht bearbeiten soll, so wird diese Zahl der SharedQueue sofort wieder hinzugefügt, damit sie durch den anderen Prozeß bearbeitet werden kann.

Der gesamte Ablauf hält an, sobald das erste Mal die Zahl 1 auftritt.

```
I sq stop I
sq := SharedQueue new.
stop := false.
[sq nextPut: 1001] fork
[[stop]
    whileFalse: [I n I
        (n := sq next) even
            ifTrue:
                [Transcript show: n printString; cr.
                sq nextPut: n / 2]
            ifFalse: [sq nextPut: n]]] fork.
[[stop]
    whileFalse: [I n I
        (n := sq next) odd
            ifTrue:
                [Transcript show: n printString; cr.
                n = 1 ifTrue: [stop := true].
                sq nextPut: n * 3 + 1]
            ifFalse: [sq nextPut: n]]] fork.
```

Damit haben wir die wichtigsten Punkte in bezug auf Prozesse und die Kommunikation von Prozessen untereinander kennengelernt. Der folgende Unterabschnitt stellt nun noch zwei weitere nützliche Objekte im Umfeld der Prozesse vor.

4.2.3   Was noch bleibt ... – RecursionLock und Promise

Wie im vorigen Unterabschnitt beschrieben wurde, eignen sich Semaphore–Objekte dazu, kritische Aktionen davor zu schützen, daß sie durch andere Prozesse unterbrochen werden. Eine solche kritische Aktion zeigt folgendes Beispiel, in dem von mehreren Prozessen gleichzeitig einem Set Objekte hinzugefügt werden bzw. aus dem Set entfernt werden.

```
I set stop rand I
set := Set new.
rand := Random new.
stop := false.
[[stop]
    whileFalse:
        [set remove: 'abcdefgfijk' ifAbsent: [set add: 'abcdefgfijk'].
        set add: 'abcdefgfijk'.
        (Delay forMilliseconds: (rand next * 40) rounded) wait]]
    forkAt: Processor userInterruptPriority.
[[stop]
    whileFalse:
        [set remove: 'abcdefgfijk' ifAbsent: [].
        set add: 'abcdefgfijk'.
        Processor yield]] fork.
(Delay forSeconds: 60) wait.
stop := true.
set size
```

Werden diese Smalltalk–Ausdrücke mit print it ausgeführt, so müßte das Ergebnis nach einer Minute entweder 0 oder 1 sein. Tatsächlich bekommen wir jedoch ein Ergebnis, das größer als 1 ist, und das nicht einmal konstant ist, wenn wir die Smalltalk–Ausdrücke mehrfach ausführen. Das Problem liegt hier darin, daß sich die Prozesse gegenseitig während der kritischen Aktionen add: und remove:ifAbsent: unterbrechen und so die interne Verwaltung des Set durcheinander bringen. Offensichtlich wäre es aber auch ein Leichtes, diese Aktionen in den Prozessen durch ein gemeinsam verwendetes Semaphore–Objekt zu schützen.

Noch einfacher aber wäre es, ein SafeSet–Objekt zu benutzen, das gerade die kritischen Aktionen add: und remove:ifAbsent: selbst gegen Unterbrechungen schützt. Soll ein solches SafeSet–Objekt implementiert werden, so ergibt sich jedoch ein Problem bei der Verwendung eines Semaphore. Dieses Problem wird deutlich wenn wir den Ausdruck

```
set remove: 'abcdefgfijk' ifAbsent: [set add: 'abcdefgfijk']
```

betrachten. In diesem Ausdruck wird nämlich unter Umständen innerhalb der kritischen Aktion (remove:ifAbsent:) eine weitere kritische Aktion durchgeführt (add:). Wird nun der Schutz der kritischen Aktionen durch ein Semaphore realisiert, das mit genau einem signal vorinitialisiert ist, so wird mit Beginn der ersten kritischen Aktion (remove:ifAbsent:) diesem Semaphore die Nachricht wait gesendet. Beginnt dann die zweite kritische Aktion (add:), wird dem Semaphore erneut wait gesendet, jedoch ohne daß zuvor signal gesendet wurde. Damit aber wird der Prozeß angehalten und kann nicht mehr gestartet werden, da auch alle anderen Prozesse auf das Semaphore warten müssen. Diese Situation wird als „Deadlock" bezeichnet, da sich der Prozeß selber „lahmgelegt" hat.

Ein solches Deadlock läßt sich auch dadurch nicht verhindern, daß das Semaphore mit einer entsprechenden Zahl an signal–Nachrichten vorinitialisiert wird, da überhaupt nicht klar ist, wieviele solcher signal–Nachrichten benötigt werden (der SafeSet weiß nichts darüber, was in der Ausnahmebehandlung der Nachricht remove:ifAbsent: geschieht). Außerdem würden diese signal–Nachrichten evtl. von wait–Nachrichten anderer Prozesse „aufgefressen" werden, was zusätzlich ein heilloses Durcheinander im Ablauf der Prozesse verursachen würde.

Der einzige Weg, der aus diesem Dilemma herausführt, besteht darin, daß sich der SafeSet den Prozeß merkt, in dem er eine kritische Aktion gesichert hat, um dann andere kritische Aktionen *im selben Prozeß* nicht nochmals abzusichern. Um die daraus entstehende zusätzliche Programmierarbeit zu vermeiden und die Fehleranfälligkeit zu verringern, stellt Smalltalk dem Programmierer die Klasse RecursionLock zur Verfügung. Objekte dieser Klasse werden wie üblich mit new erzeugt und kritische Aktionen können in einen Block „verpackt" werden, der vom RecursionLock–Objekt mit der Nachricht critical: dann geschützt ausgeführt wird.

Die folgende Übungsaufgabe kann mit einem RecursionLock–Objekt gelöst werden:

Übung 4.14: Implementieren Sie eine Klasse SafeSet, die die Zugriffe add: und remove:ifAbsent: mit Hilfe eines RecursionLock absichert. Testen Sie Ihre Klasse, indem Sie obiges Beispiel mit einem SafeSet ausprobieren.

Neben dem RecursionLock gibt es noch eine weitere Klasse, die im Zusammenhang mit Prozessen nützliche Dienste leisten kann. Hierbei handelt es sich um die Klasse Promise, deren Objekte insbesondere dazu gedacht sind, langdauernde Berechnungen aufzunehmen und im Hintergrund auszuführen. Im Gegensatz zu normalen Process–Objekten fängt ein Promise–Objekt jedoch auch jegliche Fehler ab, die während seiner Ausführung anfallen, so daß man bei Verwendung eines Promise–Objektes so lange gegen unliebsame Überraschungen gefeit ist, bis man dazu bereit ist, auch diese zu behandeln.

Erzeugt wird ein Promise–Objekt durch die Nachricht promise an einen argumentlosen Block. Danach wird die Nachricht hasValue verwendet, um den

Promise zu fragen, ob er seine Berechnungen schon abgeschlossen hat oder nicht. Wird die Nachricht value an einen Promise gesendet, so bedeutet dies, daß die auf dem Promise beruhenden Aktionen erst durchgeführt werden können, wenn der Promise seinen Wert (oder Fehler) berechnet hat. Ist dies der Fall (hasValue liefert true), antwortet der Promise sofort mit diesem Wert (bzw. löst den während der Berechnung eingetretenen Fehler aus). Hat der Promise hingegen seine Berechnungen noch nicht beendet, wenn ihm die Nachricht value gesendet wird (hasValue liefert false), wird der sendende Prozeß so lange angehalten, bis die Antwort (oder der Fehler) vorliegt.

Eine Verwendung eines Promise–Objektes zeigt folgendes Beispiel, das mit unterschiedlichen Grenzen für die Schleife ausprobiert werden sollte (etwa 10, 100, 1000, ...), damit das Verhalten des Promise deutlich wird.

```
| col prom |
col := OrderedCollection new.
prom := [1 to: 1000 do: [:i | col add: i factorial.
                    Processor yield].
        col] promise.
(Delay forSeconds: 10) wait.
prom hasValue
    ifTrue: [prom value]
    ifFalse: ['nicht genuegend Zeit zur Berechnung']
```

Damit haben wir nun genügend über Smalltalk und untereinander konkurrierende Prozesse gelernt, so daß wir uns im nächsten Abschnitt damit befassen können, wie eine intelligente und flexible Fehlerbehandlung in VisualWorks® durchgeführt werden kann.

4.3   Wie man mit Fehlern leben kann – Exception Handling

Da es leider unmöglich ist, innerhalb eines Programms alle möglichen Fehlerquellen zu bedenken und zu behandeln, bedarf es eines Konzeptes zur allgemeinen Behandlung von Fehlern. Dabei ist unter einem Fehler durchaus auch zu verstehen, daß Probleme von „außen" den Programmablauf massiv stören. Eine solche Störung von außen tritt etwa auf, wenn eine Datei eingelesen werden soll, die aus irgendeinem Grunde nicht mehr konsistent ist und daher fehlerhafte Daten beinhaltet.

Wie wir ja schon mehrfach gesehen haben, reagiert Smalltalk eigentlich recht „gutmütig" auf Fehler, indem es ein Debugger–Fenster öffnet und nicht kommentarlos einfach abbricht. So angenehm dies jedoch auch für die Programmentwicklung sein mag, so ist es dennoch keine Lösung für eine fertige Anwendung, da die Arbeit mit dem Debugger einem Benutzer natürlich nicht zugemutet werden kann. Daher bietet VisualWorks® ein vollständiges Konzept zur Behandlung beliebiger Fehlersituationen an.

Die Grundidee dieses Konzeptes ist einfach und besteht lediglich aus zwei Komponenten. Die erste dieser Komponenten sind die sogenannten Signale, die immer dann ausgelöst werden, wenn ein Fehler auftritt oder eine Situation eintritt, die besonderer Beachtung bedarf. Insgesamt beinhaltet VisualWorks® über 120 unterschiedliche Signale, die auf bestimmte Fehlersituationen abgestimmt sind. Diese Signale erzeugen die zweite Komponente der Fehlerbehandlung, die sogenannten Ausnahmen (engl. exception), die die Behandlung der durch das Signal angezeigten Probleme übernehmen können.

So einfach sich dieses anhört, so kompliziert kann es natürlich im Einzelfall werden. Daher sind in den Klassen Signal (für die Signale) und Exception (für die Ausnahmen) auch eine ganze Reihe von Methoden implementiert, die für die unterschiedlichsten Fehlerbehandlungsmöglichkeiten eingesetzt werden können. Daher werden im folgenden nur beispielhaft einige Aspekte der Verwendung von Signal und Exception herausgegriffen und besprochen.

Dazu stellen wir uns vor, daß wir alle Fehler abfangen wollen, die beim Einlesen eines Animal–Objektes von einer BOSS–Datei auftreten können. Außerdem wollen wir nicht mehr wie bisher nil zurückgeben, falls die entsprechende Datei nicht existiert, sondern ein eigenes Signal auslösen, um diese Ausnahmesituation richtig behandeln zu können.

Der Einfachheit halber soll mit dem zweiten Problem – dem Auslösen des Signals – begonnen werden. Zuerst einmal muß das Signal spezifiziert werden, das ausgelöst werden soll, wenn die Datei nicht existiert. Wie in Smalltalk üblich, soll dieses Signal in einer Klassenvariablen (FileSignal) der Klasse Animal zur Verfügung gestellt werden, damit es nicht immer wieder neu erzeugt werden muß. Wir erhalten also folgende neue Klassendefinition und die folgende Methode, die auch zeigt, wie Signal–Objekte erzeugt werden und was dabei zu bedenken ist:

```
LifeForm subclass: #Animal
    instanceVariableNames: 'locomotion name '
    classVariableNames: 'FeedingSemaphore FileSignal Rand '
    poolDictionaries: ''
    category: 'Biology'
```

Animal class methodsFor: 'accessing'

fileSignal
```
    "Antworte mit dem FileSignal. Erzeuge ein neues Signal, falls es noch
    keines gibt."


    FileSignal isNil ifTrue:
            [FileSignal := (Object errorSignal newSignalMayProceed: true)
                    notifierString: 'No Animal file available  – ';
                    nameClass: Animal message: #fileSignal].
    ^FileSignal
```

Untersuchen wir das Erzeugen des neuen Signal–Objektes nun einmal genauer. Das neue Signal–Objekt wird angelegt, indem einem schon bekannten Signal–Objekt (Object errorSignal) die Nachricht newSignalMayProceed: gesendet wird. Dies kann verstanden werden als eine Verfeinerung der Fehlerbeschreibung, die durch das „alte" Signal–Objekt gegeben ist, wobei Object errorSignal eine der allgemeinsten Fehlerbeschreibungen ist, die in VisualWorks® zur Verfügung steht. Weiterhin wird hier festgelegt, daß der Fehler, den das neue Signal repräsentiert, nicht so gravierend ist, daß mit dem Programmablauf in keinem Fall fortgefahren werden könnte. Außerdem wird noch die Fehlermeldung ('No Animal file available – ') bestimmt und beschrieben, mit welcher Nachricht (fileSignal) an welche Klasse (Animal) dieses Signal abgefragt werden kann. Da diese Informationen zur eindeutigen Identifikation des Signal verwendet werden können, sollten sie bei der Erzeugung eines jeden Signal–Objektes mit angegeben werden.

Besonders interessant ist noch, daß offensichtlich zwischen den verschiedenen Signalen eine Hierarchie aufgebaut wird, die hier nicht zwischen den Klassen, sondern zwischen den Instanzen ein und derselben Klasse gilt.

Als nächstes muß dafür gesorgt werden, daß das Signal auch tatsächlich ausgelöst wird, wenn die entsprechende Fehlersituation eintritt. Der geeignete Platz hierfür ist die Klassenmethode readFromBOSSNamed: in der Klasse Animal, die bisher nil zurücklieferte, falls die Datei nicht existiert. Um ein Signal auszulösen, verwendet man meist die Nachricht raise, so daß die Methode jetzt folgendermaßen aufgebaut ist:

Animal class methodsFor: 'file in/out'

readFromBOSSNamed: aString
```
    "Lese das Animal aString von einer BOSS–Datei, falls die Datei nicht
    existiert, loese ein Signal aus."

    | file |
    ^(file := aString asFilename) exists
        ifTrue: [[((BinaryObjectStorage onOld: (file := file readStream)) next]
                valueNowOrOnUnwindDo: [file notNil ifTrue: [file close]]]
        ifFalse: [self fileSignal raise]
```

Wenn jetzt versucht wird, ein Animal–Objekt von einer nicht existierenden Datei zu lesen, indem etwa

```
    Animal readFromBOSSNamed: 'xyz'
```

mit der Menüoption inspect ausgeführt wird, so erscheint ein Debugger–Fenster auf dem Bildschirm, wie wir es schon von anderen Fehlern gewohnt sind, nur daß jetzt unser eigener Fehlertext ('No Animal file available – ') im Titel erscheint. Wird der Debugger geöffnet, die Methode readFromBOSSNamed: in der Liste ausgewählt und dann proceed im Operate–Menü ausgeführt, so erhalten wir wieder nil als Antwort. Jetzt jedoch wurde der Prozeß durch unser Signal unterbrochen, so daß die Möglichkeit gegeben ist, auf diesen Fehler sinnvoll zu reagieren.

Um auf eine gegebene Fehlersituation (ein Signal) reagieren zu können, wird dem Signal die Nachricht handle:do: gesendet. Der zweite Parameter ist dabei ein argumentloser Block, der die Aktion beschreibt, in der das Signal ausgelöst werden könnte. Wird das Signal nicht ausgelöst, so liefert die Nachricht handle:do: das Ergebnis dieses Blocks zurück. Wird hingegen das Signal (oder ein von ihm abgeleitetes Signal) ausgelöst, so wird der Block, der als erster Parameter übergeben wurde, ausgeführt. Dieser Block muß ein Argument besitzen, das die Ausnahme (Exception) beschreibt.

Auch dieses Exception–Objekt versteht eine ganze Reihe von Nachrichten. So kann es unter anderem nach dem auslösenden Signal gefragt werden. Mit die wichtigsten Nachrichten sind jedoch die folgenden:

- Die Nachricht reject an eine Exception bedeutet, daß die Exception die Behandlung der Fehlersituation ablehnt. In diesem Fall wird nach einer anderen Möglickeit gesucht, den Fehler zu behandeln.
- Die Nachricht returnWith: an eine Exception bedeutet, daß die Nachricht handle:do: an das Signal mit dem übergebenen Parameter antwortet; soll als Antwort einfach nil zurückgegeben werden, kann statt returnWith: die Nachricht return verwendet werden.

Um das Lesen eines Animal–Objektes von einer nicht existierenden Datei gegen das Signal zu schützen, können wir also folgenden Smalltalk–Ausdruck verwenden, der, im Falle dieses Fehlers, eine Ausgabe im System Transcript erzeugt:

```
Animal fileSignal
    handle:
        [:ex |
        Transcript show: ex printString;
            cr.
        ex return]
    do: [Animal readFromBOSSNamed: 'xyz']
```

Damit besteht jetzt die Möglichkeit, auf das Animal fileSignal sinnvoll zu reagieren. Dieses Signal wird aber nur ausgelöst, wenn die BOSS–Datei nicht existiert. Was aber passiert, falls die Datei existiert, jedoch keine BOSS–Datei ist? In diesem Fall kann der Fehler natürlich nicht von unserem Signal abgefangen werden, und es erscheint wieder ein Debugger–Fenster, da jetzt der Fehler während des Lesens der BOSS–Datei aufgetreten ist.

Um ganz sicher zu gehen, müssen wir also nicht nur das Fehlen der Datei behandeln, sondern darüber hinaus noch jeden anderen Fehler. Natürlich wäre es jetzt denkbar, die unterschiedlichen Fehlerbehandlungen ineinander zu schachteln, was jedoch nicht sehr sinnvoll erscheint. Viel praktischer ist es, erst einmal alle Signal–Objekte, die auftreten können, mit ihren Fehlerbehandlungen zusammenzustellen, um dann erst das Einlesen durchzuführen. Zu genau diesem Zweck ist in VisualWorks® die Klasse HandlerCollection implementiert, deren Objekten man mit der Nachricht on:handle: Signal–Objekte und entsprechende Block–Objekte zur Fehlerbehandlung hinzufügen kann. Da die Reihenfolge des Einfügens bei der Fehlerbehandlung von Bedeutung ist, muß im folgenden darauf geachtet werden, daß die Ausnahmebehandlungen nur dann durchgeführt werden, wenn dies erwünscht ist.

Außerdem soll im Falle eines Fehlers beim Einlesen auf dem System Transcript angezeigt werden, um welchen Fehler es sich handelt, und es soll sofort ein neues Animal–Objekt erzeugt werden, das den Namen der Datei erhält.

Diese Funktionalität läßt sich gut in einer entsprechenden Klassenmethode implementieren, die folgendermaßen aufgebaut ist:

Animal class methodsFor: 'instance creation'

named: aString
> "Erzeuge ein neues Animal–Objekt mit Namen aString. Lies es von der entsprechenden Datei ein, erzeuge nur dann wirklich ein neues Objekt, wenn beim Einlesen ein Fehler auftritt. Gib die Art des Fehlers auf dem System Transcript aus."

```
| exBlock newObject hCol |
exBlock :=
        [:exception :string |
        newObject := super new.
        Transcript show: string; cr.
        newObject name: aString asSymbol.
        exception returnWith: newObject].
hCol := HandlerCollection new.
hCol on: self fileSignal handle: [:ex | ex signal == Animal fileSignal
        ifTrue: [exBlock value: ex value: 'Created new animal ' , aString]
        ifFalse: [ex reject]].
hCol on: Object errorSignal handle: [:ex | ex signal == Animal fileSignal
        ifTrue: [ex reject]
        ifFalse: [exBlock value: ex
                value: 'Corrupt BOSS–File. Created new animal ' , aString]].
^hCol handleDo: [self readFromBOSSNamed: aString]
```

Zum Abschluß dieses eher theoretischen Abschnittes hilft nun noch folgende Übungsaufgabe bei der weiteren Vertiefung des Themas:

Übung 4.15: Untersuchen Sie die Klassen Signal, Exception, HandlerCollection und SignalCollection mit dem Browser. Achten Sie insbesondere auf die Beispiele in der Klasse Exception.

4.4 Die, die loslassen können – WeakArray und WeakDictionary

Dieser Abschnitt ist einem weiteren interessanten Konzept in Smalltalk gewidmet, das insbesondere mit dem Verständnis der Speicherverwaltung zusammenhängt. Wir wollen uns hier nämlich mit der Frage beschäftigen, wie lange ein Objekt in Smalltalk „lebt", d.h., wie lange ihm Nachrichten gesendet werden können. Ganz naiv betrachtet, liegt es nahe zu sagen, daß einem Objekt A so lange Nachrichten gesendet werden können, wie es ein zweites Objekt B gibt, das das Objekt A kennt (= referenziert). Und im Prinzip ist es auch genauso einfach, da es keinen Sinn macht, ein Objekt anzusprechen, das niemand mehr kennt (welches Objekt sollte das auch wohl tun!). Wird ein Objekt also von nirgendwo her mehr referenziert, so ist es Müll und belegt nur noch unnötig Speicherplatz. Der Speicherplatz für alle Objekte wird in Smalltalk durch das **ObjectMemory** verwaltet, und nicht mehr referenzierte Objekte werden von einem eigenen „Müllmann", dem sogenannten „Garbage Collector" für die Benutzung durch andere Objekte wieder frei gegeben.

Grundsätzlich könnte man mit dieser Konstruktion sehr zufrieden sein, da sie im Gegensatz zu den meisten anderen Programmiersprachen –in denen man selber den Speicherplatz verwalten muß – sehr viel (fehleranfällige) Programmierarbeit erspart. Manchmal jedoch wünscht man sich, daß der Speicherplatz eines Objektes schon freigegeben werden kann, *obwohl* es noch bekannt ist.

Stellen wir uns dazu folgende Situation vor: Die Tiere, die wir mit Hilfe der **Animal**-Objekte darstellen, können von den unterschiedlichsten anderen Objekten verwendet werden, wie etwa von den „Lebensuhren" oder den Fütterungsprozessen. Soll allerdings jedes Tier durch seinen Namen eindeutig identifiziert werden können, so ist es offensichtlich notwendig eine Verwaltung für die Tiere einzuführen, in der alle Tiere unter ihrem Namen abgelegt werden, dadurch können die Tiere dann auch wieder unter ihrem Namen aufgefunden werden. Diese Verwaltung der Tiere benötigt nun einerseits eine Referenz auf jedes einzelne Tier, damit es dieses ansprechen kann. Andererseits ist diese Referenz jedoch auch störend, sobald das **Animal**-Objekt gestorben ist und von keinem anderen Objekt aus mehr referenziert wird. Das **Animal**-Objekt ist dann in der Verwaltung nur noch eine „Karteileiche", die genauso gut vom Garbage Collector entfernt werden kann. (Worüber die Verwaltung natürlich informiert werden sollte!) Dazu ist es jedoch notwendig, daß der Garbage Collector die Referenz der Verwaltung auf das **Animal**-Objekt nicht beachtet, damit er den Speicherplatz des überflüssigen Objektes freigeben kann, und daß er anschließend die Verwaltung über dieses Ereignis benachrichtigt.

Dies bedeutet, daß die Verwaltung keine „normale" Referenz auf die Tiere verwenden darf, damit der Garbage Collector seine Arbeit durchführen kann. Um etwa eine solche Verwaltung mit „schwachen" Referenzen zu realisieren, gibt es in VisualWorks® die Klasse **WeakArray** bzw. Klassen, die auf einem **WeakArray** aufbauen. Prinzipiell verhält sich ein WeakArray wie ein ganz normales Array, nur daß eben die Referenzen auf die Elemente des WeakArrays schwach sind und vom Garbage Collector nicht beachtet werden. Dieses kann man ausprobieren, indem etwa folgender Smalltalk–Ausdruck

```
WeakArray with: 5.0 with: 'abcd' with: #(#symbol)
```

mit inspect ausgeführt wird. Schaut man nach einer Weile nach, welche Elemente in dem WeakArray stehen, so stellt man fest, daß alle drei Objekte (die Float–Zahl 5.0, der String 'abcd' und das Symbol #symbol) durch 0 ersetzt, also vom Garbage Collector aufgeräumt wurden.

Weiterhin kann man im Inspector erkennen, daß ein WeakArray abhängige Objekte (dependents) besitzen kann. Wie schon bekannt, können solche abhängigen Objekte mit addDependent: im WeakArray eingetragen und mit removeDependent: wieder entfernt werden (vgl. den Abschnitt über den Change/Update–Mechanismus, Kap. 3.4.2). Besonders interessant hieran ist, daß alle abhängigen Objekte über den Change/Update–Mechanismus vom WeakArray informiert werden, wenn der Garbage Collector eines der Elemente des WeakArray aufgeräumt hat, wobei der Aspekt #ElementExpired verwendet wird. Um welches Element es sich dabei allerdings handelt, erfährt man nicht, da der Change/Update–Mechanismus erst in Gang gesetzt wird, *nachdem* der Garbage Collector den Speicherplatz schon freigegeben hat. Man erhält, nur den Hinweis, daß nun 0 anstelle des ursprünglichen Objektes in das WeakArray vom Garbage Collector eingetragen wurde.

Mit einigem Geschick läßt sich die gewünschte Verwaltung der Animal–Objekte also mit Hilfe eines WeakArrays realisieren, aber es müßte schon noch einiger Aufwand getrieben werden, damit die Animal–Verwaltung immer genau weiß, welche Animal–Objekte unter welchem Namen noch gültig sind.

Viel natürlicher als die Verwendung eines Arrays wäre es für unseren Zweck, ein Dictionary zu benutzen, in dem die Schlüssel (key) die Namen und die Werte (value) die entsprechenden Animal–Objekte sind. Und tatsächlich stellt VisualWorks® ein sogenanntes WeakDictionary zur Verfügung, das geradezu ideal auf unsere Bedürfnisse paßt. Die in ein WeakDictionary eingetragenen Werte werden vom Garbage Collector nämlich ebenfalls nicht beachtet (da sie in einem WeakArray verwaltet werden). Wird nun ein neues Schlüssel–Wert–Paar in ein solches WeakDictionary aufgenommen, so „merkt" sich das WeakDictionary zusätzlich noch ein drittes Objekt, das es mit Hilfe der Nachricht executor vom Wert–Objekt erfragt. Dieses Executor–Objekt ist standardmäßig eine Kopie des Wert–Objektes, darf aber grundsätzlich jedes beliebige Objekt sein, wobei es allerdings keine Referenz auf das erzeugende Wert–Objekt besitzen sollte.

Verliert nun ein WeakDictionary eines seiner Wert–Objekte, so trägt es automatisch auch den zugehörigen Schlüssel und das Executor–Objekt aus und informiert dann das Executor–Objekt mit Hilfe der Nachricht finalize über den „Tod" des Wert–Objektes. Da i.d.R. nach der Ausführung dieser Nachricht keine weiteren Referenzen auf das Executor-Objekt bestehen, kann es dann auch vom Garbage Collector aufgeräumt werden.

Um das Verständnis für diesen Vorgang etwas zu vertiefen, wollen wir für unsere Animal–Objekte eigene Executor–Objekte anlegen:

> **Übung 4.16:** Implementieren Sie eine Klasse AnimalExecutor, deren Objekte auf die Nachricht finalize im System Transcript den Namen des gestorbenen Tieres ausgibt. Implementieren Sie weiterhin die Nachricht executor in der Klasse Animal so, daß ein entsprechendes AnimalExecutor–Objekt erzeugt wird. Testen Sie Ihre Implementation mit Hilfe eines WeakDictionary.

Zum Abschluß dieses Kapitels soll nun noch die Implementation der Klasse Animal um eine Registratur aller „lebenden" Tiere vervollständigt werden:

> **Übung 4.17:** Führen Sie in der Klasse Animal eine Registratur aller „lebenden" Tiere ein, und implementieren Sie eine Methode, die für einen vorgegebenen Namen zuerst mit dem Tier aus der Registratur antwortet und nur dann ein neues Tier erzeugt, wenn keines mit entsprechendem Namen gefunden wurde.

Nach diesem tiefen Blick in den Browser und den Erfahrungen, die wir bisher mit Smalltalk gemacht haben, ist es nun an der Zeit, daß wir uns in Kapitel 5 mit der Gestaltung von Benutzeroberflächen beschäftigen.

4.5   Lösungen zu den Übungsaufgaben

Übung 4.1: In dieser Aufgabe sollten Sie sich insbesondere über folgende Nachrichten informieren und mit Hilfe des System Browser verstehen, was diese Nachrichten bewirken:

    nextPut:, nextPutAll:, next, contents

Übung 4.2: In dieser Aufgabe sollten Sie sich insbesondere über folgende Nachrichten informieren und mit Hilfe des System Browser verstehen, was diese Nachrichten bewirken:

    on: with: on:from:to:

Übung 4.3: Zur Lösung dieser Aufgabe können etwa folgende Nachrichten implementiert werden:

LifeForm methodsFor: 'printing'

printOn: aStream
   "Gebe auf aStream eine Beschreibung der LifeForm aus."

```
super printOn: aStream.
aStream nextPutAll: ' of color ';
    nextPutAll: self color.
aStream nextPutAll: ' and age ';
    nextPutAll: self age printString.
self location notNil ifTrue: [aStream nextPutAll: ' at ';
        nextPutAll: self location printString]
```

Animal methodsFor: 'printing'

printOn: aStream
   "Gebe auf aStream eine Beschreibung des Animal aus."

```
super printOn: aStream.
aStream nextPutAll: ' ('.
locomotion do: [:each | aStream nextPutAll: each;
        space].
aStream nextPut: $)
```

Übung 4.4: Für diese Aufgabe wird die Klasse Animal um die Klassenvariable Rand erweitert, so daß wir nun folgende Klassendefinition erhalten:

```
LifeForm subclass: #Animal
    instanceVariableNames: 'locomotion name '
    classVariableNames: 'Rand '
    poolDictionaries: ''
    category: 'Biology'
```

Außerdem müssen die beiden folgenden Methoden implementiert werden:

Animal class methodsFor: 'accessing'

nextRandom
   "Bestimme eine neue Zufallszahl, initialisiere die Klassenvariable falls
   noetig"

```
Rand isNil ifTrue: [Rand := Random new].
^Rand next
```

Animal methodsFor: 'testing'

willSurvive
> "Bestimme aufgrund einer Zufallszahl und des Alters, ob der Empfaenger
> ein weiteres Jahr lebt."

> ^self class nextRandom < (9.99999 / (self age + 10))

Übung 4.5: Die Konstruktion kann durch folgenden Smalltalk–Ausdruck erfolgen:

> ('derErsteTeil' asFilename construct: 'derZweiteTeil') construct: 'einDateiname'

Das Ergebnis ist abhängig vom Dateisystem und kann etwa folgendermaßen lauten:

- PC   a FATFilename('dererste\derzweit\eindatei')
- Unix   an UnixFilename('derErsteTeil/derZweiteTeil/einDateiname')
- MacOS   a MacFilename('derErsteTeil:derZweiteTeil:einDateiname')

Übung 4.6: In dieser Aufgabe sollten Sie sich insbesondere über folgende Nachrichten informieren und mit Hilfe des System Browser verstehen, was diese Nachrichten bewirken:

> head, tail, directory, isReadable, isWritable, canBeWritten, copyTo:,
> renameTo:, moveTo:, delete, readStream, writeStream, readAppendStream

Übung 4.7: Für diese Aufgaben müssen die nachfolgende Aktionen durchgeführt werden.

a) Es werden folgende Smalltalk–Ausdrücke ausgeführt:

```
| oc array stream |
oc := OrderedCollection new.
array := Array with: 6 with: 9 with: $e.
oc add: array.
oc add: 'Ein String'.
oc add: array.
[stream := 'test' asFilename writeStream.
oc storeOn: stream]
    valueNowOrOnUnwindDo: [stream close]
```

b) Es werden folgende Smalltalk–Ausdrücke mit der Menüoption inspect ausgeführt:

```
| stream |
[Object readFrom: (stream := 'test' asFilename readStream)]
    valueNowOrOnUnwindDo: [stream close]
```

c) In dem Inspector aus b) wird folgender Smalltalk–Ausdruck mit print it ausgeführt:

(self at: 1) == (self at: 3)

Das Ergebnis ist false. Daraus läßt sich schließen, daß beim Abspeichern (bzw. beim Einlesen) mit der Methode storeOn: die Beziehungen zwischen Objekten (in diesem Fall die Identität zwischen Element 1 und 3) nicht richtig berücksichtigt werden.

Übung 4.8: Besonders interessant an einem File Browser ist die Möglichkeit, mit ihm Zugriff auf alle Dateien des Rechners zu erhalten. Gewissermaßen stellt der File Browser also ein Werkzeug wie etwa der „Filemanager" dar, den es auf fast allen Rechnern gibt. Außerdem ist der File Browser ein wichtiges Werkzeug zum Austausch von Smalltalk–Quellcode (Menüoptionen file in, file it in), wobei diese Punkte in Kapitel 6 genauer behandelt werden.

Übung 4.9: Für diese Aufgaben müssen die nachfolgende Aktionen durchgeführt werden.

a) Es werden folgende Smalltalk–Ausdrücke ausgeführt:

```
| oc array bos |
oc := OrderedCollection new.
array := Array with: 6 with: 9 with: $e.
oc add: array.
oc add: 'Ein String'.
oc add: array.
[bos := BinaryObjectStorage onNew: 'test' asFilename writeStream.
bos nextPut: oc]
    valueNowOrOnUnwindDo: [bos close]
```

b) Es werden folgende Smalltalk–Ausdrücke mit der Menüoption inspect ausgeführt:

```
| bos |
[bos := BinaryObjectStorage onOld: 'test' asFilename readStream.
bos next]
    valueNowOrOnUnwindDo: [bos close]
```

c) In dem Inspector aus b) wird folgender Smalltalk–Ausdruck mit print it ausgeführt:

(self at: 1) == (self at: 3)

Das Ergebnis ist true. Daraus läßt sich schließen, daß beim Abspeichern (bzw. beim Einlesen) mit Hilfe der BOSS–Klassen die Beziehungen zwischen den abgespeicherten Objekten (in diesem Fall die Identität zwischen Element 1 und 3) richtig berücksichtigt werden.

Übung 4.10: Die Aufgaben können folgendermaßen gelöst werden:

a) Zum Abspeichern eines Animal–Objektes in eine BOSS–Datei kann folgende Methode verwendet werden:

Animal methodsFor: 'file in/out'

saveOnBOSSNamed: aString
    "Speichere das Animal auf einer BOSS–Datei ab."

```
    I bos I
    [bos := BinaryObjectStorage onNew: aString asFilename writeStream.
    bos nextPut: self]
        valueNowOrOnUnwindDo: [bos close]
```

b) Zum Lesen eines Animal–Objektes von einer BOSS–Datei kann folgende Methode verwendet werden:

Animal class methodsFor: 'file in/out'

readFromBOSSNamed: aString
    "Lese das Animal aString von einer BOSS–Datei, falls die Datei nicht existiert, gib nil zurueck."

```
    I file I
    ^(file := aString asFilename) exists
        ifTrue: [[(BinaryObjectStorage onOld: (file := file readStream)) next]
                valueNowOrOnUnwindDo: [file notNil ifTrue: [file close]]]
        ifFalse: [nil]
```

c) Um die beiden Methoden zu testen, können etwa folgende Smalltalk–Ausdrücke mit inspect ausgeführt werden:

```
I fish I
fish := Fish new.
fish color: #blue.
fish age: 3.
fish canMoveBy: #flying.
fish location: 7@9.
fish saveOnBOSSNamed: 'fish'.
Animal readFromBOSSNamed: 'fish'
```

Hinweis: Das in den obigen Ausdrücken erzeugte Fish–Objekt (fish) ist *nicht* identisch mit dem wieder eingelesenen Fish–Objekt (Animal ...), da die

Bewahrung der Identität nur innerhalb der BOSS–Datei gilt, sich aber nicht auf das Smalltalk–Image erstreckt.

Übung 4.11: Wenn der Smalltalk–Ausdruck

    Animal readFromBOSSNamed: 'fish'

mit inspect ausgeführt wird, ist das Resultat ein Fish–Objekt mit dem Namen 'old versioned object'.

Übung 4.12: Um die Aufgabe zu lösen, werden folgende Methoden erweitert bzw. neu implementiert:

Animal methodsFor: 'initialize'

initialize
    "Am Anfang gibt es keine Fortbewegungsarten. Mit der Initialisierung wird
    auch die Lebensuhr (der Alterungsprozess) gestartet."

    super initialize.
    locomotion := Set new.

    [[self willSurvive]
        whileTrue:
            [(Delay forSeconds: 10) wait.
            self birthday].
    Transcript show: 'Animal ' , self name , ' died after ' , self age printString , '.';
        cr] fork

Animal methodsFor: 'accessing'

birthday
    "Gebe das neue Alter auf dem Transcript aus.

    super birthday.
    Transcript show: self name , ' became ' , self age printString;
        cr

Hinweis: In der Methode initialize wird ein neues Process-Objekt erzeugt und gestartet. Dieses Process-Objekt enthält eine Referenz auf das Animal-Objekt, die verwendet wird, um die Nachrichten wilSurvive, birthday etc. an das Animal-Objekt zu senden. Damit es in der Ausführung dieser Methode nicht zu Fehlern kommt, hatten wir in dem Block-Objekt, das von der Klassenmethode binaryReaderBlockForVersion:format: zurückgegeben wird, zuerst ein nicht initialisiertes Animal-Objekt erzeugt, dann die Referenzen vertauscht, um erst danach die Initialisierung durchzuführen.

Übung 4.13: Um diese Aufgabe zu lösen, wird in der Klasse Animal die Klassenvariable FeedingSemaphore eingeführt, die zur Synchronisation der Fütterungsprozesse ein Semaphore–Objekt aufnimmt. Damit erhalten wir folgende neue Klassendefinition:

```
LifeForm subclass: #Animal
    instanceVariableNames: 'locomotion name '
    classVariableNames: 'FeedingSemaphore Rand '
    poolDictionaries: ''
    category: 'Biology'
```

Weiterhin müssen folgende Methoden implementiert werden:

Animal class methodsFor: 'accessing'

feedingSemaphore
```
"Antworte mit dem FeedingSemaphore. Falls es noch nicht existiert, fuehre
die Initialisierung durch."

FeedingSemaphore isNil ifTrue:
            [FeedingSemaphore := Semaphore forMutualExclusion].
^FeedingSemaphore
```

Animal methodsFor: 'accessing'

feed
```
"Starte den Fuetterungsprozess. Die Fuetterung muß in einem eigenen
Prozess ablaufen, damit der Alterungsprozess nicht beeinflusst wird."

[self class feedingSemaphore wait.
(Delay forMilliseconds: self feedingDuration) wait.
Transcript show: '——> Feeded ' , self name;
    cr.
self class feedingSemaphore signal] fork
```

Animal methodsFor: 'accessing'

feedingDuration
```
"Antworte mit der Standardfuetterungsdauer."

^127
```

Bird methodsFor: 'accessing'

feedingDuration
```
"Antworte mit der Fuetterungsdauer für Bird–Objekte."

^107
```

Fish methodsFor: 'accessing'

feedingDuration
```
"Antworte mit der Fuetterungsdauer für Fish–Objekte."


^305
```

Außerdem muß die Methode initialize für Animal–Objekte erweitert werden, damit der Fütterungsprozeß direkt nach der Geburt und vor den Geburtstagen gestartet wird:

Animal methodsFor: 'initialize'

initialize
```
"Am Anfang gibt es keine Fortbewegungsarten. Mit der Initialisierung wird
auch die Lebensuhr (der Alterungsprozess) gestartet. Ausserdem muss das
Animal gefuettert werden, wenn es weiter ueberlebt."


super initialize.
locomotion := Set new.


[[self willSurvive]
    whileTrue:
        [self feed.
        (Delay forSeconds: 10) wait.
        self birthday].
Transcript show: 'Animal ' , self name , ' died after ' , self age printString , '.';
    cr] fork
```

Übung 4.14: Zuerst muß die Klasse SafeSet angelegt werden, dazu verwendet man folgende Klassendefinition in der Kategorie Testing und wählt accept im Operate–Menü aus.

```
Set subclass: #SafeSet
    instanceVariableNames: 'lock '
    classVariableNames: ''
    poolDictionaries: ''
    category: 'Testing'
```

Hinweis: Nachdem Sie die Klassendefinition akzeptiert haben, ersetzt Smalltalk das Schlüsselwort subclass: durch variableSubclass:, um anzuzeigen, daß für ein SafeSet die Anzahl der Elemente nicht vorgegeben ist.

Weiterhin müssen folgende Methoden implementiert werden:

SafeSet methodsFor: 'initialize–release'

lock

> "Antworte mit dem RecursionLock. Erzeuge ein neues, falls es noch keines gibt. Diese Vorgehensweise hat den Vorteil, dass sie unabhaengig ist von der Art der Erzeugung eines SafeSet."

> lock isNil ifTrue: [lock := RecursionLock new].
> ^lock

SafeSet methodsFor: 'accessing'

add: anObject

> "Fuege dem Empfaenger anObject hinzu. Schütze die Action mit dem lock."

> ^self lock critical: [super add: anObject]

remove: anObject ifAbsent: aBlock

> "Entferne anObject aus dem Empfaenger. Falls es nicht vorhanden war, fuehre aBlock aus. Schütze die Aktion mit dem lock."

> ^self lock critical: [super remove: anObject ifAbsent: aBlock]

Übung 4.15: Diese Klassen vereinen alle Möglichkeiten, die in VisualWorks® gegeben sind, um Fehlerbehandlungen durchzuführen. Dabei steht dem Programmierer ein breites Spektrum an Möglichkeiten zur differenzierten Fehleranalyse und –behandlung zur Verfügung.

Übung 4.16: Für die Klasse AnimalExecutor ist zu bedenken, daß die Instanzen dieser Klasse keine Referenz auf dasjenige Animal–Objekt besitzen dürfen, das sie erzeugt. Um den Namen des entsprechenden Animal–Objektes ausgeben zu können, müssen sie sich jedoch dessen Namen merken. Daher wählen wir folgende Klassendefinition:

```
Object subclass: #AnimalExecutor
    instanceVariableNames: 'name '
    classVariableNames: ''
    poolDictionaries: ''
    category: 'Biology'
```

Außerdem werden folgende Methoden benötigt:

AnimalExecutor methodsFor: 'accessing'

name: aString

> "Halte den Namen des Tieres fest."

> name := aString

AnimalExecutor methodsFor: 'finalization'

finalize
```
"Gib auf dem System Transcript aus, dass das Tier gestorben ist."

Transcript show: name , ' is burried';
    cr
```

Die Implementation können Sie nun etwa mit folgenden Smalltalk–Ausdrücken überprüfen, die mit inspect ausgeführt werden.

```
| wD |
wD := WeakDictionary new.
wD at: #myBird put: (Bird named: #myBird).
wD
```

Versucht man nun den entsprechenden Eintrag im WeakDictionay auszuwählen, nachdem im System Transcript die Meldung erschienen ist, daß der Bird #myBird beerdigt wurde, so wird der Fehler angezeigen, daß dieser Eintrag nicht mehr existiert.

Übung 4.17: Für die Registratur der Tiere verwenden wir eine weitere Klassenvariable (Registery) in der Klasse Animal. Somit erhalten wir jetzt die Klassendefinition:

```
LifeForm subclass: #Animal
    instanceVariableNames: 'locomotion name '
    classVariableNames: 'FeedingSemaphore FileSignal Rand Registery '
    poolDictionaries: ''
    category: 'Biology'
```

Außerdem müssen noch folgende beiden Klassenmethoden implementiert werden:

Animal class methodsFor: 'accessing'

registery
```
"Antworte mit der Registratur. Erzeuge sie, falls nötig."

Registery isNil ifTrue: [Registery := WeakDictionary new].
^Registery
```

Animal class methodsFor: 'instance creation'

animalNamed: aString
```
"Antworte mit dem entsprechenden Animal aus der Registratur. Erzeuge ein
neues falls es keines gibt."

^self registery at: aString asSymbol ifAbsent:
            [self registery at: aString asSymbol put: (self named: aString)]
```

5 Benutzeroberflächen –
Das, was man sehen möchte

Dieses Kapitel befaßt sich mit der Implementation von graphischen Benutzeroberflächen. VisualWorks® stellt hierfür eine umfangreiche Bibliothek von Klassen, Methoden und Werkzeugen zur Verfügung. In diesem Kapitel werden wir zunächst die Implementation von Benutzeroberflächen durch die Entwicklung von Smalltalk-Klassen und Methoden einführen. Abschnitt 5.3 führt Sie dann in die Verwendung der wichtigsten Werkzeuge ein, die VisualWorks® für die Entwicklung von Benutzeroberflächen bereitstellt. Natürlich ist es meistens einfacher, eine Benutzeroberfläche mit Hilfe graphischer Werkzeuge zu entwerfen, als Fenster, ihre Inhalte und die Interaktion mit dem Benutzer direkt in Smalltalk zu programmieren. In manchen Fällen ist es aber nötig, zumindest Teile einer Benutzeroberfläche auf diesem Weg zu erzeugen. Dies ist z.B. dann der Fall, wenn eine bestimmte Art von Komponenten in der Klassenbibliothek noch nicht existiert. Außerdem ist es für das Verständnis der Werkzeuge von VisualWorks® hilfreich, zumindest die Ideen hinter der zugrundeliegenden Klassenbibliothek zu kennen. Deshalb führen wir zuerst den „harten Weg" zur Entwicklung von Benutzeroberflächen ein.

Dem Aufbau einer graphischen Benutzeroberfläche in VisualWorks® liegt ein einheitliches Modell zugrunde: das *Model-View-Controller-Paradigma*[1]. Im ersten Abschnitt dieses Kapitels beschreiben wir dieses Modell und die Erweiterungen, die es im Lauf der Zeit erfahren hat. Es wird gezeigt, wie Fenster und ihre Inhalte aufgebaut und Graphiken in einem Fenster ausgegeben werden. Außerdem beschäftigen wir uns in Abschnitt 5.1 damit, wie eine Graphik automatisch an Änderungen der dargestellten Objekte angepaßt werden kann.

Abschnitt 5.2 zeigt dann, wie wir in einer Benutzeroberfläche Eingaben des Benutzers über Maus und Tastatur erkennen und verarbeiten können. Wir werden als Beispiel eine Benutzeroberfläche entwickeln, mit der wir einen Zoo verwalten können, in dem die Tiere und Pflanzen aus Kapitel 3 leben. Diese Benutzeroberfläche wird ein Menü für eine Reihe von Aktionen bereitstellen. Außerdem können wir die Position von Lebewesen durch Anklicken und Ziehen mit der Maus verändern.

---

[1] Paradigma: Vorbild, Muster

5.1 Graphische Objekte – Viele bunte Bilder

5.1.1 Das Model-View-Controller-Paradigma

Dem Aufbau von graphischen Benutzeroberflächen in VisualWorks® liegt ein Modell zugrunde, das nach den Rollen benannt wurde, die verschiedene Objekte in Benutzeroberflächen spielen: das *Model-View-Controller-Paradigma*, kurz MVC–Paradigma. Nach diesem Paradigma werden bei einem Anwendungsprogramm drei verschiedene Arten von Objekten unterschieden:

- *Modelle* (engl. „model"): Das Modell einer Benutzeroberfläche ist ein Objekt, das Informationen bereitstellt, die in einer Benutzeroberfläche dargestellt werden sollen. Außerdem speichert oder verarbeitet es die Informationen, die der Benutzer über die Oberfläche an die Anwendung weitergibt.
- *Sichten* (engl. „view"): Eine Sicht beschreibt die graphische Darstellung eines Modells, die in einem Fenster auf dem Bildschirm, aber auch auf einem Drucker ausgegeben werden kann.
- *Controller*: Ein Controller[2] ist ein Objekt, das einer Sicht zugeordnet ist und Eingaben des Benutzers über die Tastatur oder die Maus in Nachrichten an das Modell oder die Sicht umsetzt.

Obwohl es Klassen mit den Namen Model, View und Controller gibt, sind hier mit Modell, Sicht und Controller nicht unbedingt Exemplare dieser Klassen gemeint, sondern Objekte, die bestimmte Aufgaben wahrnehmen. Tatsächlich kann jedes beliebige Objekt die Rolle des Modells übernehmen. Ebenso gibt es Objekte, die graphische Darstellungen von Modellen erzeugen, also Sichten, aber keine Exemplare der Klasse View oder einer ihrer Unterklassen sind.

Die Rollen von Modell, Sicht und Controller wollen wir uns an einem Beispiel näher ansehen. Nehmen wir an, ein Exemplar der Klasse Plant soll in einem Fenster auf dem Bildschirm dargestellt werden. Die Ausgabe besteht aus einer Zeichenkette, die Standort und Alter der Pflanze enthält, z.B. 'Eiche, Standort: Ostpark, Alter: 135 Jahre'. Das Exemplar der Klasse Plant ist das Modell der Benutzeroberfläche. Die Sicht ist ein Objekt, das von der Pflanze Informationen über die Art, den Standort und das Alter abfragt, mit Hilfe dieser Informationen die auszugebende Zeichenkette erzeugt und eine graphische Darstellung der Zeichenkette an die Objekte weitergibt, die die eigentliche Graphikausgabe auf dem Bildschirm vornehmen. Die Sicht ist nicht dafür verantwortlich, das Fenster zu öffnen oder festzustellen, wann der Fensterinhalt neu gezeichnet und wo die Ausgabe auf dem Bildschirm positioniert werden muß. Auch das eigentliche Zeichnen auf dem Bildschirm ist nicht Aufgabe der Sicht. Einer Sicht ist aber ein

---

[2]Das englische Wort „controller" heißt wörtlich übersetzt Kontrolleur, Aufseher oder Leiter. Im Kontext von Benutzeroberflächen sollte man es eher wie das Wort „control" mit Regler oder Steuerung übersetzen.

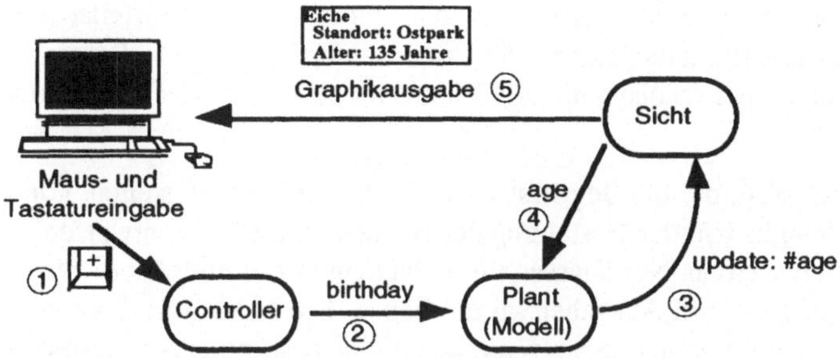

Abb. 5.1: Verarbeitung von Eingaben des Benutzers in der MVC-Architektur

Bereich im Fenster zugeordnet, der für die Ausgabe der von ihr erzeugten Graphiken benutzt wird.

Zur Sicht gehört ein Controller, der unter bestimmten Umständen die Kontrolle über die Eingaben des Benutzers übernimmt. Das normale Verhalten ist, daß ein Controller die Kontrolle übernimmt, wenn sich die Maus in dem Bereich des Fensters befindet, der seiner Sicht zugeordnet ist. Solange der Controller aktiv bleibt, fragt er die ankommenden Tastatur- und Mausereignisse ab. Drückt der Benutzer beispielsweise eine bestimmte Taste, dann entscheidet der gerade aktive Controller, ob der Tastendruck eine Nachricht an das Modell oder die Sicht auslösen soll.

Die Eingabe von <+> könnte unser Controller zum Beispiel als Aufforderung interpretieren, die Nachricht #birthday an das Exemplar von Plant zu schicken, das als Modell dient. Abb. 5.1 zeigt (etwas vereinfacht) den typischen Ablauf bei der Verarbeitung einer Eingabe:

1. Der Controller erkennt, daß eine Eingabe vorliegt.
2. Der Controller schickt daraufhin eine Nachricht an das Modell.
3. Das Modell führt die zugehörige Methode aus und benachrichtigt seine dependents, daß sich sein Zustand geändert hat. Wenn eine Bildschirmdarstellung dynamisch an Änderungen des Modells angepaßt werden soll, ist die Sicht normalerweise ein dependent des Modells und erhält so eine #update-Nachricht.
4. Die Sicht fragt beim Modell die aktuellen Informationen für die Graphikausgabe ab und erzeugt eine neue Graphik,
5. die schließlich in einem Fenster auf dem Bildschirm ausgegeben wird.

Der Controller kann Nachrichten auch an die Sicht statt an das Modell schicken. So könnte unser Controller die Eingabe von <esc>-<f> als Aufforderung betrachten, der Sicht mitzuteilen, daß die Zeichenkette in Fettdruck ausgegeben werden soll. Daraufhin wird die Sicht eine neue Graphik erzeugen, ohne daß das Modell selbst aktiv wird und eine Veränderung signalisiert.

Diese Aufteilung von Verantwortlichkeiten für unterschiedliche Aspekte der Funktionalität von Benutzeroberflächen hat eine Reihe von Vorteilen, die den Entwurf und die Implementation von Programmen erleichtern, Programme änderungsfreundlicher machen, und die Wiederverwendbarkeit von Komponenten unterstützen:

– Die Klassen, die die Begriffswelt einer Anwendung darstellen, können völlig unabhängig von der Gestaltung der Benutzeroberfläche entworfen und implementiert werden. Nur Klassen für Sichten und Controller benötigen Methoden, die mit Ein- und Ausgaben zu tun haben. Ein Modell muß keine speziellen Methoden implementieren, wenn es auf eine bestimmte Art dargestellt werden soll.

– Die Benutzeroberfläche kann geändert werden, ohne daß die Implementation der Modelle verändert werden muß. Es können beliebig viele, völlig verschiedene Benutzeroberflächen für dieselbe Anwendung implementiert und gleichzeitig verwendet werden.

– Umgekehrt kann die Implementation der Modelle geändert werden, ohne daß die Implementation der Benutzeroberfläche verändert werden muß. Nur wenn sich die Nachrichtenschnittstelle eines Modells ändert, kann es notwendig werden, Sichten oder Controller anzupassen. Wir werden aber sehen, daß es Mechanismen gibt, mit denen auch solche Änderungen weitgehend vermieden werden können.

– Es ist möglich, Sichten, die Exemplare derselben Klasse sind, verschiedene Controller zuzuordnen. So können wir eine Sicht, die eine Liste von Zeichenketten ausgibt, mit einem Controller versehen, der die Auswahl eines Elements der Liste durch Anklicken mit der Maus ermöglicht (wie in den Listenfenstern des Browsers). In einem anderen Fenster kann es sinnvoll sein, einer solchen Sicht einen Controller zu geben, der Mausklicks ignoriert, weil eine Auswahl eines Elements keine sinnvolle Aktion auslösen würde. Für manche Sichten ist eine Verarbeitung von Eingaben sogar vollkommen sinnlos, z.B. wenn sie nur für die Ausgabe auf Druckern, aber nicht auf dem Bildschirm sorgen. Solche Sichten benötigen keinen Controller.

– Wenn man sich bei der Implementation einer Sicht darauf beschränkt, nur wenige Nachrichten aus dem Protokoll des zugehörigen Modells zu verwenden, kann man u.U. ein und dieselbe Art von Sicht für verschiedene Arten von Modellen benutzen. Wir werden später noch sehen, daß die Kopplung zwischen Modell und Sicht noch weiter reduziert werden kann, so daß nicht nur Modelle unabhängig von Sichten, sondern umgekehrt Sichten völlig unabhängig von der Nachrichtenschnittstelle ihres Modells sein können. Ein Beispiel hierfür sind wieder die Listenfenster der Browser, die Listen von völlig verschiedenartigen Objekten (Kategorien, Klassen, Protokolle, Methoden) darstellen, aber dennoch alle Exemplare der Klasse SelectionInListView sind.

Trotz all dieser Vorteile genügt das MVC-Paradigma alleine nicht, um komplexe Benutzeroberflächen effizient zu realisieren. Im Lauf der Zeit wurden daher zusätzliche Konzepte eingeführt. Nehmen wir wieder den Browser als Beispiel, weil sich an ihm die Notwendigkeit für eine Erweiterung des MVC-Paradigmas gut darstellen läßt.

Das Fenster eines Browsers enthält sieben Teilfenster: vier Listenfenster, zwei Schaltflächen und ein Textfenster. Beim Aufbau eines solchen Fensters wäre es sehr ungeschickt, ein einzelnes Sicht-Objekt zu verwenden, das den gesamten Fensterinhalt erzeugt. Die Methoden, die für die Ausgabe einer Liste oder eines Textes in einem Teilfenster nötig sind, wären in diesem Fall nur für Browser zu gebrauchen. Sie könnten nicht in anderen Benutzeroberflächen wiederverwendet werden, obwohl Listen- und Textfenster sehr häufig benötigte Komponenten sind. Außerdem wären die Methoden einer solchen monolithischen Sicht für einen Browser sehr kompliziert. Eine der ersten Erweiterungen des MVC-Paradigmas bestand deshalb darin, hierarchisch aufgebaute Sichten einzuführen. Eine Sicht kann also Komponenten haben, die selbst wieder Sichten sind.

Verschiedene Teil-Sichten in einer hierarchisch aufgebauten Benutzeroberfläche können dasselbe Modell haben, von dem in jeder Sicht ein anderer Aspekt dargestellt wird. Wenn eine Postadresse einer Person in einem Fenster angezeigt wird, gibt es in der Regel ein Eingabefeld für den Nachnamen, eines für den Vornamen, eines für die Straße usw. Je nach Implementation können dies Aspekte eines einzigen oder mehrerer verschiedener Objekte sein. Daß Eigenschaften mehrerer Objekte in einem Fenster einer Benutzeroberfläche angezeigt werden, ist sogar der Normalfall. Ein Browser stellt z.B. die Liste der Kategorien, die Liste der Klassen in einer ausgewählten Kategorie, die Liste der Protokolle einer ausgewählten Klasse, die Liste der Methoden in einem Protokoll und den Quelltext einer Methode dar. Dies sind Eigenschaften verschiedener Objekte, zwischen denen ein logischer Zusammenhang besteht. Zusätzlich werden noch Informationen über den Zustand der Benutzeroberfläche selbst angezeigt, nämlich die jeweils selektierten Elemente in den Listen, die Position, an der eine Texteingabe eingefügt wird, usw.

Welche Objekte speichern nun Informationen über den Zustand der Benutzeroberfläche? Die Einfügeposition in einem Text benötigen nur der Controller und die Sicht für das jeweilige Textfenster. Diese Information kann also beim Controller oder der Sicht untergebracht werden. Andere Bestandteile der Benutzeroberfläche benötigen diese Information nicht. Anders sieht es dagegen bei den Selektionen in den Listenfenstern des Browsers aus. Wenn in der Methodenliste eine andere Methode ausgewählt wird, muß auch im Textfenster ein anderer Text ausgegeben werden, d.h., die Selektion in einer Sicht führt zu einer Veränderung einer anderen Sicht.

Eine Möglichkeit, solche Beziehungen zwischen verschiedenen Teilen einer Benutzeroberfläche zu implementieren, ist die Einführung eines weiteren Objekts, das zwischen den eigentlichen Modellen und den Sichten bzw. Controllern steht. Wir werden ein solches Objekt als *Editor* bezeichnen. Ein Editor ist noch Bestandteil der Benutzeroberfläche und kann als zusätzliche Komponente in einem erweiterten MVC-Paradigma verstanden werden (siehe Abb. 5.2). Eine an-

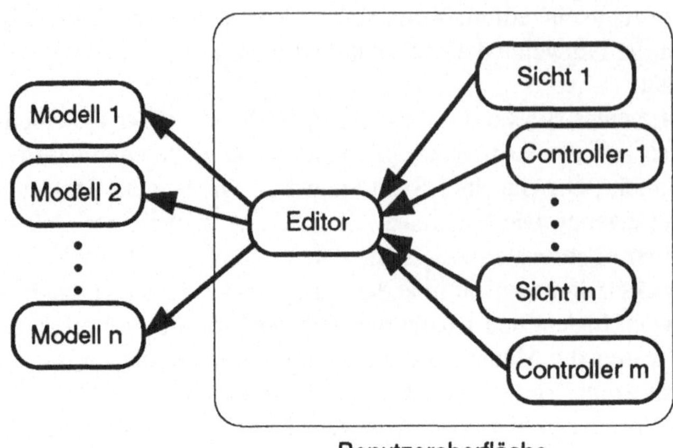

Abb. 5.2: Editor als Erweiterung von MVC

dere Sichtweise ist, den Editor als das eigentliche Modell der Benutzeroberfläche zu sehen. Durch die Einführung eines Editors werden mehrere Probleme gleichzeitig gelöst:

- Der Editor kann als Speicher für Informationen über den Zustand der gesamten Benutzeroberfläche dienen. Er kann daher bei einer Änderung an einer Sicht aktiv den Zustand anderer Sichten beeinflussen.
- Ein Editor trägt zur Wiederverwendbarkeit der Komponenten der Benutzeroberfläche bei, indem er z.B. anwendungsabhängige Menüs und die zu den Menüpunkten gehörenden Aktionen oder Werte bereitstellt.
- Ein Editor kann bei Änderungen an einem in einer Sicht dargestellten Objekt eingreifen, wenn durch eine Änderung Konsistenzbedingungen in der Anwendung verletzt werden.

Ein gutes Beispiel für die Verwendung eines Editors ist der Browser. Es gibt in VisualWorks® eine Klasse Browser, deren Exemplare als Modelle der Sichten dienen, aus denen sich die verschiedenen Arten von Browser-Fenstern zusammensetzen. Ein Browser speichert die Selektionen der verschiedenen Listenfenster und sorgt dafür, daß bei einer Änderung einer Selektion die übrigen Teilfenster ihren Zustand entsprechend anpassen. Die Menüs der verschiedenen Teilfenster werden ebenfalls vom Browser bereitgestellt, und die Methoden, die bei einer Menüauswahl ausgeführt werden, sind Methoden des Browsers, nicht der einzelnen Controller. Auf diese Weise können z.B. die Sichten und Controller für die Listenfenster im Browser alle Exemplare derselben Klassen (SelectionInListView und SelectionInListController) sein, obwohl sie unterschiedliche Menüs haben, mit denen verschiedene Aktionen ausgeführt werden. Der Browser dient dabei gleichzeitig als Übersetzer, der die vom Controller gesendeten Nachrichten in Nachrichten übersetzt, die die im Fenster dargestellten Objekte verstehen.

An der Klasse Browser kann man aber auch die Nachteile erkennen, die ein Editor als alleiniges Modell aller Sichten einer Benutzeroberfläche haben kann. Wenn eine durch einen Editor koordinierte Benutzeroberfläche sehr komplex wird, muß der Editor sehr viele verschiedene Aufgaben übernehmen. Ein Browser stellt unterschiedliche Menüs für die einzelnen Teilfenster bereit, und zu jedem Menüpunkt ist im Methodenverzeichnis der Klasse Browser eine Methode implementiert. Es gibt für jedes Listenfenster eine Methode, die die anzuzeigende Liste bereitstellt, und eine ganze Reihe von Methoden, mit denen die Selektionen der einzelnen Listen verwaltet und koordiniert werden. Dazu kommen noch Methoden, die Fenster mit unterschiedlich angeordneten Komponenten aufbauen, je nachdem, ob ein System-Browser, ein Klassen-Browser, ein Klassenhierarchie-Browser usw. geöffnet werden soll. Das Methodenverzeichnis der Klasse Browser ist deshalb sehr groß, was der Idee widerspricht, durch objektorientierte Programmierung kleine wiederverwendbare Softwarebausteine zu erhalten.

Während die Editor-Idee bei Benutzeroberflächen mit wenigen Komponenten noch tragfähig ist, versagt sie bei vielen Komponenten mit komplexen Zusammenhängen. Eine Aufteilung der Aufgaben auf verschiedene Objekte ist hier dringend nötig. Damit kommen wir zu einer weiteren Ergänzung des MVC-Paradigmas, die in Form einer Klassenbibliothek mit VisualWorks® 1.0 eingeführt wurde, und auf der die VisualWorks®-Werkzeuge zur Gestaltung von Benutzeroberflächen basieren.

Zusätzlich zu den einzelnen Sichten und ihren Modellen wird eine Reihe von Objekten eingeführt, die jeweils einen Teil der erwähnten Aufgaben übernehmen:

- Objekte, die den strukturellen und geometrischen Aufbau einer Benutzeroberfläche beschreiben.
- Ein Objekt, das diese Spezifikationen auswertet und daraus die benötigten Sichten erzeugt, der sog. User Interface Builder (die entsprechende Klasse heißt UIBuilder).
- Ein Objekt, das ApplicationModel, d.h. „Modell der Applikation", genannt wird. Das ApplicationModel stellt bei der Erzeugung der einzelnen Sichten Modelle für diese Sichten bereit, und nach dem Öffnen eines Fensters überwacht es Abhängigkeiten zwischen den einzelnen Komponenten der Benutzeroberfläche.

Am Beispiel des Browsers haben wir gesehen, daß zwischen die Sichten und die Objekte, die in der Benutzeroberfläche dargestellt werden, ein Editor als Informationsfilter und Übersetzer treten kann. Diese Konstruktion wird bei VisualWorks®-Oberflächen zum Prinzip: das Modell einer Sicht ist nicht mehr ein Objekt aus der Begriffswelt des mit einem Programm zu lösenden Problems, sondern ein Objekt, das als Übersetzer zwischen dieser Begriffswelt und den Begriffen aus der Welt der Benutzeroberflächen dient. Diese Objekte tragen erheblich zur Wiederverwendbarkeit von Sichten und zur Flexibilität von Anwendungen bei.

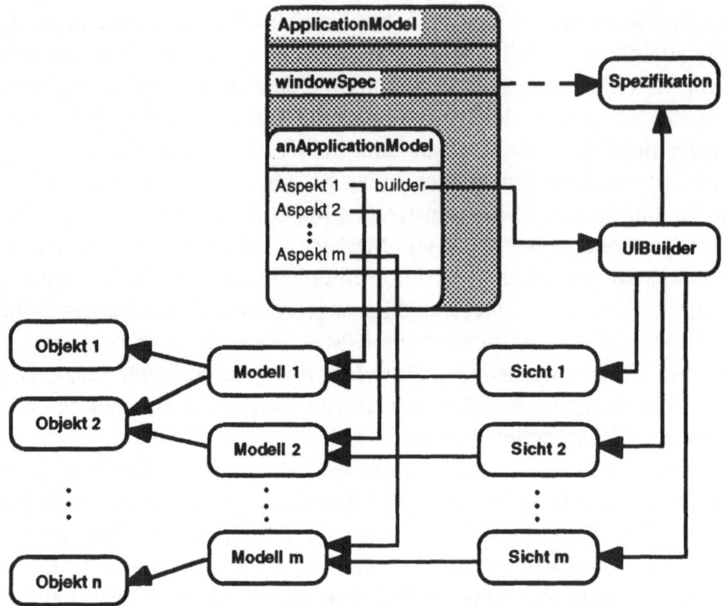

Abb. 5.3: Architektur von Benutzeroberflächen in VisualWorks®

Ohne schon auf Details oder mögliche Varianten einzugehen, werden wir uns die wichtigsten Aspekte der Zusammenarbeit zwischen den verschiedenen Objekten ansehen. Um ein Fenster zu öffnen, dessen Inhalt aus mehreren Sichten besteht, sendet man an die Klasse des gewünschten ApplicationModels die Nachricht #open (diese Klasse ist eine Unterklasse von ApplicationModel). Die Klasse erzeugt daraufhin ein neues Exemplar von sich selbst und gibt diesem eine Spezifikation des Aufbaus der Benutzeroberfläche mit. Die Spezifikation ist das Ergebnis der Ausführung einer Methode der Klasse. Normalerweise hat diese Methode den Namen #windowSpec. Das neue ApplicationModel erzeugt seinerseits ein Exemplar der Klasse UIBuilder und übergibt diesem die Spezifikation. Der UIBuilder wertet die Spezifikation aus, generiert die notwendigen Sichten und fügt diese in ein Fenster ein, das anschließend geöffnet wird.

Wenn der UIBuilder eine Sicht erzeugt, wird dieser auch sofort mitgeteilt, welches Objekt ihr Modell ist. Die Erzeugung der Modelle ist Aufgabe des ApplicationModels, das sich die Modelle außerdem in Instanzvariablen merkt. Da jede Sicht einen Aspekt eines Objekts darstellt, werden diese Instanzvariablen bei VisualWorks® auch als Aspekte (engl. „aspects") des ApplicationModels bezeichnet. Wie schon erwähnt, sind die Modelle in der Regel Objekte, die zwischen der Begriffswelt der Benutzeroberflächen und der Begriffswelt des zu lösenden Problems übersetzen.

Es gibt ganz verschiedene Arten von solchen Übersetzern. Die meisten Sichten und Controller senden die Nachricht #value an ihr Modell, um die graphisch anzuzeigende Information abzufragen. Eine einfache Art von Modellen übersetzt

nur den Namen #value in einen anderen Namen. Sie senden eine andere Nachricht
an das „eigentliche" Modell und geben das Ergebnis an die Sicht zurück. Andere
Modelle können beliebig komplexe Methoden ausführen, wenn sie die Nachricht
#value erhalten.

Ein Vorteil dieser Konstruktion ist, daß die Sichten immer mit denselben Nachrichten mit ihren Modellen kommunizieren können. Sie sind daher unabhängig
von den Protokollen der Klassen, die die eigentliche Anwendung implementieren.
Ein Feld für einen Text kann immer die Nachricht #value senden, um den aktuellen Text abzufragen. Wir müssen weder die Abfragemethode ändern, noch das
Textfeld mit einem Nachrichtennamen parametrisieren, um es in einer Benutzeroberfläche zu verwenden.

Ein zweiter Vorteil ist, daß die einzelnen Modelle Informationen über den Zustand einer einzelnen Komponente der Benutzeroberfläche speichern können, z.B.
über das gerade selektierte Element einer Liste. Damit wird das ApplicationModel,
anders als die vorher beschriebenen Editoren, nicht mit der Verwaltung solcher
Zustandsinformationen belastet. Da das ApplicationModel ein dependent eines
Modells sein kann, kann es dennoch über Veränderungen informiert werden und
als Reaktion z.B. andere Modelle über eine Änderung der Selektion einer Liste
informieren. Da das ApplicationModel sich auch den UIBuilder merkt, der die
Hierarchie von Sichten aufgebaut hat, kann es bei Bedarf auch die Struktur einer
Benutzeroberfläche noch während der Laufzeit verändern. Die Möglichkeiten
reichen hier vom Aktivieren und Deaktivieren von Menüpunkten und Buttons
über das Ändern von Parametern wie der Hintergrundfarbe eines Teilfensters bis
hin zum Austausch von Sichten gegen andere Sichten.

In den restlichen Abschnitten dieses Kapitels werden wir uns vor allem mit
Sichten und Controllern beschäftigen. Wir werden sehen, wie man Graphik auf
einem Bildschirm oder einem Drucker ausgibt, wie man Sichten konstruiert und
wie man sie in Fenster einbaut. Wir werden uns auch damit beschäftigen, wie eine
Sicht auf ihr Modell zugreift, und in diesem Zusammenhang verschiedene Arten
von „Übersetzer"-Objekten kennenlernen. Am Ende des Kapitels werden wir
einen Controller entwickeln, der Tastatur- und Mauseingaben verarbeitet. Im
nächsten Kapitel werden wir uns dann die Klasse ApplicationModel näher ansehen
und die interaktiven Werkzeuge kennenlernen, mit denen Benutzeroberflächen
entwickelt werden können.

5.1.2 Fenster, Drucker und Graphikausgabe

Weiter oben haben wir gesagt, daß Sichten zwar beschreiben, was an welcher
Stelle in einem Fenster ausgegeben werden soll, daß sie aber selbst keine Fenster
verwalten und auch keine Graphikausgaben erzeugen. Warum ist das so? Schließlich könnte sich eine Sicht doch einfach merken, in welchem Bildschirmbereich
die Graphiken ausgegeben werden sollen, und mit Hilfe der für das jeweilige
Fenstersystem implementierten Graphikausgabefunktionen auf den Bildschirm

zeichnen! Eine solche Implementation hätte einen großen Nachteil: sie würde für
die Ausgabe auf den Bildschirm funktionieren, aber sobald dieselbe Graphik auf
einem Drucker, einem Plotter oder einem anderen Ausgabegerät ausgegeben werden soll, müßten wir entweder eine weitere Sicht-Klasse implementieren, die andere Ausgabefunktionen benutzt, oder für unsere Sicht weitere Methoden für das
neue Ausgabegerät implementieren. Als Konsequenz müßten wir in die Methoden, mit denen die Ausgabe angestoßen wird, Fallunterscheidungen einbauen, die
die für das Ausgabegerät richtige Klasse bzw. Methode auswählen.

Die Klassenbibliothek von VisualWorks® verwirklicht hier einen wesentlich
eleganteren Ansatz: sie enthält:

- Klassen, deren Exemplare Ausgabegeräte darstellen (Bildschirm, Drucker),
- Klassen, deren Exemplare eine „Oberfläche" beschreiben, auf der Graphiken
  ausgegeben werden können (ein Fenster auf einem Bildschirm, ein „Druckjob"
  auf einem Drucker), und
- Klassen, deren Exemplare die für ein Ausgabegerät geeigneten Funktionen
  kennen und an die die eigentliche Graphikausgabe delegiert werden kann.

Im einzelnen gibt es diese Klassen:

- Für Ausgabegeräte: Screen (Bildschirm) und Printer (Drucker). Diese Klassen
  haben die gemeinsame abstrakte Oberklasse GraphicsDevice.
- Für Oberflächen zur Graphikausgabe: Window und ScheduledWindow für
  Fenster, Pixmap und Mask als Möglichkeit, im Hauptspeicher eine Raster-
  graphik zu erzeugen, bevor sie auf dem Bildschirm ausgegeben wird, sowie
  PostscriptFile und HostPrintJob zur Druckausgabe. Die gemeinsame Ober-
  klasse für diese Klassen ist GraphicsMedium.
- Für Graphikfunktionen: die abstrakte Klasse GraphicsContext mit den
  Unterklassen ScreenGraphicsContext, PostScriptGraphicsContext und
  HostPrinterGraphicsContext.

Wir werden uns in diesem Kapitel nur mit der Ausgabe in Fenstern befassen.

Damit es Ihnen nach all diesen theoretischen Ausführungen nicht langweilig
wird, wollen wir jetzt endlich einmal das tun, was in anderen Lehrbüchern über
Programmiersprachen normalerweise gleich auf der ersten Seite geschieht: wir
schreiben ein „Hello World"-Programm! Das sieht in Smalltalk so aus:

```
I window I
window := ScheduledWindow new.
window component: (ComposedText withText: 'Hello World').
window open
```

Wie Sie sehen, ist es auch nicht länger als ein "Hello World"-Programm in C oder
Pascal. Geben Sie diese Methode in einem Workspace ein und führen Sie sie mit
"do it" aus. Es wird ein Fenster wie in Abb. 5.4 geöffnet. Wir können das Fenster
wie gewohnt verschieben, vergrößern und verkleinern. Mit dem View-Button der
Maus können wir außerdem das View-Menu aktivieren, das wir bereits von den

anderen VisualWorks®-Fenstern her ken-
nen. Mit dem Menüpunkt close kann das
Fenster auch wieder geschlossen werden.
Später werden wir noch sehen, woher dieses
Menü kommt.

Abb 5.4: Ein einfaches Fenster

So kurz dieses Programm auch ist, wir
können daran schon einiges lernen. Um ein
Fenster zu öffnen, müssen wir ein Exemplar
von ScheduledWindow erzeugen und diesem die Nachricht #open schicken. Damit
in dem Fenster etwas angezeigt wird, geben wir dem ScheduledWindow eine
Komponente mit, die den gewünschten Inhalt beschreibt. Wir haben hier ein
Exemplar der Klasse ComposedText verwendet, um die Zeichenkette 'Hello World'
auszugeben. Warum? Nun, ein String kennt keinerlei Informationen darüber, wie
die in ihm enthaltenen Buchstaben graphisch darzustellen sind – es fehlen Informationen über Zeichensätze, Größe der Schrift, Länge von Zeilen, Zeilen-
zwischenräume usw. Damit ein String auf dem Bildschirm ausgegeben werden
kann, muß all dies aber bekannt sein. Ein ComposedText ist ein Objekt, das weiß,
wie ein Text bzw. eine Zeichenkette dargestellt werden soll. Und damit sind wir
wieder beim MVC-Paradigma angekommen: der ComposedText ist eine Sicht,
deren Modell die Zeichenkette 'Hello World' ist.

Wenn der Inhalt des Fensters neu ausgegeben werden muß, erzeugt ein
GraphicsMedium zuerst ein Exemplar einer Unterklasse von GraphicsContext.
Dieser GraphicsContext beschreibt das Koordinatensystem, das bei der Ausgabe
verwendet wird, und enthält Informationen über Farben, Liniendicke und weitere
Parameter, die die Graphikausgabe beeinflussen. Ein ScheduledWindow erzeugt
immer einen ScreenGraphicsContext, da die Ausgabe auf dem Bildschirm
erscheinen soll. Dieses Ausgabegerät („graphics device") wird durch ein
Exemplar der Klasse Screen repräsentiert, das in einer Instanzvariablen des
ScheduledWindows gespeichert ist. Als Programmierer verwendet man den
Screen nur sehr selten direkt, da die gesamte für die Graphikausgabe nötige Funk-
tionalität vom GraphicsContext bereitgestellt wird.

Im zweiten Schritt sendet das ScheduledWindow die Nachricht displayOn:
aGraphicsContext an seine Komponente. aGraphicsContext ist dabei das im ersten
Schritt erzeugte Exemplar der Klasse ScreenGraphicsContext. Die Komponente
des ScheduledWindows, in unserem Beispiel also der ComposedText, sendet dann
in ihrer Methode mit dem Namen displayOn: Nachrichten an das als Parameter
aGraphicsContext übergebene Objekt, die die gewünschte Graphik auf dem Bid-
schirm erzeugen. Diese beiden Schritte werden immer aufgeführt, wenn ein Ereignis eingetreten ist, das eine erneute Ausgabe auf dem Bildschirm erforderlich
macht. Solche Ereignisse sind z.B. das Öffnen des Fensters, eine Änderung der
Fenstergröße oder das Schließen eines anderen Fensters, von dem das Fenster
verdeckt war.

Als Komponente eines Fensters muß ein Objekt verwendet werden, das mindestens die Nachricht displayOn: versteht. Für solche Objekte gibt es in

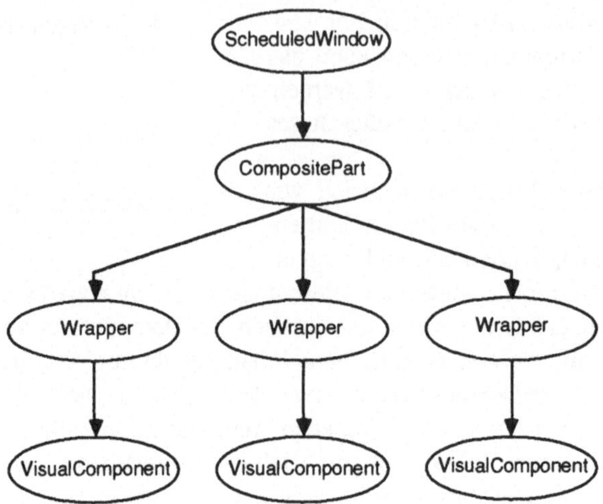

Abb. 5.5: Aufbau eines Fensterinhalts

VisualWorks® die abstrakte Klasse VisualComponent. ComposedText und alle
Klassen für Sichten, die wir kennenlernen werden, sind Unterklassen von
VisualComponent. Auch die Klassen der Graphikobjekte, die wir für die Beispiele
und Übungen in diesem Kapitel verwenden, werden Unterklassen von
VisualComponent sein.

Wie bereits erwähnt, ist es bei einer komplizierten Graphik, die vielen einzelnen
Bestandteilen besteht, nicht besonders sinnvoll, die gesamte Ausgabe von einer
einzigen Sicht, d.h. einem einzigen Exemplar von VisualComponent, zeichnen zu
lassen. Komplizierte Graphiken werden deshalb aus mehreren Graphikobjekten
zusammengesetzt. Für den Aufbau von hierarchisch aufgebauten Graphiken gibt
es die Klasse CompositePart. Ein CompositePart besitzt eine Instanzvariable
components, in der es eine Collection von anderen Graphikobjekten speichert.
Diese Graphikobjekte gehören zur Klasse Wrapper oder einer Unterklasse von
Wrapper. Wrapper (engl. für „Hülle") sind Behälter, die eine VisualComponent als
Komponente enthalten. Zusätzlich stellen sie Informationen darüber bereit, wo
diese Komponente innerhalb der Graphik ausgegeben werden soll, ob ein Rahmen
um sie gezeichnet wird und in welcher Größe sie gezeichnet werden soll. Abb. 5.5
zeigt schematisch den Aufbau eines Fensterinhalts, wenn das Fenster drei
Teilfenster enthält, die durch je eine VisualComponent realisiert werden. Das
ScheduledWindow enthält als Komponente ein CompositePart, dieses hat drei
Wrapper als Komponenten, die schließlich die im Fenster sichtbaren
Graphikobjekte enthalten. Abb. 5.6 zeigt, wie das zugehörige Fenster aussehen
könnte.

Sowohl CompositePart als auch Wrapper sind Unterklassen der Klasse
VisualComponent, d.h., die Exemplare dieser Klassen verstehen die Nachricht
displayOn: aGraphicsContext. Wenn das ScheduledWindow in Abb. 5.5 diese
Nachricht an das CompositePart schickt, dann erzeugt dieses selbst keine Aus-

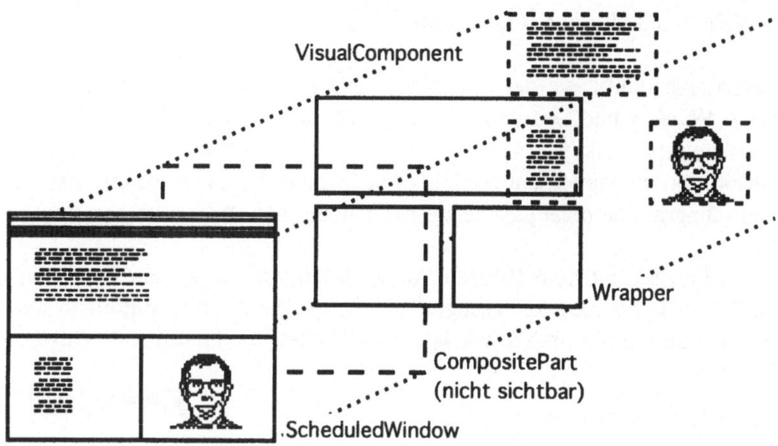

Abb. 5.6: Aufbau eines Fensterinhalts

gaben, sondern schickt seinerseits die Nachricht displayOn: aGraphicsContext an seine Komponenten, die Wrapper. Wenn ein Wrapper diese Nachricht erhält, verändert er Parameter des GraphicsContexts und schickt anschließend die Nachricht displayOn: aGraphicsContext an das Graphikobjekt weiter, das er als Komponente enthält. Welche Veränderungen am GraphicsContext vorgenommen werden, hängt von der konkreten Unterklasse von Wrapper ab. Typische Veränderungen sind das Verschieben des Koordinatensystems und die Einschränkung des Bereichs im Fenster, in dem gezeichnet wird. Exemplare von BorderedWrapper zeichnen einen Rahmen um den für ihre Komponente vorgesehenen Fensterbereich, bevor sie die displayOn:-Nachricht an ihre Komponente schicken.

Auf den ersten Blick mag diese Konstruktion etwas kompliziert erscheinen. Sie hat aber den Vorteil, daß die Ausgabemethode displayOn: für eine konkrete Unterklasse von VisualComponent implementiert werden kann, ohne daß ihre Position im Fenster oder der tatsächlich zur Verfügung stehende Bereich berücksichtigt werden müssen. Durch die Verwendung eines Wrapper-Objekts kann eine VisualComponent in einem Fenster in die linke obere Ecke und in einem anderen Fenster in die Mitte gesetzt werden, ohne daß dafür die Ausgabemethode geändert werden muß. Es ist noch nicht einmal nötig, die Position im Fenster als Parameter an die Ausgabemethode zu übergeben.

Da CompositePart eine Unterklasse von VisualComponent ist, kann ein Wrapper als Komponente selbst wiederum ein CompositePart enthalten. Dadurch wird es möglich, beliebig tief geschachtelte Hierarchien von Graphikobjekten aufzubauen. Der vollständige Inhalt des Fensters in Abb. 5.6 könnte so als Teil in ein größeres Fenster eingesetzt werden.

5.1.3 ScheduledWindow und GraphicsContext

In diesem Abschnitt werden wir näher auf die Eigenschaften der Klassen
ScheduledWindow und GraphicsContext eingehen. Um die Möglichkeiten zur
Graphikausgabe auszuprobieren, werden wir eigene Unterklassen von
VisualComponent implementieren, bis hin zu einer Klasse PieChart, die Kreis-
segment-Diagramme erzeugt, wie sie bei statistischen Auswertungen verwendet
werden.

Um ein Fenster auf dem Bildschirm zu öffnen, genügt es, ein Exemplar der
Klasse ScheduledWindow zu erzeugen und diesem die Nachricht open zu senden.
Wir können dies testen, indem wir in einem Workspace die folgende Anweisung
ausführen:

    ScheduledWindow new open

Als Ergebnis wird ein Fenster geöffnet, das ungefähr
wie in Abb. 5.7 aussieht (das Aussehen hängt vom
Fenstersystem des jeweiligen Rechners ab). Wie wir
schon am Beispiel im vorigen Abschnitt gesehen haben, kann das Fenster wie gewohnt verschoben, in der
Größe verändert und geschlossen werden.

Abb. 5.7: Ein
ScheduledWindow

Wenn man genau festgelegen will, an welcher
Stelle und in welcher Größe ein Fenster geöffnet werden soll, kann statt open die
Nachricht openIn: aRectangle an das ScheduledWindow gesendet werden. Der
Parameter aRectangle ist dabei der Bildschirmbereich, in dem das Fenster geöff-
net werden soll. Das Koordinatensystem ist dabei so aufgebaut, daß der Bildpunkt
in der linken oberen Ecke des Bildschirms die Koordinate 0 @ 0 hat, die erste
Koordinate nach rechts und die zweite nach unten wächst. Um ein Fenster zu
öffnen, dessen linke obere Ecke 100 Pixel rechts und unterhalb der linken oberen
Bildschirmecke liegt und dessen rechte untere Ecke 300 Pixel vom linken und 200
Pixel vom oberen Bildschirmrand entfernt ist, können wir folgende Anweisung
auswerten:

    ScheduledWindow new openIn: (100 @ 100 corner: 300 @ 200)

Ein ScheduledWindow kann einen Fenstertitel, eine Mindest- und eine Maximal-
größe haben. Diese werden festgelegt, indem man einem ScheduledWindow die
Nachrichten

    label: aString
    minimumSize: aPoint
    maximumSize: aPoint

schickt. Auf einem Apple Macintosh werden die Größenbegrenzungen allerdings
nur beachtet, wenn die Fenstergröße mit dem Menüpunkt resize aus dem View-
Menu geändert wird. Normalerweise hat ein Fenster beim Öffnen seine Mindest-
größe. Mit den folgenden Anweisungen öffnen wir ein Fenster, das den Titel

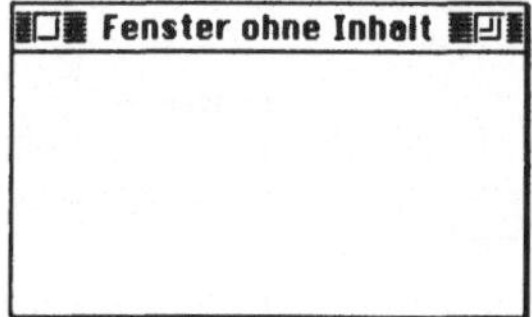

Abb. 5.8: ScheduledWindow mit Fenstertitel

„Fenster ohne Inhalt" hat, zwischen 200 und 400 Bildpunkten breit und 100 bis 300 Bildpunkte hoch sein darf (siehe Abb. 5.8).

```
I window I
window := ScheduledWindow new.
window label: 'Fenster ohne Inhalt'.
window minimumSize: 200 @ 100; maximumSize: 400 @ 300.
window open
```

In ein ScheduledWindow kann ein graphisches Objekt eingefügt werden, das ein Exemplar einer Unterklasse von VisualComponent sein muß. Dies geschieht mit der Nachricht

```
component: aVisualComponent
```

an das ScheduledWindow. Ein Beispiel hierfür haben wir schon im vorigen Abschnitt gesehen.

Wie bereits beschrieben, sendet ein ScheduledWindow seiner Komponente die Nachricht displayOn: aGraphicsContext, wenn eine Neuausgabe des Fensterinhalts notwendig ist. Die VisualComponent kann die Graphikoperationen, die der GraphicsContext bereitstellt, für die eigentliche Bildschirmausgabe verwenden. Im folgenden führen wir die Eigenschaften und Methoden von GraphicsContext ein, die hierfür gebraucht werden. Dazu verwenden wir ein Beispiel, mit dem alle neu eingeführten Methoden sofort getestet werden können.

Ein ScheduledWindow hat ein rechtwinkliges, zweidimensionales Koordinatensystem, wobei die erste Koordinate (x) von links nach rechts und die zweite Koordinate (y) von oben nach unten wächst. Der Punkt 0 @ 0 entspricht dabei dem Punkt in der linken oberen Ecke des Fensters. Ein Fenster, das 200 Pixel (Bild-

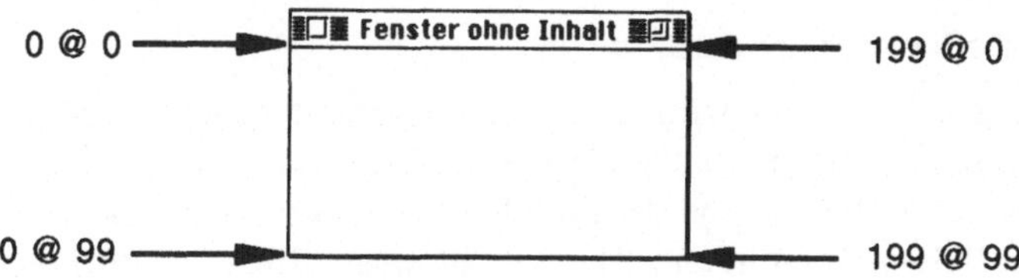

Abb. 5.9: Koordinaten in einem ScheduledWindow

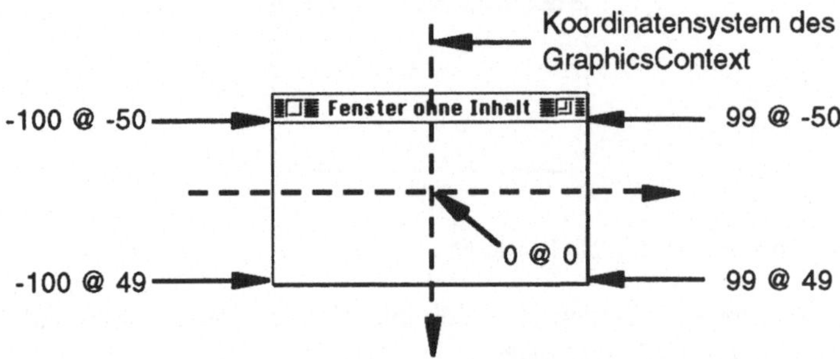

Abb. 5.10: Koordinaten eines GraphicsContext mit Translation 100 @ 50

punkte) breit und 100 Pixel hoch ist, hat also die Eckpunkte 0 @ 0, 199 @ 0, 0 @ 99 und 199 @ 99 (siehe Abb. 5.9). Punkte mit der x-Koordinate 200 oder der y-Koordinate 100 liegen bereits außerhalb des Fensters. Der Fensterrahmen, der vom Fenstersystem des Rechners erzeugt wird, wird bei der Größenbestimmung übrigens nicht mitgerechnet.

Ein GraphicsContext verfügt über ein eigenes Koordinatensystem, bei dem die Koordinaten ebenfalls in Pixeln gemessen werden, das aber gegenüber dem Koordinatensystem des ScheduledWindows verschoben sein kann. Die Verschiebung wird durch denjenigen Punkt im Koordinatensytem des ScheduledWindows angegeben, der dem Ursprung 0 @ 0 in Koordinaten des GraphicsContexts entspricht. In Abb. 5.10 ist dargestellt, welche Koordinaten die Eckpunkte des ScheduledWindows aus Abb. 5.9 in GraphicsContext-Koordinaten haben, wenn der GraphicsContext eine Translation (Verschiebung des Koordinatensystems) von 100 @ 50 hat, d.h., wenn sein Koordinatenursprung um 100 Pixel nach rechts und 50 Pixel nach unten verschoben ist.

Die Translation eines GraphicsContexts kann mit

    aGraphicsContext translation

abgefragt und mit

    aGraphicsContext translation: aPoint

auf den neuen Wert aPoint gesetzt werden. Soll die Translation um aPoint verschoben werden, kann man auch

    aGraphicsContext translateBy: aPoint

verwenden. Zur Translation wird dadurch in waagerechter Richtung die x-Koordinate und in senkrechter Richtung die y-Koordinate von aPoint addiert. Um die Wirkung dieser Methoden und der im folgenden eingeführten Eigenschaften zu veranschaulichen, erzeugen wir im Browser diese Unterklasse von VisualComponent:

```
VisualComponent subclass: #ShowExample
    instanceVariableNames: ''
    classVariableNames: ''
    poolDictionaries: ''
    category: 'Examples'
```

Im Klassenprotokoll instance creation der Klasse ShowExample implementieren
wir eine Methode, mit der wir auf bequeme Weise ein Fenster öffnen können, das
ein Exemplar von ShowExample enthält:

open
```
    "Erzeuge eine Instanz von ShowExample und übergebe sie an
    ein neues ScheduledWindow als dasjenige Objekt, das die Ausgabe
    im Fenster erzeugt."
    (ScheduledWindow new) label: 'Demo'; component: self new; open
```

Wir werden in der Klasse ShowExample die Methode displayOn: in verschiedenen
Varianten implementieren. displayOn: sollte in das Instanzprotokoll displaying
eingeordnet werden. Um den Effekt der verschiedenen Implementationen von
displayOn: zu testen, genügt es, jeweils

```
    ShowExample open
```

in einem Workspace auszuwerten. Wir können die Auswirkungen der Nachricht
translateBy: an einen GraphicsContext beobachten, indem wir im Instanzprotokoll
displaying der Klasse ShowExample folgende Methode implementieren:

displayOn: aGraphicsContext
```
    1 to: 10 do: [:i |
        aGraphicsContext translation printString asComposedText
            displayOn: aGraphicsContext.
        aGraphicsContext translateBy: 15 @ 15]
```

Wenn wir danach in einem Workspace den Ausdruck

```
    ShowExample open
```

auswerten, erhalten wir ein Fenster wie in Abb. 5.11. Die Nachricht displayOn:
wird in unserer Methode einfach an einen ComposedText weitergereicht, der er-
zeugt wird, indem einem String die Nachricht asComposedText gesendet wird.
Durch die Verschiebung des Koordinatensystems des GraphicsContexts erschei-
nen die Zeichenketten bei jedem Durchlaufen der Iteration an einer anderen Stelle.
Wichtig ist, daß die Exemplare der Klasse ComposedText in ihren eigenen
Ausgabemethoden immer die gleichen Koordinaten verwenden, also von der
Verschiebung gar nichts „wissen". Letztlich werden *alle* Ausgaben durch das
Senden von Nachrichten an einen GraphicsContext auf das Ausgabemedium ge-
bracht, und dieser GraphicsContext rechnet die Koordinaten seines eigenen
Koordinatensystems in Fensterkoordinaten um. Wenn man selbst eine Methode
für displayOn: implementiert, sollte man daher immer vom Koordinatensystem

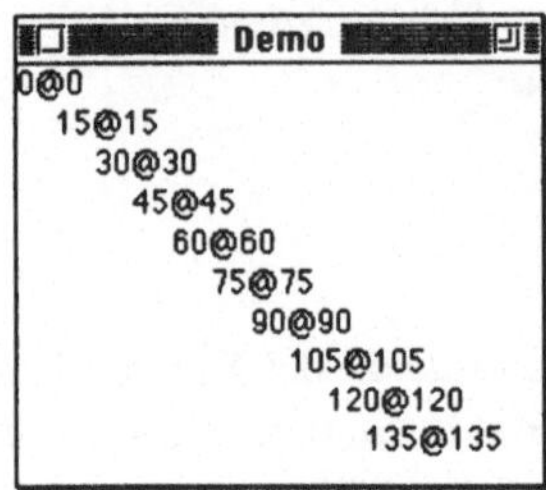

Abb. 5.11: Effekt von aGraphicsContext translateBy: aPoint.

des GraphicsContexts ausgehen, der als Parameter von displayOn: übergeben
wird, denn eventuelle Verschiebungen sind in diesem Koordinatensystem bereits
berücksichtigt. Außerdem sollte man, anders als im letzten Beispiel, die Translation des GraphicsContexts möglichst nicht verändern, denn es kann sein, daß ihn
auch noch andere Objekte verwenden. Wir haben mehrere Möglichkeiten, um
unerwünschte Nebeneffekte von Verschiebungen auszuschließen. Zum einen
können wir die Translation des GraphicsContexts am Ende einer Methode wieder
auf den ursprünglichen Wert setzen:

```
displayOn: aGraphicsContext
    | translation |

    "Ursprüngliche Translation merken."
    translation := aGraphicsContext translation.

    1 to: 10 do:
        [:i |
        aGraphicsContext translation printString
            asComposedText displayOn: aGraphicsContext.
        aGraphicsContext translateBy: 15 @ 15].

    "Translation auf vorherigen Wert setzen."
    aGraphicsContext translation: translation
```

Statt dessen können wir am Anfang der Methode eine temporäre Variable
graphicsContext deklarieren, mit der Anweisung

```
    graphicsContext := aGraphicsContext copy.
```

eine Kopie des GraphicsContexts erzeugen und diese Kopie statt des ursprüngli-
chen GraphicsContexts verwenden. Als weitere Möglichkeit können wir statt ei-
ner Verschiebung des Koordinatensystems und der Nachricht displayOn: an eine
VisualComponent auch die Nachricht displayOn:at: verwenden. Der zweite
Parameter dieser Nachricht ist der Punkt im Koordinatensystem des
GraphicsContexts, an dem die VisualComponent ausgegeben werden soll, die
Empfänger der Nachricht ist. Wenn eine VisualComponent die Nachricht
displayOn:at: erhält, verschiebt sie das Koordinatensystem des GraphicsContexts,

schickt dann an sich selbst die Nachricht displayOn: und setzt am Ende die Translation des GraphicsContexts auf den vorherigen Wert zurück.

Übung 5.1: Ändern Sie die Methode displayOn: von ShowExample mit Hilfe von displayOn:at: so ab, daß die Translation des GraphicsContexts nicht mehr verändert werden muß, um als Ergebnis ein Fenster wie in Abb. 5.11 zu erhalten.

Eine weitere Eigenschaft eines GraphicsContext ist die Farbe, in der Graphiken ausgegeben werden. Die aktuelle Zeichenfarbe ist die Antwort auf den Ausdruck

    aGraphicsContext paint

und mit

    aGraphicsContext paint: aPaint

kann die Farbe verändert werden. Die Objekte, die man dabei als Parameter aPaint angeben kann, sind Exemplare einer Unterklasse von Paint. Wir wollen hier nicht ins Detail gehen, weil es für die meisten Anwendungen vollkommen genügt, sich auf einige vordefinierte Farben zu beschränken. Diese Farben werden von Klassenmethoden der Klasse ColorValue bereitgestellt. Diese Methoden finden wir im Klassenprotokoll constants der Klasse ColorValue. Es gibt dort eine ganze Reihe von Methoden, die jeweils ein ColorValue-Objekt für einen bestimmte Farbe liefern. Für einen Monochrom-Bildschirm kann auf schwarz, weiß und mehrere vordefinierte Grauwerte zurückgegriffen werden. Farben werden auf einem Monochrom-System automatisch in Grauwerte umgewandelt. Eine Graphik, die in Farbe sehr gut aussieht, kann aber evtl. nach der automatischen Umwandlung kaum noch erkennbar sein, falls verschiedene Farben in gleiche Grauwerte übersetzt werden.

Damit die nächste graphische Ausgabe auf aGraphicsContext mit roter Farbe gezeichnet wird, genügt es, einen Ausdruck der Form

    aGraphicsContext paint: ColorValue red

auszuführen.

Für die Ausgabe von Rechtecken, Polygonzügen und Bögen kann außerdem noch die Breite geändert werden, mit der Linien gezeichnet werden. Mit den Nachrichten

    aGraphicsContext lineWidth
    aGraphicsContext lineWidth: anInteger

kann diese Breite abgefragt und verändert werden. anInteger ist dabei die neue Breite in Pixeln.

In den bisher gezeigten Beispielen wurde von einer VisualComponent in der Methode displayOn: immer eine andere VisualComponent (genauer: ein ComposedText) erzeugt, die die eigentliche Ausgabe übernommen hat. Im folgenden werden wir statt dessen dem GraphicsContext direkt mitteilen, welche Graphiken ausgegeben werden sollen. Die Klasse GraphicsContext verfügt im

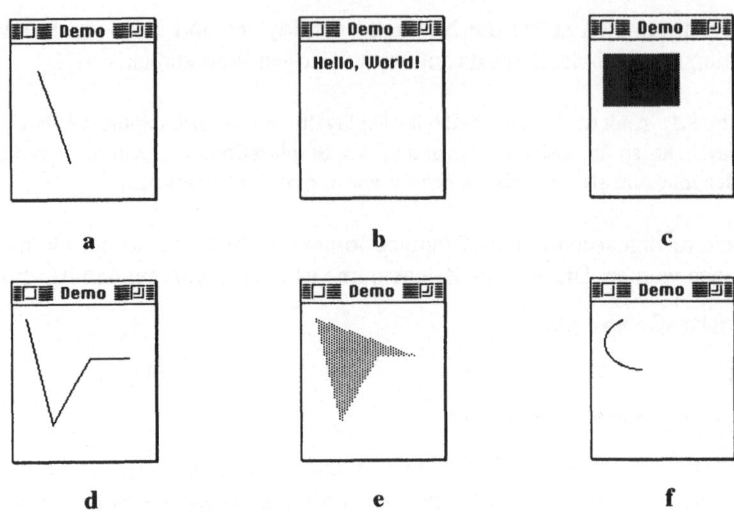

Abb. 5.12: Graphikausgabe mit Methoden von GraphicsContext

Protokoll **displaying** über einige Methoden, mit denen einfache graphische Operationen ausgeführt werden können. Wir können damit unter anderem Zeichenketten, Striche, Linienzüge, Polygone, Rechtecke und Segmente von Ellipsen ausgeben. Wir beschreiben hier nur die wichtigsten dieser Methoden. Alle Koordinaten müssen wieder als GraphicsContext-Koordinaten angegeben werden. Wir können diese Methoden testen, indem wir die angegebenen Beispielanweisungen in die Methode **displayOn:** von **ShowExample** einsetzen und **ShowExample open** auswerten.

- aGraphicsContext clear

    Der Inhalt des für die Ausgabe verfügbaren Teils des Fensters wird gelöscht. (Wir werden in Abschnitt 5.1.4 sehen, wie dieser Bereich kontrolliert werden kann.) Die Nachricht clear kann nur an einen ScreenGraphicsContext gesendet werden.

- aGraphicsContext displayLineFrom: startPoint to: endPoint

    Es wird eine Linie von startPoint nach endPoint gezeichnet. Beispiel (Abb. 5.12a):

    aGraphicsContext displayLineFrom: 20 @ 20 to: 45 @ 90

- aGraphicsContext displayString: aString at: aPoint

    Die Zeichenkette aString wird ausgegeben. Der Anfang der Basislinie der Zeichenkette (d.h. der linke untere Eckpunkt) wird dabei auf aPoint gelegt. Beispiel (Abb. 5.12b):

    aGraphicsContext displayString:'Hello, World!' at: 10 @ 20

– aGraphicsContext displayRectangularBorder: aRectangle
   Der Umriß des Rechtecks aRectangle wird gezeichnet.

– aGraphicsContext displayRectangle: aRectangle
   Es wird ein Rechteck gezeichnet, das mit der durch aGraphicsContext paint
   angegebenen Farbe gefüllt ist. Beispiel (Abb. 5.12c):

   aGraphicsContext paint: ColorValue gray.
   aGraphicsContext displayRectangle: (10 @ 10 corner: 70 @ 50)

– aGraphicsContext displayPolyline: aCollectionOfPoints
   Zeichnet einen Polygonzug, dessen Ecken als Punkte in der als Argument
   übergebenen Collection aCollectionOfPoints enthalten sind. Diese muß eine
   Collection sein, in der die Elemente eine definierte Reihenfolge haben (z.B.
   Array, OrderedCollection, SortedCollection). Beispiel (Abb. 5.12d):

   aGraphicsContext displayPolyline:
       (Array with: 10 @ 10 with: 30 @ 90 with: 60 @40 with: 90 @ 40)

– aGraphicsContext displayPolygon: aCollectionOfPoints
   Zeichnet ein Polygon, dessen Ecken als Punkte in aCollectionOfPoints ent-
   halten sind, und das mit der durch aGraphicsContext paint angegebenen
   Farbe gefüllt ist. aCollectionOfPoints muß eine Collection sein, in der die
   Elemente eine definierte Reihenfolge haben (z.B. Array, OrderedCollection,
   SortedCollection). Beispiel (Abb. 5.12e):

   aGraphicsContext paint: ColorValue lightGray.
   aGraphicsContext displayPolygon:
       (Array with: 10 @ 10 with: 30 @ 90 with: 60 @ 40 with: 90 @ 40)

– aGraphicsContext displayArcBoundedBy: aRectangle
   startAngle: aNumber1 sweepAngle: aNumber2
   Zeichnet einen elliptischen Bogen. aRectangle ist ein Rechteck, das die gesamte Ellipse umschließt. Gezeichnet wird das Segment, das durch den
   Winkel zwischen aNumber1 und aNumber1 + aNumber2 definiert wird. 0
   ist dabei die Richtung vom Zentrum der Ellipse waagerecht nach rechts, 90
   senkrecht nach unten, 180 waagerecht nach links usw. Beispiel
   (Abb. 5.12f):

   aGraphicsContext displayArcBoundedBy: (10 @ 10 corner: 70 @ 50)
       startAngle: 90 sweepAngle: 150

– aGraphicsContext displayWedgeBoundedBy: aRectangle
   startAngle: aNumber1 sweepAngle: aNumber2
   Gibt ein mit der durch aGraphicsContext paint gegebenen Farbe gefülltes
   Segment einer Ellipse aus. Die Parameter sind die gleichen wie beim
   Zeichnen eines elliptischen Bogens.

  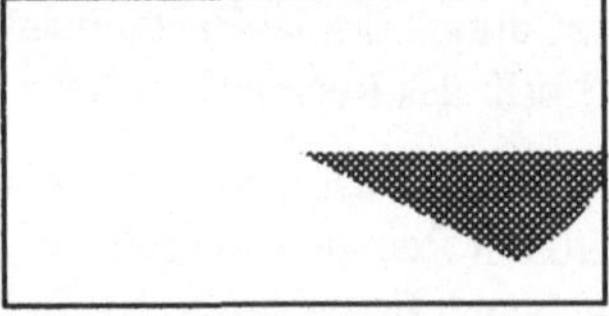

Abb. 5.13: Ellipsensegmente mit startAngle 0 und sweepAngle 45

Um einen Kreisbogen oder ein gefülltes Kreissegment zu zeichnen, können wir die Methoden zum Zeichnen von Ellipsen verwenden. Wir müssen dabei nur ein Quadrat statt eines Rechtecks angeben. Wenn als sweepAngle der Wert 360 angegeben wird, erhält man eine vollständige Ellipse. Die tatsächlich gezeichneten Winkel bei Ellipsenbögen und -segmenten stimmen übrigens nur dann mit den als Argumenten angegebenen Winkeln überein, wenn das umschließende Rectangle quadratisch ist. Andernfalls werden die Winkel so ausgegeben, als hätte man zuerst ein quadratisches Rectangle, d.h. einen Kreisbogen oder ein Kreissegment angegeben, und anschließend die so entstandene Graphik auf die endgültige Größe auseinandergezogen bzw. gestaucht. Bei einem startAngle von 0 (waagerecht nach rechts) und einem sweepAngle von 45 führt die Linie vom Mittelpunkt der Ellipse über den Endpunkt des Ellipsenbogens also *immer* zur rechten unteren Ecke des umschließenden Rechtecks, auch wenn dies geometrisch keinen Winkel von 45° ergibt (vgl. Abb. 5.13).

Es gibt eine weitere Eigenheit bei der Graphikausgabe, die rechnerabhängig ist. Der als corner eines Rectangles angegebene Punkt wird normalerweise so interpretiert, als ob er bereits außerhalb des Rechtecks läge. Dies ist z.B. wichtig bei der Berechnung von Breite und Höhe des Rechtecks und beim Test, ob ein Punkt innerhalb des Rechtecks liegt. Auf manchen Rechnern, z.B. auf dem Apple Macintosh, interpretieren aber die Ausgabemethoden der Klasse GraphicsContext – und nur diese – ein Rectangle so, als gehöre der Punkt noch zum Inneren des Rechtecks. Bei

    aGraphicsContext displayRectangle: (10 @ 10 corner: 30 @ 30)

werden in diesem Fall als rechter Rand des Rechtecks eine Linie vom Punkt 30 @ 10 zum Punkt 30 @ 30 und als unterer Rand eine Linie von 10 @ 30 nach 30 @ 30 gezeichnet. Wir werden bei allen folgenden Beispielen annehmen, daß Rechtecke bei der Graphikausgabe genauso interpretiert werden wie in der Klasse Rectangle. Sollte auf Ihrem Rechner eine Ausgabe am rechten und unteren Rand „abgeschnitten" sein, dann müssen die in den Beispielen angegebenen Rechtecke in Höhe und Breite um ein Pixel verkleinert werden.

Von den meisten der genannten Methoden zur Graphikausgabe gibt es eine zweite Variante, die einen Punkt als zusätzlichen Parameter hat. Bei der Ausgabe wird die Graphik um diesen Punkt verschoben. Mit

    aGraphicsContext displayRectangle: (0 @ 0 corner: 20 @ 20) at: 10 @ 10

wird beispielsweise das gleiche Rechteck gezeichnet wie mit

```
aGraphicsContext displayRectangle: (10 @ 10 corner: 30 @ 30)
```

Wir werden nun eine etwas kompliziertere für praktische Anwendungen brauchbare Unterklasse von VisualComponent entwickeln. Wenn Anteile an einer Größe mehreren verschiedenen Objekten zugeordnet werden können, z.B. bei der Verteilung der Gesamtzahl der Wählerstimmen einer Wahl auf die zur Wahl stehenden Parteien, dann wird dies graphisch oft mit Hilfe eines Kreissektorendiagramms dargestellt. Bei einem Kreissektorendiagramm wird ein Kreis so in Sektoren aufgeteilt, daß jedem Objekt (z.B. jeder Partei), das einen Anteil an der Gesamtheit hat, ein Sektor entspricht. Der Anteil, den die Fläche eines Sektors an der Gesamtfläche des Kreises hat, ist dabei genauso groß wie der Anteil an der Gesamtheit, der dem zu dem Sektor gehörenden Objekt zugeordnet ist. Für die Ausgabe von Kreissektorendiagrammen werden wir eine Klasse PieChart implementieren. Diese Klasse werden wir auch noch in den folgenden Abschnitten verwenden.

Wir gehen davon aus, daß ein PieChart zur Berechnung der Sektoren eine SequenceableCollection benutzt, in der für jeden Sektor eine Association enthalten ist. Der Schlüssel (key) der Association ist ein beliebiges Objekt und der Wert (value) eine Zahl. Es wird vorausgesetzt, daß die Verteilung vollständig durch die Collection vorgegeben ist. Die Summe der Werte aller Associations muß also die gesamte aufzuteilende Größe ergeben. Die SequenceableCollection kann eine OrderedCollection, ein Array oder eine SortedCollection sein.

Die Segmente sollen im Uhrzeigersinn angeordnet werden. Das erste Segment beginnt mit einer senkrecht nach oben gerichteten Kante. Außerdem sollen die Segmente mit Farben gefüllt und ohne Ränder gezeichnet werden. Die Farben von benachbarten Segmenten müssen natürlich verschieden sein. Jedes PieChart kann andere Farben für die Ausgabe verwenden. Für den Fall, daß für ein PieChart keine Farben angegeben werden, soll eine OrderedCollection mit Standardfarben benutzt werden, die in einer Klassenvariablen von PieChart gespeichert ist.

Übung 5.2: Erzeugen Sie die Klasse PieChart in der Kategorie Examples. Versehen Sie die Klassen mit einer Instanzvariablen für die Liste der Farben für die Sektoren und implementieren Sie geeignete Methoden für den Zugriff auf die Farbenliste. Schreiben Sie außerdem eine Methode im Klassenprotokoll von PieChart, mit der die Liste der Standardfarben initialisiert werden kann. Initialisieren Sie die Farbenliste.

Im nächsten Schritt implementieren wir für PieChart eine Methode dataCollection, die die Daten für die Berechnung der Sektoren liefert. Für den Anfang genügt es, diese Daten als Konstanten in den Quelltext der Methode einzusetzen.

dataCollection
```
    | data |
    data := OrderedCollection new.
    data    add: #number1 -> 10; add: #number2 -> 25;
            add: #number3 -> 18; add: #number4 -> 22;
            add: #number5 -> 7.
    ^data
```

Mit der folgenden Methode werden die Winkel für die Sektoren berechnet:

angles
```
    | list total angles |
    list := self dataCollection.
    total := list inject: 0 into: [:sum :association | sum + association value].
    angles := list collect: [:association | association value * 360 / total].
    ^angles
```

Beide Methoden sollten in das Instanzprotokoll accessing von PieChart eingeordnet werden. Die Anzahl der Farben in der Farbenliste stimmt normalerweise nicht mit der Anzahl der auszugebenden Sektoren überein. Deshalb benötigen wir eine Methode, die für einen bestimmten Sektor die richtige Farbe bestimmt. Eine Spezialbehandlung braucht dabei der letzte Sektor, da sichergestellt werden muß, daß sich seine Farbe von der Farbe des ersten Sektors unterscheidet. (Wenn die Methode zur Bestimmung der Farbenliste, die Sie in Übung 5.2 implementiert haben, nicht colors heißt, müssen Sie die folgenden Anweisungen entsprechend ändern.)

colorFor: anIndex
```
    | theColor |
    theColor := self colors at: ((anIndex - 1) \\ self colors size) + 1.
    ((anIndex = self dataCollection size and: [anIndex > 1])
        and: [theColor = self colors first])
        ifTrue: [^self colors at: 2].
    ^theColor
```

Übung 5.3: Einen kleinen Haken haben die beiden Methoden angles und colorFor: noch. Wenn die Liste der Farben leer ist oder nur eine Farbe enthält, gibt es einen Fehler in colorFor:. Außerdem kann auch in angles ein Fehler auftreten. Welcher? Ändern Sie die beiden Methoden so ab, daß diese Fehler verhindert werden.

Wir haben nun alle Voraussetzungen geschaffen, um die Ausgabe eines PieCharts zu implementieren (die Winkelangabe 270 in der Methode steht für „senkrecht nach oben", wie in der Aufgabenbeschreibung angegeben):

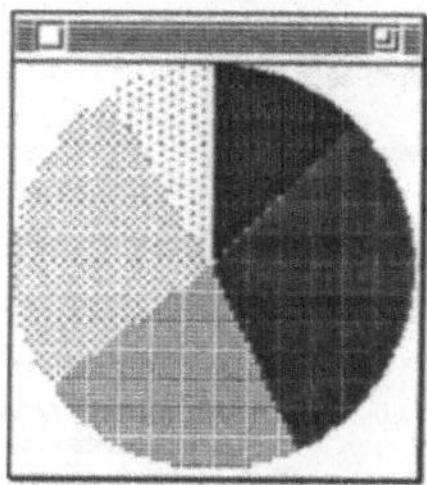

Abb. 5.14: Ein ScheduledWindow mit einem PieChart

```
displayOn: aGraphicsContext
    | angleList angle rectangle |
    angleList := self angles.
    angle := 270.
    rectangle := 0 @ 0 extent: 150 @ 150.
    1 to: angleList size do:
        [:index |
        aGraphicsContext paint: (self colorFor: index).
        aGraphicsContext displayWedgeBoundedBy: rectangle
            startAngle: angle
            sweepAngle: (angleList at: index).
        angle := angle + (angleList at: index) \\ 360]
```

Mit den folgenden Anweisungen können wir ein Fenster öffnen, das ein PieChart enthält (siehe Abb. 5.14). Diese Anweisungen können auch als Methode open im Klassenprotokoll instance creation von PieChart untergebracht werden, um das Öffnen des Fensters zu vereinfachen. Falls Sie eine solche Methode schreiben, können Sie PieChart in der dritten Zeile durch self ersetzen.

```
| window |
window := ScheduledWindow new.
window component: PieChart new.
window open
```

In den beiden Beispielklassen ShowExample und PieChart sind bisher alle Koordinaten und die Größe der Graphik als Konstanten in der Methode displayOn: vorgegeben. Dies hat zwei Nachteile. Zum einen ist es zur Berechnung oft notwendig, die Größe von Graphikobjekten zu bestimmen, bevor sie ausgegeben werden. Zum anderen sind bei ShowExample und PieChart Teile der Graphik nicht mehr sichtbar, wenn das Fenster kleiner ist als die erzeugte Graphik. Bei Kreissektorendiagrammen wäre es sinnvoll, wenn sich die Größe der ausgegebenen Graphik automatisch an die Fenstergröße anpassen könnte. Beides ist in der Klassenbibliothek von VisualWorks® bereits vorgesehen. Im letzten Teil dieses Abschnitts werden wir die Methoden und eine Unterklasse von VisualComponent kennenlernen, die die gewünschten Eigenschaften realisieren.

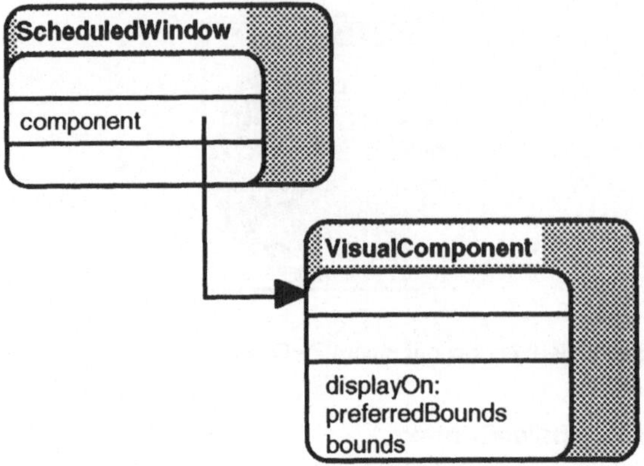

Abb. 5.15: VisualComponent als Komponente eines ScheduledWindow

Zur Bestimmung der Größe einer Graphik können zwei Nachrichten an jede VisualComponent geschickt werden. Die zugehörigen Methoden sind im Protokoll bounds accessing von VisualComponent implementiert. Die erste Nachricht heißt preferredBounds. Eine VisualComponent antwortet darauf mit einem Rectangle, das die „bevorzugte" Fläche für die Ausgabe der Graphik angibt. Das Rechteck sollte den gesamten Bereich umschließen, der für eine vollständige Ausgabe der Graphik nötig ist. Im Normalfall sollte die linke obere Ecke des Rechtecks der Punkt 0 @ 0 sein. Wenn eine VisualComponent als Komponente eines Wrappers in eine strukturierte Graphik eingefügt wird, dann schickt der Wrapper ihr u.a. bei jeder Veränderung der Fenstergröße die Nachricht preferredBounds. Die Methode preferredBounds muß deshalb wie die Methode displayOn: in jeder Unterklasse von VisualComponent implementiert werden.

Die zweite Nachricht, mit der die von einer Graphik belegte Fläche abgefragt werden kann, heißt bounds. Eine VisualComponent antwortet auf diese Nachricht mit einem Rectangle, das die tatsächlich für die Graphikausgabe benutzte Fläche angibt. Wie diese Fläche bei einer konkreten Unterklasse von VisualComponent bestimmt wird, hängt davon ab, welche Oberklasse wir verwendet haben. Sehen wir uns zunächst an, was geschieht, wenn wir wie in den bisherigen Beispielen in der Oberklasse VisualComponent bleiben.

Wenn ein Exemplar einer Unterklasse von VisualComponent, z.B. ein PieChart, mit der Anweisung

aScheduledWindow component: aVisualComponent

als Komponente in ein ScheduledWindow eingefügt wird, dann merkt sich das ScheduledWindow zwar die Komponente in seiner Instanzvariablen component, es gibt aber keine Referenz von der VisualComponent auf das ScheduledWindow (siehe Abb. 5.15). Die VisualComponent hat also keine Möglichkeit, aus der Methode bounds heraus auf das ScheduledWindow zuzugreifen, um die Fenstergröße abzufragen. Deshalb antwortet eine VisualComponent auf die Nachricht

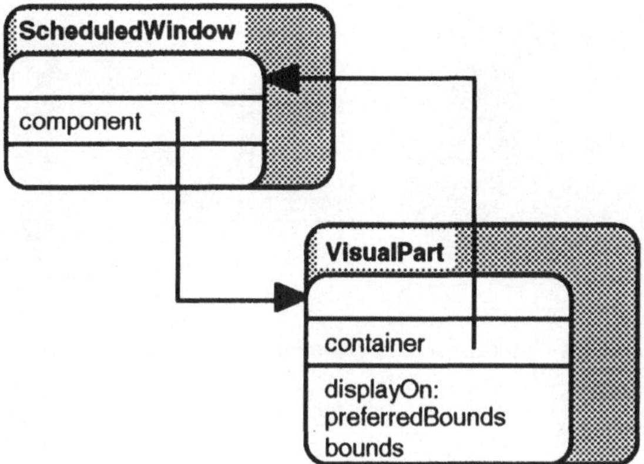

Abb. 5.16: VisualPart als Komponente eines ScheduledWindow

bounds mit ihrer bevorzugten Größe, d.h., sie sendet sich selbst die Nachricht
preferredBounds und gibt das daraus resultierende Rechteck als Ergebnis der
Methode bounds zurück. Eine VisualComponent kann also nach der Fläche gefragt werden, die von der Graphik belegt wird, sie kann aber diese Fläche nicht an
die Fenstergröße anpassen, weil sie keine Möglichkeit hat, diese zu berechnen.

Diese Möglichkeit ist in einer Unterklasse von VisualComponent implementiert,
die VisualPart heißt. VisualPart ist wie VisualComponent eine abstrakte Klasse.
Wie bei Unterklassen von VisualComponent müssen auch bei Unterklassen von
VisualPart die beiden Methoden preferredBounds und displayOn: implementiert
werden. Wenn ein VisualPart mit

    aScheduledWindow component: aVisualPart

in ein ScheduledWindow eingebettet wird, dann merkt sich nicht nur das
ScheduledWindow eine Referenz auf das VisualPart. Auch das VisualPart speichert eine Referenz auf das ScheduledWindow in der Instanzvariablen container
(siehe Abb. 5.16). In der Methode bounds fragt ein VisualPart seinen container
mit der Anweisung

    self container compositionBoundsFor: self

nach der für die Ausgabe verfügbaren Fläche. Ein ScheduledWindow antwortet
darauf immer mit einem Rectangle, das die gesamte Fensterfläche angibt. Der
Grund dafür ist, daß ein ScheduledWindow nur eine einzige Komponente hat und
dieser daher die gesamte Fensterfläche zur Verfügung steht. Wenn ein VisualPart
keinen container hat, antwortet es wie eine VisualComponent mit seinen
preferredBounds.

Um Kreissektorendiagramme zu erhalten, die sich automatisch an die
Fenstergröße anpassen, müssen wir also die Klasse PieChart an drei Stellen ändern. Zuerst ergänzen wir im Protokoll bounds accessing die fehlende Methode
preferredBounds:

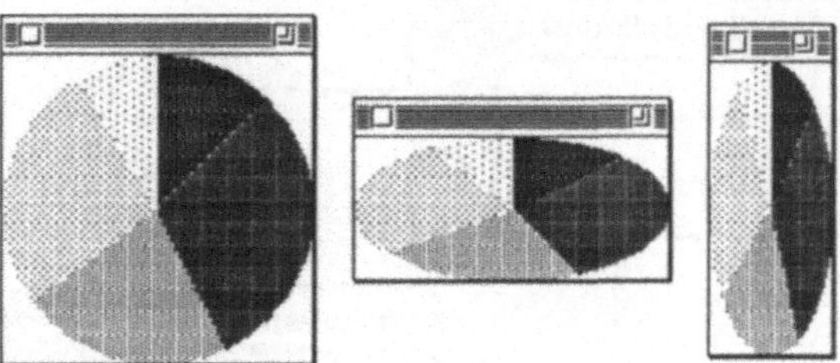

Abb. 5.17: PieChart als Unterklasse von VisualPart

preferredBounds
```
^0 @ 0 corner: 150 @ 150
```

Danach ändern wir die Methode displayOn: so ab, daß sie statt eines im Quelltext angegebenen Rechtecks die zur Ausgabe verfügbare Fläche verwendet:

displayOn: aGraphicsContext
```
    I angleList angle rectangle I
    angleList := self angles.
    angle := 270.
    rectangle := self bounds.
    1 to: angleList size do:
        [:index I
        aGraphicsContext paint: (self colorFor: index).
        aGraphicsContext
            displayWedgeBoundedBy: rectangle
            startAngle: angle rounded
            sweepAngle: (angleList at: index).
        angle := angle + (angleList at: index) \\ 360]
```

Nach diesen beiden Änderungen ist unsere Klasse PieChart schon erheblich leichter zu pflegen, weil es mit der Methode preferredBounds nur noch eine genau definierte Stelle gibt, an der Informationen über die Größe der Graphik untergebracht sind. Am Verhalten hat sich noch nichts geändert. Die automatische Anpassung an die Fenstergröße erreichen wir durch das Ersetzen der Oberklasse VisualComponent durch VisualPart in der Klassendefinition von PieChart:

```
VisualPart subclass: #PieChart
    instanceVariableNames: 'colors'
    classVariableNames: 'DefaultColors'
    poolDictionaries: ''
    category: 'Examples'
```

Wenn wir jetzt wieder ein Fenster öffnen, das ein PieChart enthält, dann sehen wir, daß die Graphik das Fenster unabhängig von seiner Größe immer vollständig ausfüllt (Abb. 5.17).

Übung 5.4: Ändern Sie die Methode displayOn: von PieChart so ab, daß das Kreissektorendiagramm immer kreisförmig ist und den verfügbaren Platz dennoch so weit wie möglich ausfüllt. Sie benötigen dafür die Nachrichten width und height aus dem Instanzprotokoll von Rectangle und die Nachrichten min:, max: und evtl. extent: aus dem Instanzprotokoll von Point. Welchen Effekt haben diese Nachrichten? Sehen Sie sich auch weitere Methoden von Point und Rectangle im Browser an, damit Sie mit den vielfältigen Möglichkeiten von geometrischen Berechnungen mit Punkten und Rechtecken vertraut werden.

5.1.4 CompositePart und Wrapper – Rahmen für die Bilder

Nachdem nun geklärt ist, wie ein Graphikobjekt Ausgaben in einem Fenster erzeugt, sehen wir uns in diesem Abschnitt den Aufbau von strukturierten Graphiken mit Hilfe von Exemplaren der Klassen CompositePart und Wrapper an. Wir haben das Prinzip bereits im Abschnitt 5.1.2 kurz beschrieben.

Ein aus mehreren Graphikobjekten zusammengesetzter Fensterinhalt wird realisiert, indem in ein ScheduledWindow ein CompositePart als Komponente eingefügt wird. Das CompositePart enthält seinerseits eine Liste von Exemplaren der Klasse Wrapper oder von Unterklassen von Wrapper. Ein Wrapper hat eine VisualComponent als Komponente (siehe Abb. 5.5). Die Hauptaufgabe eines Wrappers ist es, vor der Ausführung der displayOn:-Methode durch seine Komponente den zur Ausgabe verwendeten GraphicsContext zu verändern. Die wichtigste Veränderung ist dabei das Verschieben des Koordinatensystems des GraphicsContexts, womit die Positionierung von Graphikobjekten in einem Fenster ermöglicht wird.

Wenn wir ein CompositePart erzeugen und Graphikobjekte in seine Komponentenliste einfügen wollen, können wir eine Reihe von Methoden verwenden, die die benötigten Wrapper automatisch erzeugen. Wir werden diese Methoden zusammen mit den verschiedenen Unterklassen von Wrapper beschreiben.

Wrapper ist eine Unterklasse von VisualPart und die einfachste der Wrapper-Klassen. Ein Exemplar der Klasse Wrapper verändert den GraphicsContext nicht, der an seine Komponente weitergereicht wird. Die Aufgabe der Klasse Wrapper ist vor allem, ein gemeinsames Methodenprotokoll für alle Wrapper-Klassen zu definieren und sicherzustellen, daß ein graphisches Objekt in einer strukturierten Graphik *immer* in einen Wrapper eingebettet werden kann, auch wenn die Graphik unverändert im Fenster ausgegeben wird. Dies ist notwendig, weil ein CompositePart bestimmte Nachrichten an seine Komponenten schickt, die nur Exemplare der Klasse Wrapper bzw. einer Unterklasse von Wrapper verstehen. In diesem Abschnitt werden wir die Klassen TranslatingWrapper, LayoutWrapper, BoundedWrapper und BorderedWrapper kennenlernen. TranslatingWrapper und LayoutWrapper verschieben das zur Ausgabe verwendete Koordinatensystem. Exemplare von BoundedWrapper und BoundingWrapper begrenzen zusätzlich die Größe der Graphik auf einen Teilbereich des Fensters. BorderedWrapper können außerdem noch einen Rahmen um diesen Teilbereich zeichnen.

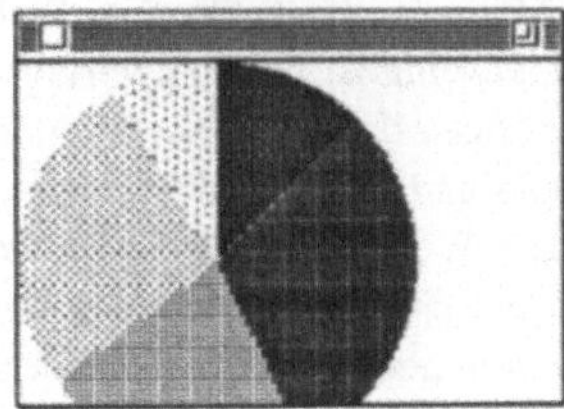

Abb. 5.18: PieChart in einem Wrapper

Das Vorgehen beim Aufbau einer strukturierten Graphik ist einfach. Wir erzeugen zunächst ein CompositePart. Diesem übergeben wir ein oder mehrere Graphikobjekte als Komponenten. Dazu senden wir die Nachricht add: aVisualComponent an das CompositePart. Wir werden später noch weitere Nachrichten zum Einfügen von Komponenten in ein CompositePart kennenlernen. Im letzten Schritt fügen wir das CompositePart als Komponente in ein ScheduledWindow ein und öffnen dieses:

```
I composite window I
composite := CompositePart new.
composite add: PieChart new.
window := ScheduledWindow new.
window component: composite.
window open
```

Wenn wir diese Anweisungen auswerten, erhalten wir ein Fenster, das ähnlich aussieht wie in Abb. 5.18. In der Methode add: von CompositePart wird automatisch ein Exemplar der Klasse Wrapper erzeugt. Das ScheduledWindow hat also als Komponente ein CompositePart. Dieses wiederum hat eine Liste von Komponenten, die hier genau ein Element, nämlich einen Wrapper, enthält. Der Wrapper schließlich enthält als Komponente das PieChart-Objekt.

Das PieChart wird in der Größe seiner preferredBounds ausgegeben und ist nicht an die Fenstergröße angepaßt. Dies liegt an der Art, wie ein VisualPart, ein Wrapper und ein CompositePart bei der Bestimmung der für die Ausgabe des VisualParts verfügbaren Fläche zusammenarbeiten. Das PieChart fragt in der Methode bounds (Abb. 5.19, Schritt 1) seinen container, also den Wrapper, mit der Nachricht

```
self container compositionBoundsFor: self
```

nach dem Bereich für die Ausgabe (Schritt 2). Der Wrapper leitet diese Anfrage eines VisualParts an seinen eigenen container, das CompositePart, weiter (Schritt 3). Dieses antwortet darauf mit den preferredBounds des Absenders der Anfrage, d.h. des Wrappers (Schritt 4). Der Wrapper gibt als preferredBounds wiederum die preferredBounds seiner component zurück, also die des PieCharts (Schritt 5). Anders als am Ende von Abschnitt 5.1.3, wo der container ein ScheduledWindow war, das auf die Nachricht compositionBoundsFor: mit seiner

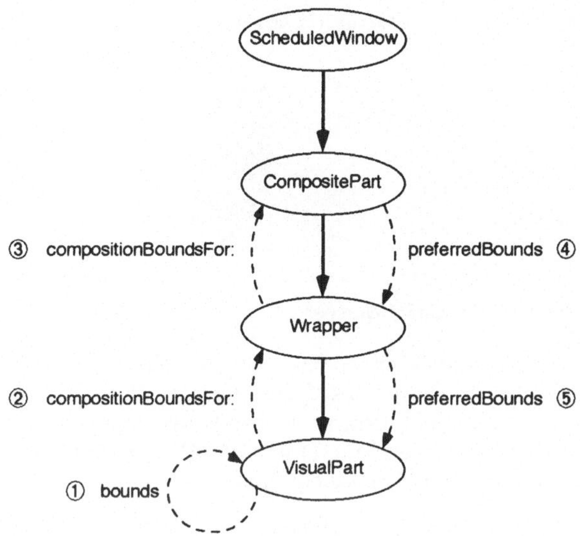

Abb. 5.19: Nachrichtenfluß bei aVisualPart bounds

eigenen Größe geantwortet hat, paßt sich die Größe eines VisualParts also nicht
automatisch an die Fenstergröße an, wenn es als Komponente eines Wrappers in
eine strukturierte Graphik eingefügt wird. Um eine Größenanpassung zu erreichen, müssen wir eine andere Art von Wrapper, nämlich einen BoundedWrapper,
verwenden.

Ein Wrapper kann auch explizit mit

```
Wrapper on: aVisualComponent
```

oder mit

```
I wrapper I
wrapper := Wrapper new.
wrapper component: aVisualComponent
```

erzeugt werden. Mit der Nachricht component: an einen Wrapper können wir auch
nachträglich noch die component des Wrappers austauschen. In ein
CompositePart wird ein Wrapper mit der Nachricht addWrapper: eingefügt. Damit
können wir dasselbe Ergebnis wie im vorigen Beispiel auch mit den folgenden
Anweisungen erzielen:

```
I composite window I
composite := CompositePart new.
composite addWrapper: (Wrapper on: PieChart new).
window := ScheduledWindow new.
window component: composite.
window open
```

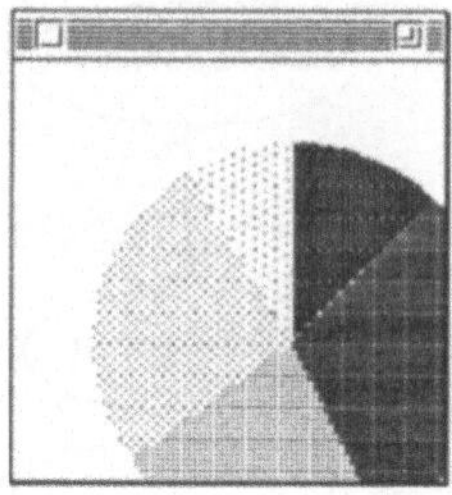

Abb. 5.20: PieChart mit TranslatingWrapper

Wenn ein Fenster mehrere Graphikobjekte enthält, müssen sie normalerweise an
verschiedenen Stellen im Fenster ausgegeben werden. Die einfachste Unterklasse
von **Wrapper**, die dies ermöglicht, ist TranslatingWrapper. Wie der Name der
Klasse bereits sagt, verschiebt ein TranslatingWrapper die Ausgabe seiner
component. Erzeugt wird ein TranslatingWrapper mit

TranslatingWrapper on: aVisualComponent at: aPoint

Übung 5.5: Öffnen Sie ein Fenster, in dem ein PieChart um 20 Pixel nach rechts verschoben ist.

Erhält der TranslatingWrapper die Nachricht displayOn: aGraphicsContext, dann
verschiebt er das Koordinatensystem von aGraphicsContext um aPoint und sendet
anschließend displayOn: aGraphicsContext an seine component. Wenn wir zur
Erzeugung des TranslatingWrappers die Nachricht on: statt on:at: verwenden, ist
die Translation 0 @ 0, d.h., die Graphik wird nicht verschoben. Wenn wir negative Koordinaten angeben, erhalten wir eine Verschiebung nach links bzw. nach
oben. Auch ein TranslatingWrapper kann automatisch erzeugt werden, indem man
zum Einfügen einer VisualComponent in ein CompositePart die Nachricht add:at:
benutzt:

```
| composite window |
composite := CompositePart new.
composite add: PieChart new at: 30 @ 30.
window := ScheduledWindow new.
window component: composite.
window open.
```

Wie bei einem Wrapper wird als Bereich für die Ausgabe das Rechteck verwendet, das Ergebnis der Methode preferredBounds ist (vgl. Abb. 5.20). Die Translation eines TranslatingWrappers kann mit

aTranslatingWrapper translation

abgefragt werden. Um die Verschiebung des Koordinatensystems nachträglich zu
verändern, können wir an das CompositePart, das den TranslatingWrapper enthält,
eine Nachricht schicken:

```
    aCompositePart move: aTranslatingWrapper to: aPoint
```

oder

```
    aCompositePart move: aTranslatingWrapper by: aPoint
```

Der erste Ausdruck setzt die Translation auf den neuen Wert aPoint, der zweite addiert aPoint zur Translation. Diese Nachrichten benötigt man, um eine Benutzeroberfläche zu realisieren, die es erlaubt, Objekte in einem Fenster zu verschieben, und für Animationen.

Bei einem TranslatingWrapper kann man nur absolute Koordinaten für die Verschiebung angeben. Wenn eine Graphik um einen bestimmten Bruchteil der Höhe bzw. Breite der verfügbaren Ausgabefläche verschoben werden soll, dann muß man ein Exemplar der Klasse LayoutWrapper verwenden. LayoutWrapper ist eine Unterklasse von TranslatingWrapper, bei der eine Verschiebung durch ein Exemplar der Klasse LayoutOrigin angegeben werden kann. Ein LayoutOrigin gibt zum einen den Anteil an der Breite bzw. Höhe der verfügbaren Fläche, um die das Koordinatensystem verschoben wird, durch Zahlen zwischen 0 und 1 an. Diese Zahlen werden mit folgenden Ausdrücken festgelegt:

```
    aLayoutOrigin leftFraction: aNumber
    aLayoutOrigin topFraction: aNumber
```

Außerdem kann eine zusätzliche Verschiebung in absoluten Koordinaten angegeben werden:

```
    aLayoutOrigin leftOffset: aNumber
    aLayoutOrigin topOffset: aNumber
```

Auch eine Kombination aus relativer und absoluter Verschiebung ist möglich:

```
    aLayoutOrigin leftFraction: aNumber1 offset: aNumber2
    aLayoutOrigin topFraction: aNumber1 offset: aNumber2
```

Für eine Verschiebung nach links bzw. oben können auch hier negative Koordinatenwerte angegeben werden. Im folgenden Beispiel wird ein PieChart so positioniert, daß seine linke obere Ecke ein Viertel der Fensterbreite vom linken Fensterrand und ein Drittel der Fensterhöhe plus 20 Pixel vom oberen Fensterrand entfernt ist:

```
    | layout composite |
    layout := LayoutOrigin new.
    layout leftFraction: 1 / 4.
    layout topFraction: 1 / 3 offset: 20.
    composite := CompositePart new.
    composite addWrapper: (LayoutWrapper on: PieChart new in: layout).
    (ScheduledWindow new) component: composite; open
```

Soll statt der linken oberen Ecke z.B. der Mittelpunkt einer VisualComponent an eine andere Stelle verschoben werden, dann verwendet man einen

AlignmentOrigin. Bei einem AlignmentOrigin kann man zusätzlich zu den Parametern für einen LayoutOrigin noch einen Punkt innerhalb der von der VisualComponent belegten Fläche angeben, der nach der Verschiebung auf dem Nullpunkt des Koordinatensystems liegen soll. Dieser Punkt wird durch Anteile an der Breite und Höhe der VisualComponent angegeben. Die Ausdrücke, mit denen man den Punkt festlegt, sind

```
anAlignmentOrigin leftAlignment: aNumber
anAlignmentOrigin topAlignment: aNumber
```

Um ein PieChart so zu positionieren, daß sein Mittelpunkt je ein Drittel der Fensterbreite bzw. -höhe von der linken oberen Fensterecke entfernt ist, können wir das Fenster so aufbauen:

```
| layout composite |
layout := AlignmentOrigin new.
layout leftFraction: 1 / 3; topFraction: 1 / 3;
    leftAlignment: 1 / 2; topAlignment: 1 / 2.
composite := CompositePart new.
composite addWrapper: (LayoutWrapper on: PieChart new in: layout).
(ScheduledWindow new) component: composite; open
```

Wenn mehrere Graphiken in einem Fenster ausgegeben werden und sich nicht überschneiden dürfen oder wenn ein VisualPart seine Größe an die verfügbare Fläche anpassen soll, benötigt man einen BoundedWrapper. Die Klasse BoundedWrapper ist eine Unterklasse von LayoutWrapper. Sie bietet über die Verschiebung der Ausgabe hinaus drei verschiedene Arten der Begrenzung auf ein Rechteck im Koordinatensystem eines GraphicsContext:

- Die Ausgabe kann auf ein Rechteck mit fester Größe und Position eingegrenzt werden, das als Rectangle mit Koordinaten des GraphicsContext angegeben wird.
- Die Ausgabe kann auf einen *Anteil* an der verfügbaren Fläche begrenzt werden, indem ein „relatives" Rechteck angegeben wird.
- Mit Hilfe eines Exemplars der Klasse LayoutFrame können relative und absolute Größenangaben gleichzeitig verwendet werden.

Erzeugt wird ein BoundedWrapper mit

```
BoundedWrapper on: aVisualComponent in: layout
```

Dies kann man abkürzen, indem man einem CompositePart die Nachricht

```
aCompositePart add: aVisualComponent in: layout
```

schickt. layout ist dabei entweder ein Rectangle oder ein LayoutFrame.

Wenn wir eine feste Größe für die Ausgabe festlegen wollen, dann geben wir als layout ein Rectangle in Koordinaten des GraphicsContexts an. Ist aVisualComponent ein Exemplar einer Unterklasse von VisualComponent, dann wird die Ausgabe am Rand dieses Rechtecks abgeschnitten. Handelt es sich dage-

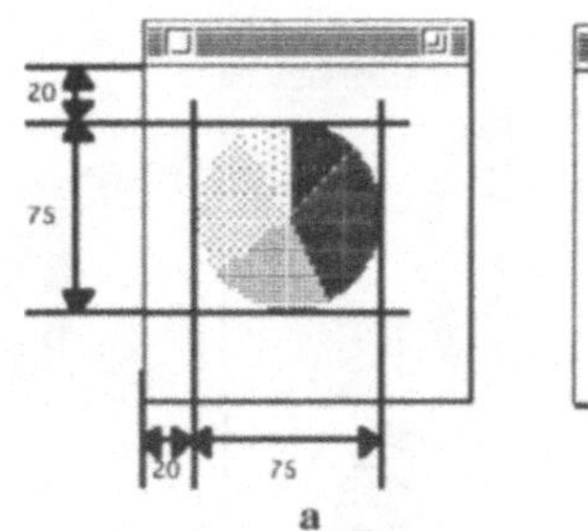

Abb. 5.21: PieChart mit BoundedWrapper

gen um ein VisualPart, dann kann dieses die Größe seiner Ausgabe an die Größe des Rectangles anpassen, das es von dem BoundedWrapper als Ausgabebereich erhält.

> **Übung 5.6:** Öffnen Sie ein Fenster, in dem ein PieChart im Rectangle (20 @ 20 extent: 75 @ 75) ausgegeben wird (siehe Abb. 5.21a).

Abb. 5.21b wäre das Ergebnis, wenn PieChart eine Unterklasse von VisualComponent wäre, die ihre bounds nicht anpassen kann.

Liegen Teile des angegebenen Rechtecks außerhalb des Fensters, wird die Graphik am Fensterrand abgeschnitten. In vielen Fällen ist dieses Verhalten nicht erwünscht. Bei der Arbeit mit einem Browser wäre es z.B. sehr unangenehm, wenn bei einer Verkleinerung des Fensters plötzlich die Methodenliste nicht mehr sichtbar wäre. Eine automatische Anpassung an die Fenstergröße können wir erreichen, indem wir statt eines Rechtecks in Pixel-Koordinaten ein Rechteck angeben, dessen Koordinaten alle zwischen 0 und 1 liegen. In diesem Fall interpretiert ein BoundedWrapper die Koordinaten als Anteile an der Breite bzw. Höhe der bounds seines containers. In unseren Beispielen ist dies die Größe des ScheduledWindows. Ist z.B. das Fenster 100 Pixel breit, dann wird ein Wert von 0.3 für eine x-Koordinate in 0.3 * 100 = 30 umgerechnet. Diese Umrechnung wird jedesmal vorgenommen, wenn das Fenster neu gezeichnet wird. Deshalb paßt sich das Begrenzungsrechteck automatisch der Fenstergröße an. Mit den folgenden Anweisungen können wir ein Fenster mit zwei PieChart-Objekten erzeugen. Das Begrenzungsrechteck des ersten ist halb so breit und hoch wie das Fenster und beginnt in der linken oberen Ecke. Das zweite PieChart hat eine Begrenzung, deren linker Rand eine viertel Fensterbreite vom linken Rand beginnt. Ihr oberer Rand liegt auf halber Höhe des Fensters, und das PieChart ist halb so hoch und breit wie das Fenster (Abb. 5.22).

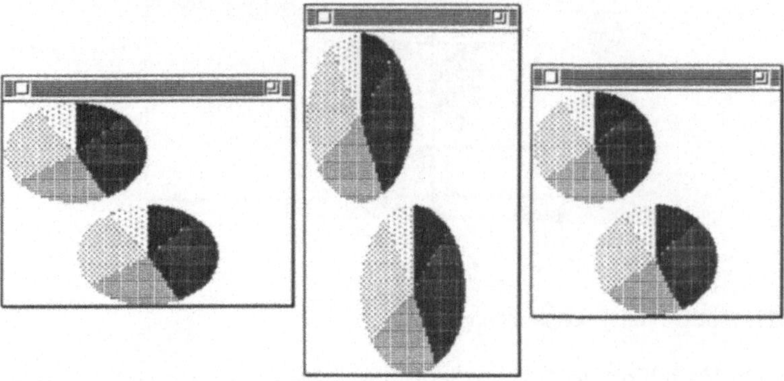

Abb. 5.22: PieChart in einem BoundedWrapper mit relativen Begrenzungen

```
| composite |
composite := CompositePart new.
composite add: PieChart new in: (0 @ 0 extent: 0.5 @ 0.5).
composite add: PieChart new in: (0.25 @ 0.5 extent: 0.5 @ 0.5).
(ScheduledWindow new) component: composite; open
```

Übung 5.7: Finden Sie heraus, mit welchem Layout ein BoundedWrapper initialisiert wird, wenn er mit

```
BoundedWrapper on: aVisualComponent
```

bzw.

```
BoundedWrapper on: aVisualComponent at: aPoint
```

erzeugt wird.

Für eine noch flexiblere Gestaltung des Layouts genügt ein Rectangle nicht mehr. Nehmen wir einmal an, in einem Fenster soll ein PieChart so ausgegeben werden, daß seine linke obere Ecke immer in der Mitte des Fensters liegt. Hierfür benötigen wir relative Koordinaten. Wenn das PieChart aber gleichzeitig eine feste Größe von 150 @ 100 Pixeln haben soll, dann müssen diese in absoluten Koordinaten angegeben werden. Gibt man diese Mischung von relativen und absoluten Koordinaten als Rectangle 0.5 @ 0.5 extent: 150 @ 100 an, entsteht eine zweideutige Situation, weil nicht klar ist, ob mit 0.5 die absolute Koordinate 0.5 gemeint ist (die noch auf einen ganzzahligen Wert gerundet werden muß) oder eine relative Größe. Um diese Zweideutigkeit zu verhindern, werden Koordinaten in einem Rectangle immer als absolute Koordinaten interpretiert, wenn irgendeiner der auftretenden Werte größer als 1 ist. Kommen sowohl Zahlen zwischen 0 und 1 als auch größere Koordinatenwerte vor, dann werden die Zahlen, die kleiner als 1 sind, zu 0 oder 1 gerundet, und wir erhalten ein Rechteck mit absoluten Koordinaten.

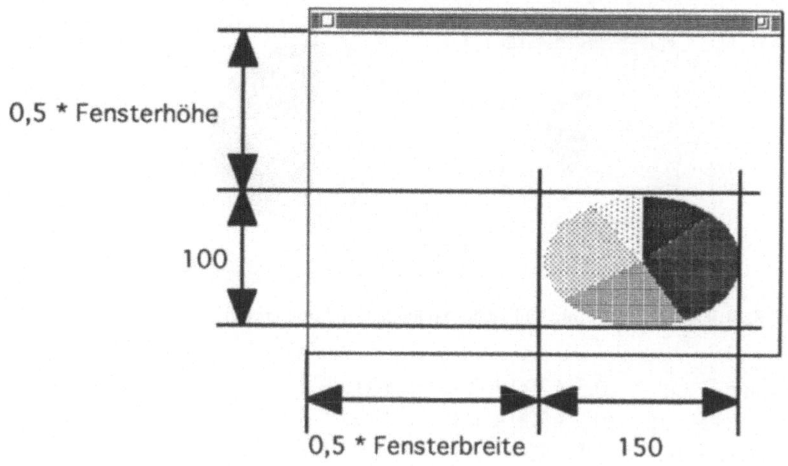

Abb. 5.23: PieChart mit einem LayoutFrame

Für die Kombination von relativen und absoluten Koordinaten steht uns die
Klasse LayoutFrame zur Verfügung. Bei einem LayoutFrame können wie bei einem LayoutOrigin relative Koordinaten, also Anteile an der Fensterbreite und
-höhe, angegeben und zusätzlich um absolute Koordinaten verschoben werden.
Als Beispiel wollen wir ein PieChart so in das Fenster einsetzen, daß seine linke
obere Ecke genau in der Mitte des Fensters und die rechte untere Ecke 100 Pixel
unterhalb und 150 Pixel rechts davon liegt (Abb. 5.23).

```
I layout composite I
layout := LayoutFrame leftFraction: 0.5 offset: 0
        rightFraction: 0.5 offset: 150
        topFraction: 0.5 offset: 0
        bottomFraction: 0.5 offset: 100.
composite := CompositePart new.
composite add: PieChart new in: layout.
(ScheduledWindow new) component: composite; open
```

Die tatsächlichen Koordinaten bei der Ausgabe errechnen sich immer nach der
Formel

Koordinate = (Fraction * Fensterbreite) + Offset.

Daraus folgt, daß Anteile an der Höhe bzw. Breite des Fensters immer vom oberen bzw. linken Rand des Fensters aus gemessen werden. Bei einem Fenster mit
200 Pixeln Breite und 150 Pixeln Höhe erhalten wir mit dem angegebenen
LayoutFrame folgende Koordinaten:

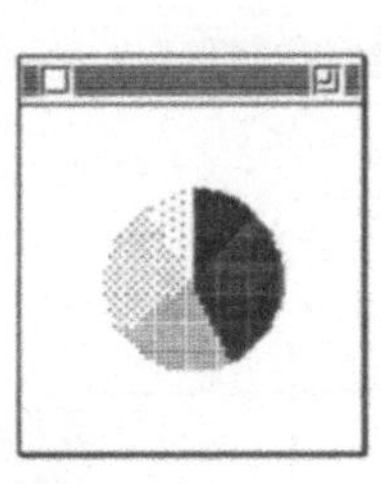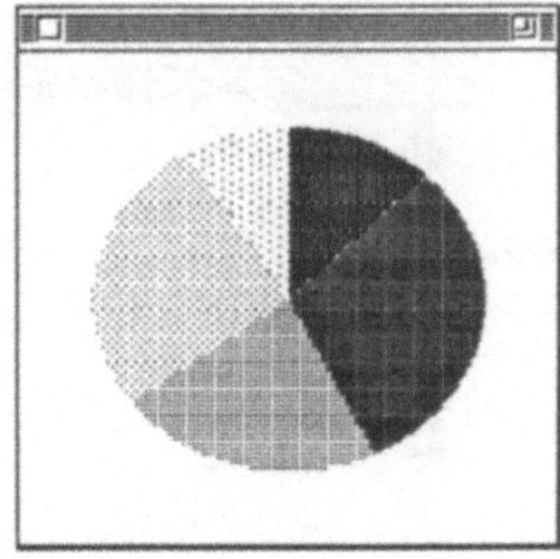

Abb. 5.24: LayoutFrame mit 30 Pixeln Abstand zum Fensterrand

linker Rand: 0.5 * 200 + 0   = 100
rechter Rand: 0.5 * 200 + 150   = 150
oberer Rand: 0.5 * 150 + 0   =   75
unterer Rand: 0.5 * 150 + 100   = 175

Übung 5.8: Der Offset bei einem LayoutFrame darf auch negativ sein. Benutzen Sie
dies, um ein Fenster zu erzeugen, in dem ein PieChart enthalten ist, das an allen Seiten
30 Pixel Abstand zum Fensterrand hat (Abb. 5.24).

Falls das Fenster so klein wird, daß der linke Rand des Begrenzungsrechtecks
rechts vom rechten Rand oder der obere Rand unterhalb des unteren liegt, dann
wird im Fenster nichts mehr ausgegeben. Man sollte deshalb dem
ScheduledWindow eine ausreichende Minimalgröße geben, wenn man einen
LayoutFrame verwendet, bei dem dieser Fall eintreten kann.

Übung 5.9: Wenn Sie mehrere Komponenten in ein CompositePart einfügen, dann dürfen sich deren Ausgabebereiche überschneiden. Erzeugen Sie Bilder wie in Abb. 5.25!
In welcher Reihenfolge werden die Komponenten eines CompositeParts ausgegeben?

Wenn um den Bereich für die Ausgabe zusätzlich ein Rahmen gezeichnet werden

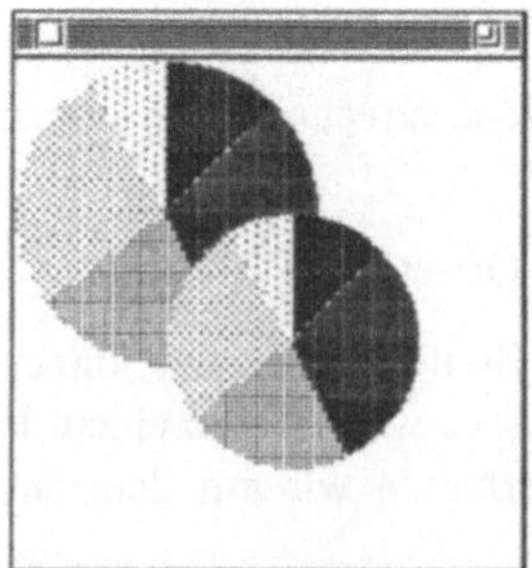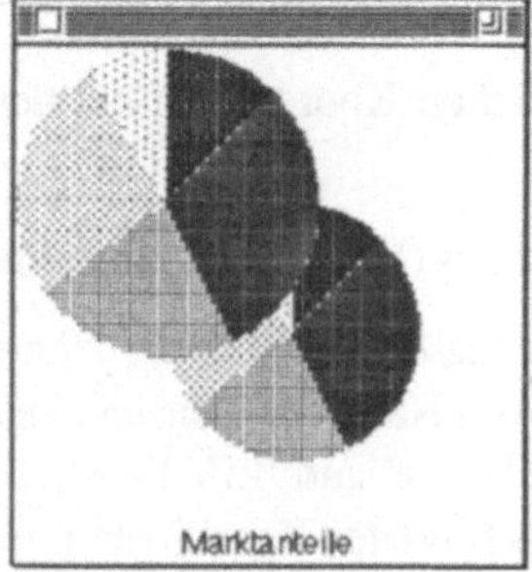

Abb. 5.25: Überlappende VisualComponent-Objekte

soll, kann die Unterklasse BorderedWrapper von BoundedWrapper verwendet
werden. Rahmen sind oft nötig, um verschiedene Teile eines Fensters klar voneinander abzugrenzen. Außerdem kann ein BorderedWrapper den Bereich für die
Ausgabe mit einer Hintergrundfarbe füllen, bevor seine component die Nachricht
displayOn: erhält. Ein BorderedWrapper wird mit denselben Nachrichten erzeugt,
die auch zum Erzeugen von Instanzen der Klasse BoundedWrapper benutzt werden. In diesem Fall wird ein Rahmen gezeichnet, der ein Pixel breit ist. Die Farbe
dieses Rahmens ist normalerweise links und oben ColorValue white, rechts und
unten ColorValue black. Bei weißem Fensterhintergrund sind deshalb der linke
und der obere Rand nicht sichtbar. Wir werden weiter unten sehen, wie dies geändert werden kann. Wie bei den anderen Wrapper-Klassen gibt es eine Nachricht,
mit der ein CompositePart automatisch einen BorderedWrapper erzeugt:

```
aCompositePart add: aVisualComponent borderedIn:
```

layout ist wieder ein Rectangle oder ein LayoutFrame wie bei einem
BoundedWrapper. Den Standard-Rahmen um ein PieChart erhalten wir mit den
folgenden Anweisungen (Abb. 5.26a):

```
I layout composite I
layout := LayoutFrame leftFraction: 0 offset: 20
        rightFraction: 1 offset: -20
        topFraction: 0 offset: 20
        bottomFraction: 1 offset: -20.
composite := CompositePart new.
composite add: PieChart new borderedIn: layout.
(ScheduledWindow new) component: composite; open.
```

Wir können beim Erzeugen des BorderedWrappers auch eine andere Rahmen-
breite angeben. Hierzu ersetzen wir die Anweisung, mit der das PieChart in das
CompositePart eingefügt wird, durch

```
composite add: PieChart new in: layout borderWidth: 5.
```

Das Ergebnis ist ein 3 Pixel breiter Rahmen (Abb. 5.26b). Der Rahmen liegt übrigens innerhalb der Fläche, die durch das layout angegeben wird. Ein Rahmen verkleinert also den Ausgabebereich. Wenn wir wie in der letzten Übung mehrere
sich überschneidende Graphikobjekte in ein Fenster einfügen, sehen wir, daß der
Hintergrund dieser Objekte „durchsichtig" ist, d.h., der Bereich für die Ausgabe
wird nicht gelöscht, bevor ein Graphikobjekt darauf zeichnet (siehe Abb. 5.26c).
Dies und die Gestaltung des Rahmens können durch Nachrichten an den
BorderedWrapper geändert werden. Wird ein BorderedWrapper mit

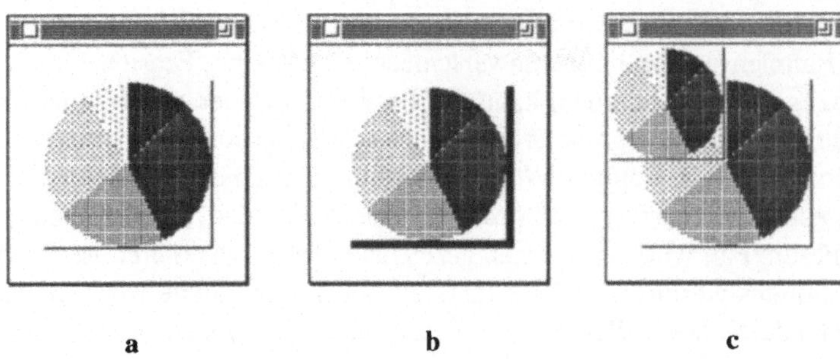

a   b   c

Abb. 5.26: PieChart in einem BorderedWrapper

```
BorderedWrapper on: aVisualComponent in: aLayoutObject
    insideColor: aColorValue
```

erzeugt und anschließend mit addWrapper: in ein CompositePart eingefügt, dann
wird der Ausgabebereich vor dem Zeichnen mit der Farbe aColorValue gefüllt.
Mit der Anweisung

```
aBorderedWrapper borderColor: aColorValue
```

kann die Farbe des Rahmens geändert werden. Dies betrifft alle vier Seiten
gleichzeitig. Mit

```
aBorderedWrapper borderWidth: anInteger
```

können wir die Breite des Rahmens verändern. Die Breite des Rahmens kann mit

```
aBorderedWrapper borderWidthLeft: w1 right: w2 top: w3 bottom: w4
```

sogar für alle vier Seiten auf verschiedene Werte w1, w2, w3 und w4 gesetzt werden. Abb. 5.27a wurde mit den folgenden Anweisungen erzeugt:

```
I layout wrapper composite I
layout := 0 @ 0 extent: 1 @ 1.
wrapper := BorderedWrapper on: PieChart new in: layout
    insideColor: ColorValue black.
wrapper borderColor: ColorValue gray; borderWidth: 5.
(composite := CompositePart new) addWrapper: wrapper.
(ScheduledWindow new) component: composite; open.
```

BorderedWrapper haben noch eine weitere Eigenschaft. Sie können um den
Rahmen herum einen Abstand freilassen, der wiederum die Fläche für die
Ausgabe verkleinert. Layouts wie in Abb. 5.24 lassen sich damit viel einfacher
herstellen als mit einem LayoutFrame. Allerdings ist dabei der Abstand an allen
vier Seiten gleich groß. Der Abstand wird mit

```
aBorderedWrapper inset: anInteger
```

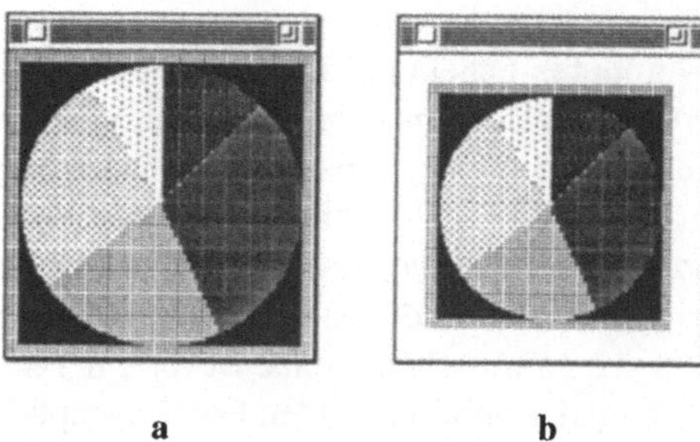

a   b

Abb. 5.27: BorderedWrapper mit geändertem Rahmen und inset

auf eine Breite von anInteger Pixeln gesetzt. Abb. 5.27b ist mit den gleichen Anweisungen entstanden wie Abb. 5.27a, nur daß der BorderedWrapper zusätzlich einen inset von 15 Pixeln hat.

Wenn Ihnen die bisher beschriebenen Möglichkeiten für Rahmen noch nicht genügen, sollten Sie sich die Klasse Border in der Kategorie Interface-Support ansehen. Ein Border beschreibt einen Rahmen, dessen Breite und Farbe an allen vier Seiten verschieden sein können. Die Methoden, mit denen Sie das Aussehen eines Borders beeinflussen können, finden Sie im Instanzprotokoll private. Lassen Sie sich dadurch nicht davon abschrecken, diese Methoden zu benutzen! Ein Border kann bei der Erzeugung eines BorderedWrappers mit angegeben oder mit Hilfe der Nachricht border: aBorder an einen BorderedWrapper übergeben werden.

5.1.5 Formatierte Texte

Für die Ausgabe von Zeichenketten haben wir bereits die Nachricht displayString:at: kennengelernt, die an einen GraphicsContext gesendet werden kann. Die Ausgabemethode, die daraufhin ausgeführt wird, verwendet den Font (d.h. eine bestimmte Schriftart wie kursiv oder fett innerhalb einer Schriftfamilie wie Helvetica oder Times), der auch von den Programmierwerkzeugen benutzt wird. Es fehlt dabei die Möglichkeit, Formatierungen wie Fettdruck, Kursivschrift, Angaben über den zu verwendenden Font und die Tabulatoren anzugeben. Ein Exemplar der Klasse String stellt lediglich eine Aneinanderreihung von Zeichen dar. Für die Formatierung von Texten gibt es in VisualWorks® eine Reihe weiterer Klassen.

Die Klasse Text ermöglicht, zu einem String anzugeben, daß Teile der Zeichenkette mit einer Auszeichnung versehen sind. Als Auszeichnung bezeichnet man in der Typographie eine Veränderung der Schrift, um einen Teil des Textes hervorzuheben, z.B. Fettschrift, Kursivschrift oder gesperrte Schrift. Eine Auszeichnung wird in VisualWorks® bei einem Text-Objekt durch einen Namen in Form eines Symbols angegeben. Welcher Font bei der Ausgabe für ein Zeichen verwendet werden soll und welche Modifikationen für eine bestimmte Auszeichnung an diesem Font vorgenommen werden, wird durch ein Exemplar der Klasse

CharacterAttributes beschrieben. Für die Darstellung eines konkreten Fonts benutzt ein CharacterAttributes-Objekt ein Exemplar der Klasse FontDescription. Eine FontDescription ist eine plattformunabhängige Beschreibung eines Fonts. Da auf verschiedenen Rechnern und unter verschiedenen Betriebssystemen auch verschiedene Fonts installiert sind (z.B. Postscript-Fonts unter Solaris und TrueType-Fonts unter MS Windows), enthält eine FontDescription Angaben über einen Font wie den Namen der Schriftfamilie, die Strichstärke, die Schriftgröße und den Namen des Herstellers des gewünschten Fonts. Bevor ein Text ausgegeben wird, sucht VisualWorks® zu jeder vorkommenden FontDescription einen Plattform-Font, der möglichst gut zu ihr paßt. Auf diese Weise bleiben VisualWorks®-Anwendungen über Plattformen mit unterschiedlichen Fonts hinweg portabel.

Außer der Angabe von Fonts benötigt man bei der Textausgabe noch Informationen über die Absatzausrichtung (linksbündig, rechtsbündig, zentriert oder Blocksatz), den Zeilenabstand, die Positionen von Tabulatoren und den Abstand zwischen Zeilenbeginn und -ende und dem Rand des zur Ausgabe verfügbaren Bereichs. Diese Informationen werden zusammen mit einem CharacterAttributes-Objekt in einem Exemplar der Klasse TextAttributes abgelegt. Ein ComposedText schließlich dient zur eigentlichen Ausgabe von Text und enthält außer einem Text und einem TextAttributes-Objekt noch die Breite und Höhe des Bereichs, in dem der Text ausgegeben wird. Ein ComposedText kann vor der Ausgabe außerdem selbständig einen Zeilenumbruch vornehmen.

Um einen formatierten Text in einem Fenster auszugeben, müssen wir einen ComposedText erzeugen, dem wir einen Text übergeben. Da ComposedText eine Unterklasse von VisualComponent ist, können wir ein Exemplar dieser Klasse direkt in ein ScheduledWindow oder einen Wrapper einfügen. Alternativ können wir auch eine eigene Unterklasse von VisualComponent oder VisualPart implementieren, in deren displayOn:-Methode wiederum die Nachricht displayOn: an einen ComposedText weitergeleitet wird. Im Abschnitt 5.1.3 haben wir diese Technik bei der Klasse ShowExample angewendet.

Die einfachste Möglichkeit, einen ComposedText zu erzeugen, ist, einem String oder Text die Nachricht asComposedText zu senden:

```
| text |
text := 'Dies ist ein Beispieltext.' asComposedText.
(ScheduledWindow new) component: text; open.
```

Falls der Text teilweise oder ganz mit Auszeichnungen versehen werden soll, dann müssen wir zunächst ein Text-Objekt erzeugen und diesem die gewünschte Information mitteilen. Zur Umwandlung in einen Text senden wir die Nachricht asText an einen String. Eine zweite Möglichkeit ist, die Nachricht

```
Text fromString: aString
```

zu verwenden. Außerdem kann man noch direkt ein Text-Objekt mit dem Ausdruck

```
Text new: anInteger
```

erzeugen, wobei anInteger die Länge der Zeichenkette ist. Da Text wie String eine Unterklasse von CharacterCollection ist und beide den größten Teil ihres Protokolls von dieser gemeinsamen Oberklasse erben, kann man alle Nachrichten zur Bearbeitung von Zeichenketten, die wir für die Klasse String kennengelernt haben, auch an Text-Objekte schicken.

Einen Text können wir anweisen, eine Auszeichnung auf einen Abschnitt der Zeichenkette anzuwenden, indem wir ihm die Nachricht

aText emphasizeFrom: startIndex to: stopIndex with: aStyleName

schicken. Die ersten beiden Argumente geben den Index des ersten und des letzten Zeichens an, auf die die Auszeichnung mit dem Namen aStyleName angewendet werden soll. Um den gesamten Text mit einer einheitlichen Auszeichnung zu versehen, kann man die Nachricht

aText emphasizeAllWith: aStyleName

benutzen. Wenn wir danach mit der Nachricht asComposedText einen ComposedText für diesen Text erzeugen und dem ComposedText vor der Ausgabe keine weiteren Informationen über Textattribute und Fonts übergeben, dann verwendet dieser vordefinierte CharacterAttributes- und TextAttributes-Objekte. In den vordefinierten CharacterAttributes sind folgende Namen für Auszeichnungen angelegt:

#normal	für Schrift ohne Auszeichnung
#small	für kleinere Schrift
#large	für größere Schrift
#serif	für einen Font mit Serifen
#sansSerif	für einen Font ohne Serifen
#bold	für eine fette Schrift
#italic	für kursive Schrift
#underline	für Unterstreichung
#strikeout	für durchgestrichene Zeichen

Wenn eine nicht definierte Auszeichnung angegeben wird, dann wird diese einfach ignoriert, d.h. die Zeichen sehen aus wie bei der Auszeichnung #normal. Falls wir für einen Teil des Texts mehrfach nacheinander eine Auszeichnung angeben, dann wird nur die letzte Definition realisiert. Alle vorherigen Angaben werden ignoriert. Um mehrere Auszeichnungen gleichzeitig zu benutzen, muß man als Parameter von emphasizeFrom:to:with: bzw. emphasizeAllWith: ein Array mit den Namen der gewünschten Auszeichnungen angeben. Wenn sich mehrere Auszeichnungen im Array gegenseitig ausschließen, wie #large und #small, dann wird die zuletzt angegebene angewendet. Sehen wir uns wieder ein Beispiel an:

Abb. 5.28: Text mit Schriftauszeichnungen

```
| text |
text := 'Dies ist ein Beispieltext.' asText.
text emphasizeAllWith: #bold.
text emphasizeFrom: 6 to: 8 with: #(bold italic).
text emphasizeFrom: 10 to: 12 with: #(underline italic large).
text emphasizeFrom: 14 to: text size with: #undefined.
(ScheduledWindow new) component: text asComposedText; open.
```

Das Ergebnis ist ein Fenster, in dem eine Zeichenkette ausgegeben wird, die vom ersten bis fünften Zeichen fett, vom sechsten bis achten Zeichen fett und kursiv und vom zehnten bis zwölften Zeichen unterstrichen, kursiv und in größerer Schrift dargestellt ist (siehe Abb. 5.28). Ab dem dreizehnten Zeichen wird normale Schrift benutzt, weil #undefined keine vordefinierte Auszeichnung ist. Der Font ist derselbe, der auch in den VisualWorks®-Werkzeugen benutzt wird. In der Regel ist das ein Helvetica- oder Arial-Font mit Schriftgröße 12 Punkt.

Wenn wir einen bestimmten Font benutzen wollen, beschreiben wir ihn durch ein Exemplar der Klasse FontDescription. Eine FontDescription besteht aus Werten für eine Reihe von Eigenschaften, die einen Font charakterisieren. Falls eine bestimmte Eigenschaft für die Auswahl keine Rolle spielt, ist es auch nicht nötig, sie anzugeben. Die Schriftfamilie wird mit folgenden Angaben beschrieben:

family
: Ein Muster, das den Namen der gewünschten Schriftfamilie angibt. Dieses Muster kann entweder ein String sein, der auch die Zeichen $* und $# als Wildcards enthalten kann, oder ein Array mit solchen Zeichenketten. Das Array #('times' 'gara*' '*') bedeutet, daß zuerst nach einem Font gesucht wird, bei dem die Schriftfamilie 'times' heißt. Falls kein passender Font gefunden wird, sucht VisualWorks® nach einem Font, bei dem der Name der Schriftfamilie mit 'gara' beginnt, und danach nach einem Font mit beliebiger Schriftfamilie.

manufacturer
: Eine Zeichenkette, die den Hersteller des Fonts angibt. Die wichtigsten Hersteller sind 'itc', 'adobe', 'agfa', 'urw' und 'linotype'. Diese Angabe wird nicht auf allen Plattformen ausgewertet.

name
: Ein Muster für den Namen, unter dem ein Font im Betriebssystem bzw. Fenstersystem bekannt ist. Da dieser Name betriebssystemabhängig ist, ist es besser, mit Hilfe der übrigen Parameter nach dem Font zu suchen und

name nicht anzugeben. Das Muster ist genauso aufgebaut wie das Muster, das für family angegeben werden kann.

serif
>   true, falls ein Schriftschnitt mit Serifen gewünscht ist, sonst false

fixedWidth
>   true, wenn alle Zeichen die gleiche Breite haben sollen, sonst false

Den Schriftschnitt innerhalb der Schriftfamilie und die Größe der Schrift beschreiben die folgenden Parameter:

italic
>   true für *kursive* Schrift, sonst false

boldness
>   Ein Float zwischen 0.0 und 1.0, der die Schriftstärke angibt. Eine kleine Zahl steht für magere, eine große Zahl für fette Schrift. 0.5 bedeutet normale Schriftstärke.

setWidth
>   Ein Float zwischen 0.0 und 1.0, der die Zeichenweite angibt. Eine kleine Zahl steht für schmale, eine große Zahl für breite Zeichen.

pixelSize
>   Größe der Zeichen in Pixeln

Mit den übrigen Parametern kann man nach Fonts suchen, die für spezielle Auszeichnungen benötigt werden:

underline
>   true, falls die Zeichen <u>unterstrichen</u> sein sollen, sonst false

strikeOut
>   true, falls die Zeichen ~~durchstrichen~~ sein sollen, sonst false

outline
>   true, falls die Zeichen als **Kontur** dargestellt werden sollen, sonst false (nur auf Apple Macintosh)

shadow
>   true, falls die Zeichen mit **Schattierung** dargestellt werden sollen, sonst false (nur auf Apple Macintosh)

color
>   Ein Exemplar einer Unterklasse von Paint, das die Farbe der Schrift angibt, oder nil

Mit den folgenden Anweisungen erzeugen wir eine FontDescription, die angibt, daß wir einen fetten Font aus der Familie Helvetica mit 12 Punkt Größe suchen. Falls kein passender Helvetica-Font gefunden wird, kann eine andere Schriftfamilie verwendet werden. Der resultierende Font darf aber keine Serifen haben. Da wir den Parameter italic nicht angegeben haben, kann das Ergebnis sowohl ein normaler als auch ein kursiver Font sein.

```
| fontDescription |
fontDescription := FontDescription new.
fontDescription family: #('helvetica' '*');
    pixelSize: 12;
    boldness: 0.7;
    serif: false.
```

Ein CharacterAttributes-Objekt benutzt eine solche FontDescription, um die richtigen Fonts für verschiedene Schriftauszeichnungen zu bestimmen. Um zu beschreiben, wie der Basis-Font für eine Auszeichnung verändert werden soll, speichert ein CharacterAttributes-Objekt unter dem Namen der Auszeichnung einen Block. Dieser Block verändert die FontDescription so, daß mit der veränderten Beschreibung der richtige Font für die Auszeichnung gesucht wird. Die einfachste Variante ist, einen Block mit einem Argument zu verwenden. Wenn das CharacterAttributes-Objekt den Font für die entsprechende Auszeichnung bestimmen will, wertet es den zugehörigen Block aus und übergibt ihm dabei seine FontDescription, die der Block dann in geeigneter Weise verändern kann. Das folgende Programmstück erzeugt ein Exemplar der Klasse CharacterAttributes, dem mit der Nachricht setDefaultQuery: eine FontDescription für eine fette 12-Punkt-Schrift der Familie Times als Basis für die Suche nach Fonts übergeben wird. Anschließend geben wir an, daß die Auszeichnung #blue bedeutet, daß eine blaue Schrift verwendet wird, die ansonsten aber der Basis-FontDescription entspricht. Danach wird festgelegt, daß die Auszeichnung #comment die Schrift zu 10 Punkt großer Schrift aus der Familie Geneva ändert. Da der Parameter boldness nicht verändert wird, hat auch diese Schrift den Fettegrad 0.7.

```
| fontDescription characterAttributes |
fontDescription := FontDescription new.
fontDescription family: #('times' '*'); pixelSize: 12;
    boldness: 0.7; serif: true.
characterAttributes := CharacterAttributes new.
characterAttributes setDefaultQuery: fontDescription.
characterAttributes
    at: #blue put:
        [:aFontDescription | aFontDescription color: ColorValue blue];
    at: #comment put:
        [:aFontDescription |
        aFontDescription family: #('geneva' '*');
            pixelSize: 10;
            serif: false]
```

In einem Text, für dessen Ausgabe das so erzeugte CharacterAttributes-Objekt benutzt wird, können wir jetzt die Auszeichnungen #blue und #comment benutzen. Um flexibler zu sein, können wir auch parametrisierbare Auszeichnungen benutzen. Dafür geben wir Blöcke mit zwei Parametern bei den CharacterAttributes an, wobei der erste Parameter wieder die FontDescription ist. Dem Text übergeben

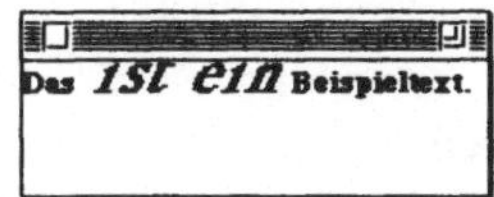

Abb. 5.29: Text mit TextAttributes

wir für die entsprechende Auszeichnung statt des Symbols für die Auszeichnung ein Exemplar der Klasse Association, das als Schlüssel den Namen der Auszeichnung und als Wert das Objekt enthält, das als zweiter Parameter an den Block übergeben wird. Für eine flexiblere Auswahl von Schriftgrößen können wir z.B. eine parametrisierte Auszeichnung mit dem Namen #size erzeugen:

```
characterAttributes at: #size put:
    [:aFontDescription :anInteger | aFontDescription pixelSize: anInteger]
```

Um dann einen Teil eines Texts mit einem 18 Punkt großen Font darzustellen, legen wir seine Auszeichnung mit folgendem Ausdruck fest:

```
aText emphasizeFrom: startIndex to: stopIndex with: #size -> 18
```

Eine Auszeichnung kann auch eine Kombination von mehreren anderen Auszeichnungen sein. In diesem Fall genügt es, in den CharacterAttributes statt eines Blocks die Namen dieser Auszeichnungen in einem Array anzugeben. Bei einer parametrisierten Auszeichnung kann das Array auch eine Association enthalten:

```
characterAttributes at: #bigBlue put: (Array with: #blue with: #size -> 24)
```

Damit wir nicht bei jedem Erzeugen von CharacterAttributes die üblichen Auszeichnungen wie #bold, #italic usw. selbst definieren müssen, können wir mit dem Ausdruck

```
CharacterAttributes newWithDefaultAttributes
```

ein Exemplar erzeugen, das für die oben bereits aufgelisteten Auszeichnungen mit geeigneten Blöcken initialisiert ist, das aber noch keine FontDescription kennt.

Um einem ComposedText eine bestimmte Formatierung und Schrift beizubringen, müssen wir ihm ein Exemplar der Klasse TextAttributes übergeben. Dieses enthält wiederum ein Exemplar von CharacterAttributes. Wir gehen also zur Formatierung eines Texts in folgenden Schritten vor:

– Erzeugen des Texts und Festlegen der Auszeichnungen.
– Erzeugen eines CharacterAttributes-Objekts mit einer FontDescription.
– Erzeugen von TextAttributes und Übergabe der CharacterAttributes an dieses Objekt.
– Erzeugen eines ComposedTexts und Übergabe des Texts und der TextAttributes.

Das folgende Beispiel zeigt diese Schritte (siehe Abb. 5.29):

```
| text fontDescription characterStyle textStyle |
text := Text fromString: 'Das ist ein Beispieltext.'.
text emphasizeAllWith: #blueBold.
text emphasizeFrom: 5 to: 12 with: (Array with: #italic with: #size -> 24).
fontDescription := FontDescription new.
fontDescription family: #('times' '*'); pixelSize: 12; boldness: 0.7; serif: true.
characterStyle := CharacterAttributes newWithDefaultAttributes.
characterStyle setDefaultQuery: fontDescription.
characterStyle
    at: #blue put:
        [:aFontDescription | aFontDescription color: ColorValue blue];
    at: #size put:
        [:aFontDescription :anInteger |
        aFontDescription pixelSize: anInteger];
    at: #blueBold put: #(blue bold).
textStyle := TextAttributes characterAttributes: characterStyle.
text := ComposedText withText: text style: textStyle.
(ScheduledWindow new) component: text; open
```

An den TextAttributes können wir nun noch Einstellungen vornehmen, die die
Formatierung von Text beeinflussen. Um festzulegen, ob der Text linksbündig,
rechtsbündig, zentriert oder im Blocksatz gesetzt werden soll, senden wir die
Nachricht alignment: anIndex an die TextAttributes. Der Parameter anIndex ist die
Integer-Zahl 0 für linksbündig, 1 für rechtsbündig, 2 für zentriert oder 3 für
Blocksatz.

Ein Einzug der ersten Zeile bzw. für alle folgenden Zeilen eines Texts wird mit
den Nachrichten firstIndent: und restIndent: angegeben. Als Argument wird dabei
eine Integer-Zahl übergeben, die die Breite des Einzugs in Pixeln angibt. Entsprechend kann ein Einzug des rechten Randes mit der Nachricht rightIndent: festgelegt werden. Mit der Nachricht lineGrid: können wir den Abstand in Pixeln
zwischen dem oberen Rand einer Textzeile und dem oberen Rand der darunterlie-
genden Zeile angeben. Falls der Zeilenabstand aus der Größe eines Fonts abgeleitet werden soll, dann können wir die Nachricht

```
textAttributes gridForFont: fontIndex withLead: anInteger
```

verwenden. fontIndex gibt eine Schriftauszeichnung an, die in den
CharacterAttributes der TextAttributes hinterlegt ist. Ein passender Font dazu wird
mit Hilfe der CharacterAttributes berechnet. Das zweite Argument ist ein Abstand
in Pixeln, der zur Höhe des Fonts addiert wird. Die Summe ist der Zeilenabstand,
der bei der Formatierung des ComposedTexts verwendet wird.

Entsprechend können wir den vertikalen Abstand zwischen der Obergrenze einer Zeile und der Basislinie, d.h. der Linie, auf der sich die Untergrenze von Zeichen ohne Unterlängen befindet, mit der Nachricht baseLine: festlegen. Um bei
der Berechnung des Zeilenabstands auf Basis eines bestimmten Fonts die Position
der Grundlinie ebenfalls noch beeinflussen zu können, gibt es die Nachricht

    textAttributes gridForFont: fontIndex withTopLead: topLead bottomLead:
    bottomLead

Der Abstand zwischen dem oberen Rand der Zeile und der Grundlinie setzt sich
danach aus dem normalen Abstand für den angegebenen Font und dem Argument
topLead zusammen. Der Zeilenabstand ist die Summe aus Höhe des Fonts,
topLead und bottomLead. Wenn wir beispielsweise im vorigen Beispiel einen
mehrzeiligen Text angegeben hätten, dabei den Zeilenabstand an der Höhe des
Fonts für die Auszeichnung #blueBold orientieren und einen zusätzlichen Abstand
von 3 Pixeln zwischen den Zeilen einführen wollten, dann könnten wir dies mit
der Anweisung

    textStyle gridForFont: #blueBold withLead: 3

erreichen. Für eine Ausrichtung an der Höhe eines 24-Punkt-Fonts, eine um 2
Pixel nach unten verlagerte Grundlinie und drei Pixel zusätzlichen Abstand können wir die Anweisung

    textStyle gridForFont: #size -> 24 withTopLead: 2 bottomLead: 3

verwenden. Der Zeilenabstand beträgt dann 24 + 2 + 3 = 29 Pixel, und die
Grundlinie ist 24 + 2 = 26 Pixel vom oberen Rand der Zeile entfernt.
    TextAttributes definieren außer den bisher beschriebenen Eigenschaften auch die
Positionen von Tabulatoren in einer Textzeile. Die Voreinstellung ist, daß eine
Zeile Tabulatoren in gleichen Abständen enthält. Der Abstand zwischen den
Tabulatoren beträgt dabei je 24 Pixel. Zum Ändern der Tabulatorpositionen über-
gibt man den TextAttributes mit der Nachricht useTabs: ein Array mit den Positio-
nen, an denen sich Tabulatoren befinden sollen. Wenn das Array nur ein Element
enthält, werden über die gesamte Breite des Texts Tabulatoren in gleichmäßigen
Abständen gesetzt. Das Element des Arrays gibt dabei den Abstand zwischen den
Tabulatoren an.

    textStyle useTabs: #(20 50 100)

setzt also je einen Tabulator 20, 50 und 100 Pixel vom linken Rand entfernt,
während

    textStyle useTabs: #(30)

Tabulatoren an die Positionen 30, 60, 90, 120 usw. setzt.
    Ein ComposedText ist für die Formatierung des Texts auf Basis der in den
TextAttributes enthaltenen Informationen zuständig. Wir können einem
ComposedText dafür explizit die Länge einer Textzeile angeben. Dies kann beim
Erzeugen des ComposedTexts geschehen:

    aComposedText := ComposedText withText: aText
        style: textAttributes
        compositionWidth:

Man kann aber auch nachträglich noch mit der Nachricht compositionWidth: an einen ComposedText die Zeilenlänge festlegen. Nach Auswerten des Ausdrucks

    aComposedText wordWrap: true

überträgt der ComposedText Wörter, die nicht mehr in eine Zeile passen, beim Umbruch in eine neue Textzeile. Nach

    aComposedText wordWrap: false

werden Textzeilen dagegen am Ende abgeschnitten.

5.1.6 Pixmaps

Bei komplexen Graphiken kann es vorkommen, daß diese mehrfach ausgegeben werden müssen, weil z.B. die Fenstergröße häufig geändert wird, oder weil die gleiche Graphik an verschiedenen Stellen in einem Fenster ausgegeben werden muß. Wenn die Graphik selbst dabei unverändert bleibt, ist es vorteilhaft, sie nur einmal zu berechnen und das Ergebnis als Pixelbild zu speichern, das dann mit wesentlich höherer Geschwindigkeit auf dem Bildschirm ausgegeben werden kann. Für diese Art von Operationen gibt es die Klasse Pixmap. Ein Pixmap reserviert einen Bereich im Hauptspeicher, in den Graphiken ausgegeben werden können. Dieser Speicherbereich wird vom Fenstersystem des Rechners verwaltet und kann deshalb sehr schnell auf den Bildschirm übertragen werden. Ein Pixmap hat einen GraphicsContext, der als Parameter an die displayOn:-Methode einer VisualComponent übergeben werden kann. Ein Pixmap als Ziel für eine Ausgabe können wir durch den Ausdruck

    pixmap := Pixmap extent: aPoint

erzeugen. aPoint gibt dabei an, wie groß der Bereich für die Ausgabe sein soll. Mit

    pixmap graphicsContext

können wir auf den GraphicsContext zugreifen, den wir für Ausgaben benötigen.

Als Beispiel für den Umgang mit einem Pixmap implementieren wir eine Unterklasse DemoForPixmap von VisualComponent, die ein Pixmap als Zwischenspeicher für eine Graphik benutzt. Das Pixmap wird in einer Instanzvariablen gespeichert.

    VisualComponent subclass: #DemoForPixmap
        instanceVariableNames: 'pixmap'
        classVariableNames: ''
        poolDictionaries: ''
        category: 'Examples'

Im Protokoll initialize-release implementieren wir eine Methode initializePixmap, die das Pixmap erzeugt.

initializePixmap
```
    | aGraphicsContext rectangle |
    pixmap := Pixmap extent: 200 @ 200.
    aGraphicsContext := pixmap graphicsContext.
    'Pixmap Demo' asText allBold asComposedText
        displayOn: aGraphicsContext at: 70 @ 10.
    rectangle := 20 @ 30 extent: 60 @ 60.
    aGraphicsContext lineWidth: 2;
        displayArcBoundedBy: (rectangle insetBy: 10)
        startAngle: 0
        sweepAngle: 360.
    aGraphicsContext lineWidth: 4;
        displayRectangularBorder: rectangle.
    aGraphicsContext lineWidth: 1;
        displayLineFrom: rectangle topLeft to: rectangle bottomRight;
        displayLineFrom: rectangle topRight to: rectangle bottomLeft
```

Wie bereits erwähnt, gehört zu einem Pixmap ein vom Fenstersystem verwalteter Speicherbereich. Dieser Speicherbereich „überlebt" das Abspeichern und erneute Starten des VisualWorks®-Images nicht. Nach einem Neustart des Images enthält ein abgespeichertes Pixmap deshalb einen Verweis auf einen nicht mehr existierenden Speicherbereich. Wir dürfen daher auf solch ein Pixmap nicht mehr zugreifen. Damit Exemplare von VisualComponent nach einem Neustart von VisualWorks® wissen, daß sie plattformabhängige Ressourcen wie Exemplare von Pixmap neu erzeugen müssen, wird ihnen beim Starten des Images die Nachricht flushCaches geschickt. In der Klasse VisualComponent ist im Protokoll initialize-release eine entsprechende Methode implementiert, die wir in unserer Klasse reimplementieren müssen, um das unbrauchbare Pixmap aus der Instanzvariablen pixmap zu entfernen.

flushCaches
```
    super flushCaches.
    pixmap := nil
```

Im Protokoll accessing bringen wir eine Zugriffsmethode für das Pixmap unter, die bei Bedarf das Pixmap neu erzeugt.

pixmap
```
    pixmap isNil ifTrue: [self initializePixmap].
    ^pixmap
```

Im Protokoll bounds accessing implementieren wir die Methode preferredBounds, die mit der Größe des Pixmaps antwortet.

preferredBounds
```
    ^self pixmap bounds
```

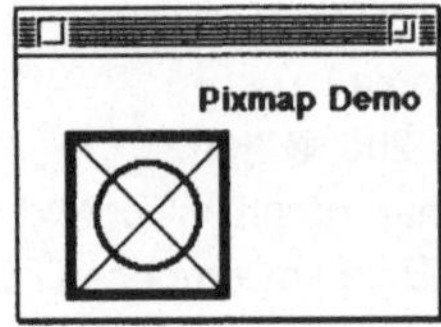

Abb. 5.30: DemoForPixmap

Die Ausgabemethode displayOn: im Protokoll displaying delegiert die Ausgabe
einfach an das Pixmap weiter:

displayOn: aGraphicsContext
    self pixmap displayOn: aGraphicsContext

Mit der Anweisung

    (ScheduledWindow new) component: DemoForPixmap new; open

können wir nun ein Fenster öffnen, in dem das Pixmap ausgegeben wird (siehe
Abb. 5.30).

5.2 Sichten und Controller

5.2.1 DependentPart und ValueModel – Die Aufpasser

Im vorigen Abschnitt haben wir gelernt, wie graphische Objekte in Fenster eingesetzt werden und dort Ausgaben erzeugen. Das ist natürlich nicht genug, denn die
Graphik in einem Fenster soll in der Regel den Zustand von Objekten wiedergeben, die Teil eines Anwendungsprogramms sind (dies ist der Model-View-Teil
des Model-View-Controller-Paradigmas). Nun könnte man auf die Idee kommen,
es genüge, die Klassen des Anwendungsprogramms einfach als Unterklassen von
VisualComponent oder VisualPart zu implementieren. In diesem Fall könnten die
Objekte ihre Ausgabe selbst erzeugen, wenn sich eine ihrer Eigenschaften verändert. Ähnlich haben wir ja auch im vorigen Abschnitt die Klasse PieChart implementiert, die die darzustellenden Zahlen als Konstanten „eingebaut" hat. Auch
wenn diese Überlegung auf den ersten Blick plausibel erscheint, sollten Sie ihr
dennoch nicht folgen, denn ein auf diese Art geschriebenes Programm hat gleich
mehrere Nachteile:

– Man kann ein Objekt nur auf eine Art darstellen. Wir können beispielsweise
   nicht einfach Anteile an einer Gesamtheit einmal als PieChart und ein ander-
   mal als Balkendiagramm auf den Bildschirm bringen, es sei denn, wir blähen
   die entsprechende Klasse durch mehrere Methoden für verschiedene Darstellungen auf. Aber auch dann können wir nicht einfach mehrere verschiedene

Graphiken für dasselbe Objekt *gleichzeitig* in beliebig viele verschiedene Fenster einsetzen.

– Die Verfahren, die wir auf diese Weise für die Ausgabe implementieren, können wir nur selten für andere Anwendungen wiederverwenden. Ein Kreissektoren- oder ein Balkendiagramm ist sicherlich in vielen Anwendungen zu gebrauchen. Wenn es aber zusammen mit anwendungsspezifischen Daten und Methoden in einer Klasse zusammengebracht wird, muß die Graphik für jede Anwendung von neuem implementiert werden.

– Wenn wir die Benutzeroberfläche ändern wollen, laufen wir Gefahr, versehentlich Fehler in Teile der Implementation einzuführen, die mit der Benutzeroberfläche nichts zu tun haben. Denken Sie z.B. daran, daß Sie Zugriff auf die Instanzvariablen des darzustellenden Objekts haben!

Alle diese Nachteile lassen sich leicht vermeiden, wenn man die Sichten in eigenen Klassen realisiert und die Objekte des Anwendungsprogramms, die Modelle, vollständig von Ein- und Ausgabemethoden freihält. Wir haben bereits den Abhängigkeitsmechanismus kennengelernt, mit dem ein Objekt andere Objekte (seine **dependents**) über eine Zustandsänderung informieren kann. Das übliche Vorgehen bei der Konstruktion einer Benutzeroberfläche ist, die Sichten als **dependents** der Modelle zu registrieren. Jedesmal, wenn ein Modell mit **self changed** oder **self changed: aSymbol** eine Änderungsmitteilung an seine **dependents** auslöst, können die von ihm abhängigen Sichten die Darstellung auf dem Bildschirm entsprechend verändern. VisualWorks® stellt zur einfacheren Umsetzung dieser Abhängigkeiten einige Klassen bereit, die in diesem Abschnitt vorgestellt werden.

DependentPart ist eine abstrakte Unterklasse von **VisualPart**. Exemplare von **DependentPart** speichern in der Instanzvariablen **model** das Objekt, dessen Zustand sie graphisch wiedergeben sollen. Erhält solch ein **DependentPart** von seinem **model** die Nachricht **update: aSymbol**, so sendet es sich selbst die Nachricht **invalidate**. Die zugehörige Methode informiert den **container**, daß der Fensterinhalt nicht mehr gültig ist. Der **container** – im Normalfall ein **Wrapper** – gibt diese Information durch die Hierarchie der Graphikobjekte weiter, so daß sie schließlich beim **ScheduledWindow** ankommt. Dieses sorgt mit Hilfe der Nachricht **displayOn:** an seine Komponente dafür, daß der Fensterinhalt neu ausgegeben wird. Das ist genau das erwünschte Verhalten: eine Sicht wird automatisch geändert, wenn sich ihr Modell ändert, und dies, ohne daß das Modell mehr wissen muß, als daß es **dependents** hat. Insbesondere „weiß" das Modell nicht, daß sich unter seinen **dependents** Sichten befinden. Die Erzeugung eines neuen Exemplars einer Unterklasse von **DependentPart**, z.B. einer Klasse **MyDependentPart**, ist denkbar einfach:

        MyDependentPart model: aModel

aModel ist dabei das Objekt, von dem das **DependentPart** abhängen soll. Das neue Exemplar von **DependentPart** registriert sich dabei sofort als **dependent** von aModel. Ein DependentPart versteht die Nachrichten model und model: aModel, mit denen das Modell abgefragt bzw. ausgetauscht werden kann.

Um eine Unterklasse von DependentPart zu implementieren, muß man wie bei einer Unterklasse von VisualComponent mindestens die Methoden displayOn: und preferredBounds implementieren. Normalerweise wird zusätzlich auch noch die Methode update: ersetzt, da diese in der Klasse DependentPart so realisiert ist, daß bei *jeder* Änderung des models eine Aktualisierung des Fensters ausgelöst wird. Ein Graphikobjekt, das nur einen bestimmten Aspekt des models darstellt, muß aber nur bei einer Änderung dieses einen Aspekts reagieren und kann alle anderen Mitteilungen über Änderungen ignorieren. In einem solchen Fall kann in der Methode update: anhand des als Parameter übergebenen Symbols festgestellt werden, ob neu gezeichnet werden muß oder nicht.

Als Beispiel werden wir eine LifeFormView einführen, die als model ein Exemplar einer Unterklasse von LifeForm hat. Eine LifeFormView zeigt eine Zeichenkette an, die sich aus dem Namen der Klasse ihres Modells sowie aus dessen Alter zusammensetzt. Wenn die LifeForm ihr Alter ändert, dann soll die LifeFormView selbständig die Zeichenkette neu ausgeben. (Sie sollten die Änderungen aus Kapitel 4, die zur Illustration von Prozessen eingeführt wurden, wieder rückgängig machen, bevor Sie die Beispiele dieses Abschnitts nachvollziehen. Es genügt, aus der Instanzmethode initialize der Klasse Animal das Starten des „Alterungsprozesses" zu entfernen und die Instanzmethode executor von Animal zu löschen. Falls Sie die Methoden von Animal nicht ändern, erscheinen beim Ausführen der folgenden Beispiele im Transcript laufend Meldungen, die für die Beispiele unnötig sind. Es treten aber keine Fehler auf.)

Die preferredBounds der LifeFormView entsprechen der Größe der auszugebenden Zeichenkette (genauer: der Größe der Zeichenkette als ComposedText). Da diese Größe sehr oft abgefragt wird, sich andererseits aber nur dann ändert, wenn die LifeForm Geburtstag hat, ist es vorteilhaft, den ComposedText nicht für jede Größenabfrage neu zu berechnen. Wir speichern ihn deshalb in einer Instanzvariablen displayObject von LifeFormView und berechnen ihn nur neu, wenn die LifeForm bekanntgibt, daß sich ihr Alter geändert hat. Außerdem muß in die Methode age: in der Klasse LifeForm noch die Mitteilung der Änderung an die dependents eingefügt werden:

```
age: aNumber
    "Teile dem Empfänger der Nachricht ein neues Alter mit, das als
    Zahl übergeben wird."
    | previousAge |
    previousAge := self age.
    age := aNumber.
    self changed: #age.
    ^previousAge
```

Die Klasse LifeFormView kann wie folgt implementiert werden:

```
DependentPart subclass: #LifeFormView
    instanceVariableNames: 'displayObject '
    classVariableNames: ''
    poolDictionaries: ''
    category: 'Examples'
```

LifeFormView methodsFor: 'private'

```
computeDisplayObject
    | string |
    string := self model class name ,
        ' (' , self model age printString , ')'.
    ^displayObject := string asComposedText
```

LifeFormView methodsFor: 'accessing'

```
displayObject
    ^displayObject isNil
        ifTrue: [self computeDisplayObject]
        ifFalse: [displayObject]
```

LifeFormView methodsFor: 'bounds accessing'

```
preferredBounds
    ^self displayObject preferredBounds
```

LifeFormView methodsFor: 'displaying'

```
displayOn: aGraphicsContext
    self displayObject displayOn: aGraphicsContext
```

LifeFormView methodsFor: 'updating'

```
update: aSymbol
    aSymbol == #age
        ifTrue:
            [displayObject := nil.
            super update: aSymbol]
```

Da erst im nächsten Abschnitt erklärt wird, wie man mit Hilfe eines Controllers
die in einem Fenster dargestellten Objekte manipuliert, müssen wir vorläufig noch
zu einem kleinen Trick greifen, um die LifeFormView zu testen. Wenn wir die
Anweisungen

```
| animal |
animal := Animal new.
(ScheduledWindow new) component: (LifeFormView model: animal); open.
animal inspect
```

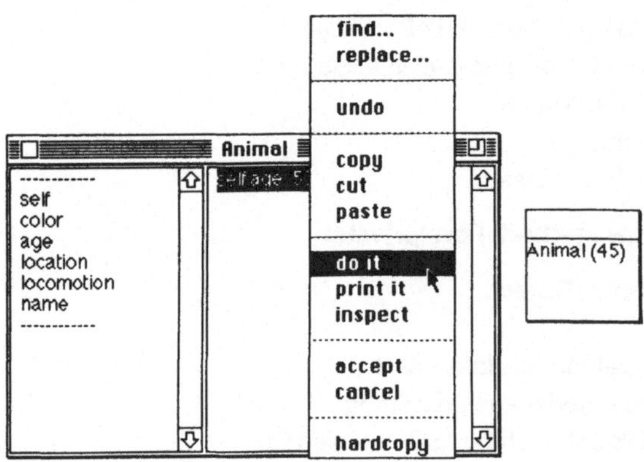

Abb. 5.31: Test der LifeFormView

auswerten, dann werden sowohl ein Fenster mit einer LifeFormView als auch ein
Inspector geöffnet. Mit Hilfe des Inspectors können wir jetzt dem Animal Nachrichten schicken. Dazu müssen wir nur entsprechende Anweisungen im Textfenster des Inspectors auswerten (Abb. 5.31). Wir können das Alter des Animals ändern, indem wir ihm die Nachricht age: mit verschiedenen Parametern senden.
Wie wir sehen, wird der Inhalt der LifeFormView jedesmal sofort neu ausgegeben.

In vielen Fällen ist das Graphikobjekt so spezialisiert, daß nur eine bestimmte
Art von Objekten als model in Frage kommt. Dann spricht nichts dagegen, in den
Methoden eines DependentParts Nachrichten an das model zu schicken, die nur
von Exemplaren der Klasse des Modells verstanden werden. So verwendet etwa
die LifeFormView die Nachricht age, die nur von Exemplaren einer Unterklasse
von LifeForm verstanden wird. Wenn dagegen eine Sicht zur Wiedergabe von verschiedenartigen Objekten einsetzbar sein soll, muß man die Verwendung solcher
Nachrichten vermeiden. Ein gutes Beispiel hierfür ist die Klasse PieChart. Die
Bestimmung der darzustellenden Zahlen haben wir schon in eine eigene Methode
dataCollection ausgelagert. Wenn nun das PieChart zur Darstellung von Stimmen-
anteilen einer Partei bei einer Wahl dienen soll, könnte diese Methode z.B. so aussehen:

dataCollection
    ^self model parties collect: [:party | party name -> party voters]

Weil hier vorausgesetzt wird, daß das model die Nachricht parties versteht und
darauf mit einer Collection antwortet, deren Elemente ihrerseits die Nachricht
voters verstehen, wäre das PieChart nur noch für die Ausgabe von Wahlergeb-
nissen geeignet. Für Bestände in einem Warenlager oder Umsatzanteile von
Produktgruppen am Gesamtumsatz eines Unternehmens wäre PieChart aber nicht
mehr brauchbar, da es unwahrscheinlich ist, daß z.B. ein Warenlager die Nachricht parties versteht. Ein Ausweg wäre hier, für jede Anwendung eine Unterklasse von PieChart zu erzeugen, die nur die Methode numbers reimplementiert.
Das hätte aber den Effekt, daß beim Aufbau eines Fensters mit einem Kreissekto-

rendiagramm jedesmal der Name der richtigen Unterklasse angegeben werden muß. Außerdem würde die Klassenbibliothek bald sehr viele Unterklassen von PieChart beinhalten, die alle nur wegen dieser einen Methode erzeugt wurden.

Als Lösung für diese Probleme enthält VisualWorks® Klassen, deren Exemplare als „Adapter" zwischen einem beliebigen Objekt und einem DependentPart dienen können. Die gemeinsame Oberklasse dieser Klassen heißt ValueModel. Wie dieser Name andeutet, zeichnen sich Exemplare von ValueModel dadurch aus, daß sie auf die Nachricht value mit einem Objekt antworten. Außerdem kann man einem ValueModel mit der Nachricht value: anObject ein Objekt übergeben, das als „neuer Wert" gespeichert oder weiterverarbeitet wird. Ein DependentPart kann also bei Verwendung eines ValueModels als Modell immer mit den Nachrichten value und value: auf den darzustellenden Aspekt zugreifen. Es müssen keine anwendungsabhängigen Nachrichten eingeführt werden.

Da ValueModel eine Unterklasse von Model ist, erbt sie die Instanzvariable dependents, mit der in Model der Abhängigkeitsmechanismus implementiert ist. Ein ValueModel signalisiert den von ihm abhängigen Objekten die Veränderung seines „Wertes" durch die Nachricht value:, indem es die Anweisung

```
self changed: #value
```

ausführt. Ein ValueModel kann deshalb als Modell benutzt werden, wenn ein DependentPart ein Objekt darstellen soll, das bei Änderungen seine dependents nicht benachrichtigt.

Die wichtigsten konkreten Unterklassen von ValueModel sind ValueHolder, BufferedValueHolder, AspectAdaptor und PluggableAdaptor. ValueHolder sind Objekte, die ein beliebiges anderes Objekt in einer Instanzvariablen value speichern. Dieses Objekt kann mit der Nachricht value abgefragt werden. Außerdem kann man das Objekt mit der Nachricht value: newValue austauschen.

Als Beispiel soll ein Graphikobjekt dienen, das den printString eines beliebigen Objekts in einem Fenster darstellt. Die dafür nötige Unterklasse von DependentPart ist sehr einfach zu implementieren:

```
DependentPart subclass: #ValueDisplay
    instanceVariableNames: ''
    classVariableNames: ''
    poolDictionaries: ''
    category: 'Examples'
```

Benötigt werden die beiden folgenden Methoden (es wäre zwar eleganter, die Berechnung von preferredBounds wie bei LifeFormView zu implementieren, aber wir wollen hier das Beispiel möglichst kurz halten):

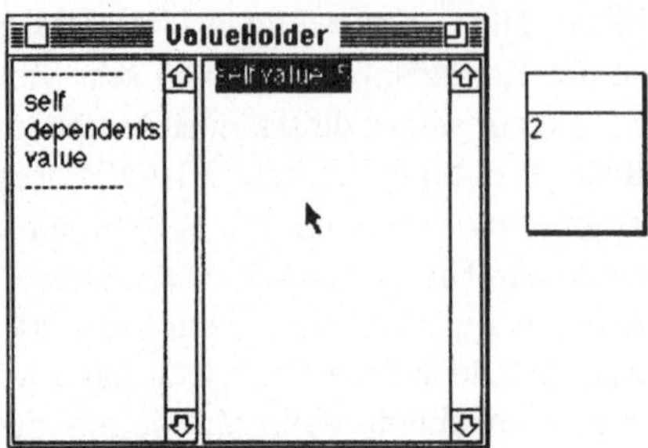

Abb. 5.32: Test des ValueDisplay

ValueDisplay methodsFor: 'bounds accessing'

preferredBounds
"Antworte mit der Größe des gesamten Bildschirms.
Das sollte für alle Ausgaben genügen."
^Screen default bounds

ValueDisplay methodsFor: 'displaying'

displayOn: aGraphicsContext
self model value printString asComposedText
displayOn: aGraphicsContext

Das ValueDisplay können wir testen, indem wir folgende Anweisungen auswerten:

```
| model |
model := 2 asValue.
(ScheduledWindow new) component: (ValueDisplay model: model); open.
model inspect
```

Die Nachricht asValue an ein beliebiges Objekt erzeugt einen ValueHolder, dessen Instanzvariable value das Empfängerobjekt enthält. Um zu testen, ob sich das ValueDisplay wie beabsichtigt ändert, wenn der ValueHolder seinen Wert gegen ein anderes Objekt austauscht, können wir im Textfenster des Inspector für den ValueHolder Ausdrücke der Form

```
self value: anObject
```

auswerten (Abb. 5.32). Die Parameter müssen keine Zahlen sein, es sind beliebige Objekte möglich. Wir sehen, daß der Inhalt des ValueDisplays jedesmal sofort neu ausgegeben wird. Hätten wir als model des ValueDisplays die Zahl 2 statt des ValueHolders verwendet, dann könnten wir den Wert nur ändern, indem wir dem ValueDisplay entsprechende Nachrichten schicken. Damit wäre aber die Trennung zwischen dem Modell der Benutzeroberfläche und seiner graphischen Darstellung, d.h. der Sicht, aufgehoben.

Übung 5.10: Ändern Sie die Oberklasse von PieChart zu DependentPart ab. Gehen Sie davon aus, daß das model eines PieChart ein ValueHolder oder ein anderes Objekt ist, das die Nachricht value versteht und darauf mit einer OrderedCollection oder einem Array mit Association-Objekten antwortet. Der Schlüssel einer Association ist ein Symbol, der Wert eine Zahl. Ändern Sie die Methode dataCollection in geeigneter Weise ab. Wenn die Zahlenliste leer ist, soll statt des Kreissektorendiagramms die Zeichenkette 'No data' ausgegeben werden. Das Diagramm soll nur dann neu gezeichnet werden, wenn das model als Parameter der Nachricht update: das Symbol #value übergibt. Öffnen Sie ein Fenster mit einem PieChart auf die gleiche Art wie im vorherigen Beispiel. Verwenden Sie einen ValueHolder als Modell und testen Sie die Änderungen, indem Sie ihm verschiedene Werte zuweisen. Insbesondere sollten Sie als Werte eine leere Liste (OrderedCollection new) und nil testen.

Es kommt häufig vor, daß ein Wert in einer Benutzeroberfläche verändert wird, aber erst nach einer ausdrücklichen Bestätigung, beispielsweise durch Anklicken eines Buttons oder eines Menüpunkts 'akzeptieren', an das Modell weitergegeben werden darf. Für solche Situationen verwendet man einen BufferedValueHolder. Ein solches Objekt merkt sich wie ein ValueHolder ein Objekt in seiner Instanzvariablen model. Außerdem hat ein Exemplar von BufferedValueHolder zwei weitere Instanzvariablen mit den Namen subject und triggerChannel. In der Instanzvariablen subject merkt es sich ein ValueModel. Von diesem fragt der BufferedValueHolder mit der Nachricht value den Wert ab, mit dem der Wert der Instanzvariablen value initialisiert wird. triggerChannel enthält ein weiteres ValueModel, das auf die Nachricht value mit true oder false antworten muß. Der BufferedValueHolder ist von seinem triggerChannel abhängig. Signalisiert dieser eine Änderung seines Werts und ist der neue Wert true, dann übergibt der BufferedValueHolder mit

    self subject value: value

das Objekt in seiner Instanzvariablen value an sein subject. Ist der neue Wert von triggerChannel false, dann „vergißt" der BufferedValueHolder das Objekt in seiner Instanzvariablen value und antwortet auf die Nachricht value mit dem Ergebnis von

    subject value

Ein BufferedValueHolder dient also als Zwischenspeicher für einen Wert, der erst nach einer Bestätigung an das „eigentliche Modell", das subject, übergeben werden darf. Die Bestätigung wird erteilt, indem man dem triggerChannel den Wert true gibt. Wenn man den Wert des triggerChannels auf false setzt, werden die „vorläufigen Änderungen" rückgängig gemacht.

Erzeugt und initialisiert wird ein BufferedValueHolder mit der Nachricht subject:triggerChannel: an die Klasse BufferedValueHolder. Mit den folgenden Ausdrücken können wir die Funktionalität von BufferedValueHolder testen:

```
| theSubject theTrigger model composite |
theSubject := 2 asValue.
theTrigger := true asValue.
model := BufferedValueHolder subject: theSubject
    triggerChannel: theTrigger.
composite := CompositePart new.
composite add: (ValueDisplay model: model).
(ScheduledWindow new) component: composite; open.
model inspect
```

Es werden wieder ein Fenster mit einem ValueDisplay und ein Inspector geöffnet,
in dem der BufferedValueHolder dargestellt wird. Durch Auswerten des Ausdrucks

```
self value: 4
```

wird die Instanzvariable value des BufferedValueHolder auf 4 gesetzt. Diese Änderung ist sofort im ValueDisplay sichtbar. Wenn wir uns im Inspector das subject
ansehen, dann stellen wir fest, daß es weiterhin den Wert 2 enthält. Werten wir
dann im Inspector den Ausdruck

```
self triggerChannel value: true
```

aus, enthält anschließend das subject den Wert 4. Nun setzen wir mit

```
self value: 5
```

den temporären Wert in der Instanzvariablen value des BufferedValueHolder auf 5.
Wieder wird die Änderung sofort im ValueDisplay angezeigt. Setzen wir anschließend den Wert des triggerChannels mit

```
self triggerChannel value: false
```

dann ändert sich der angezeigte Wert wieder auf den Wert des subjects.

Eine typische Konstruktion in einer Benutzeroberfläche ist, in einem Fenster
zwei Buttons ‚Akzeptieren‘ und ‚Verwerfen‘ unterzubringen. Beim Drücken eines
der beiden Buttons wird der Wert eines ValueHolders geändert, bei ‚Akzeptieren‘
zu true, bei ‚Verwerfen‘ zu false. Für alle Textfelder und anderen Komponenten
der Benutzeroberfläche, deren Inhalt erst nach Betätigen des ‚Akzeptieren‘-
Buttons an das Modell übertragen werden dürfen, verwendet man als Modell
einen BufferedValueHolder. Als triggerChannel für alle diese BufferedValueHolder
dient der ValueHolder, dessen Wert durch die Buttons verändert wird. Dadurch
werden automatisch beim Drücken eines der beiden Buttons entweder alle in der
Benutzeroberfläche geänderten Werte an die Modelle der einzelnen Sichten übertragen oder alle Werte auf den letzten vom Benutzer akzeptierten Stand zurückge-
setzt, ohne daß dies explizit in einer Methode implementiert werden muß.

ValueHolder und BufferedValueHolder erlauben noch keine Übergabe von
Werten an ein anderes Objekt. Die wichtigsten Unterklassen von ValueModel,
deren Exemplare bei Erhalt der Nachricht value: den neuen Wert an ein anderes
Objekt weitergeben, sind die Klassen AspectAdaptor und PluggableAdaptor.

Ein AspectAdaptor dient dazu, die von Sichten verwendeten Nachrichten value
und value: in Nachrichten mit anderen Namen zu übersetzen und an ein anderes
Objekt weiterzuleiten. Als Beispiel soll ein ValueDisplay dienen, das das Alter eines Exemplars von Animal anzeigt. Das ValueDisplay sendet zum Abfragen des
anzuzeigenden Werts die Nachricht value. Das Animal antwortet mit seinem Alter,
wenn es die Nachricht age erhält. Wir benötigen also als Modell des
ValueDisplays ein Objekt, das die Nachricht value in die Nachricht age übersetzt.
Hierfür verwenden wir einen AspectAdaptor, den wir wie folgt erzeugen:

```
I model composite I
model := AspectAdaptor subject: Animal new.
model forAspect: #age.
model subjectSendsUpdates: true.
composite := CompositePart new.
composite add: (ValueDisplay model: model).
(ScheduledWindow new) component: composite; open.
model inspect
```

Damit werden ein Fenster mit einem ValueDisplay und ein Inspector auf einen
AspectAdaptor geöffnet.

Wie ein BufferedValueHolder hat auch ein AspectAdaptor ein subject. An dieses
Objekt sendet der AspectAdaptor die „übersetzten" Nachrichten. Mit der Nachricht forAspect: #age teilen wir dem AspectAdaptor mit, welche Nachrichten er an
das subject senden soll. Das Symbol, das als Argument von forAspect: angegeben
wird, wird als Nachricht an das subject gesendet, wenn der AspectAdaptor die
Nachricht value erhält. Erhält er die Nachricht value: anObject, dann sendet der
AspectAdaptor das angegebene Symbol mit angehängtem Doppelpunkt als Nachricht an sein subject, wobei anObject als Argument übergeben wird. Der
AspectAdaptor in unserem Beispiel sendet also bei Eintreffen der Nachricht value:
42 die Nachricht age: 42 an sein Animal.

In der Zeile

```
model subjectSendsUpdates: true.
```

wird dem AspectAdaptor mitgeteilt, daß sein subject bei Veränderungen seine
dependents informiert. Der AspectAdaptor registriert sich daraufhin bei dem
subject als dependent. Wenn er die Nachricht update:with:from: erhält, testet er,
ob das als erstes Argument übergebene Objekt das Symbol #age ist. Falls das zu-
trifft, informiert er seine eigenen dependents, hier also das ValueDisplay, von der
Veränderung. Im Normalfall geht ein AspectAdaptor davon aus, daß sein subject
Veränderungen *nicht* signalisiert und registriert sich deshalb auch nicht als
dependent beim subject.

Den Unterschied zwischen beiden Varianten können wir sehen, wenn wir ein
kleines Experiment durchführen. Zunächst verwenden wir die Fenster, die mit
dem oben angegebenen Programmstück geöffnet wurden. Im Inspector für den
AspectAdaptor führen wir den Ausdruck

```
self subject age: 1
```

aus. Der Wert, den das ValueDisplay anzeigt, ändert sich sofort. Auch nach Ausführen der Anweisung

```
self value: 2
```

ändert sich die Anzeige. Wir schließen jetzt den Inspector und das Fenster mit dem ValueDisplay und entfernen die Zeile

```
model subjectSendsUpdates: true.
```

aus dem Beispiel. Alternativ können wir in dieser Zeile true durch false ersetzen, was denselben Effekt hat. Wir öffnen nun wieder die beiden Fenster durch Ausführen der Beispielanweisungen. Wenn wir jetzt den Ausdruck

```
self subject age: 1
```

im Inspector auswerten, ändert sich die Anzeige nicht, obwohl die Instanzvariable age des Animals den neuen Wert enthält. Der AspectAdaptor ist also offensichtlich kein dependent seines subjects. Führen wir dagegen die Anweisung

```
self value: 2
```

aus, ändert sich der angezeigte Wert, weil der AspectAdaptor in seiner value:-Methode seine eigenen dependents von der Veränderung informiert.

Wir können einen AspectAdaptor auch in Situationen einsetzen, in denen der Name der Methode zum Lesen des gesuchten Werts sich vom Namen der schreibenden Methode durch mehr als nur einen Doppelpunkt am Ende unterscheidet. In diesem Fall verwenden wir statt forAspect: die folgende Nachricht:

```
accessWith: methodName1 assignWith: methodName2
```

methodName1 muß der Name einer Methode sein, die keine Argumente hat, methodName2 der Name einer Methode mit genau einem Argument. Wir können also in unserem Beispiel auch die Anweisung

```
model accessWith: #age assignWith: #age:
```

verwenden. Falls das subject seine dependents von Änderungen informiert und dabei ein Symbol mit übergibt, das nicht mit dem Namen der lesenden Zugriffsmethode übereinstimmt, dann kann man dieses Symbol dem AspectAdaptor auch explizit mitteilen:

```
model accessWith: #age assignWith: #age: aspect: #age
```

Die Klasse PluggableAdaptor erlaubt die größte Flexibilität unter allen Unterklassen von ValueModel. Ein PluggableAdaptor hat ein model, dessen dependent er ist. Ein PluggableAdaptor kann bei Eintreffen der Nachrichten value und value: und bei einer Veränderung seines models jeweils einen Block ausführen. Ein PluggableAdaptor kann daher nicht nur die Nachrichten value und value: in andere

Nachrichten übersetzen, sondern beliebig komplexe Verarbeitungsschritte durchführen.

Der erste Block eines PluggableAdaptors, der getBlock, wird ausgewertet, wenn der PluggableAdaptor die Nachricht value erhält. Diesem Block wird ein Argument übergeben, nämlich das model des PluggableAdaptors. Das Resultat der Auswertung des Blocks gibt der PluggableAdaptor als Ergebnis von value zurück. Der putBlock wird ausgewertet, wenn die Nachricht value: newValue eintrifft. Diesem Block werden zwei Parameter übergeben: Der erste ist wieder das model, der zweite ist newValue. Schließlich gibt es noch den updateBlock. Ihn wertet der PluggableAdaptor aus, wenn er von seinem model die Nachricht

    update: aSymbol with: aParameter from: anObject

erhält. Der updateBlock bekommt als Parameter das model, aSymbol und aParameter übergeben und muß als Ergebnis true oder false liefern. Ist das Ergebnis true, schickt der PluggableAdaptor die Nachricht changed: #value an sich selbst, d.h., er informiert seine dependents, daß eine Änderung eingetreten ist. Gibt der updateBlock dagegen false zurück, tut der PluggableAdaptor nichts. Der updateBlock ist also ein Filter, der testet, ob eine Änderung des models den dependents des PluggableAdaptors tatsächlich mitgeteilt werden muß.

Als Beispiel wollen wir ein Dictionary betrachten, das als Schlüssel beliebige Objekte und als Werte Zahlen enthält. Die Zahlen sollen in einem PieChart der Größe nach sortiert werden. Wir können als Modell des PieCharts keinen ValueHolder verwenden, der das Dictionary als Wert enthält, denn das PieChart erwartet als Ergebnis der value-Nachricht eine SequenceableCollection. Ein PluggableAdaptor kann dagegen die nötige Umwandlung vornehmen, wenn er dafür einen geeigneten getBlock hat. Der putBlock in unserem Beispiel fügt ein neues Element in das Dictionary ein. Beachten Sie, daß zum Erzeugen eines PluggableAdaptors die Nachricht on: verwendet wird, deren Argument das model ist. Der Name der Nachricht ist also ein anderer als bei den übrigen ValueModel-Klassen. (Voraussetzung für dieses Beispiel ist, daß Sie die Übung 5.10 gelöst haben.)

Zuerst öffnen wir mit den folgenden Anweisungen einen Inspector:

```
| adaptor composite |
adaptor := PluggableAdaptor on: Dictionary new.
adaptor
    getBlock: [:model | model associations asSortedCollection:
        [:assoc1 :assoc2 | assoc1 value <= assoc2 value]]
    putBlock: [:model :newValue |
        model at: newValue key put: newValue value]
    updateBlock: [:model :symbol :parameter | true].
composite := CompositePart new.
composite add: (PieChart model: adaptor) in: (0.1@0.1 extent: 0.8@0.8).
(ScheduledWindow new) component: composite; open.
adaptor inspect
```

Anfangs enthält das Fenster den Text 'No data'. Indem wir Anweisungen wie

    self value: #'Blaue Partei' -> 11.11

im Textfenster des Inspectors auswerten, können wir Elemente in das Dictionary
einfügen. Die Argumente von value: müssen Instanzen von Association sein, deren value eine nichtnegative Zahl ist. Jedesmal, wenn ein Element dazukommt,
wird sofort das PieChart neu ausgegeben.

   Eine sehr nützliche Eigenschaft der ValueModel-Klassen ist, daß ihre Exemplare
bei einer Veränderung nicht nur ihre dependents pauschal mit der Nachricht
update:with:from: benachrichtigen können, sondern in der Lage sind, eine
Nachricht gezielt an ein ganz bestimmtes Objekt zu senden. Die Nachricht, mit
der wir einem ValueModel mitteilen, daß es bei einer Änderung an ein Objekt
anObject eine Nachricht mit dem Namen aSymbol senden soll, ist

    onChangeSend: aSymbol to: anObject

         Wiederholen Sie einmal das letzte Beispiel, nachdem Sie vor der Erzeu-
gung des CompositeParts die Zeile

    adaptor onChangeSend: #ringBell to: Screen default

eingefügt haben. Wenn Sie jetzt wieder mit der Nachricht value: anAssociation an
den PluggableAdaptor Objekte in das Dictionary einfügen, werden Sie jedesmal
ein Tonsignal hören, das normalerweise von Ihrem Rechner für Warnhinweise
verwendet wird.

   Um die so veranlaßte Benachrichtigung eines Objekts wieder aufzuheben, sendet man dem ValueModel die Nachricht

    retractInterestsFor: anObject

Wir müssen also im Inspector für den PluggableAdaptor den Ausdruck

    self retractInterestsFor: Screen default

auswerten, wenn keine weiteren Tonsignale bei einer Änderung des Dictionarys
erfolgen sollen.

5.2.2 Model – View – Controller

In den Abschnitten 5.1 und 5.2.1 haben wir gelernt, wie Eigenschaften eines be-
liebigen Objekts (Modell) mit Hilfe eines Graphikobjekts (Sicht) sichtbar gemacht
werden können. Wir wissen auch, wie eine Sicht aktualisiert wird, wenn sich ein
Modell verändert. Es fehlt uns jetzt nur noch eine Möglichkeit, über Tastatur- und
Mauseingaben das Modell und seine Sicht zu beeinflussen. Hierfür ist die dritte
Art von Objekten im MVC-Paradigma zuständig, die Controller. Ein Controller ist
immer einer Sicht zugeordnet und verarbeitet Ereignisse wie Tastatureingaben,
Mausbewegungen oder das Drücken eines Mausknopfs und setzt sie in
Nachrichten an seine Sicht bzw. deren Modell um. Die meisten Controller, mit

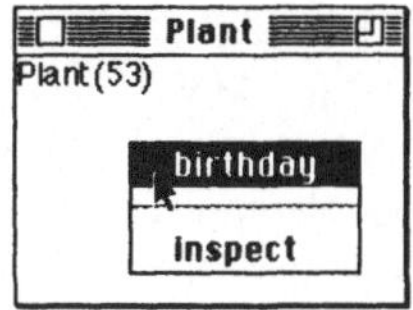

Abb. 5.33: Operate-Menu eines einfachen Controllers

denen Sie bisher gearbeitet haben, reagieren auf das Drücken des Operate-Buttons der Maus mit dem Anzeigen eines Menüs (des Operate-Menus).

Nicht jede Sicht hat einen Controller. In den Abschnitten 5.1 und 5.2.1 haben wir Fenster mit Graphikobjekten geöffnet, von denen keines einen Controller hatte. Sichten ohne Controller können sinnvoll sein, wenn der Zustand von Objekten angezeigt werden soll, aber nicht verändert werden darf. Solche Sichten können auch dann verwendet werden, wenn eine Sicht auf einer höheren Ebene einer Hierarchie von Graphikobjekten einen Controller hat, der alle nötigen Aktionen ermöglicht. Die auf tieferen Ebenen der Hierarchie gelegenen Sichten benötigen dann keinen eigenen Controller mehr.

Wie arbeiten nun Modell, Sicht und Controller zusammen? Nehmen wir einmal an, daß ein Fenster geöffnet ist, in dem eine LifeFormView eine Pflanze (Klasse Plant aus Kapitel 3) anzeigt, und daß diese View einen Controller hat. Wenn wir die Maus in den Bereich der LifeFormView bringen, übernimmt deren Controller die Kontrolle über die Auswertung von Mausbewegungen, Mausknöpfen und Tastatureingaben. Wenn wir z.B. den Operate-Button der Maus betätigen, dann öffnet der Controller das Operate-Menu (siehe Abb. 5.33). Wir können daraus beispielsweise den Eintrag birthday auswählen. Der Controller sendet nach Auswahl dieses Menüpunkts eine Nachricht an sein Modell, in diesem Fall die Nachricht birthday an das Exemplar von Plant. Diese erhöht daraufhin ihr Alter um ein Jahr und informiert ihre dependents durch die Nachricht update: #age von der Veränderung. Zu den dependents gehört auch die LifeFormView, die an dem Parameter #age der Nachricht erkennen kann, daß eine Neuanzeige auf dem Bildschirm nötig ist (siehe Abb. 5.34).

Ein Controller kann in einem Menü auch Aktionen anbieten, die sich nicht auf den Zustand des Modells beziehen, sondern auf das Aussehen der Sicht. Man kann z.B. in einem Menü einen Eintrag unterbringen, mit dem die Hintergrundfarbe der Sicht ausgewählt werden kann. In einem solchen Fall sendet der

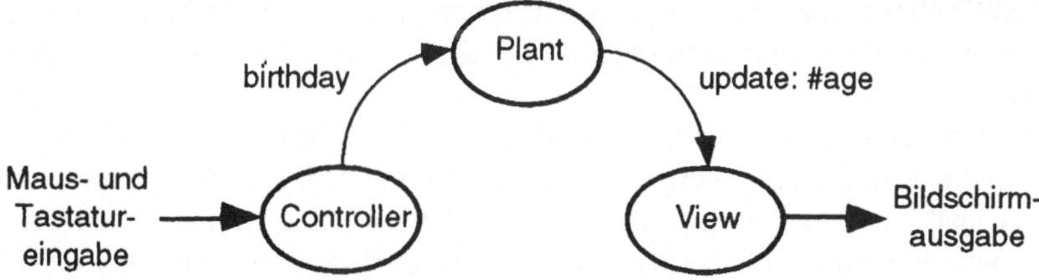

Abb. 5.34: Nachrichtenfluß bei Maus- und Tastatureingaben

Controller eine Nachricht an die Sicht statt an das Modell.

Bisher haben wir von dem abstrakten MVC-Paradigma gesprochen, ohne darauf einzugehen, wie dieses in VisualWorks® konkret verwirklicht wird. Tatsächlich gibt es drei Klassen, die genauso heißen wie die drei Bestandteile von MVC, nämlich Model, View und Controller.

Die Klasse Model haben wir bereits in Kapitel 3 kennengelernt. Sie unterscheidet sich von der Klasse Object nur dadurch, daß der Zugriff auf die dependents effizienter implementiert ist. Wenn man weiß, daß die Exemplare einer bestimmten Klasse durch eine Sicht angezeigt werden sollen, dann sollte man diese Klasse als Unterklasse von Model definieren. Dadurch wird die Aktualisierung des Bildschirms nach einer Veränderung etwas beschleunigt. Erwarten Sie aber keine Wunder, denn andere Faktoren spielen dabei in der Regel eine viel größere Rolle.

View ist eine Unterklasse von DependentPart, denn DependentPart stellt schon alles bereit, was für die Interaktion zwischen Modell und Sicht gebraucht wird. View ergänzt vier wichtige Methoden, die für den Zugriff auf den Controller nötig sind (der tatsächlich zur Klasse Controller oder einer ihrer Unterklassen gehören muß). Die ersten beiden davon sind:

```
controller              liefert den Controller der View
controller: aController  ordnet der View einen neuen Controller zu.
```

In der Regel hat eine bestimmte Art von View immer die gleiche Art von Controller. Damit Sie beim Erzeugen einer View nicht jedesmal ausdrücklich den zugehörigen Controller erzeugen müssen, haben sich die Entwickler von VisualWorks® einen hilfreichen Mechanismus einfallen lassen. Wenn der controller einer View nicht initialisiert wurde, d.h. nil ist, dann liefert die Methode controller das Ergebnis von

```
self defaultController
```

Dieses ist wiederum das Ergebnis von

```
self defaultControllerClass new.
```

Die Methode defaultControllerClass liefert die Klasse, zu der der Controller der View normalerweise gehört. Um die Verbindung zwischen einer Unterklasse von View und einer zugehörigen Unterklasse von Controller herzustellen, genügt es daher, die Methode defaultControllerClass zu reimplementieren – und schon braucht man sich nicht mehr um die Erzeugung des Controllers zu kümmern. Die Methode defaultController muß man übrigens normalerweise nicht neu implementieren, es sei denn, der Controller muß nach seiner Erzeugung noch speziell initialisiert werden.

Ein Controller kennt sowohl sein Modell als auch seine Sicht, die mit den Nachrichten model bzw. view abgefragt werden können. Eine View stellt immer sicher, daß ihr Controller das richtige model hat und seine view kennt. Wenn ein Paar aus View und Controller ein neues Modell erhalten soll, dann muß man der View die Nachricht model: anObject senden, nicht dem Controller. Ein Controller versteht zwar die Nachrichten model: anObject und view: aView, aber die zugehörigen Methoden gehen davon aus, daß der Absender der Nachrichten die View ist, zu der der Controller gehört, und daß diese die Veränderung bereits verarbeitet hat. Man sollte diese beiden Nachrichten an den Controller daher nicht verwenden. Andernfalls riskiert man, daß View und Controller nicht zueinander passen, was zu Fehlern führen kann, wenn ein Fenster geöffnet wird.

Ein weiteres Objekt, das ein Controller kennt, ist ein *Sensor*, der mit

    aController sensor

abgefragt werden kann. Dieser Sensor gibt Auskunft über die Position der Maus, den Zustand der Mausknöpfe, auf der Tastatur eingegebene Zeichen und darüber, ob eine Sondertaste (Shift-, Control-, Meta- oder Alternate-Taste, auf deutschen Tastaturen Umschalt-, Steuerungs-, Befehls- und Auswahltaste) gedrückt ist. Die wichtigsten Nachrichten, die ein Sensor versteht, werden wir in den Beispielen von Abschnitt 5.2.3 vorstellen.

Wir haben bereits gelernt, daß in der Hierarchie von Graphikobjekten, aus denen sich der Inhalt eines Fensters zusammensetzt, mehrere Graphikobjekte auf unterschiedlichen Ebenen der Hierarchie einen Controller haben können. Damit stellt sich natürlich die Frage, woher ein bestimmter Controller weiß, daß er die Kontrolle über Maus und Tastatur übernehmen soll. Um dies zu klären, müssen wir etwas weiter ausholen (wobei die Darstellung aber immer noch vereinfacht ist).

Nicht nur Instanzen der Klasse View, sondern auch alle Instanzen von ScheduledWindow haben einen Controller. Bei einem ScheduledWindow ist dies ein StandardSystemController. Diese StandardSystemController sind es, die beim Drücken des View-Buttons das View-Menu in allen Fenstern von VisualWorks® erzeugen. Die StandardSystemController aller Fenster sind einem Objekt bekannt, das in der globalen Variablen ScheduledControllers gespeichert ist. ScheduledControllers ist immer dann aktiv, wenn gerade *kein* Controller die Kontrolle über die Eingabe übernommen hat. Im wesentlichen besteht die Aufgabe von ScheduledControllers darin, reihum bei allen ihm bekannten Instanzen von StandardSystemController durch Senden der Nachricht isControlWanted nachzufragen, ob der Empfänger der Nachricht die Kontrolle übernehmen will. Dies tut ScheduledControllers so lange, bis einer der StandardSystemController mit true antwortet. Diese Antwort liefert ein StandardSystemController dann, wenn sein ScheduledWindow durch invalidate-Nachrichten von seiner component informiert wurde, daß Änderungen am Fensterinhalt ausgegeben werden müssen, oder wenn das ScheduledWindow das aktive Fenster des Fenstersystems ist. (Das aktive Fenster erkennt man bei den meisten Fenstersystemen an einer besonderen Rahmenfarbe, auf einem Apple Macintosh an einem gestreiften Titelbalken.)

Wenn ScheduledControllers einen StandardSystemController entdeckt hat, der die Kontrolle übernehmen will, sendet es diesem die Nachricht startUp. Hierauf reagieren alle Controller im wesentlichen gleich. Zuerst senden sie sich selbst die Nachricht controlInitialize (lies: „control initialize"). In der zugehörigen Methode kann ein Controller Initialisierungen vornehmen, die vom Zustand seiner view oder seines models abhängen. Die meisten Controller tun in dieser Methode nichts. Danach schickt sich ein Controller die Nachricht controlLoop, die für die Verarbeitung von Eingaben und anderen Ereignissen sorgt, bis der Controller die Kontrolle abgibt. Nach Ausführung des controlLoops führt der Controller noch die Methode controlTerminate aus. Dort können abschließende Aktionen ausgeführt werden, bevor die Kontrolle wieder an den Sender der Nachricht startUp abgegeben wird. Wie bei controlInitialize tun die meisten Controller in dieser Methode nichts.

Auch die Methode controlLoop ist für fast alle Controller gleich. Solange der Controller auf die Nachricht isControlActive mit true antwortet, erhält er anschließend die Nachricht controlActivity. controlActivity ist die Methode, in der sich die verschiedenen Controller unterscheiden, denn dort wird die eigentliche Arbeit erledigt. Es sollte noch erwähnt werden, daß bei jedem Durchgang durch den controlLoop alle Fenster die Gelegenheit erhalten, ihren Inhalt zu aktualisieren, wenn eine ihrer Komponenten die Notwendigkeit mit self invalidate signalisiert hat. Wie dies genau funktioniert, ist für normale Anwendungen unwichtig, deshalb werden wir darauf auch nicht weiter eingehen.

Ein StandardSystemController antwortet auf isControlActive mit true, wenn sein ScheduledWindow das aktive Fenster im Fenstersystem ist. Das heißt, daß er die Kontrolle unter Umständen auch dann noch behält, wenn sich der Mauszeiger nicht mehr im Inneren des Fensters befindet. Erst wenn ein anderes Fenster aktiviert wird, gibt der StandardSystemController die Kontrolle ab. Bei einigen Fenstersystemen wird ein Fenster aktiviert, indem man es mit der Maus anklickt, bei anderen genügt es, den Mauszeiger in das Innere des Fensters zu bewegen.

Wenn ein StandardSystemController die Kontrolle über die Tastatur und die Maus übernommen hat, führt er in einer Schleife solange die Methode controlActivity aus, bis sein Fenster deaktiviert oder geschlossen wird. Wir werden uns im folgenden diese Methode etwas näher ansehen.

Ein StandardSystemController macht seine Aktivität davon abhängig, in welchem Zustand sich die Mausknöpfe befinden. Wenn der View-Button der Maus gedrückt ist, bringt er ein Menü auf den Bildschirm, das uns bereits von den Programmierwerkzeugen her bekannt ist – das View-Menu. Dieses Menü ist in der Klassenvariablen ScheduledBlueButtonMenu von StandardSystemController abgelegt und daher für alle Exemplare dieser Klasse gleich. Wenn wir uns den Quelltext der Methode controlActivity ansehen, finden wir darin die Zeile

```
self blueButtonActivity
```

Diese Anweisung wird ausgeführt, wenn sich der Mauszeiger im Fenster befindet und der View-Button der Maus gedrückt ist. Die Methode blueButtonActivity hat folgenden Quelltext:

blueButtonActivity

```
I choice I
choice :=  self
            trackMenu: ScheduledBlueButtonMenu
            at:  self sensor globalCursorPoint
            centered: false.
(choice = 0 or: [choice isNil] ) ifTrue: [^self].
self perform: choice
```

Mit der ersten Zeile wird das Menü aktiviert und auf den Bildschirm gebracht. Wenn einer der Menüpunkte ausgewählt wird, ist das Ergebnis ein Symbol. Andernfalls, d.h., wenn ein Mausknopf außerhalb des Menüs gedrückt wird, ist das Resultat nil oder die Zahl 0, worauf die blueButtonActivity-Methode beendet wird. Ein Symbol dagegen wird als unäre Nachricht aufgefaßt, die an den StandardSystemController gesendet werden soll. Bisher haben wir nur die Möglichkeit kennengelernt, Nachrichten zu versenden, indem wir eine Anweisung in einen Quelltext geschrieben haben, die den Namen der Nachricht enthielt. Es gibt aber noch eine zweite Möglichkeit für Situationen, in denen zum Zeitpunkt der Programmierung zwar bekannt ist, *daß* eine Nachricht geschickt werden muß, aber noch nicht, um welche Nachricht es sich handelt. Es genügt in diesem Fall, das Symbol für den Namen der Nachricht zu kennen und es als Parameter der Nachricht perform: an den Empfänger zu schicken. Genau dies tut ein StandardSystemController mit dem Ergebnis der Menüauswahl in der letzten Zeile der blueButtonActivity -Methode. Wenn choice z.B. den Wert #resize hat, ist der Effekt von

```
self perform: choice
```

der gleiche wie bei

```
self resize
```

Wenn der View-Button der Maus nicht gedrückt ist, geht ein StandardSystemController davon aus, daß er nicht für weitere Aktionen zuständig ist. Er versucht in diesem Fall, die Kontrolle an einen Controller abzugeben, der zu einer View in der Hierarchie von Graphikobjekten seines Fensters gehört. Dazu sendet er dem ScheduledWindow die Nachricht subViewWantingControl. Das Fenster fragt daraufhin seine component mit der Nachricht objectWantingControl nach einer View, deren Controller daran interessiert ist, die Kontrolle zu übernehmen.

Exemplare von CompositePart und Wrapper reichen diese Nachricht einfach an ihre Komponenten weiter. Eine VisualComponent, die keinen Controller hat, liefert als Ergebnis nil, d.h., sie signalisiert, daß sie die Kontrolle nicht übernimmt. Eine View mit Controller dagegen sendet diesem die Nachricht isControlWanted, also die gleiche Nachricht, die auch ScheduledControllers benutzt, um einen StandardSystemController auszuwählen. Antwortet der Controller mit true, dann gibt die View sich selbst als Ergebnis zurück, andernfalls ist das Resultat nil (siehe

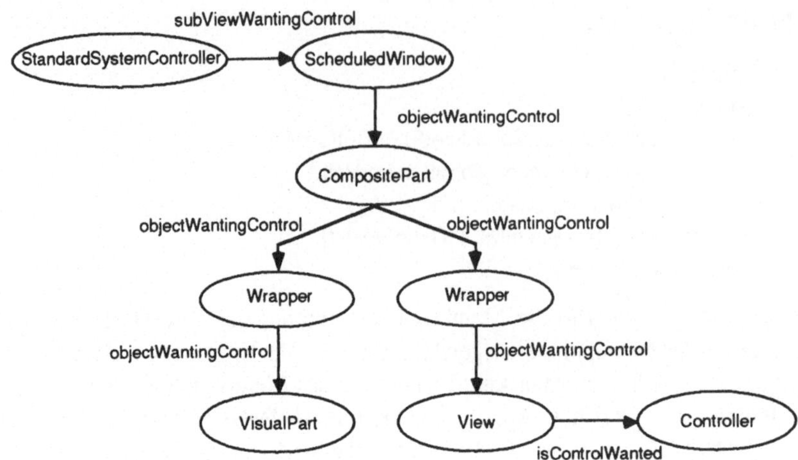

Abb. 5.35: Nachrichtenfluß bei subViewWantingControl

Abb. 5.35). Wrapper und CompositePart reichen das Ergebnis von
objectWantingControl an den Absender der Nachricht auf der höheren Hierarchieebene weiter. Der StandardSystemController erhält also entweder nil oder eine
View als Ergebnis der Ausführung von subViewWantingControl. Wenn das Ergebnis nil ist, dann beendet er seine controlActivity. Bekommt er dagegen eine View,
dann schickt er dieser die Nachricht startUp. Die View gibt die Nachricht startUp
an ihren Controller weiter, der darauf die bereits bekannte Folge von Initialisierung (controlInitialize), Kontrollschleife (controlLoop) und abschließenden Maß-
nahmen (controlTerminate) durchläuft.

5.2.3 Eigene Controller – Die Dressur der Maus

Wir wissen jetzt, wie ein Controller die Kontrolle übernehmen kann, wenn seine
View in ein Fenster mit einem StandardSystemController eingebettet ist. Außerdem kennen wir auch die wichtigsten Methoden für die Funktion eines
Controllers. Diese Methoden sind in der abstrakten Klasse Controller implementiert. Im folgenden werden wir an einem ausführlichen Beispiel zeigen, was bei
der Implementation eines Controllers getan werden muß. Außerdem können wir
an diesem Beispiel sehen, wie Tastatur und Maus mit Hilfe des bereits erwähnten
Sensors kontrolliert werden.

Das Beispiel ist eine Anwendung mit einer graphischen Benutzeroberfläche, die
auf den „Lebewesen" aus Kapitel 3 aufbaut. Wir wollen ein Programm schreiben,
mit dem wir ein sehr einfaches Modell eines Zoos erzeugen und verändern können. Dabei beschränken wir uns allerdings auf die beiden wichtigsten Eigenschaften, die die „Lebewesen" aus Kapitel 3 haben, nämlich Alter und Standort. Unser
Zoo hat einen rechteckigen Grundriß. Wir können in ihm Tiere und Pflanzen un-

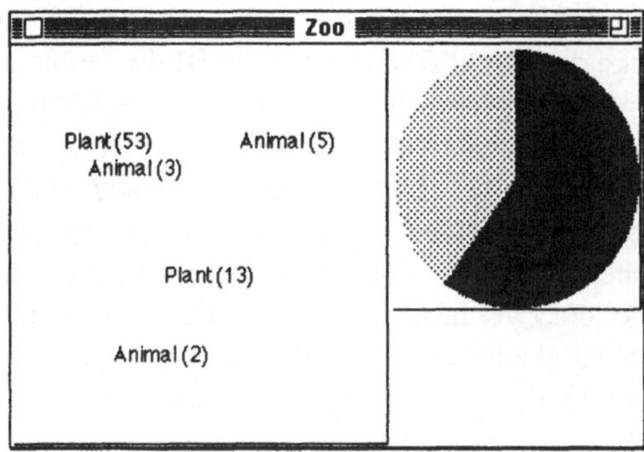

Abb. 5.36: Darstellung eines Zoos

terbringen, wobei wir uns auf ganzzahlige Koordinaten im Grundriß des Zoos beschränken. Wir wollen dazu eine Benutzeroberfläche entwickeln, die es ermöglicht, Tiere und Pflanzen in den Zoo einzufügen und aus ihm zu entfernen. Der Standort der Lebewesen soll in einem Fenster angezeigt werden, das den Grundriß des Zoos darstellt. Damit dieses Fenster einigermaßen übersichtlich bleibt, soll der Grundriß mit einer gewissen Vergrößerung dargestellt werden, d.h., eine Längeneinheit im Zoo entspricht z.B. 15 Pixeln auf dem Bildschirm. Es soll möglich sein, die Bewohner des Zoos mit der Maus an einen anderen Standort innerhalb des Grundrisses zu verschieben. Außerdem wollen wir für alle Bewohner das Alter angezeigt bekommen und über einen Menüpunkt einem Zoobewohner mitteilen können, daß er Geburtstag hat. Schließlich soll noch das Verhältnis zwischen der Anzahl der Tiere und der Anzahl der Pflanzen im Zoo als PieChart dargestellt werden (siehe Abb. 5.36).

Wie geht man bei der Entwicklung einer solchen Anwendung am besten vor? Es empfiehlt sich, die drei Teile Modell, Sicht und Controller nacheinander zu entwickeln und zu testen. Man fängt mit den Objekten an, die als Modelle dienen. Hat man diese soweit getestet, daß man einigermaßen sicher ist, daß sie korrekt arbeiten, dann implementiert man die Sichten. Diese testet man ebenfalls möglichst gründlich. Erst danach geht man an die Entwicklung von Controllern. Dieses Vorgehen hat den Vorteil, daß man sich in jedem Abschnitt auf die Implementation und den Test weniger Klassen beschränken kann. Wenn z.B. beim Test eines Controllers ein Fehler auftritt, stehen die Chancen recht gut, daß man sich nur die Methoden dieses Controllers ansehen muß, um den Fehler zu beseitigen. Natürlich läßt sich eine solche Strategie selten in reiner Form durchhalten. Es ist oft nötig, einer Sicht noch Methoden hinzuzufügen, wenn man einen Controller entwickelt. Außerdem können auch gründliche Tests nicht garantieren, daß man alle Fehler findet. Dennoch erleichtert es die Arbeit sehr, wenn man sich an den beschriebenen Ablauf hält. Wir werden ihm auch bei unserem Beispiel folgen.

Die Klassen für Lebewesen sind schon in Kapitel 3 eingeführt worden. An ihnen müssen wir nichts mehr ändern. Als neue Modell-Klasse benötigen wir nur noch den Zoo selbst. Wenn wir davon ausgehen, daß sein Grundriß ein Rechteck ist, das als eine Ecke den Punkt 0 @ 0 hat, dann ist die Größe durch den gegenüberliegenden Eckpunkt gegeben. Es genügt also, den Grundriß durch einen Punkt darzustellen. Die zweite Eigenschaft des Zoos ist ein Verzeichnis seiner Bewohner. Da diese nicht in einer bestimmten Reihenfolge angeordnet sind, kann das Verzeichnis ein Set sein. Wenn ein neuer Zoo erzeugt wird, soll er als normale Größe 15 @ 15 haben und weder Tiere noch Pflanzen enthalten. Damit erhalten wir eine Klasse Zoo, die zwei Instanzvariablen extent und inhabitants hat. Da ein Zoo über den Abhängigkeitsmechanismus später der geplanten Benutzeroberfläche Änderungen mitteilen soll, erzeugen wir diese Klasse als Unterklasse von Model. Wir legen für Zoo das folgende Protokoll fest:

```
Model subclass: #Zoo
    instanceVariableNames: 'inhabitants extent '
    classVariableNames: ''
    poolDictionaries: ''
    category: 'Zoo'
```

Zoo comment:
'Eine Instanz von Zoo enthält ein Set mit Bewohnern, die zur Klasse LifeForm gehören sollten. Ein Zoo hat einen rechteckigen Grundriß mit linker oberer Ecke 0 @ 0. Die rechte untere Ecke ist durch einen Point in der Instanzvariablen extent gegeben. Wie bei jedem Rectangle wird angenommen, daß die rechte untere Ecke außerhalb der Fläche liegt. Jede LifeForm kann in einen Zoo eingefügt werden, solange ihr Standort innerhalb des Zoos liegt. Der Zoo kann eine neue Größe bekommen, wenn der neue Grundriß noch alle Zoobewohner enthält.

Instanzvariablen:
inhabitants   <Set of LifeForm>   default: leerer Set
extent   <Point>   default: 15 @ 15'

Zoo methodsFor: 'initialize-release'

initialize
    "Initialisiere die Instanzvariablen des Empfängers. Die normale
    Größe eines Zoos ist 15 @ 15."

Zoo methodsFor: 'accessing'

extent
    "Antworte mit der Größe des Empfängers."

inhabitants
    "Antworte mit einer Menge, die alle Zoobewohner enthält."

animals
    "Antworte mit einer Menge, die alle Tiere unter den Zoobewohnern enthält."

plants

> "Antworte mit einer Menge, die alle Pflanzen unter den Zoobewohnern
> enthält."

extent: aPoint

> "Setze die Größe des Empfängers auf aPoint. Melde einen Fehler,
> wenn die neue Fläche des Empfängers nicht die Standorte aller
> Zoobewohner enthält."

addInhabitant: aLifeForm

> "Füge aLifeForm in die Menge der Zoobewohner ein. Informiere alle
> abhängigen Objekte von der Veränderung. Melde einen Fehler, wenn
> der Standort von aLifeForm außerhalb des Zoos liegt."

removeInhabitant: aLifeForm

> "Entferne aLifeForm aus der Menge der Zoobewohner. Informiere alle
> abhängigen Objekte von der Veränderung."

Zoo class methodsFor: 'instance creation'

new

> "Antworte mit einer initialisierten Instanz des Empfängers."

> ^super new initialize

Übung 5.11: Implementieren Sie die Methoden der Klasse Zoo. Da später die Sicht mit
dem Grundriß des Zoos beim Einfügen und Entfernen von Bewohnern wissen muß,
welcher Bewohner davon betroffen ist, sollten Sie in den entsprechenden Methoden die
Nachricht changed:with: anstelle von changed: verwenden. Der zweite Parameter dieser
Nachricht sollte der eingefügte bzw. entfernte Zoobewohner sein.

Nun können wir die Implementation der Sichten in Angriff nehmen. Das Fenster
in Abb. 5.36 hat zwei Teile. Der rechte Teil ist uns schon vertraut, er enthält ein
PieChart. Der linke Teil ist eine neue Art von Graphikobjekt. Wir können ein solches Aussehen auf zwei Arten erzeugen. Zum einen können wir eine einzelne
View erzeugen, die als model einen Zoo hat. Diese kann sich vom Zoo die Menge
der Bewohner geben lassen und für jeden der Bewohner eine Zeichenkette an der
richtigen Stelle ausgeben. Dies ist aber keine besonders gute Lösung. Eine solche
View hätte zwar keine besonders komplizierte displayOn:-Methode, so daß ihre
Implementation nicht schwierig wäre. Wenn wir später aber auf die Idee kommen,
die Bewohner auf eine andere Weise darzustellen, kommen wir in Schwierigkeiten, wenn jede Art von Bewohner auf eine andere Art gezeichnet werden
soll. Es ist auch nicht auszuschließen, daß die Benutzeroberfläche so erweitert
werden soll, daß zwischen verschiedenen Darstellungen der Bewohner umgeschaltet werden kann (z.B. zwischen einer Textausgabe wie in Abb. 5.36 und einer graphischen Darstellung).

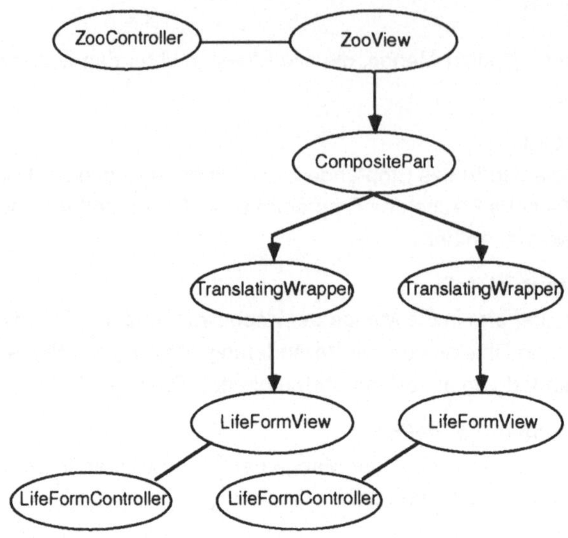

Abb. 5.37: Aufbau einer ZooView

Eine solche Flexibilität können wir leicht sicherstellen, wenn wir eine hierarchisch strukturierte Graphik benutzen. Für jedes Lebewesen enthält die Hierarchie eine eigene LifeFormView. Diese werden mit Hilfe einer Instanz von CompositePart sowie je einem TranslatingWrapper zusammengefaßt. Das CompositePart schließlich ist Bestandteil einer ZooView, die den gesamten Zoo darstellt (siehe Abb. 5.37). Entsprechend haben wir auch zwei Arten von Controllern, nämlich LifeFormController, die die Manipulation eines einzelnen Zoobewohners ermöglichen, und ZooController, die Aktionen für den Zoo als Gesamtheit bereitstellen.

Die Klasse LifeFormView kann fast unverändert aus Abschnitt 5.2.1 übernommen werden. Wir müssen aber als Oberklasse von LifeFormView statt DependentPart die Klasse View verwenden, damit ihre Instanzen mit einem LifeFormController zusammenarbeiten können.

Die ZooView ist eine View, die in einer Instanzvariablen component ein CompositePart zum Sammeln der einzelnen LifeFormView speichert. Zunächst implementieren wir die Methoden, die die ZooView für die Ausgabe benötigt. Zu beachten ist dabei die Methode preferredBounds. Wir haben darin festgelegt, daß die bevorzugte Größe zum einen für die gesamte Fläche des Zoos ausreichen muß (erste Zeile), zum anderen aber auch alle LifeFormViews umschließt, die in der component enthalten sind (zweite Zeile). Den Vergrößerungsfaktor für die Umrechnung von Zoo-Koordinaten in Bildschirmkoordinaten haben wir auf 15 gesetzt (Methode scalingFactor).

```
View subclass: #ZooView
    instanceVariableNames: 'component '
    classVariableNames: ''
    poolDictionaries: ''
    category: 'Zoo'
```

ZooView methodsFor: 'initialize-release'

initialize
```
    component := CompositePart new.
    component container: self.
    super initialize
```

ZooView methodsFor: 'accessing'

component
```
    ^component
```

ZooView methodsFor: 'bounds accessing'

preferredBounds
```
    ^(0 @ 0 extent: self model extent * self scalingFactor)
        merge: self component preferredBounds
```

scalingFactor
```
    ^15
```

ZooView methodsFor: 'displaying'

displayOn: aGraphicsContext
```
    self component displayOn: aGraphicsContext
```

Wann werden nun Instanzen von LifeFormView erzeugt und in das CompositePart
eingefügt? Gehen wir einmal davon aus, daß die ZooView bereits auf dem Bildschirm sichtbar ist und eine LifeForm in den Zoo eingefügt wird. In diesem Fall
sendet der Zoo die Nachricht

```
    update: #addInhabitant with: newLifeForm
```

an seine dependents. Die ZooView muß in diesem Fall eine neue LifeFormView in
ihr CompositePart einfügen, und zwar an dem Punkt, der sich aus dem Standort
des neuen Zoobewohners ergibt. Um den Neuaufbau des Fensterinhalts mit Hilfe
einer invalidate-Nachricht braucht sich die ZooView nicht zu kümmern, da dies
schon vom CompositePart erledigt wird, wenn man ihm eine neue Komponente
übergibt. Analog zum Einfügen eines Bewohners in den Zoo verläuft das Entfernen.

ZooView methodsFor: 'private'

addInhabitant: aLifeForm
```
self component
    add: (LifeFormView model: aLifeForm)
    at: aLifeForm location * self scalingFactor
```

removeInhabitant: aLifeForm
```
| aWrapper |
aWrapper := self component components detect:
    [:c | c component model == aLifeForm].
self component remove: aWrapper
```

ZooView methodsFor: 'updating'

update: aSymbol with: aValue
```
aSymbol == #addInhabitant ifTrue:
    [self addInhabitant: aValue].
aSymbol == #removeInhabitant ifTrue:
    [self removeInhabitant: aValue]
```

Die Methoden addInhabitant: und removeInhabitant: haben wir in das
Instanzprotokoll private eingeordnet. Dort werden Methoden untergebracht, die
nur von anderen Methoden der gleichen Klasse aufgerufen werden sollen. Wir haben dieses Protokoll gewählt, weil die beiden Methoden davon ausgehen, daß die
Veränderung am Zoo bereits vorgenommen wurde. Wenn man die entsprechenden
Nachrichten an anderer Stelle als in der Methode update:with: verwenden würde,
könnte es vorkommen, daß ein Bewohner eines Zoos nicht mehr angezeigt wird,
obwohl er noch im Zoo vorhanden ist. Umgekehrt könnte es auch passieren, daß
ein Bewohner angezeigt wird, der noch gar nicht in den Zoo eingefügt wurde.

Jetzt fehlt nur noch eine Kleinigkeit, damit wir eine ZooView auch tatsächlich
öffnen können. Wenn der ZooView mit der Nachricht model: ein Zoo übergeben
wird, kann dieser bereits Bewohner haben. Für diese müssen Exemplare von
LifeFormView erzeugt werden. Wenn die ZooView vorher ein anderes model hatte,
muß außerdem die Instanzvariable component initialisiert werden. Wir reimplementieren daher die Methode model: im Protokoll accessing.

model: aZoo
```
self initialize.
super model: aZoo.
aZoo inhabitants do: [:aLifeForm | self addInhabitant: aLifeForm]
```

Damit wir das Öffnen eines Fensters mit einer ZooView etwas einfacher haben,
erzeugen wir im Klassenprotokoll instance creation noch zwei Methoden, die das
Fenster aufbauen und öffnen.

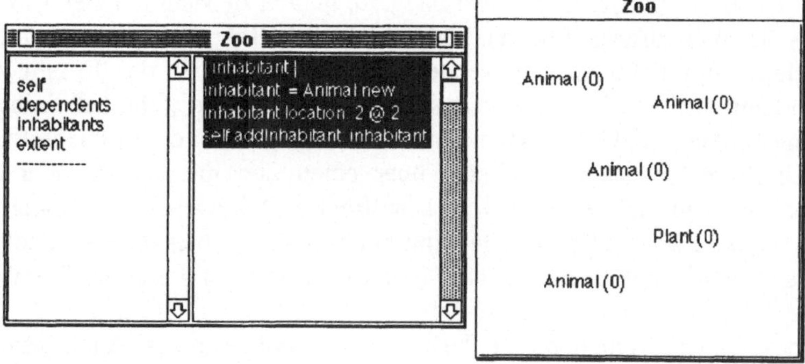

Abb. 5.38: Test der ZooView

openOn: aZoo
```
    | zooView composite window |
    zooView := self model: aZoo.
    composite := CompositePart new.
    composite add: zooView borderedIn: zooView preferredBounds.
    window := ScheduledWindow new.
    window component: composite;
        minimumSize: zooView preferredBounds extent.
    window label: 'Zoo'; open
```

open
```
    self openOn: Zoo new
```

Übung 5.12: Erzeugen Sie einen Zoo mit mehreren Bewohnern an verschiedenen
Standorten und öffnen Sie eine ZooView, die diesen Zoo als model hat. Testen Sie, ob
die ZooView auf das Einfügen und Entfernen von Bewohnern richtig reagiert. (Wenn
Sie keinen Fehler beim Abschreiben der Methoden gemacht haben, sollte alles funktionieren.)

Jetzt fehlen uns nur noch die Controller für unsere Graphikobjekte. Die
LifeFormView erhält einen LifeFormController, und die ZooView einen
ZooController. Um sie zu implementieren, müssen wir festlegen, wie die Auf-
gaben zwischen den verschiedenen Controller-Objekten aufgeteilt werden sollen.
Dabei hilft uns die Überlegung weiter, daß ein Controller nur die Eigenschaften
seines eigenen models beeinflussen sollte. Der LifeFormController ist demnach zu-
ständig für die Mitteilung an sein model, daß es Geburtstag hat. Wenn ein Lebe-
wesen in den Zoo eingefügt werden soll, gibt es für dieses noch keine
LifeFormView und keinen LifeFormController. Diese Aktion kann also nur der
ZooController übernehmen. Beim Entfernen ist das Vorgehen schon etwas
schwieriger. Es gibt in diesem Fall einen LifeFormController, der z.B. in einem
Menü eine Option zum Löschen seines models aus dem Zoo anbieten könnte.

Eine LifeForm weiß aber nichts über den Zoo, in dem sie sich befindet. (So wie wir das Beispiel aufgebaut haben, könnte sich eine LifeForm sogar in mehreren Zoos gleichzeitig befinden!) Sie versteht keine Nachricht, mit der ihr mitgeteilt werden kann, daß sie einen Zoo verlassen soll. Nur der Zoo weiß, daß er diesen Bewohner enthält, und kann ihn entfernen. Wir haben daher die Wahl, entweder dem LifeFormController das Wissen über einen Zoo mitzugeben oder den ZooController mit dem Entfernen zu beauftragen. Die zweite Möglichkeit ist attraktiver, weil wir bei ihr den LifeFormController auch außerhalb einer ZooView benutzen können, z.B. wenn wir ein Fenster öffnen, das nur eine LifeFormView enthält.

Bleibt noch das Verändern der Position eines Zoobewohners. Auch wenn es zunächst überraschend klingt, die Position ist ebenfalls eine Angelegenheit des ZooControllers. Auf der Ebene der Graphikobjekte ist das relativ klar, denn eine LifeFormView kennt ihre Position in einem größeren Fenster nicht – diese wird von ihrer Umgebung mit Hilfe eines TranslatingWrappers festgelegt. Und auch auf der Modell-Ebene ist der Standort genau genommen keine Eigenschaft einer LifeForm. Stellen wir uns einmal vor, daß unser Zoo in einer Stadt liegt, und daß eines der Tiere im Zoo den Standort 10 @ 10 hat. Nun gibt es aber einen Stadtplan, auf dem der Punkt 0 @ 0 des Zoos an der Stelle 100 @ 100 eingezeichnet ist. Welches ist nun der „richtige" Standort des Tieres: 10 @ 10 oder 110 @ 110? Tatsächlich sind beide Antworten „richtig". Der Standort eines Tieres gehört eigentlich nicht zu seinen Eigenschaften. Vielmehr gibt es *zwei* Eigenschaften: den Standort des Tieres im Zoo und dessen Lage auf dem Stadtplan. Diese beiden Eigenschaften gehören zum Zoo und zum Stadtplan, aber nicht zu dem Tier (wenn wir sehr genau sein wollten, müßten wir sogar sagen, daß sie zu einer *Beziehung* zwischen Zoo und Tier bzw. Stadtplan und Tier gehören). Insofern war die Entscheidung, Standorte in einer Instanzvariablen von LifeForm zu speichern, nur unter der Annahme gerechtfertigt, daß es in unserer „Modellwelt" nur ein einziges Koordinatensystem gibt. Es gibt aber außer diesen grundsätzlichen Überlegungen noch einen praktischen Grund, warum das Verschieben eine Sache des ZooControllers sein sollte. Der LifeFormController kennt die Größe des Zoos nicht und kann deshalb nicht beurteilen, ob ein Lebewesen an eine bestimmte Stelle bewegt werden darf oder nicht. Wenn wir ihn unabhängig vom Zoo machen wollen, dürfen wir ihm diese Aufgabe also nicht übertragen.

Wir beginnen mit der Entwicklung des LifeFormControllers, da er wesentlich einfacher ist als der ZooController. Dazu gehen wir der Reihe nach die Methoden durch, die für eine Reimplementierung in Frage kommen. Die ersten beiden sind isControlWanted und isControlActive. In der Klasse Controller sind sie so implementiert, daß mit true geantwortet wird, wenn sich der Mauszeiger im Inneren der View befindet. Dies ist eine Voreinstellung, die fast immer richtig ist, so daß wir sie zunächst nicht ändern. Die Methoden controlInitialize und controlTerminate der Klasse Controller tun nichts. Da wir nicht vorhaben, das Verhalten des LifeFormControllers vom Zustand einer LifeForm abhängig zu machen, brauchen wir diese Methoden ebenfalls nicht zu reimplementieren. Wir müssen also nur die

Methode controlActivity implementieren. In dieser sendet ein Controller die Nachricht controlToNextLevel an sich selbst. Die zugehörige Methode versucht dann, die Kontrolle an einen Controller auf einer tieferen Ebene der Graphikhierarchie abzugeben. Da sich eine LifeFormView schon auf der untersten Ebene befindet, hätte die Methode keinen Effekt.

Wir haben schon erwähnt, daß wir den Geburtstag einer LifeForm durch die Auswahl eines Menüpunktes auslösen wollen. Es gibt eine Unterklasse von Controller, ControllerWithMenu, die in ihrer controlActivity-Methode feststellt, ob ein Mausknopf gedrückt ist. Falls der Select-Button gedrückt ist, wird eine Methode mit Namen redButtonActivity ausgeführt. Ist der Operate-Button gedrückt, dann sendet sich ein ControllerWithMenu die Nachricht yellowButtonActivity. In allen anderen Fällen wird

```
super controlActivity
```

ausgeführt, d.h. es wird versucht, die Kontrolle an eine tiefere Hierarchieebene abzugeben.

Wie Controller ist auch ControllerWithMenu eine Klasse, die nur ein Methodenprotokoll und ein „Normalverhalten" bereitstellt. Dieses Verhalten ist in der Methode redButtonActivity wiederum super controlActivity. Wenn wir möchten, daß ein ControllerWithMenu beim Drücken des Select-Buttons der Maus etwas anderes tut, müssen wir redButtonActivity in einer Unterklasse von ControllerWithMenu neu implementieren. In der Methode yellowButtonActivity sendet sich ein ControllerWithMenu zuerst die Nachricht menu. Ist die Antwort darauf nil wie bei der in der Klasse ControllerWithMenu implementierten Version von menu, dann wird super controlActivity ausgeführt. In Unterklassen von ControllerWithMenu liefert die Methode menu dagegen ein Exemplar der Klasse Menu. Dieses Menü wird in yellowButtonActivity ähnlich ausgewertet, wie wir es vom View-Menu des StandardSystemControllers kennen.

Um unserem LifeFormController ein Menü zu geben, das beim Drücken des Operate-Buttons der Maus auf dem Bildschirm angezeigt wird, müssen wir also LifeFormController als Unterklasse von ControllerWithMenu erzeugen und die Nachricht menu neu implementieren:

```
ControllerWithMenu subclass: #LifeFormController
    instanceVariableNames: ''
    classVariableNames: ''
    poolDictionaries: ''
    category: 'Zoo'!

LifeFormController methodsFor: 'menu messages'

menu
    ^Menu labelList: (Array with: #('birthday') with: #('inspect'))
        values: #(#birthday #inspectModel )
```

Bei labelList:values: ist der erste Parameter ein Array, dessen Elemente wiederum Exemplare von Array sind. Diese enthalten schließlich die Menüeinträge als Strings. Auf diese Weise können Menüeinträge gruppiert werden, und das Menü zeichnet Linien zwischen den einzelnen Gruppen von Einträgen. Das hier erzeugte Menü hat also zwei Einträge, birthday und inspect, zwischen denen eine Linie gezeichnet wird. Der zweite Parameter der Nachricht ist eine Liste mit Nachrichtensymbolen, die nach der Auswahl eines Menüpunkts an den LifeFormController gesendet werden. Die Anzahl der Menüeinträge und die Anzahl der Nachrichtensymbole müssen übereinstimmen. Wenn nach der Aktivierung des Menus ein Menüpunkt ausgewählt wird, dann liefert das Menu als Ergebnis das Nachrichtensymbol, das in der Liste der Symbole an der gleichen Stelle steht, an der sich der Menüeintrag in der Liste der Menüeinträge befindet.

Übung 5.13: Implementieren Sie im Instanzprotokoll menu messages die Methoden birthday und inspectModel. birthday soll dem model mitteilen, daß es Geburtstag hat, während inspectModel einen Inspector auf das model öffnet. Ergänzen Sie im Instanzprotokoll controller accessing von LifeFormView die noch fehlende Methode defaultControllerClass. Testen Sie den LifeFormController.

Den ZooController entwickeln wir in mehreren Abschnitten. Wir fangen mit den einfachsten Aktionen an, dem Einfügen von Pflanzen und Tieren in den Zoo. Diese wollen wir wieder über ein Menü bereitstellen. Die richtige Oberklasse für ZooController ist daher ebenfalls ControllerWithMenu.

Übung 5.14: Erzeugen Sie die Klasse ZooController. Das Menü dieser Klasse soll die Menüpunkte inspect zoo, new animal und new plant enthalten. Implementieren Sie die Methoden menu und inspectZoo sowie die Methode defaultControllerClass in der Klasse ZooView.

Die Methoden newAnimal und newPlant, die wir zum Einfügen von Zoobewohnern brauchen, sind sich sehr ähnlich. Zuerst muß ein neues Exemplar von Animal bzw. Plant erzeugt werden, dann wird Standort im Zoo festgelegt, und schließlich muß der neue Bewohner in den Zoo eingefügt werden. Der Standort wird mit Hilfe der Maus bestimmt. Nach Auswahl von new animal bzw. new plant aus dem Menü soll sich die Form des Cursors zu einem Fadenkreuz ändern, bis an einer beliebigen Stelle in der ZooView ein Mausknopf gedrückt wird. Der neue Zoobewohner wird dann an der angeklickten Stelle eingefügt. Für die Standortwahl erzeugen wir eine eigene Methode placeNewInhabitant:

ZooController methodsFor: 'menu messages'

placeNewInhabitant: aLifeForm
```
    | point |
    Cursor crossHair showWhile: [point := self sensor waitClickButton].
```

```
        point := (point min: self view bounds bottomRight)
                    max: self view bounds topLeft.
        aLifeForm location: (point / self view scalingFactor) rounded
```

newAnimal
```
    | aLifeForm |
    aLifeForm := Animal new.
    self placeNewInhabitant: aLifeForm.
    self model addInhabitant: aLifeForm
```

newPlant
```
    | aLifeForm |
    aLifeForm := Plant new.
    self placeNewInhabitant: aLifeForm.
    self model addInhabitant: aLifeForm
```

Die erste Zeile der Methode placeNewInhabitant: bedarf noch einer Erklärung.
Exemplare der Klasse Cursor beschreiben die Form, die der Mauszeiger auf dem
Bildschirm annimmt. Es gibt eine Reihe von vorgefertigten Exemplaren von
Cursor, die die Klasse Cursor über Methoden in ihrem Klassenprotokoll constants
bereitstellt. Cursor crossHair liefert einen Cursor, der die Form eines Faden-
kreuzes hat. Die Nachricht showWhile: an einen Cursor hat den Effekt, daß
während der Ausführung des als Parameter übergebenen Blocks auf dem Bildschirm der Empfänger der Nachricht, hier also der Fadenkreuz-Cursor, gezeigt
wird. Wenn die Abarbeitung des Blocks beendet ist, erscheint wieder der vorherige Cursor. Man kann die Form des Mauszeigers auch dauerhaft ändern, indem
man entweder

```
    aCursor show.
```

oder

```
    Cursor currentCursor: aCursor.
```

auswertet, wobei aCursor der gewünschte neue Cursor ist. Beide Anweisungen
haben die gleiche Wirkung. Falls man auf den gerade angezeigten Cursor zugreifen will, kann man ihn mit der Nachricht currentCursor von der Klasse Cursor
abfragen.

In der ersten Zeile von placeNewInhabitant haben wir ein weiteres Objekt be-
nutzt, den sensor des ZooControllers. Der sensor stellt Informationen über den
Zustand der Tastatur und der Maus bereit, die mit einer Reihe von Nachrichten
abgefragt werden können. Der sensor ist Exemplar einer Unterklasse der Klasse
InputSensor, die alle für uns wichtigen Methoden in den Instanzprotokollen
keyboard und mouse implementiert. Jedes ScheduledWindow kennt einen
WindowSensor, der Mausbewegungen und das Betätigen von Mausknöpfen und
Tasten der Tastatur registriert, solange das ScheduledWindow das aktive Fenster
ist. Dieser WindowSensor ist auch das Objekt, das der StandardSystemController
des Fensters als sensor benutzt. Der sensor eines Controllers auf einer tieferen

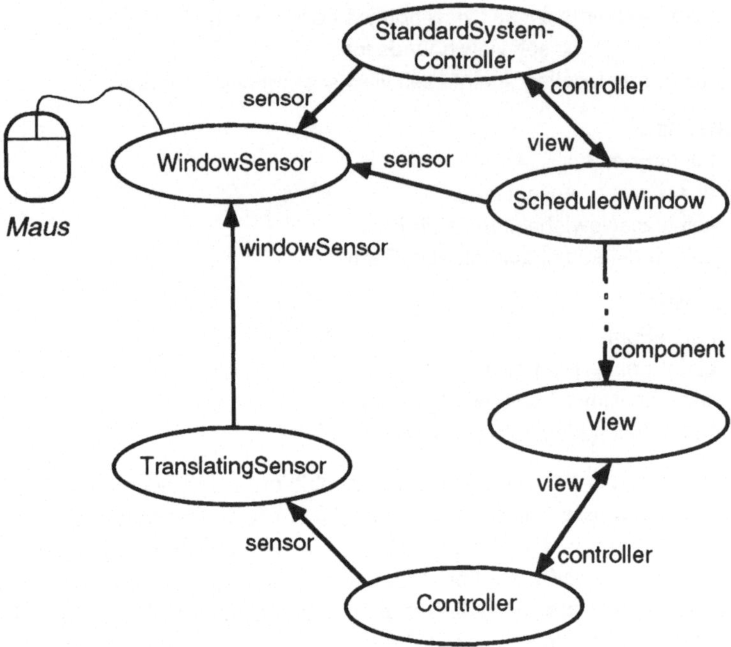

Abb. 5.39: Beziehungen zwischen Sichten, Controllern und Sensoren

Ebene einer Hierarchie von Graphikobjekten ist ein TranslatingSensor, der sich alle Informationen über die Maus und über Tastatureingaben vom WindowSensor des ScheduledWindows an der Spitze der Hierarchie besorgt. Dabei rechnet er Angaben über Fensterkoordinaten in Koordinaten derjenigen View um, deren Controller er zugeordnet ist (siehe Abb. 5.39).

In unserer Methode haben wir die Nachricht waitClickButton benutzt. Der sensor wartet bei Eintreffen dieser Nachricht so lange, bis ein beliebiger Mausknopf gedrückt und wieder losgelassen wird. Als Antwort erhält man den Punkt, an dem der Mausknopf losgelassen wurde. Der Punkt ist in Koordinaten der ZooView angegeben, so daß eine Translation durch einen TranslatingWrapper bereits eingerechnet ist. Ein InputSensor versteht noch zwei ähnliche Nachrichten, waitButton und waitNoButton. Bei waitButton wartet der InputSensor, bis ein Mausknopf gedrückt wird, und bei waitNoButton, bis kein Mausknopf mehr gedrückt ist. Auch in diesen beiden Fällen ist die Antwort des InputSensors der Punkt, an dem sich der Mauszeiger bei Eintreten des Ereignisses befindet.

Wir müssen in unserer Methode noch dafür sorgen, daß der neue Zoobewohner auch dann innerhalb des Zoos untergebracht wird, wenn der angeklickte Punkt außerhalb der ZooView liegt. Dies wird durch die zweite Anweisung in placeNewInhabitant: sichergestellt.

Übung 5.15: Testen Sie den ZooController. Erweitern Sie die Methode openOn: im Klassenprotokoll instance creation von ZooView so, daß im Fenster rechts neben der ZooView ein PieChart erscheint, in dem die Aufteilung zwischen Tieren und Pflanzen im Zoo dargestellt wird. Sowohl ZooView als auch PieChart sollen in ihrer bevorzugten Größe (preferredBounds) dargestellt werden.

Sie werden beim Testen festgestellt haben, daß der ZooController zwar das erwartete Menü zeigt, und daß auch das Einfügen von Tieren und Pflanzen in den Zoo wie geplant funktioniert. Wenn aber der Operate-Button der Maus im Bereich einer LifeFormView gedrückt wird, erscheint nicht wie geplant das Menü des LifeFormControllers, sondern weiterhin das Menü des ZooControllers. Da der LifeFormController auf isControlWanted mit true antwortet, wenn sich der Mauszeiger in seiner view befindet, liegt es nahe, daß der LifeFormController diese Nachricht gar nicht erst erhält. Wir können dies überprüfen, indem wir für LifeFormController die Methode isControlWanted wie folgt reimplementieren:

isControlWanted

```
Transcript show: 'isControlWanted'; cr.
^super isControlWanted
```

Wenn jetzt ein ScheduledWindow mit einer ZooView das aktive Fenster ist und wir die Maus im Inneren der ZooView bewegen, ohne einen Mausknopf zu drücken, sollte in regelmäßigen Abständen 'isControlWanted' im Transcript ausgegeben werden. Tatsächlich geschieht aber nichts.

Wie bereits oben dargestellt, führt ein ControllerWithMenu, also auch unser ZooController, die Methode controlActivity seiner Oberklasse Controller aus, wenn kein Mausknopf gedrückt ist. Wenn wir uns den Quelltext dieser Methode im Browser ansehen, stellen wir fest, daß darin

```
self controlToNextLevel
```

ausgeführt wird. Die Methode controlToNextLevel der Klasse Controller schickt an die view die Nachricht subViewWantingControl und erwartet als Antwort entweder nil oder eine View, deren controller die Kontrolle übernehmen will. subViewWantingControl ist nur in zwei Klassen implementiert, ScheduledWindow und VisualPart. Unsere ZooView erbt die Methode von VisualPart – und diese Methode besteht darin, mit nil zu antworten. Wir müssen für ZooView also eine ähnliche Methode implementieren, wie sie auch die Klasse ScheduledWindow besitzt:

ZooView methodsFor: 'control'

subViewWantingControl

```
^self component objectWantingControl
```

Jetzt erscheint die erwartete Ausgabe im Transcript und das Menü des LifeFormControllers erscheint, wenn der Operate-Button im Inneren einer LifeFormView gedrückt wird. Da sie nur zum Testen gebraucht wurde, können wir die Methode isControlWanted jetzt wieder aus der Klasse LifeFormController entfernen.

Als nächstes widmen wir uns der Aufgabe, einen Zoobewohner mit der Maus zu verschieben. Da es üblich ist, Aktionen, die ein Objekt direkt beeinflussen, mit dem Select-Button auszulösen, gehört das Verschieben zur redButtonActivity des ZooControllers. Der Ablauf der Methode ist relativ einfach:

- Bestimme den Punkt, an dem sich der Mauszeiger befindet.
- Stelle fest, ob sich dort eine LifeFormView befindet.
- Falls ja, dann zeige solange eine Kopie des Bildes der LifeFormView an der Stelle, an der sich Mauszeiger befindet, bis der Select-Button losgelassen wird.
- Teile dem model der LifeFormView den neuen Standort mit.
- Teile dem TranslatingWrapper, in den die LifeFormView eingebettet ist, die neue Translation mit.

Den ersten Schritt können wir erledigen, indem wir dem sensor des ZooControllers die Nachricht mousePoint senden. Er antwortet darauf mit der Mausposition in Koordinaten der ZooView. Für den zweiten Schritt können wir auf die Methode hitDetect: von CompositePart zurückgreifen. Wenn wir einem CompositePart als Parameter dieser Nachricht einen Punkt übergeben, dann antwortet es mit einer seiner Komponenten, deren bounds diesen Punkt enthalten. Gibt es keine solche Komponente, dann ist das Ergebnis nil. Damit der ZooController nicht wissen muß, wie die ZooView intern aufgebaut ist, implementieren wir im Instanzprotokoll hit detection von ZooView ebenfalls eine Methode hitDetect:. Das Ergebnis dieser Methode ist entweder ein TranslatingWrapper oder nil.

hitDetect: aPoint
```
^self component hitDetect: aPoint
```

Für die dritte Teilaufgabe gibt es die Nachricht follow:while:on:, die jede VisualComponent versteht. Der erste Parameter der Nachricht ist ein Block, der einen Punkt als Ergebnis haben muß. Der zweite Parameter ist ein Block, der true oder false liefert, und der dritte Parameter ist ein GraphicsContext. Solange der zweite Block true liefert, wird eine Kopie der Ausgabe der VisualComponent auf den GraphicsContext ausgegeben, und zwar an dem Punkt, der Ergebnis des ersten Blocks ist. Damit können wir die redButtonActivity im Instanzprotokoll control defaults realisieren:

moveComponent: aWrapper
```
| theView aPoint |
aPoint := self sensor mousePoint.
theView := aWrapper component.
theView
    follow: [aPoint := self sensor mousePoint]
    while: [self sensor redButtonPressed]
    on: self view graphicsContext.
```

```
aPoint := (aPoint / self view scalingFactor) rounded.
theView model location: aPoint.
"Wir verschieben aWrapper nicht direkt nach aPoint, denn das model
könnte sich geweigert haben, den Standort zu ändern."
self view component
    move: aWrapper
    to: theView model location * self view scalingFactor
```

redButtonActivity
```
| wrapper |
wrapper := self view hitDetect: self sensor mousePoint.
wrapper isNil ifFalse: [self moveComponent: wrapper]
```

Die Methode moveComponent: könnte man stilistisch noch verbessern, indem
man die Umrechnung der Koordinaten mit Hilfe des Skalierungsfaktors der
ZooView in eine Methode von ZooView verlagern und auch das Verschieben von
aWrapper in einer Methode von ZooView erledigt. Das hätte den Vorteil, daß der
ZooController noch weniger über die Eigenschaften der ZooView wissen müßte.
Bei solch einfachen Methoden wie hier würde das aber nur die Protokolle unserer
Klassen aufblähen, ohne einen großen Vorteil zu bringen. Bei größeren Anwen-
dungen aber lohnt sich oft der zusätzliche Aufwand.

Testen wir nun die neuen Methoden, indem wir im Inneren einer LifeFormView
den Select-Button drücken und festhalten und dabei die Maus bewegen. Das Ergebnis: es tut sich gar nichts. Wir können mit einer ähnlichen Ausgabe-Nachricht
an das Transcript, wie wir sie weiter oben verwendet haben, am Anfang der Methode redButtonActivity von ZooController testen, ob die Methode überhaupt ausgeführt wird. Es ist so leicht festzustellen, daß redButtonActivity nur außerhalb einer LifeFormView zur Ausführung kommt. Der Grund für das unerwünschte Verhalten liegt darin, daß der LifeFormController die Kontrolle *immer* übernimmt,
wenn sich der Mauszeiger im Inneren seiner view befindet. Wir müssen ihm deshalb geänderte Methoden isControlWanted und isControlActive geben, die zusätzlich testen, ob der Select-Button gedrückt ist. In diesem Fall darf der
LifeFormController die Kontrolle nicht übernehmen. Für solche Abfragen kann
man dem sensor eine Reihe von Nachrichten senden:

redButtonPressed	true, wenn der Select-Button gedrückt ist, sonst false
yellowButtonPressed	true, wenn der Operate-Button gedrückt ist, sonst false
blueButtonPressed	true, wenn der View-Button gedrückt ist, sonst false
anyButtonPressed	true, wenn irgendein Mausknopf gedrückt ist, sonst false
noButtonPressed	true, wenn kein Mausknopf gedrückt ist, sonst false

nonBlueButtonPressed   true, wenn ein anderer als der View-Button
                              gedrückt ist, sonst false

In unserem Fall müssen wir sicherstellen, daß der Select-Button nicht gedrückt ist.
Die Methode isControlWanted von LifeFormController sieht also wie folgt aus:

isControlWanted
    ^self sensor redButtonPressed not and: [super isControlWanted]

isControlActive muß entsprechend geändert werden. Jetzt funktioniert das Verschieben, allerdings noch mit ein paar Schönheitsfehlern, die Sie in der nächsten
Übung beheben sollen:

> **Übung 5.16:** Zur Zeit können Sie einen Zoobewohner an einen Standort außerhalb des
> Zoos verschieben. Außerdem ist es nicht besonders hübsch, daß die Kopie der beweg-
> ten Graphik beim Anklicken der LifeFormView zur Mausposition hin zu „springen"
> scheint. Ändern Sie die Methode moveComponent: so ab, daß diese Mängel behoben
> werden.

Das letzte, was in unserem Beispiel noch fehlt, ist die Möglichkeit, Zoobewohner
zu löschen. Wir haben beschlossen, diese Aufgabe dem ZooController zu übertragen. Allerdings ergibt sich daraus ein kleines Problem. Wenn das Entfernen durch
Auswahl eines Menüpunkts aus dem Operate-Menu ausgelöst werden soll, muß
der ZooController wissen, welches Objekt gelöscht werden soll. Die aktuelle
Mausposition hilft dabei nicht, denn an dieser Stelle befindet sich ja gerade *kein*
Zoobewohner (sonst hätte ein LifeFormController die Kontrolle). Es gibt mehrere
Möglichkeiten, wie in einem solchen Fall vorgegangen werden kann. Von verschiedenen graphischen Benutzeroberflächen kennen Sie evtl. das Vorgehen, ein
Objekt mit der Maus auf ein graphisches Symbol für einen Papierkorb zu ziehen.
Diese Art von Interaktion wird „Drag & Drop" genannt (Ziehen und Fal-
lenlassen). Eine andere Möglichkeit ist, aus einem Menü einen Eintrag ‚Löschen'
auszuwählen und danach mit der Maus ein Objekt anzuklicken, das gelöscht werden soll. In einer weiteren Variante könnte man Objekte mit der Maus markieren
und anschließend über eine Menüauswahl angeben, daß die markierten Objekte
gelöscht werden sollen. Wir werden im folgenden diese dritte Variante realisieren,
weil wir an ihr sehen, wie Objekte in einer Graphik markiert werden können, und
weil sie uns die Gelegenheit gibt, auf die Auswertung von Tastatureingaben einzugehen.
   Für die Selektion werden wir die LifeFormView und die ZooView etwas erweitern. LifeFormView erhält eine zusätzliche Instanzvariable, in der gespeichert ist,
ob eine LifeFormView selektiert ist. Dazu kommen Methoden, mit denen die
Selektion abgefragt und geändert werden kann. Außerdem sorgen wir dafür, daß
eine selektierte LifeFormView anders dargestellt wird als eine nicht selektierte.
Dafür nutzen wir aus, daß jede VisualComponent, also auch die LifeFormView,
Farben für Vorder- und Hintergrund der Graphik im Falle einer Selektion kennt,

auf die wir mit den beiden Nachrichten selectionForegroundColor und
selectionBackgroundColor zugreifen können.

```
View subclass: #LifeFormView
    instanceVariableNames: 'displayObject selected '
    classVariableNames: ''
    poolDictionaries: ''
    category: 'Examples'
```

LifeFormView methodsFor: 'initialize-release'

initialize
```
    selected := false
```

LifeFormView methodsFor: 'accessing'

selected
```
    ^selected
```

toggleSelection
```
    selected := selected not.
    self invalidate
```

LifeFormView methodsFor: 'displaying'

displayOn: aGraphicsContext
```
    self selected
        ifTrue:
            [aGraphicsContext paint: self selectionBackgroundColor.
            aGraphicsContext displayRectangle: self bounds.
            aGraphicsContext paint: self selectionForegroundColor].
    self displayObject displayOn: aGraphicsContext
```

Bei ZooView ergänzen wir im Protokoll accessing zwei Methoden, die den Umgang mit selektierten Komponenten erleichtern:

selectedItems
```
    | items |
    items := OrderedCollection new.
    self component components do:
        [:aWrapper | aWrapper component selected ifTrue:
            [items add: aWrapper component]].
    ^items
```

deselectAll
```
    self component components do:
        [:aWrapper | aWrapper component selected ifTrue:
            [aWrapper component toggleSelection]]
```

Um eine LifeFormView zu selektieren, müssen wir die Methode redButtonActivity von ZooController erweitern. Die Änderungen sorgen dafür, daß der Selektionsstatus einer LifeFormView jedesmal umgeschaltet wird, wenn der Select-Button im Inneren der LifeFormView gedrückt und der Zoobewohner dabei nicht verschoben wird.

```
redButtonActivity
    I wrapper I
    wrapper := self view hitDetect: self sensor mousePoint.
    wrapper notNil
        ifTrue:
            [I oldPosition I
            oldPosition := wrapper translation.
            self moveComponent: wrapper.
            wrapper translation = oldPosition
                ifTrue: [wrapper component toggleSelection]]
```

Übung 5.17: Ergänzen Sie zwei Menüpunkte im Menü des ZooControllers, mit denen 1) alle selektierten LifeFormViews deselektiert werden, 2) alle durch eine selektierte LifeFormView repräsentierten Zoobewohner aus dem Zoo entfernt werden. Implementieren Sie die dazu notwendigen Methoden und testen Sie diese.

In vielen Graphikprogrammen kann man selektierte Graphikobjekte löschen, indem man die Backspace-Taste der Tastatur drückt. Diese kleine Erleichterung wollen wir auch unserem ZooController beibringen.

Bevor wir entsprechende Methoden einführen, müssen wir verstehen, wie VisualWorks® Tastatureingaben behandelt. Die Fenstersysteme der Rechner, auf denen VisualWorks® verfügbar ist, haben ein aktives Fenster, das sich von anderen Fenstern durch eine besondere Darstellung des Fensterrahmens o.ä. unterscheidet, und das üblicherweise Ziel von Tastatureingaben ist. Eine Eingabe über die Tastatur erzeugt eine Instanz der Klasse **KeyboardEvent**, die an den **WindowSensor** des aktiven Fensters geleitet wird. Dieser sammelt die Tastaturereignisse in einem Puffer. Wenn ein Controller seinen sensor nach einer Tastatureingabe fragt, greift dieser auf den Puffer mit den Tastaturereignissen zu und gibt das älteste noch nicht verarbeitete Ereignis an den Controller zurück. Beim Aktivieren eines Fensters hat dessen **WindowSensor** einen leeren Tastaturpuffer, damit die Controller in dem Fenster nur Eingaben verarbeiten, die nach dem Aktivieren des Fensters gemacht wurden.

Der erste Schritt, den ein Controller bei der Verarbeitung von Tastatureingaben ausführt, ist, dem sensor die Nachricht keyboardPressed zu senden. Der sensor antwortet darauf mit true, wenn sich Tastaturereignisse im Puffer befinden, und mit false, wenn der Puffer leer ist. Falls das Ergebnis true ist, kann dem sensor die Nachricht keyboardEvent geschickt werden, die einen KeyboardEvent aus dem Tastaturpuffer liefert.

Ein KeyboardEvent speichert zum einen, welche Taste auf der Tastatur betätigt
wurde, und zum anderen, ob dabei gleichzeitig eine Sondertaste gedrückt war.
(Wie diese Sondertasten auf einer Tastatur jeweils beschriftet sind, ist vom Rech-
nertyp abhängig. Auf einem Apple Macintosh ist z.B. die in VisualWorks® als
Meta-Taste bezeichnete Taste mit „alt" beschriftet, während die Befehl-Taste der
Apple-Tastatur in VisualWorks® dazu führt, daß hasAlt mit true antwortet.) Die
Taste können wir mit der Nachricht keyValue von einem KeyboardEvent abfragen.
Die Antwort darauf ist ein Character, wenn die Taste einem in Smalltalk darstell-
baren Zeichen entspricht. Für Funktionstasten liefert ein KeyboardEvent dagegen
ein Symbol, das die Taste bezeichnet. Als Symbole können dabei vorkommen:

#F1, #F2, ..., #F16	Funktionstasten
#L1, #L2, ..., #L16	Funktionstasten
#R1, #R2, ..., #R16	Funktionstasten
#PF1, ..., #PF4	Funktionstasten
#PageUp, #PageDown, #Home, #Begin,	
#End, #Compose, #Insert, #Help, #Enter,	
#Clear, #FwdDelete	Sondertasten
#Left, #Right, #Up, #Down	Pfeiltasten / Cursortasten

Nicht jede Tastatur hat alle diese Tasten. Wenn Sie in einem Programm eine Aktion über eine der Funktionstasten zugänglich machen wollen, sollten Sie deshalb
dafür sorgen, daß dies auf jeder Art von Tastatur möglich ist. Sollte eine Taste gedrückt worden sein, die weder einem Character noch einer der genannten Funktionstasten entspricht, dann liefert keyValue einen Integer, dessen Wert hardwa-
reabhängig ist.

Zusätzlich können wir mit den Nachrichten hasShift, hasCtrl, hasAlt, hasMeta
und hasLock an einen KeyboardEvent testen, ob gleichzeitig mit der durch
keyValue bezeichneten Taste die Shift-, Control-, Alternate-, Meta- oder Fest-
stelltaste gedrückt war. Ein einzelner KeyboardEvent kann auf mehrere dieser
Nachrichten mit true antworten, wenn gleichzeitig mehrere Sondertasten betätigt
wurden.

Um beim Drücken der Backspace-Taste die selektierten Objekte in der ZooView
zu löschen, müssen wir die Methode controlActivity von ZooController ergänzen.

```
controlActivity
    self sensor keyboardPressed ifTrue:
        [self sensor keyboardEvent keyValue == Character backspace
            ifTrue:
                [self removeSelection]].
    super controlActivity
```

Übung 5.18: Verwenden Sie verschiedene Funktionstasten statt der Backspace-Taste,
um Zoobewohner zu löschen. Finden Sie dabei heraus, welche Taste auf der Tastatur
Ihres Rechners welches Symbol aus der oben angegebenen Tabelle erzeugt. Untersu-

chen Sie auch Kombinationen aus einer Funktionstaste und der Shift-, Control–, Alternate- oder Metataste.

Wenn Sie die Übung 5.18 bearbeitet haben, haben Sie möglicherweise ein etwas merkwürdiges Verhalten beim Löschen über Tastatureingaben festgestellt. Markieren wir nämlich ein Objekt zum Löschen und lassen den Mauszeiger im Inneren der LifeFormView, dann tut sich beim Drücken der Lösch-Taste zunächst gar nichts. Erst wenn der Mauszeiger aus der LifeFormView herausbewegt wird, verschwindet die LifeFormView aus dem Fenster. Das Problem ähnelt dem bereits früher aufgetretenen, bei dem der LifeFormController das Verschieben von Zoobewohnern verhindert hat, indem er die Kontrolle bei gedrücktem Select-Button nicht abgegeben hat. Bisher hat die Methode isControlActive von LifeFormController folgenden Quelltext:

isControlActive
```
^self sensor redButtonPressed not and: [super isControlActive]
```

Die Kontrolle wird also erst abgegeben, wenn der Select-Button der Maus gedrückt wird oder der Mauszeiger die LifeFormView verläßt. Erst dann hat der ZooController eine Chance, die Tastatureingabe zu verarbeiten. Wir können das Problem leicht beheben, indem wir festlegen, daß die Kontrolle auch dann abgegeben wird, wenn eine Tastatureingabe vorliegt:

isControlActive
```
^(self sensor redButtonPressed or: [self sensor keyboardPressed]) not
        and: [super isControlWanted]
```

Dem sensor kann man die Nachrichten shiftDown, ctrlDown, altDown und metaDown schicken, mit denen getestet wird, ob die Shift-, Control-, Alternatebzw. Metataste gedrückt ist. Der sensor überprüft dabei den Zustand der Tastatur zu dem Zeitpunkt, in dem die Nachricht bei ihm eintrifft. Ein KeyboardEvent dagegen speichert Informationen über den Zustand der Tastatur zum Zeitpunkt der Eingabe. Wie wir an dem verzögerten Löschen der LifeFormView gesehen haben, kann dieser Zeitpunkt schon eine Weile zurückliegen, wenn der KeyboardEvent ausgewertet wird. Wenn sichergestellt werden soll, daß ab einem bestimmten Zeitpunkt nur noch neu hinzukommende Tastatureingaben ausgewertet werden, kann dem sensor mit der Nachricht flushKeyboard die Anweisung erteilt werden, den Tastaturpuffer zu leeren.

Zum Abschluß dieses Abschnitts stellen wir noch eine Unterklasse von Controller mit einer erstaunlichen Eigenschaft vor. Diese Klasse heißt NoController. Auch wenn der Name der Klasse eigentlich das Gegenteil aussagt, handelt es sich tatsächlich um eine Unterklasse von Controller. Die Eigenschaft, die Exemplare dieser Klasse von Exemplaren anderer Unterklassen von Controller unterscheidet, ist die konsequente Verweigerung der Übernahme der Kontrolle über Maus und Tastatur. Ein NoController antwortet auf isControlWanted und isControlActive immer mit false. Sollte dennoch einmal die Nachricht startUp bei einem NoController ankommen, dann führt er keine Aktion aus, sondern beendet die Methode startUp sofort wieder.

Ein NoController wird dann gebraucht, wenn eine View, die normalerweise einen Controller hat, d.h. auf defaultControllerClass mit einer Unterklasse von Controller antwortet, in ein Fenster eingefügt werden soll, und wenn der Benutzer in diesem speziellen Fall keine Aktionen ausführen darf. Der View einfach die Nachricht controller: nil zu senden, hätte nicht den gewünschten Effekt, weil eine View mit der Nachricht self defaultController einen neuen Controller erzeugt, sobald sie feststellt, daß ihre Instanzvariable controller den Wert nil hat.
Statt dessen muß der View eine Instanz von NoController zugewiesen werden:

```
aView controller: NoController new
```

Der richtige Ort für eine solche Anweisung ist normalerweise die Methode, in der die View erzeugt und in eine Hierarchie von Graphikobjekten eingefügt wird. Wenn z.B. in der ZooView nur diejenigen LifeFormViews einen LifeFormController haben sollen, deren model ein Animal ist, und alle anderen einen NoController, dann müssen wir die Methode addInhabitant: von ZooView wie folgt ändern:

```
addInhabitant: aLifeForm
    | aView |
    aView := LifeFormView model: aLifeForm.
    (aLifeForm isKindOf: Animal)
        ifFalse: [aView controller: NoController new].
    self component
        add: aView
        at: aLifeForm location * self scalingFactor
```

Befindet sich jetzt der Mauszeiger im Bereich einer LifeFormView, die als Modell ein Exemplar von Plant hat, dann bleibt die Kontrolle über Maus und Tastatur beim ZooController. Dies können wir leicht überprüfen, indem wir testen, welches Menü erscheint, wenn wir im Inneren einer LifeFormView den Operate-Button der Maus drücken.

5.2.4 Mehr über Menüs

Im vorigen Abschnitt haben wir die Klasse Menu kennengelernt, deren Exemplare dazu dienen, Menüs auf dem Bildschirm zu erzeugen und einen Eintrag auszuwählen. Wir haben auch schon gesehen, daß zu einem Menüeintrag ein Wert gehört, der z.B. von einem ControllerWithMenu weiterverarbeitet werden kann. In diesem Abschnitt werden wir uns näher ansehen, welche Methoden zum Erzeugen von Menüs existieren.

Zum Erzeugen von Menüs können wir verschiedene Methoden zum Generieren der Menüeinträge wählen, nämlich Methoden, bei denen die Menüeinträge durch:

– einen mehrzeiligen String,

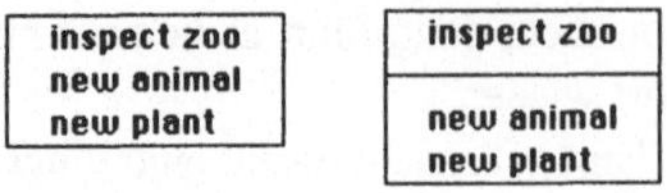

a   b

Abb. 5.40: Menüs

– ein Array mit String-Objekten,
– ein Array mit Arrays von String-Objekten.

angegeben werden. Bei Angabe der Einträge durch einen mehrzeiligen String sendet man die Nachrichten

> labels: aString values: anArray
>
> labels: aString lines: anArrayOfInteger values: anArray

an die Klasse Menu. aString ist eine Zeichenkette, die alle Einträge der Reihe nach enthält. Die einzelnen Einträge müssen durch „carriage return"-Zeichen (Character cr) getrennt sein. Eine solche Zeichenkette kann auf zwei Arten erzeugt werden. Zum einen kann sich die Zeichenkette im Quelltext einer Methode über mehrere Zeilen erstrecken, denn anders als in den meisten anderen Programmiersprachen dürfen String-Literale in Smalltalk-Ausdrücken auch Zeilenwechsel enthalten. Zum anderen können wir statt der Zeilenwechsel auch das „backslash"-Zeichen $\ in den String einfügen und dem String die Nachricht withCRs senden. Auf diese Nachricht antwortet ein String mit einer Kopie von sich selbst, in der alle „backslash"-Zeichen durch „carriage return"-Zeichen ersetzt sind.

Das Argument anArray muß ein Array sein, das die Werte enthält, die zu den Menüeinträgen gehören. Das Array muß genauso viele Einträge enthalten wie das Menü Einträge hat. Falls Einträge durch horizontale Linien getrennt werden sollen, verwendet man die zweite Nachricht und gibt die Positionen im Menü, nach denen Linien gezeichnet werden, als Parameter anArrayOfInteger an, der ein Array mit der Größe nach geordneten Integer-Zahlen sein muß.

Das Menü in Abb. 5.40a ist Ergebnis des Ausdrucks

> Menu labels:
> 'inspect zoo
> new animal
> new plant'
>   values: #(#inspectZoo #newAnimal #newPlant)

Das Menü in Abb. 5.40b wurde mit dem Ausdruck

> Menu labels: 'inspect zoo\new animal\new plant' withCRs
>   lines: #(1)
>   values: #(#inspectZoo #newAnimal #newPlant)

erzeugt. Die Angabe der Menüeinträge durch einen String ist relativ unflexibel. Um während der Laufzeit dynamisch Menüeinträge zu Erzeugen, ist es einfacher, andere Methoden zum Erzeugen von Menüs zu benutzen. Wenn wir die Menüeinträge als Array von Zeichenketten angeben wollen, verwenden wir die Nachrichten

```
labelArray: anArrayOfString values: anArray
labelArray: anArrayOfString lines: anArrayOfInteger values: anArray
```

Die Menüs aus Abb. 5.40 können damit auch wie folgt erzeugt werden:

```
Menu labelArray: ('inspect zoo' 'new animal' 'new plant')
    values: #(#inspectZoo #newAnimal #newPlant)

Menu labelArray: ('inspect zoo' 'new animal' 'new plant')
    lines: #(1)
    values: #(#inspectZoo #newAnimal #newPlant)
```

Statt die Positionen, an denen Trennlinien gezeichnet werden sollen, explizit durch Zahlen anzugeben, können wir Gruppen von Menüpunkten in Arrays zusammenfassen und ein Array mit diesen Gruppen bei der Nachricht

```
labelList: anArrayOfArrays values: anArray
```

als erstes Argument angeben. Da hierbei die Berechnung der Positionen für die Trennlinien automatisch vorgenommen wird, ist dieses Vorgehen weniger fehleranfällig. Das Menü aus Abb. 5.40b kann also auch mit dem Ausdruck

```
Menu labelList: (Array with: #('inspect zoo')
    with: #('new animal' 'new plant'))
    values: #(#inspectZoo #newAnimal #newPlant)
```

ereugt werden. Menüeinträge speichert ein Menu als Exemplare der Klasse MenuItem. Falls Sie Menüpunkte während der Laufzeit einer Anwendung einfügen, deaktivieren oder aktivieren, Icons in Menüeinträge mit aufnehmen oder hierarchische Menüs aufbauen wollen, können Sie mit Methoden der Klasse Menu auf die einzelnen Menüeinträge zugreifen und diese mit Hilfe des Protokolls von MenuItem bearbeiten.

5.3 Werkzeuge zur Entwicklung von Benutzeroberflächen

In Abschnitt 5.1.1 haben wir schon die Architektur von Benutzeroberflächen eingeführt, wie sie mit Hilfe der graphischen Werkzeuge von VisualWorks® erzeugt werden (siehe Abb. 5.3). In diesem Abschnitt werden wir an einem Beispiel zeigen, welche Werkzeuge uns zur Verfügung stehen und wie wir sie verwenden müssen. Es geht uns dabei nicht um eine vollständige Beschreibung aller Möglichkeiten dieser Werkzeuge, sondern um eine kompakte Übersicht, die Ihnen

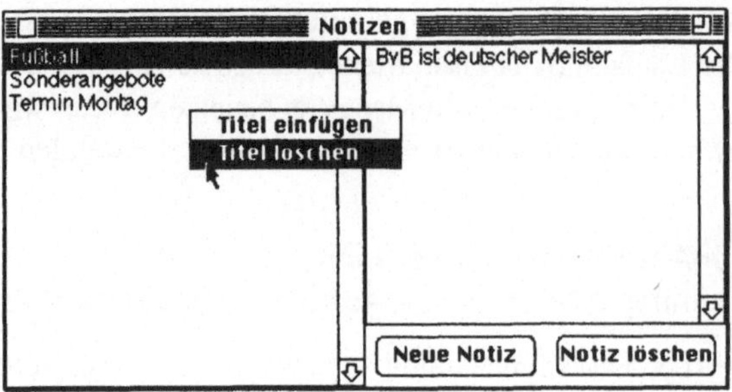

Abb. 5.41: Die Benutzeroberfläche des Notizblocks

helfen soll, das Vorgehen bei der Entwicklung und die Zusammenhänge zwischen
den an einer Benutzeroberfläche beteiligten Objekten zu verstehen. Deshalb werden wir von den Werkzeugen nur diejenigen Eigenschaften beschreiben, die für
das Beispiel unbedingt nötig sind. Die Werkzeuge zur Konstruktion von
Benutzeroberflächen, die Vorgehensweisen bei der Verwendung der verschiedenen in diesen Werkzeugen verfügbaren Komponenten von Benutzeroberflächen
sowie die Möglichkeiten, die die Klasse ApplicationModel zur Manipulation von
Benutzeroberflächen bietet, sind in der Dokumentation von VisualWorks® sehr
gut und ausführlich beschrieben. Dieser Abschnitt soll Sie in die Lage versetzen,
sich anhand der Dokumentation und des Tutorials von VisualWorks® selbständig
weiter einzuarbeiten.

Die Anwendung, die wir als Beispiel entwickeln werden, ist ein elektronischer
Notizblock, in dem wir auf „Seiten", die unter einem Titel abgespeichert sind,
Notizen eintragen können. Die Benutzeroberfläche dazu soll ein Listenfenster
enthalten, in dem die Titel der Seiten aufgelistet sind. Wählen wir einen Titel aus,
dann soll die zugehörige Notiz mit einem Texteditor bearbeitet werden können.
Außerdem soll es möglich sein, neue Seiten anzulegen und vorhandene Seiten zu
löschen. Das Fenster der Anwendung soll aussehen wie in Abb. 5.41.

Bevor wir beginnen, eine Benutzeroberfläche für den Notizblock zu entwickeln,
erzeugen wir eine Klasse für die Darstellung des Notizblocks selbst.

Übung 5.19: Implementieren Sie eine Klasse Notes als Unterklasse von Model, die in
einer Instanzvariablen ein Dictionary mit Notizen speichert. Das Dictionary soll als
Schlüssel die Titel der Notizen und als Werte Zeichenketten mit dem Inhalt der jeweiligen Notiz speichern. Die Titel sollen Exemplare von Symbol sein. Implementieren Sie
folgende Methoden im Instanzprotokoll accessing:

initialize	initialisiert die Instanzvariable für die Notizen
at: aSymbol	liefert die Notiz mit dem Titel aSymbol
at: aSymbol put: aString	trägt unter dem Titel aSymbol die Notiz aString in den Notizblock ein
newTitle: aSymbol	trägt unter dem Titel aSymbol einen leeren String als Notiz ein
removeTitle: aSymbol	entfernt dieNotiz mit dem Titel aSymbol

titles   liefert eine Collection, die die Titel aller Notizen enthält

Implementieren Sie außerdem die Klassenmethode new von Notes so, daß sie ein initialisiertes Exemplar von Notes liefert. Wenn sich der Inhalt des Dictionarys ändert, soll ein Notes-Objekt sich selbst die Nachricht changed: #titles senden.

Bei der Entwicklung von Benutzeroberflächen mit den Werkzeugen von Visual-Works® geht man immer gleich vor:

1. Entwurf der Komponenten und des Layouts des Fensterinhalts mit einem graphischen Werkzeug, dem Canvas.
2. Festlegen der Eigenschaften der einzelnen Komponenten: was soll dargestellt werden, welche Farbe, Position usw. hat die Komponente?
3. Erzeugen einer Unterklasse von ApplicationModel, deren Exemplare dazu dienen, die Modelle der einzelnen Komponenten (Sichten) bereitzustellen.
4. Generieren von Methoden der erzeugten Klasse, die u.a. die Modelle der Komponenten bereitstellen.
5. Programmierung der Funktionalität der Anwendung.
6. Testen der Anwendung.

Für den ersten Schritt öffnen wir einen Canvas durch Auswahl des Menüpunkts New Canvas (Abb. 5.42). Ein Canvas ist ein Fenster, auf dem wir Komponenten von Benutzeroberflächen plazieren können. Zusammen mit einem leeren Canvas werden zwei weitere Fenster geöffnet: die Palette und das Canvas Tool. In Abb. 5.43 sehen Sie diese drei zusammengehörigen Fenster, wobei auf dem Canvas bereits das Layout des Notizblocks festgelegt wurde. Wir werden diesen Entwurf jetzt schrittweise aufbauen.

Öffnen Sie als erstes einen Canvas und die beiden Zusatzwerkzeuge. Vergrößern Sie den Canvas ungefähr auf die Größe, die er in Abb. 5.43 hat. Jetzt können wir die gewünschten vier Komponenten auf dem Canvas plazieren: ein Listenfenster in der linken Hälfte und in der rechten Hälfte einen Texteditor und zwei Schaltflächen. Aktivieren Sie dazu das Fenster mit der Palette (Abb. 5.44). Um das Listenfenster einzufügen, gehen Sie wie folgt vor:

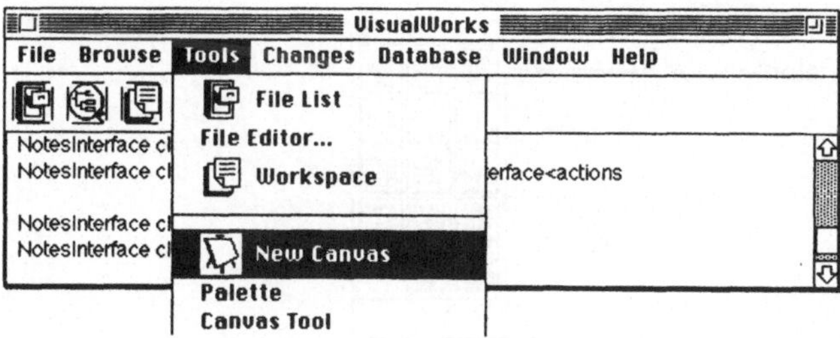

Abb. 5.42: Öffnen eines Canvas aus dem Launcher

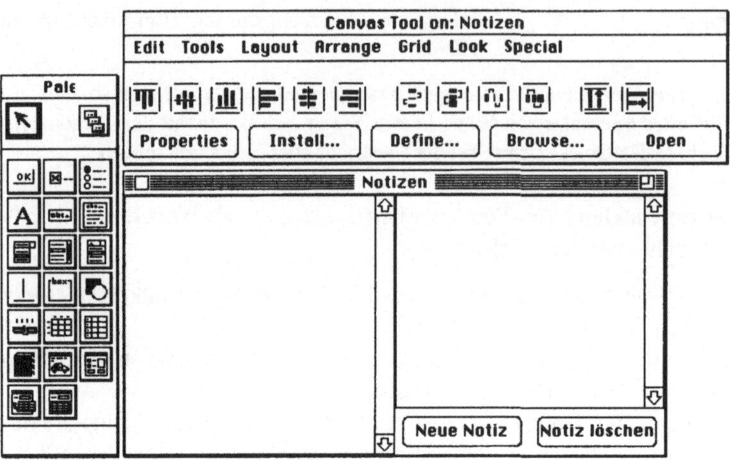

Abb. 5.43: Canvas, Palette und Canvas Tool

– Klicken Sie auf das Icon für Listenfenster in der Palette.
– Aktivieren Sie das Canvas-Fenster. Dem Mauszeiger folgt jetzt ein kleines
  Listenfenster.
– Klicken Sie im Canvas an die Stelle, an der die linke obere Ecke des
  Listenfensters liegen soll. halten Sie die Maustaste gedrückt und bewegen Sie
  den Mauszeiger an die Stelle, an der die rechte untere Ecke des Listenfensters
  liegen soll. Lassen Sie die Maustaste los.

Damit haben Sie das Listenfenster in den Canvas eingefügt. Es ist nicht nötig, die
Komponenten beim Einfügen schon exakt zu positionieren. Wir werden weiter un-
ten eine Möglichkeit kennenlernen, die Position exakt festzulegen. Wenn Sie die
Position des Listenfensters auf einfache Art verändern wollen, klicken Sie es an

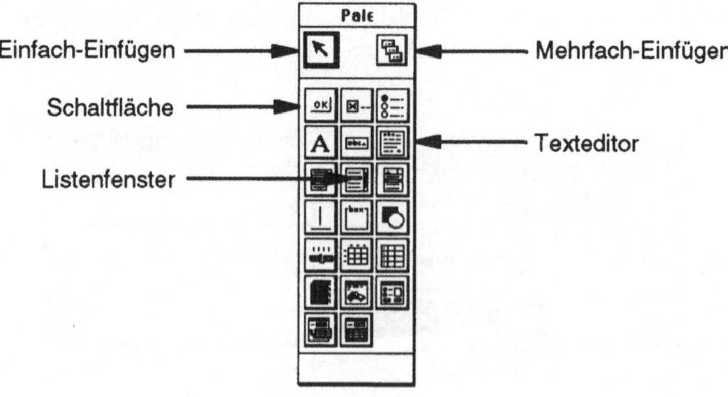

Abb. 5.44: Komponenten auf der Palette

und bewegen Sie es mit gedrückter Maustaste an die gewünschte Stelle. Auch die Größe können Sie verändern, indem Sie

- das Listenfenster durch Anklicken aktivieren, worauf an seinen Ecken Markierungen erscheinen,
- eine der Markierungen anklicken, mit gedrückter Maustaste verschieben, und die Maustaste bei Erreichen der gewünschten Größe loslassen.

Wenn Sie die Auswahl einer Komponente im Canvas wieder rückgängig machen wollen, klicken Sie die Komponente mit gedrückter Umschalttaste (Shift-Taste) an.

Fügen Sie jetzt noch auf die gleiche Art den Texteditor in die rechte Hälfte des Canvas ein. Orientieren Sie sich dabei am Aussehen des Canvas in Abb. 5.43.

Wenn Sie mehrere gleichartige Komponenten in einen Canvas einfügen wollen, können Sie das Icon für Mehrfach-Einfügen rechts oben in der Palette anklicken. Wenn Sie jetzt in der Palette das Icon für Schaltflächen auswählen und anschließend eine Schaltfläche im Canvas plazieren, können Sie sofort eine weitere Schaltfläche auf dem Canvas erzeugen, ohne vorher noch einmal das Schaltflächen-Icon in der Palette anzuklicken. Das Erzeugen weiterer Schaltflächen wird erst beendet, wenn Sie in der Palette wieder das Icon für Einfach-Einfügen anklicken. Testen Sie das Mehrfach-Einfügen, indem Sie zwei Schaltflächen rechts unten in den Canvas für den Notizblock einfügen. Sollten Sie versehentlich zuviele Komponenten eingefügt haben, genügt es, die überflüssigen Komponenten durch Anklicken auszuwählen und mit der Backspace-Taste zu löschen. Sie können selektierte Komponenten auch mit Hilfe des Menüpunkts cut aus dem Drop-Down-Menü mit dem Titel Edit im Canvas Tool löschen. Mit den Menüpunkten Copy und Paste des Edit-Menüs können Sie auch Kopien von Komponenten erzeugen und in einen Canvas einfügen.

Das Canvas Tool bietet Ihnen eine Reihe von Möglichkeiten, Komponenten bündig auszurichten und die Höhe und Breite von Komponenten anzugleichen. Genaueres hierzu finden Sie in den Handbüchern von VisualWorks®.

Nachdem jetzt das Layout der Benutzeroberfläche für unseren Notizblock erzeugt ist, können wir die Eigenschaften der einzelnen Komponenten angeben. Die erste Komponente, die wir bearbeiten, ist das Listenfenster. Wählen Sie es mit einem Mausklick aus und klicken Sie anschließend in die Schaltfläche Properties im Canvas Tool. Daraufhin wird das Properties Tool („Werkzeug für Eigenschaften") geöffnet (Abb. 5.45). Mit diesem Werkzeug können wir verschiedene Gruppen von Eigenschaften einer Komponente bearbeiten, die auf je einer Seite eines Notebooks zusammengefaßt sind. Die einzelnen Seiten des Notebooks sind durch Anklicken der Beschriftungen an der rechten Seite des Notebooks erreichbar. Wenn das Properties Tool geöffnet wird, ist zunächst die Seite Basics zu sehen. Für das Listenfenster enthält diese Seite drei Eingabefelder: Aspect, Menu und ID.

In Abschnitt 5.1.1 haben wir gezeigt, daß zu einer Benutzeroberfläche ein Exemplar einer Unterklasse von ApplicationModel gehört, das dafür zuständig ist,

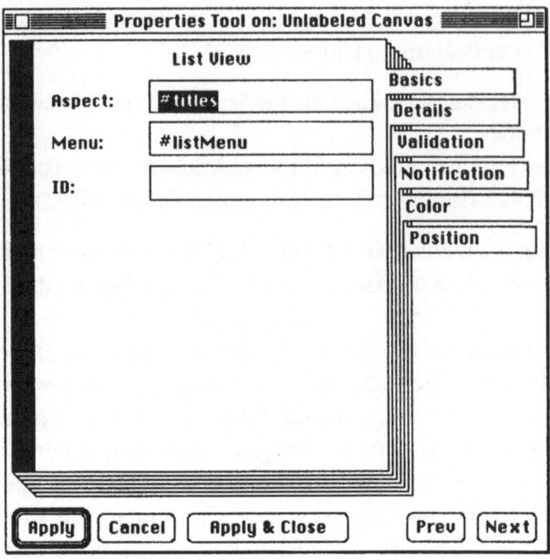

Abb. 5.45: Das Properties Tool

den einzelnen Sichten in der Benutzeroberfläche ihre Modelle bereitzustellen. Im
Eingabefeld Aspect wird gerade der Name einer unären Nachricht angegeben, die
an das ApplicationModel unserer Anwendung geschickt wird, um das Modell des
Listenfensters abzufragen. Da im Listenfenster die Titel der Notizen erscheinen
sollen, tragen wir hier das Symbol #titles ein. Das #-Zeichen kann dabei weggelassen werden, es wird bei Bedarf automatisch ergänzt.

Das Listenfenster soll ein Operate-Menu besitzen, das Menüpunkte zum Einfügen und Löschen von Notizen enthält. Auch dieses Menü wird von einer Methode
des ApplicationModels erzeugt, deren Namen wir in das Eingabefeld Menu
eintragen. Als Namen wählen wir hier das Symbol #listMenu. Das Eingabefeld ID
ignorieren wir zunächst. Um dem Listenfenster die geänderten Eigenschaften
zuzuweisen, klicken wir die Schaltfläche Apply am unteren Rand des Properties
Tools an. Um die Änderungen zu verwerfen, kann man die Schaltfläche Cancel
anklicken. Die Schaltfläche Apply & Close akzeptiert die Änderungen und schließt
anschließend das Properties Tool.

Wenn wir den Titel Details des Properties Tools anklicken, erscheint die in Abb.
5.46 gezeigte Seite. Auf dieser Seite können wir angeben,
- ob das Listenfenster einen horizontalen und / oder einen vertikalen Rollbalken
  haben soll,
- ob um das Listenfenster ein Rahmen gezeichnet werden soll (Bordered),
- ob das Listenfenster andere, unter ihm liegende Komponenten verdecken soll
  (Opaque),
- ob Mehrfachauswahl in der Liste möglich sein soll (Multi Select),
- ob das Listenfenster durch Drücken der Tabulatortaste aktiviert werden kann
  (Can Tab),

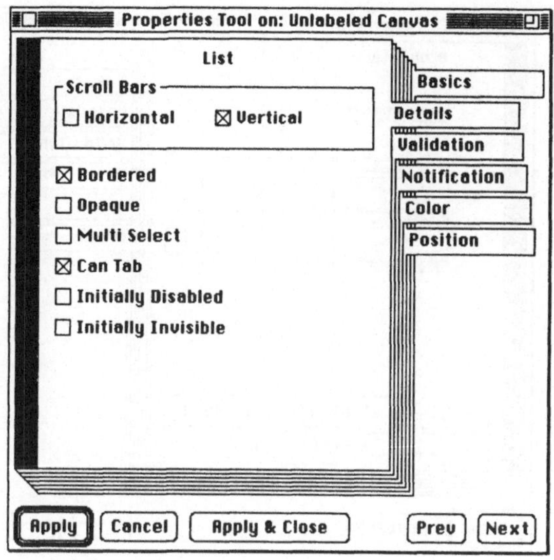

Abb. 5.46: Details-Seite für Listenfenster

– ob es unmittelbar nach Öffnen des Fensters deaktiviert ist, d.h., ob es auf Mausklicks und Tastatureingaben reagiert (Initially Disabled),
– und ob es anfangs im Fenster unsichtbar ist (Initially Invisible).

Wir lassen die Einstellungen so, wie sie vom Properties Tool vorgegeben sind. Auf der Seite Position können wir die genaue Position des Listenfensters im Fenster festlegen (Abb. 5.47). Die vier Buchstaben L, T, R und B stehen für die Position des linken (Left), oberen (Top), rechten (Right) und unteren (Bottom) Randes. Wir können hier relative Koordinaten im Fenster angeben (Proportion) und zu diesen noch absolute Verschiebungen addieren (Offset). Die Angabe des Layouts richtet sich nach denselben Regeln wie bei einem LayoutFrame (vgl. Abschnitt 5.1.4). Für unser Listenfenster geben wir folgende Werte an:

	Proportion	Offset
L	0	0
T	0	0
R	0.5	0
B	1	0

Um die Eigenschaften der übrigen Komponenten der Benutzeroberfläche anzugeben, können wir im Canvas die jeweilige Komponente auswählen. Das Properties Tool zeigt dann automatisch die Eigenschaften der ausgewählten Komponente. Umgekehrt können wir auch im Properties Tool durch Anklicken der Schaltflächen Prev (Previous, vorherige Komponente) oder Next (nächste Komponente) zwischen den Komponenten umschalten. Dabei wird im Canvas jeweils automa-

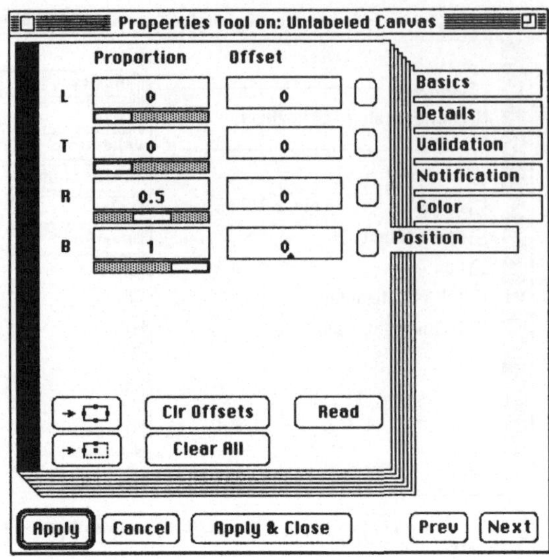

Abb. 5.47: Position-Seite für Listenfenster

tisch diejenige Komponente selektiert, deren Eigenschaften im Properties Tool
dargestellt sind. Geben Sie für den Texteditor folgende Eigenschaften an:

Basics: Aspect: #note, Menu: #textMenu
Position:

	Proportion	Offset
L	0.5	0
T	0	0
R	1	0
B	1	–35

Lassen Sie die übrigen Eigenschaften unverändert. Wählen Sie jetzt im Canvas
die Schaltfläche aus, die für das Einfügen einer neuen Notiz angeklickt werden
soll. Auf der Basics-Seite des Properties Tools erscheinen diesmal Eingabefelder
Label und Action statt Aspect und Menu. Im Feld Label geben wir die Beschriftung
der Schaltfläche ein: „Neue Notiz". Wenn eine Schaltfläche angeklickt wird, dann
wird eine unäre Nachricht an das ApplicationModel der Benutzeroberfläche
gesendet. Der Name dieser Nachricht wird in das Eingabefeld Action eingetragen.
Wir wählen hier den Namen #newTitle. Außerdem geben wir die Position der
Schaltfläche wie folgt an:

	Proportion	Offset
L	0.5	2
T	1	–33
R	0.75	-2
B	1	-2

Die zweite Schaltfläche soll zum Löschen einer Notiz dienen. Da diese Schaltfläche nur dann angeklickt werden sollte, wenn im Listenfenster der Titel einer Notiz ausgewählt ist, wollen wir diese Schaltfläche so konfigurieren, daß wir sie zur Laufzeit aktivieren bzw. deaktivieren können, wenn sich die Auswahl in der Liste ändert. Wie bereits in Abschnitt 5.1.1 erwähnt, gehört zu einem ApplicationModel ein Exemplar der Klasse UIBuilder, das für den Aufbau des Fensterinhalts zuständig ist. Dieser UIBuilder kann nach dem Wrapper einer bestimmten Komponente gefragt werden, wenn wir der Komponente einen Namen gegeben haben. Wir müssen also der zweiten Schaltfläche einen Namen geben, damit wir sie später dynamisch aktivieren und deaktivieren können. Den Namen geben wir auf der Seite Basics im Properties Tool an, indem wir ein Symbol in das Eingabefeld ID eintragen. Die Eigenschaften der zweiten Schaltfläche geben wir wie folgt an:

Basics: Label: „Notiz löschen", Action: #removeTitle, ID: #removeButton
Details: Initially disabled: true, sonst keine Änderung an den Voreinstellungen
Position:

	Proportion	Offset
L	0.75	2
T	1	−33
R	1	-2
B	1	-2

Damit das Notizbuch so aussieht wie geplant, müssen wir nur noch die Titelzeile des Fensters ändern. Die Eigenschaften des Fensters können wir mit dem

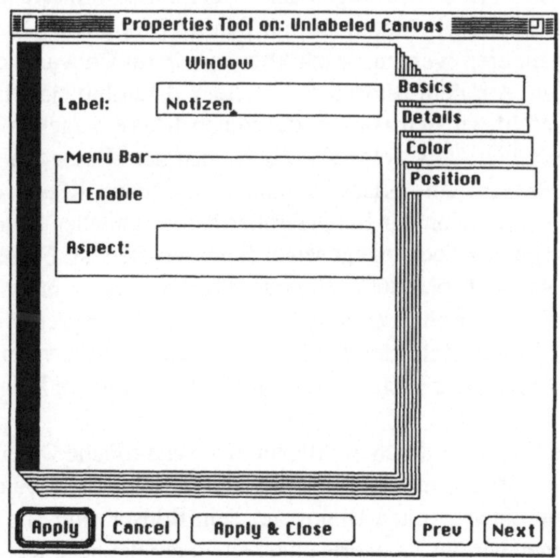

Abb. 5.48: Properties für das Fenster

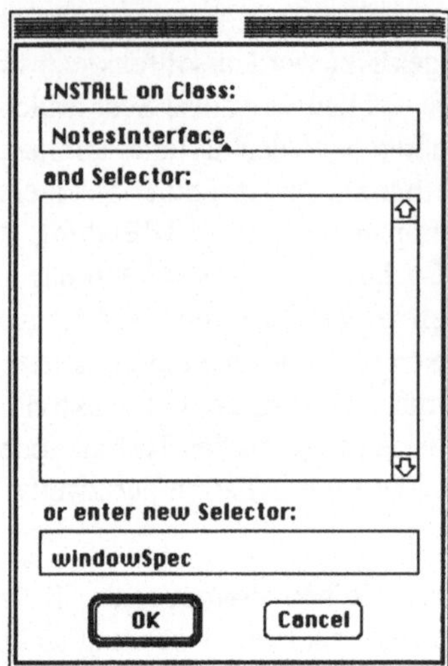

Abb. 5.49: Installationsdialog

Properties Tool ändern, wenn wir alle Komponenten im Fenster deselektiert haben. Dann sieht die Seite Basics des Properties Tools so aus wie in Abb. 5.48. In das Eingabefeld Label tragen wir „Notizen" als neuen Fenstertitel ein und akzeptieren die Änderung mit der Schaltfläche Apply. Da wir nun das Layout und die Eigenschaften der Komponenten im Fenster vollständig angegeben haben, können wir das Properties Tool jetzt schließen.

Der nächste Schritt ist das Erzeugen einer Unterklasse von ApplicationModel, in deren Instanzprotokoll wir Methoden mit den im Properties Tool angegebenen Namen implementieren werden. Dazu klicken wir im Canvas Tool die Schaltfläche Install... an. Auf dem Bildschirm erscheint daraufhin ein Dialog, in dessen oberem Eingabefeld wir den Namen der neuen Klasse angeben können (Abb. 5.49). Wir tragen hier NotesInterface als Namen der Klasse ein. Beim „Installieren" wird außerdem eine Klassenmethode der neuen Klasse erzeugt, deren Ergebnis eine Spezifikation der Benutzeroberfläche, d.h. aller Komponenten und der mit dem Properties Tool angegebenen Eigenschaften ist. Diese Spezifikation wertet der zum ApplicationModel gehörende UIBuilder aus, wenn er beim Start der Anwendung den Fensterinhalt zusammensetzt. Den Namen der Methode können wir im unteren Eingabefeld des Dialogs angeben. Normalerweise heißt diese Methode windowSpec, was auch als Voreinstellung im unteren Eingabefeld eingetragen ist.

Wenn wir die Eingaben durch Anklicken der Schaltfläche OK akzeptieren, erkennt VisualWorks® automatisch, daß die Klasse NotesInterface noch nicht existiert und erzeugt einen zweiten Dialog auf dem Bildschirm (Abb. 5.50). In diesem Dialog können wir die Kategorie angeben, in der die neue Klasse im Browser erscheinen soll. Wir geben hier Examples als Kategorie an. Unter Define As können wir auswählen, um welche Art von Anwendungsfenster es sich handelt.

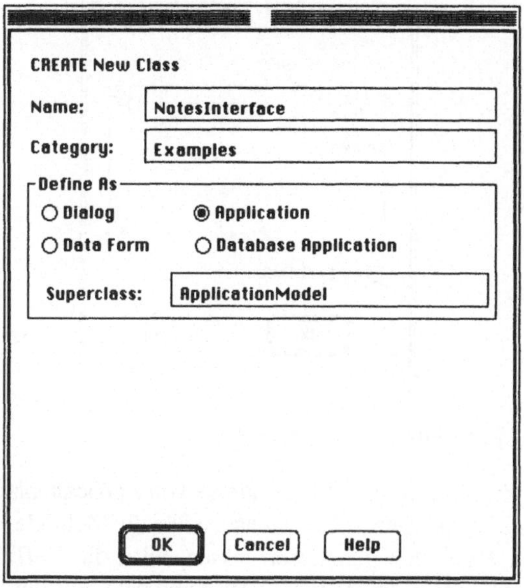

Abb. 5.50: Dialog beim Erzeugen einer Unterklasse von ApplicationModel

Dialog steht für einen Dialog, der erst geschlossen werden muß, bevor in einem anderen Fenster weitergearbeitet werden kann. Application steht für ein normales Fenster. Data Form und Database Application sind Optionen, die nur benötigt werden, wenn man eine Schnittstelle zu einer relationalen Datenbank benutzt. Da wir ein normales Fenster erzeugen wollen, klicken wir hier Application an. Daraufhin wird in das Eingabefeld Superclass der Klassenname ApplicationModel als Oberklasse der neuen Klasse NotesInterface eingetragen. Mit der Schaltfläche OK akzeptieren wir diese Einstellungen. (Sollte nach dem Schließen des zweiten Dialogs der erste Dialog noch auf dem Bildschirm bleiben, klicken Sie dort nochmals in die Schaltfläche OK.) Danach wird automatisch die Klasse NotesInterface erzeugt. An einer Ausgabe im Transcript können wir außerdem erkennen, daß auch die Methode windowSpec erzeugt wird.

Als nächstes generieren wir die Methoden, die die Modelle für das Listen- und das Textfenster bereitstellen, sowie die Methoden, die beim Anklicken der Schaltflächen ausgeführt werden. Dazu klicken wir die Schaltfläche Define... im Canvas Tool an. Auf dem Bildschirm erscheint ein Dialog, in dem in einer Liste die Namen aller zu erzeugenden Methoden aufgeführt sind (Abb. 5.51). Wenn im Canvas noch Komponenten ausgewählt sind, dann enthält die Liste nur die Namen der Methoden, die von den ausgewählten Komponenten benutzt werden. Wenn Sie nur einen Teil der Methoden erzeugen lassen wollen, können Sie in der Liste Methoden deselektieren. Es werden nur diejenigen Methoden erzeugt, die in der Liste durch ein Häkchen markiert sind. Bei Methoden, die ein Modell liefern,

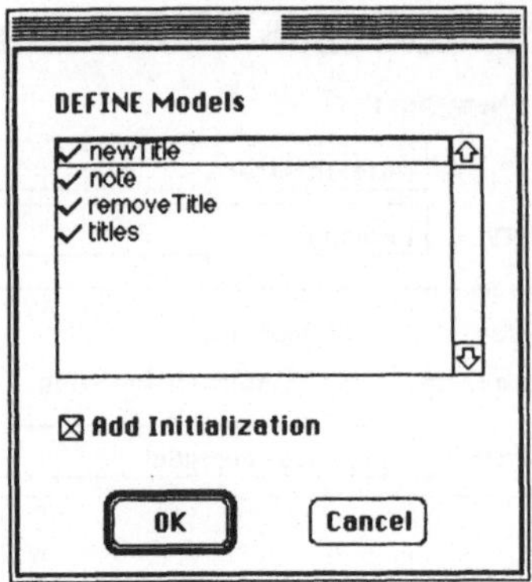

Abb. 5.51: Dialog zum Definieren von Methoden

wird außerdem die Definition der Unterklasse von ApplicationModel um Instanzvariablen ergänzt, die denselben Namen haben wie die Methode.

Wenn Sie die Methoden generieren lassen, wird die Definition der Klasse
NotesInterface um zwei Instanzvariablen titles und note erweitert:

```
ApplicationModel subclass: #NotesInterface
    instanceVariableNames: 'titles note '
    classVariableNames: ''
    poolDictionaries: ''
    category: 'Examples'
```

Die beiden generierten Methoden titles und note haben folgenden Quelltext:

note
```
"This method was generated by UIDefiner.  Any edits made here
may be lost whenever methods are automatically defined.  The
initialization provided below may have been preempted by an
initialize method."

^note isNil
    ifTrue:
        [note := String new asValue]
    ifFalse:
        [note]
```

titles
```
"This method was generated by UIDefiner.  Any edits made here
may be lost whenever methods are automatically defined.  The
initialization provided below may have been preempted by an
initialize method."
```

```
^titles isNil
    ifTrue:
        [titles := SelectionInList new]
    ifFalse:
        [titles]
```

Die Initialisierung der Instanzvariablen titles und note wurde eingefügt, weil im Dialog aus Abb. 5.51 der Schalter Add Initialization angeschaltet war. Wenn der Schalter deaktiviert ist, werden Methoden erzeugt, die einfach den Inhalt der Instanzvariablen liefern, die den gleichen Namen hat wie die Methode. Als Modell einer Sicht in der Benutzeroberfläche wird normalerweise ein Exemplar einer Unterklasse von ValueModel erwartet. Deshalb wird die Instanzvariable note mit einem ValueHolder initialisiert, der einen leeren String enthält.

Die Instanzvariable titles, die das Modell für das Listenfenster enthält, wird dagegen mit einem Exemplar der Klasse SelectionInList initialisiert. Eine SelectionInList („Auswahl aus einer Liste") ist ein Objekt, das sich eine SequenceableCollection merkt und zusätzlich ein selektiertes Element in dieser Collection. Solche Objekte werden als Modelle von Listenfenstern erwartet. Die Liste einer SelectionInList kann mit der Nachricht

    list

abgefragt und mit

    list: aSequenceableCollection

ausgetauscht werden. Das selektierte Element kann mit der Nachricht

    selection

abgefragt und mit

    selection: anObject

gegen ein anderes Objekt ausgetauscht werden. Falls anObject nicht in der Liste enthalten oder nil ist, wird kein Element ausgewählt. Auf das selektierte Element greift die SelectionInList über einen Index zu, der die Position des Objekts in der Liste angibt. Den Index speichert die SelectionInList nicht als Zahl, sondern in einem ValueHolder, der eine Zahl enthält. Diesen ValueHolder können wir mit der Nachricht

    selectionIndexHolder

abfragen. Falls Sie die Auswahl in einer Liste von ihrer Anwendung aus steuern wollen, können Sie diesen ValueHolder mit der Nachricht

    selectionIndexHolder: aValueModel

gegen ein anderes Objekt austauschen, das auf die Nachricht value mit einer Zahl antwortet und die Nachricht value: mit einer Zahl als Argument akzeptiert.

Das NotesInterface dient zur Darstellung und zum Bearbeiten eines Exemplars der Klasse Notes. Dieses Objekt speichern wir in einer Instanzvariablen von NotesInterface, der wir den Namen model geben. Nun müssen wir noch entscheiden, wie das Notes-Objekt, die SelectionInList in der Instanzvariablen titles und das ValueModel in der Instanzvariablen note zusammenhängen.

Zunächst benötigen wir eine Methode von NotesInterface, mit der wir der SelectionInList die Liste der Titel in dem Notizblock übergeben können:

setTitleList
```
self titles list: model titles asSortedCollection
```

Beim Erzeugen der Sichten im Anwendungsfenster wird mit Hilfe der Methoden des NotesInterfaces die SelectionInList in der Instanzvariablen titles als Modell des Listenfensters definiert. Wenn die Liste einer SelectionInList ausgetauscht wird, sendet diese eine Benachrichtigung an ihre dependents, unter denen sich auch das Listenfenster befindet, das daraufhin seine Ausgabe aktualisiert. Wählen wir ein Element im Listenfenster aus, dann sendet das Listenfenster eine Nachricht an die SelectionInList, die zu einer Änderung des ausgewählten Elements der SelectionInList führt. Wir müssen also nichts weiter tun, um die Verbindung zwischen Notes-Objekt und Listenfenster herzustellen. Die Methode setTitleList muß jedesmal ausgeführt werden, wenn sich die Liste der Titel des Notizbuchs ändert, d.h. jedesmal, wenn ein Titel eingefügt oder entfernt wird. In diesem Fall sendet sich ein Notes-Objekt die Nachricht

```
changed: #titles
```

Wir können also einfach das NotesInterface zum dependent des Notes-Objekts machen, das in der Instanzvariablen model gespeichert ist, und die Methode update:with:from: von NotesInterface so implementieren, daß sie die Veränderung der Titelliste auslöst:

update: anAspect with: aParameter from: anObject
```
(anObject == model and: [anAspect == #titles])
    ifTrue: [self setTitleList]
```

Um eine Notiz zu entfernen, haben wir eine Schaltfläche in die Benutzeroberfläche eingefügt, die die Nachricht removeTitle an das NotesInterface sendet. Diese Methode ist leicht zu implementieren:

removeTitle
```
self titles selection notNil
    ifTrue: [model removeTitle: self titles selection]
```

Entsprechend können wir das Einfügen einer neuen Notiz in der Methode newTitle für die andere Schaltfläche realisieren:

```
newTitle
    | title |
    title := Dialog request: 'Neuer Titel:' initialAnswer: 'Neue Notiz'.
    title isEmpty
        ifFalse:
            [title := title asSymbol.
            model newTitle: title.
            self titles selection: title]
```

Die erste Anweisung erzeugt einen Dialog mit einer Eingabeaufforderung für eine Zeichenkette, in dem als Vorschlag der String 'Neue Notiz' eingetragen ist. Die Klasse Dialog hat noch eine Reihe anderer Klassenmethoden, mit denen u.a. Warnungen ausgegeben, Eingabeaufforderungen für Dateinamen erzeugt und Dialoge zur Auswahl eines von mehreren Elementen geöffnet werden können. Bei einer Eingabeaufforderung wie in unserer Methode ist es Konvention, daß die Eingabe eines leeren String bedeutet, daß die Aktion abgebrochen wird, zu deren Ausführung der String gebraucht wird. Deshalb wird das Erzeugen einer neuen Notiz davon abhängig gemacht, daß die Eingabe nicht leer ist. In der letzten Zeile sorgen wir noch dafür, daß in der Liste der neu eingefügte Titel sofort ausgewählt wird.

Nun fehlt nur noch die Verbindung zum Texteditor. Um festzulegen, welche Art von ValueModel wir in der Instanzvariablen note benötigen, überlegen wir uns, was dieses Objekt tun muß, wenn es vom Texteditor die Nachrichten value und value: erhält, und wie es auf eine Änderung des Notes-Objekts reagieren soll. Wenn der Texteditor die Nachricht value schickt, dann muß das ValueModel die Notiz zurückgeben, die zu dem Titel gehört, der in der Titelliste selektiert ist. Ist kein Titel selektiert, dann soll im Texteditor auch nichts angezeigt werden. Wenn der Texteditor die Nachricht value: an das ValueModel schickt und dabei einen neuen Text als Argument übergibt, dann muß dieser Text im Notes-Objekt unter dem im Listenfenster ausgewählten Titel gespeichert werden. Da beides relativ komplizierte Aktionen sind, müssen wir einen PluggableAdaptor verwenden. Der Inhalt des Texteditors soll sich nicht nur dann ändern, wenn sich das Notes-Objekt ändert, sondern auch dann, wenn in der Titelliste ein anderer Titel ausgewählt wird. Bei Änderung der Selektion benachrichtigt eine SelectionInList ihre dependents. Deshalb können wir eine Änderung des Inhalts des Texteditors auslösen, wenn wir den PluggableAdaptor zum dependent der SelectionInList machen. Das Erzeugen des Notes-Objekts und des PluggableAdaptors sowie die Einrichtung der Abhängigkeiten werden in der Methode initialize von NotesInterface untergebracht, die immer beim Erzeugen eines ApplicationModels ausgeführt wird:

```
initialize
    super initialize.
    model := Notes new.
    model addDependent: self.
    note := PluggableAdaptor on: model.
    note
        getBlock: [:aNotes |
            self titles selection notNil
                ifTrue: [aNotes at: self titles selection]
                ifFalse: [String new]]
        putBlock: [:aNotes :aValue |
            self titles selection notNil
                ifTrue: [aNotes at: self titles selection put: aValue]]
        updateBlock: [:aNotes :anAspect :aParameter | true].
    self titles addDependent: note.
    self setTitleList
```

Jetzt können wir durch Anklicken der Schaltfläche Open im Canvas Tool die Benutzeroberfläche testen. Bis auf die Menüs für das Listenfenster und das Textfenster sollte alles funktionieren. Die fehlenden Menüs erzeugen wir nicht wie in Abschnitt 5.2 durch Programmierung, sondern wir verwenden dazu den Menu Editor von VisualWorks® (Abb. 5.52). Diesen öffnen wir mit dem Menüpunkt Menu Editor im Menü Tools des Canvas Tools.

Im Textfenster des Menu Editors können wir die Punkte eines Menüs angeben sowie die Nachrichten, die bei Auswahl der Menüpunkte an das ApplicationModel geschickt werden. Jede Zeile steht dabei für einen Menüeintrag, dessen Beschriftung am Anfang der Zeile zu sehen ist. Danach folgt ein Tabulatorzeichen und anschließend der Name einer Nachricht. Das Menü für das Listenfenster geben wir wie folgt an:

```
Titel einfügen          newTitle
Titel löschen           removeTitle
```

Durch Anklicken der Schaltfläche Build wird geprüft, ob es sich um die korrekte Angabe eines Menüs handelt. Wir können das Menü danach auch sofort testen, indem wir den Menüknopf Test anklicken. Dort erscheint das Menü so, wie es später auch in der Anwendung als Popup-Menü erscheinen wird. Als nächstes installieren wir das Menü noch in einer Klassenmethode von NotesInterface, ähnlich wie wir die Fensterspezifikation in der Methode windowSpec abgelegt haben. Dazu klicken wir die Schaltfläche Install... an. Es erscheint ein Dialog, der ähnlich aussieht wie der Dialog beim Installieren der Spezifikation für das Fenster (Abb. 5.49). Als Methodennamen geben wir listMenu an, den Namen, den wir im Eingabefeld Menu im Properties Tool beim Festlegen der Eigenschaften des Listenfensters angegeben haben.

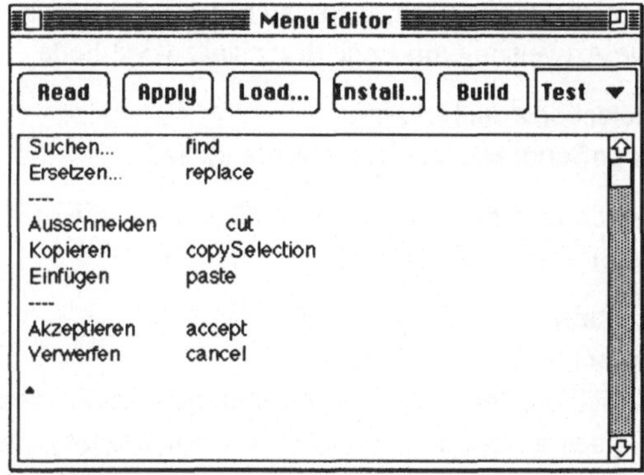

Abb. 5.52: Der Menu Editor

Für das Menü des Texteditors geben wir folgenden Text ein:

Suchen...	find
Ersetzen...	replace

Ausschneiden	cut
Kopieren	copySelection
Einfügen	paste

Akzeptieren	accept
Verwerfen	cancel

Zeilen, die aus mindestens 3 Minuszeichen bestehen, werden im Menü als Trenn-
striche dargestellt. Wenn das Menü für einen Texteditor oder ein Eingabefeld
bestimmt ist, dann können wir außer Nachrichten an das ApplicationModel auch
einige andere Nachrichten angeben, die bei Auswahl eines Menüpunkts gesendet
werden. Der Controller zu einem Textfeld schickt einige Nachrichten bei einer
Menüauswahl nicht an das ApplicationModel, sondern an sich selbst. Diese Nachrichten lösen Textverarbeitungsfunktionen aus. Die Nachrichten, die Sie in Menüs
verwenden können, finden Sie im Protokoll menu messages der Klasse
ParagraphEditor.

Nachdem Sie das Menü für den Texteditor in der Klassenmethode textMenu von
NotesInterface installiert haben, können Sie die Benutzeroberfläche erneut testen.
Diesmal stehen Ihnen auch die neu angegebenen Menüs zur Verfügung.

Um die Benutzeroberfläche zu vervollständigen, müssen wir nur noch das
Aktivieren und Deaktivieren der Schaltfläche Notiz löschen implementieren. Dazu
erinnern wir uns daran, daß die SelectionInList sich das ausgewählte Element mit
Hilfe eines ValueHolders merkt, den wir mit der Nachricht selectionIndexHolder
abfragen können. Einen ValueHolder können wir dazu veranlassen, an ein beliebiges Objekt eine Nachricht zu senden, wenn sich sein Wert ändert. Damit das

NotesInterface benachrichtigt wird, wenn sich die Selektion in der Liste ändert, fügen wir folgende Anweisung am Ende der initialize-Methode ein:

```
self titles selectionIndexHolder
    onChangeSend: #updateButtonState to: self
```

Es fehlt jetzt nur noch eine Methode updateButtonState, die die Schaltfläche aktiviert oder deaktiviert:

```
updateButtonState
    self titles selection isNil
        ifTrue: [(self builder componentAt: #removeButton) disable]
        ifFalse: [(self builder componentAt: #removeButton) enable]
```

Mit der Anweisung

```
self builder componentAt: #removeButton
```

erhalten wir den Wrapper, in den die Schaltfläche als component eingebettet ist. Der Wrapper ist ein Exemplar der Klasse WidgetWrapper. Außer den Nachrichten disable und enable zum Deaktivieren bzw. Aktivieren einer Komponente versteht ein WidgetWrapper auch noch die Nachrichten beInvisible und beVisible, mit denen man eine Komponente unsichtbar bzw. sichtbar machen kann.

Um eine Benutzeroberfläche zu öffnen, kann man einer Unterklasse von ApplicationModel die Nachricht open schicken. Daraufhin wird ein Exemplar der Klasse erzeugt und die in der Methode windowSpec definierte Benutzeroberfläche dafür geöffnet. Falls Sie eine Benutzeroberfläche öffnen wollen, die in einer Methode mit einem anderen Namen abgelegt ist, können Sie die Nachricht

```
openWithSpec: aMethodName
```

an die Klasse schicken.

Um zu einem späteren Zeitpunkt eine Benutzeroberfläche nochmals zu bearbeiten, können Sie den Resource Finder benutzen (Abb. 5.53). Dieses Werkzeug dient dazu, Spezifikationen von Benutzeroberflächen und Teilen von Benutzeroberflächen, z.B. Menüs, zu suchen und Editoren für sie zu öffnen. Sie können den Resource Finder mit dem Menüpunkt Resources aus dem Browse-Menü des Launcher öffnen. In der linken Hälfte des Resource Finder erscheint eine Liste von Klassen. Wenn Sie eine Klasse auswählen, erscheinen im rechten Teilfenster die Namen von Methoden, die eine Spezifikation eines Fensters, eines Menüs oder einer anderen Benutzeroberflächenkomponente enthalten. Wenn Sie eine Methode auswählen und die Schaltfläche Edit anklicken, dann wird ein geeigneter Editor (Canvas, Menu Editor o.ä.) geöffnet, in dem Sie die ausgewählte Komponente bearbeiten können.

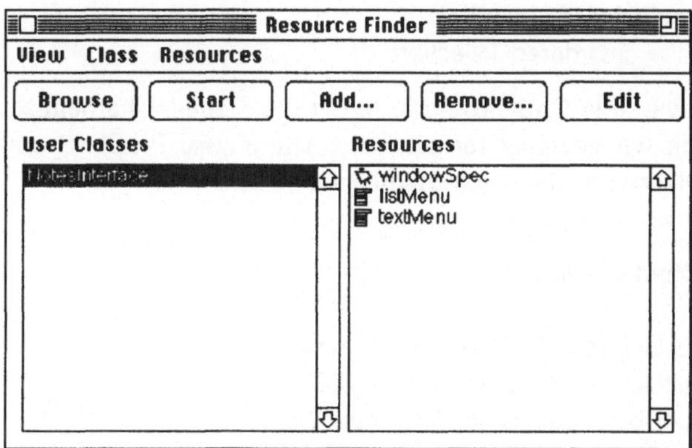

Abb. 5.53: Der Resource Finder

5.4   Lösungen zu den Übungsaufgaben

Übung 5.1:

```
displayOn: aGraphicsContext
    | aPoint |
    aPoint := 0 @ 0.
    10 timesRepeat:
        [aPoint printString asComposedText
            displayOn: aGraphicsContext
            at: aPoint.
        aPoint := aPoint + 15 @ 15]
```

Übung 5.2:

```
VisualComponent subclass: #PieChart
    instanceVariableNames: 'colors'
    classVariableNames: 'DefaultColors'
    poolDictionaries: ''
    category: 'Examples'
```

PieChart methodsFor: 'accessing'

```
colors
    ^colors isNil
        ifTrue: [DefaultColors]
        ifFalse: [colors]
```

colors: anOrderedCollection
```
colors := anOrderedCollection
```

Die Klassenvariable DefaultColors, in der die Standard-Farbenliste gespeichert
wird, müssen wir geeignet initialisieren. Die Klasse PieChart erhält dafür die
Methode initialize im Klassenprotokoll class initialization.

initialize
```
"PieChart initialize."

DefaultColors := OrderedCollection new.
DefaultColors add: ColorValue veryDarkGray.
DefaultColors add: ColorValue darkGray.
DefaultColors add: ColorValue gray.
DefaultColors add: ColorValue lightGray.
DefaultColors add: ColorValue veryLightGray.
```

Natürlich können Sie auch andere Farben benutzen, besonders, wenn Sie einen
Farbmonitor besitzen. Nachdem die Methode implementiert ist, müssen Sie noch
den Ausdruck

```
PieChart initialize.
```

auswerten.

Übung 5.3: Wenn die Farbenliste weniger als zwei Elemente enthält, tritt in der
Methode colorFor: ein Fehler bei der Anweisung

```
^sef colors at: 2
```

auf. Sie können in der Methode colors: eine Fehlerüberprüfung durchführen,
bevor der Instanzvariablen colors ein neuer Wert zugewiesen wird. Falls die neue
Farbenliste weniger als zwei Farben enthält, können statt dessen die alten Farben
weiterverwendet werden. Alternativ kann die Methode colors bei zu kleiner
Farbenliste die Liste in der Klassenvariablen DefaultColors zurückgeben. Bei der
Methode angles tritt ein Fehler (Division durch 0) auf, wenn die Liste der Zahlen
nicht leer, aber die Summe der Zahlen 0 ist. Dieser Fall tritt beispielsweise ein,
wenn alle Zahlen in der Liste 0 sind. Die Iteration

```
angles := list collect: [:association | association value * 360 / total].
```

darf daher nur ausgeführt werden, wenn total ungleich 0 ist:

```
angles := total ~= 0
    ifTrue: [list collect: [:association | association value * 360 / total]]
    ifFalse: [Array new].
```

Das Ergebnis von angles ist dann für total = 0 eine leere Liste, und in der
displayOn:-Methode wird nichts ausgegeben.

Übung 5.4:

```
displayOn: aGraphicsContext
    I angleList angle rectangle extent I
    extent := self bounds width min: self bounds height.
    angleList := self angles.
    angle := 270.
    rectangle := self bounds origin extent: extent @ extent.
    1 to: angleList size do:
        [:index I
        aGraphicsContext paint: (self colorFor: index).
        aGraphicsContext
            displayWedgeBoundedBy: rectangle
            startAngle: angle
            sweepAngle: (angleList at: index).
        angle := angle + (angleList at: index) \\ 360]
```

Übung 5.5:

```
I composite window I
composite := CompositePart new.
composite addWrapper:
    (TranslatingWrapper on: PieChart new at: 20 @ 0).
window := ScheduledWindow new.
window component: composite.
window open.
```

Übung 5.6:

```
I composite window I
composite := CompositePart new.
composite add: PieChart new in: (20 @ 20 extent: 75 @ 75).
window := ScheduledWindow new.
window component: composite.
window open.
```

Übung 5.7: Wenn Sie einen BoundedWrapper mit on: aVisualComponent erzeugen, dann wird sein Layout mit dem relativen Rechteck 0 @ 0 extent: 1 @ 1 initialisiert. Bei on: aVisualComponent at: aPoint sind es statt dessen die preferredBounds der VisualComponent, die um aPoint verschoben werden, also ein Rechteck mit absoluten Koordinaten.

Übung 5.8:

```
I window composite frame I
composite := CompositePart new.
frame := LayoutFrame leftFraction: 0 offset: 30
    rightFraction: 1 offset: -30
    topFraction: 0 offset: 30
    bottomFraction: 1 offset: -30.
composite add: PieChart new in: frame.
window := ScheduledWindow new.
window component: composite.
window open
```

Übung 5.9: Das zweite Fenster in Abb. 5.25 wurde mit den folgenden Anweisungen erzeugt:

```
I window composite frame text I
composite := CompositePart new.
composite add: PieChart new in: (0.3@0.3 extent: 0.5@0.5).
composite add: PieChart new in: (0 @ 0 extent: 0.6 @ 0.6).
text := 'Marktanteile' asComposedText.
frame := LayoutFrame
    leftFraction: 0.5 offset: (text preferredBounds width // 2) negated
    rightFraction: 0.5 offset: (text preferredBounds width // 2)
    topFraction: 1 offset: (text preferredBounds height) negated
    bottomFraction: 1 offset: 0.
composite add: text in: frame.
window := ScheduledWindow new.
window component: composite.
window minimumSize: 200@200; maximumSize: 200@200.
window open
```

Das erste Fenster wurde mit den gleichen Anweisungen erzeugt, nur daß der
ComposedText fehlt und die beiden Exemplare von PieChart in umgekehrter
Reihenfolge eingefügt wurden. Den Komponenten eines CompositePart wird die
Nachricht displayOn: in der gleichen Reihenfolge geschickt, in der sie in das
CompositePart eingefügt wurden. Graphiken, die bei einer Überlappung „oben"
liegen sollen, müssen deshalb zuletzt eingefügt werden.

Übung 5.10: Sie müssen in der Klasse PieChart die folgenden Methoden ändern:

```
dataCollection
    I dataCollection I
    ^(dataCollection := self model value) isNil
        ifTrue: [OrderedCollection new]
        ifFalse: [dataCollection]
```

angles
```
I list I
list := self dataCollection.
^list isEmpty
    ifTrue: [Array new]
    ifFalse:
        [ I total I
        total := list inject: 0 into: [:tot :number I tot + number].
        total ~= 0
            ifTrue: [list collect: [:association I association value * 360 / total]]
            ifFalse: [Array new]].
```

displayOn: aGraphicsContext
```
I angleList rectangle I
rectangle := self bounds.
(angleList := self angles) isEmpty
    ifTrue:
        [aGraphicsContext
            displayString: 'No data'
            at: rectangle bottomLeft]
    ifFalse:
        [ I angle I
        angle := 270.
        1 to: angleList size do:
            [:index I
            aGraphicsContext paint: (self colorFor: index).
            aGraphicsContext
                    displayWedgeBoundedBy: rectangle
                    startAngle: angle rounded
                    sweepAngle: (angleList at: index) rounded.
            angle := angle + (angleList at: index) \\ 360]]
```

Übung 5.11:

Zoo methodsFor: 'initialize-release'

initialize
```
"Initialisiere die Instanzvariablen des Empfängers. Die normale
Größe eines Zoos ist 15 @ 15."

inhabitants := Set new.
extent := 15 @ 15
```

Zoo methodsFor: 'accessing'

extent
> "Antworte mit der Größe des Empfängers."

> ^extent

inhabitants
> "Antworte mit einer Menge, die alle Zoobewohner enthält."

> ^inhabitants

animals
> "Antworte mit einer Menge, die alle Tiere unter den Zoobewohnern
> enthält."

> ^self inhabitants select: [:aLifeForm | aLifeForm isKindOf: Animal]

plants
> "Antworte mit einer Menge, die alle Pflanzen unter den Zoobewohnern
> enthält."

> ^self inhabitants select: [:aLifeForm | aLifeForm isKindOf: Plant]

extent: aPoint
> "Setze die Größe des Empfängers auf aPoint. Melde einen
> Fehler, wenn die neue Fläche des Empfängers nicht die
> Standorte aller Zoobewohner enthält."

> self inhabitants do:
>   [:aLifeForm |
>   ((0 @ 0 extent: aPoint) containsPoint: aLifeForm location)
>   ifFalse: [^self error: 'Diese Größe ist zu klein für den Zoo.']].
> extent := aPoint

addInhabitant: aLifeForm
> "Füge aLifeForm in die Menge der Zoobewohner ein. Informiere alle
> abhängigen Objekte von der Veränderung. Melde einen Fehler, wenn
> der Standort von aLifeForm außerhalb des Zoos liegt."

> ((0 @ 0 extent: self extent) containsPoint: aLifeForm location)
>   ifFalse: [^self error: 'Dieses Lebewesen ist nicht im Zoo.'].
> self inhabitants add: aLifeForm.
> self changed: #addInhabitant with: aLifeForm

removeInhabitant: aLifeForm
> "Entferne aLifeForm aus der Menge der Zoobewohner. Informiere
> alle abhängigen Objekte von der Veränderung."

> self inhabitants remove: aLifeForm.
> self changed: #removeInhabitant with: aLifeForm

Übung 5.13: In inspectModel sollte sich der LifeFormController die Nachricht controlTerminate senden, bevor er die Kontrolle an den Controller des Inspector abgibt. Bei einem LifeFormController hat controlTerminate zwar keinen Effekt, aber es könnte sein, daß später einmal eine Unterklasse von LifeFormController implementiert wird, in der controlTerminate etwas wichtiges tut. In diesem Fall wären Fehler vorprogrammiert, wenn wir controlTerminate hier weglassen!

LifeFormController methodsFor: 'menu messages'

birthday
```
    self model birthday
```

inspectModel
```
    self controlTerminate.
    self model inspect
```

LifeFormView methodsFor: 'controller accessing'

defaultControllerClass
```
    ^LifeFormController
```

Testen können Sie den LifeFormController, indem Sie in einem Workspace folgende Anweisungen auswerten, danach im Bereich des in der LifeFormView ausgegebenen Textes den Operate-Button der Maus drücken und jeweils einen der beiden Menüpunkte auswählen:

```
I composite view I
view := LifeFormView model: Animal new.
(composite := CompositePart new) add: view.
(ScheduledWindow new) component: composite; open
```

Übung 5.14:

```
ControllerWithMenu subclass: #ZooController
    instanceVariableNames: "
    classVariableNames: "
    poolDictionaries: "
    category: 'Examples'
```

ZooController methodsFor: 'menu messages'

menu
```
    ^Menu
        labelList: (Array
            with: #('inspect zoo')
            with: #('new animal' 'new plant'))
        values: #( #inspectZoo #newAnimal #newPlant )
```

inspectZoo
```
    self controlTerminate.
    self model inspect
```

ZooView methodsFor: 'controller accessing'

defaultControllerClass
```
    ^ZooController
```

Übung 5.15:

openOn: aZoo
```
    | zooView composite view adaptor window |
    zooView := self model: aZoo.
    composite := CompositePart new.
    composite add: zooView borderedIn: zooView preferredBounds.
    adaptor := PluggableAdaptor on: aZoo.
    adaptor
        getBlock:
            [:zoo | Array
                with: #animals -> zoo animals size
                with: #plants -> zoo plants size]
        putBlock: [:zoo :aValue | "Tue nichts"]
        updateBlock:
            [:zoo :anAspect :aParameter |
            #(#addInhabitant #removeInhabitant ) includes: anAspect].
    view := PieChart model: adaptor.
    view colors: (Array
        with: ColorValue veryDarkGray
        with: ColorValue lightGray).
    composite
        add: view
        borderedIn: (zooView preferredBounds width @ 0
            extent: view preferredBounds extent).
    window := ScheduledWindow new.
    window component: composite.
    window minimumSize: zooView preferredBounds extent
        + (view preferredBounds width @ 0).
    window label: 'Zoo'; open
```

Übung 5.16:

moveComponent: aWrapper
```
    | offset theView aPoint |
    aPoint := self sensor mousePoint.
    offset := aWrapper bounds topLeft - aPoint.
    theView := aWrapper component.
```

```
theView
    follow:
        [aPoint := ((self sensor mousePoint
            min: self view bounds bottomRight)
            max: self view bounds topLeft).
        aPoint := aPoint + offset]
    while: [self sensor redButtonPressed]
    on: self view graphicsContext.
aPoint := (aPoint / self view scalingFactor) rounded.
theView model location: aPoint.
"Verschiebe aWrapper nicht direkt nach aPoint, denn das model
könnte sich geweigert haben, den Standort zu ändern."
self view component
    move: aWrapper
    to: theView model location * self view scalingFactor
```

Übung 5.17: Auf die Angabe der Methode menu wird hier verzichtet, da sie sich nicht grundsätzlich von der vorherigen unterscheidet.

```
removeSelection
    self view selectedItems do:
        [:aView | self model removeInhabitant: aView model]
```

```
deselectAll
    self view deselectAll
```

Übung 5.18: Sie müssen bei dieser Aufgabe darauf achten, daß Sie beim Auswerten von Kombinationen aus einer Taste und z.B. der Shifttaste dem sensor nicht zweimal nacheinander die Nachricht keyboardEvent schicken dürfen. Dies würde entweder zwei *verschiedene* Instanzen von KeyboardEvent liefern oder zu einem Fehler führen, wenn nur eine einzelne Eingabe vorliegt. Die folgende Methode ist also fehlerhaft:

```
controlActivity
    self sensor keyboardPressed ifTrue:
        [(self sensor keyboardEvent keyValue == #F1
            and: [self sensor keyboardEvent hasShift])
            ifTrue: [self removeSelection]].
    super controlActivity
```

Richtig muß es heißen:

controlActivity
```
self sensor keyboardPressed ifTrue:
    [ I event I
    event := self sensor keyboardEvent.
    (event keyValue == #F1 and: [event hasShift])
        ifTrue: [self removeSelection]].
super controlActivity
```

Übung 5.19:

```
Model subclass: #Notes
    instanceVariableNames: 'notes '
    classVariableNames: ''
    poolDictionaries: ''
    category: 'Examples'
```

Notes methodsFor: 'initialize-release'

initialize
```
notes := Dictionary new
```

Notes methodsFor: 'accessing'

at: aSymbol
```
^notes at: aSymbol
```

at: aSymbol put: aString
```
notes at: aSymbol put: aString
```

newTitle: aSymbol
```
(notes includesKey: aSymbol)
    ifTrue: [Dialog warn: 'Der Titel ' , aSymbol , ' ist schon vorhanden.']
    ifFalse:
        [notes at: aSymbol put: String new.
        self changed: #titles]
```

removeTitle: aSymbol
```
Dictionary keyNotFoundSignal
    handle:
        [:exception I
        Dialog warn: 'Der Eintrag ' , aSymbol , ' existiert nicht.'.
        exception return]
    do:
        [notes removeKey: aSymbol.
        self changed: #titles]
```

titles
```
^notes keys
```

Notes class methodsFor: 'instance creation'

new
```
^super new initialize
```

6 Ergänzungen – Was man sonst noch wissen sollte

In diesem Kapitel wollen wir uns mit zwei Dingen beschäftigen, die nicht direkt mit der Programmierarbeit in Smalltalk zu tun haben. Der erste Abschnitt befaßt sich mit der Möglichkeit, Smalltalk–Code zwischen mehreren Programmierern auszutauschen, während der zweite Abschnitt beschreibt, wie man eine fertige Anwendung erstellt, aus der die Entwicklungswerkzeuge von VisualWorks® entfernt wurden.

6.1 Der Umgang mit Smalltalk–Code

Die bisher von uns geschriebenen Smalltalk–Programme haben wir stets im Image gespeichert. Wie wir bereits in Kapitel 2 gesehen haben, ist das Image die persönliche Arbeitsumgebung für jeden Benutzer von VisualWorks®, in der der jeweilige aktuelle Arbeitsstand gespeichert ist. Jedesmal, wenn wir eine Klasse definieren oder ändern, eine neue Methode programmieren oder eine bestehende Methode modifizieren, werden diese Veränderungen im Image gespeichert. Durch die Sicherung mit der Save As...– bzw. Exit–Funktion des Launcher wird das Smalltalk–Image auf einem externen Speichermedium (z.B. einer Festplatte) als Image–Datei abgespeichert. Gleichzeitig wird auch die zugehörige Changes–Datei angelegt (oder auf den neuesten Stand gebracht, sofern sie bereits existiert), in der die laufenden Veränderungen des Smalltalk–Image protokolliert werden.

Durch die Speicherung aller Klassen in einem Smalltalk–Image sind diese bei späteren Programmierarbeiten verfügbar, und es kann jederzeit am Bildschirm nachgesehen werden, wie bestimmte Klassen und Methoden implementiert worden sind. Dies erspart meist die Suche nach den benötigten Informationen (z.B. über die Parameter einer Nachricht) in Handbüchern. Der Vorteil dieses leichten Zugriffs auf alle Informationen über die im Image vorhandenen Klassen führt allerdings dazu, daß andere Programmierer nicht direkt auf diese Klassen zugreifen können, um sie in ihren eigenen Programmen zu verwenden. Eine solche Situation tritt jedoch regelmäßig dann ein, wenn mehrere Programmierer gleichzeitig mit Smalltalk an einem Software–Projekt arbeiten und die verschiedenen dabei zu erledigenden Programmierarbeiten untereinander aufgeteilt haben. Da jeder Programmierer mit seinem eigenen Smalltalk–Image arbeitet, wird eine Möglichkeit benötigt, mehreren Benutzern die gleichen Klassen zur Verfügung zu stellen.

Neben dem „Teilen" von Klassen mit anderen Smalltalk–Benutzern ist das Verfolgen von Veränderungen einer Klasse innerhalb eines Smalltalk–Image (eine Aufzeichnung der zeitlichen Veränderung der Klasse durch Eingaben des Benutzers in einem Smalltalk–Image) eine weitere Funktion bei der Verwaltung von Smalltalk–Programmen. Durch das Zugreifen auf die „historischen" Definitionen einer Klasse ist es z.B. möglich, Smalltalk–Programme in einen früheren Zustand zurückzuversetzen, wenn sich die weitere Entwicklung als nicht sinnvoll herausgestellt hat.

Die Realisierung beider Funktionen zur Behandlung von Programmtexten in VisualWorks® werden wir in den folgenden Unterabschnitten vorstellen.

6.1.1   Ein– und Ausgabe von Programmen eines Smalltalk–Image

Um Programmstücke aus einem Smalltalk–Image auch für die Benutzer anderer Smalltalk–Images zugänglich zu machen, gibt es in VisualWorks® die Möglichkeit, Klassen und Methoden in Form von Textdateien ausgeben zu lassen. Dies geschieht mit Hilfe der **file out as...**–Funktion, die in den Fenstermenüs des **System Browser** enthalten ist (mit Ausnahme des Programmfensters; siehe Abb. 3.12). Je nachdem, in welchem der Teilfenster wir den Menüpunkt **file out as...** wählen, wird der Programmtext einer Kategorie (d.h. aller darin enthaltenen Klassen), einer einzelnen Klasse, eines Protokolls (d.h. aller darin enthaltenen Methoden) oder einer einzelnen Methode in eine Textdatei geschrieben.

Die Übernahme von Smalltalk–Programmtexten eines anderen Programmierers geschieht dann dadurch, daß die mit der **file out as...**–Funktion erzeugten Textdateien in das Smalltalk–Image eingelesen werden, in dem die betreffenden Programmstücke verwendet werden sollen.

Wir wollen uns diesen Vorgang in einem Beispiel ansehen. Dazu nehmen wir an, daß wir einem anderen Programmierer die Klasse **Plant** aus unserem Smalltalk–Image zur Verfügung stellen möchten. Wir suchen **Plant** mit dem **System Browser** auf und wählen anschließend aus dem **Operate**–Menu des Klassenfensters **file out as...** aus. Daraufhin erscheint ein Eingabefenster mit der Aufforderung, den Namen der Datei einzugeben, in die die Klassendefinition hineingeschrieben werden soll (siehe Abb. 6.1).

In das Eingabefeld ist bereits ein Vorschlag für den Dateinamen eingetragen, der in unserem Beispiel aus dem Namen der Klasse und dem Zusatz .st besteht.

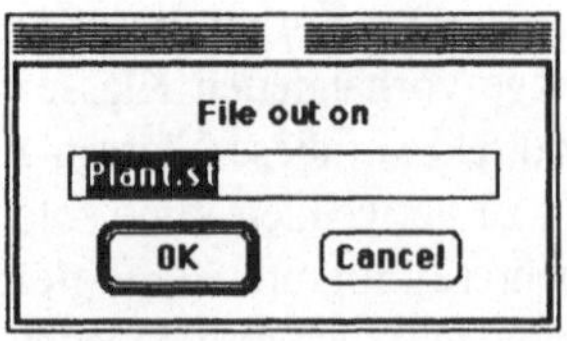

Abb. 6.1: Eingabefenster für die Ausgabe von Klassendefinitionen in Textdateien

Die Erweiterung des Dateinamens um .st deutet an, daß in der so bezeichneten
Datei Smalltalk–Programmtext enthalten ist. Nach dem Drücken der Eingabe–
Taste oder des Accept–Knopfes wird die Definition der Klasse Plant mit allen zugehörigen Methoden in der Datei Plant.st gespeichert. Ändern wir unsere Mei-
nung und wollen den Programmtext doch nicht speichern, so genügt es wie üblich
das Eingabefeld zu löschen und die Eingabe–Taste zu drücken oder aber den
Cancel–Knopf zu wählen.

Übung 6.1: Wie lauten die von Smalltalk vorgeschlagenen Dateinamen, wenn

a) sämtliche Klassen der Kategorie Biology,
b) sämtliche Methoden des Protokolls moving in der Klasse Animal,
c) die Methode moveTo: von Animal

in einer Textdatei gespeichert werden sollen?

Haben wir auf diese Weise einen Smalltalk–Programmtext in einer Datei gespeichert, so kann er von anderen Smalltalk–Programmierern benutzt werden, indem
diese den Inhalt der Textdatei in ihr eigenes Smalltalk–Image einlesen.

Um diesen Vorgang beispielhaft zu betrachten, entfernen wir zuerst die Klasse
Plant aus unserem Smalltalk–Image. Wir befinden uns nun in der Situation eines
Programmierers, der von einem anderen Programmierer die Klasse Plant übernehmen möchte. Dazu müssen wir den Inhalt der Datei Plant.st in unser Image
einlesen. Die einfachste Methode hierfür ist die Erzeugung eines Filename–Objektes für unsere Textdatei, dem wir anschließend die Nachricht fileIn senden, also
z.B. durch Auswertung des Smalltalk–Ausdrucks

    (Filename named: 'Plant.st') fileIn.

Anschließend ist die Klasse Plant wieder in unserem Smalltalk–Image enthalten,
wie wir leicht mit einem System Browser feststellen können (eventuell erst nach
Ausführung der update–Funktion im Kategorienfenster eines bereits geöffneten
System Browser). Während des Einlesens aus der Textdatei erscheinen im
System Transcript außerdem Meldungen darüber, welche Klassen und Protokolle
jeweils gerade eingelesen werden.

Soll mehr als nur eine Datei mit Smalltalk–Programmtexten eingelesen werden,
oder haben wir die Absicht, vor dem Einlesen den Inhalt der Datei zu betrachten
(etwa um zu überprüfen, ob in der Datei auch die „richtigen" Programmtexte enthalten sind), so empfiehlt es sich, zum Einlesen die in Abschnitt 4.1 vorgestellte
File List zu verwenden. Abb. 6.2 zeigt eine File List, in der bereits die Datei
Plant.st geöffnet wurden. Der Inhalt der Datei wird im unteren Teilfenster angezeigt. Wir wollen wieder davon ausgehen, daß die Klasse Plant aus unserem
Smalltalk–Image entfernt worden ist.

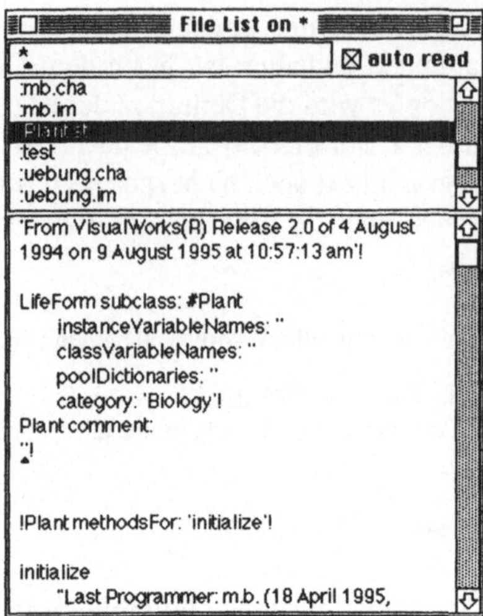

Abb. 6.2: File List mit dem Inhalt der zuvor mit der file out as ...–Funktion erzeugten Datei Plant.st

Die erste Zeile einer Datei mit einem Smalltalk–Programmtext enthält stets eine Information darüber, aus welcher Smalltalk–Version der Text stammt (hier VisualWorks® Release 2.0) und wann die Datei erzeugt worden ist (hier am 4. Juni 1995). Anschließend folgt der eigentliche Programmtext. Da wir die gesamte Klasse Plant gespeichert hatten, kommt hier zuerst die Definition der Klasse, gefolgt von ihren Methoden. Der Inhalt einer solchen Programmtext–Datei hat große Ähnlichkeit mit den Programm–Ausdrucken, die mit Hilfe der hardcopy–Funktion erzeugt werden können. Der auffallendste Unterschied sind die !–Zeichen in der Textdatei. Sie dienen beim späteren Einlesen des Programmtextes in ein Smalltalk–Image als „Markierungen", wo bestimmte Teile des Programmtextes (z.B. eine Klassendefinition, ein Protokoll oder eine einzelne Methode) anfangen und enden.

Um den Programmtext mit Hilfe der File List in unser Smalltalk–Image einlesen zu können, haben wir zwei Möglichkeiten. Die erste Möglichkeit ist die Wahl der file in–Funktion aus dem Operate–Menu des mittleren File List–Fensters. Dadurch wird der gesamte Inhalt der Datei in das Image eingelesen. Die Wirkung ist also die gleiche wie bei der oben gezeigten Methode, einem Filename–Objekt die Nachricht fileIn zu senden.

Die zweite Möglichkeit erlaubt es, nur bestimmte Teile aus der Textdatei in ein Image einzulesen. Dazu markieren wir den einzulesenden Abschnitt in der gewohnten Weise im Programmfenster der File List und wählen anschließend aus dem Operate–Menu des Programmfensters file it in aus. Wollen wir also beispielsweise nur die Klassendefinition von Plant ohne irgendwelche Methoden einlesen,

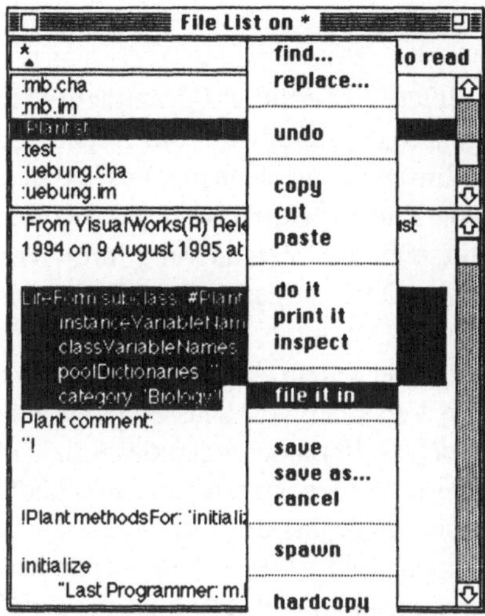

Abb. 6.3: Einlesen eines Teils aus einer Programmtext–Datei mit Hilfe des Menüpunktes file it in

so markieren wir die Klassendefinition von Plant im Programmfenster und wählen dann file it in im Operate–Menu (siehe Abb. 6.3). Dabei ist es allerdings wichtig, die abschließenden !–Zeichen mit zu markieren.

Die Verwendung anderer Programmtext–Dateien, die ganze Kategorien oder auch nur Protokolle oder Methoden enthalten, geschieht in ganz analoger Weise, so daß wir dies hier nicht im Detail zeigen.

Zur Weitergabe von Klassen an andere Smalltalk–Benutzer sei noch eine Bemerkung gemacht. Die Weitergabe der Klasse Plant in unserem Beispiel ohne die anderen Klassen der Kategorie Biology ist wenig sinnvoll. Versucht ein anderer Programmierer, unsere Datei in sein Smalltalk–Image einzulesen, ohne bereits eine Klasse mit dem Namen LifeForm definiert zu haben, so wird beim Einlesen von Plant.st eine Fehlermeldung ausgegeben, da die Oberklasse von Plant nicht existiert.

Es ist im allgemeinen also darauf zu achten, daß nur solche Programmtexte weitergegeben werden, die ohne Fehler eingelesen werden können. Die Weitergabe einzelner Methoden ist z.B. nur dann sinnvoll, wenn die entsprechenden Klassen bereits im Smalltalk–Image vorhanden sind, in das die Methoden eingelesen werden sollen. Sofern beim Einlesen mehrerer Dateien eine bestimmte Reihenfolge beachtet werden muß, damit keine Fehler auftreten, sollte diese ausdrücklich mitgeteilt werden.

Eine einfachere Möglichkeit, die Reihenfolge des Einlesens festzulegen, bietet jedoch die im folgenden Unterabschnitt beschriebene Change List.

6.1.2   Versionenverwaltung

Im Unterschied zu vielen anderen Programmentwicklungssystemen hat
VisualWorks® die Eigenschaft, sämtliche vom Benutzer vorgenommenen Änderungen am Smalltalk–Image aufzuzeichnen. Diese Änderungen, die im Hinzufügen oder Entfernen von Kategorien, Klassen, Protokollen und Methoden oder
von globalen Variablen (sowie der Veränderung ihrer Werte) bestehen können,
werden alle in der Changes–Datei aufgezeichnet, die wir bereits in Kapitel 2 eingeführt haben.

Die Changes–Datei wird bei jedem Abspeichern des Image auf den neuesten
Stand gebracht. Da ältere Versionen von Klassendefinitionen und Methoden etc.
nichts anderes sind als *frühere* Veränderungen des Smalltalk–Image, können wir
diese mit Hilfe der Changes–Datei noch einmal „zurückholen". Das ist z.B. dann
nützlich, wenn wir mit dem Ergebnis der Veränderung einer Methode nicht zufrieden sind und statt dessen wieder die vorhergehende Methodendefinition verwenden möchten. Es genügt dann, diese Definition aus der Changes–Datei heraus-
zusuchen und wieder in das Smalltalk–Image einzulesen. Dieser Vorgang ähnelt
dem Einlesen von Programmtexten, wie wir ihn im vorhergehenden Unterabschnitt kennengelernt haben. Die vor dem Einlesen noch im Smalltalk–Image vorhandene Definition wird durch die eingelesene Definition ersetzt.

Der *aktuelle* Stand der Veränderungen des Smalltalk–Image wird in dem sogenannten ChangeSet gespeichert. Wir können uns das ChangeSet ansehen, indem
wir aus dem Untermenü Changes des Launcher den Menüpunkt
Inspect ChangeSet auswählen. Daraufhin erscheint das in Abb. 6.4 gezeigte
Inspector–Fenster, dem wir die durchgeführten Änderungen entnehmen können.

Im Unterschied zum ChangeSet, das nur den aktuellen Zustand des Smalltalk–
Image widerspiegelt, wird in der Changes–Datei die historische Entwicklung dieser Veränderungen aufgezeichnet. Darüber hinaus werden hier auch die Programmtexte der Veränderungen gespeichert, was im ChangeSet nicht der Fall ist.
Haben wir z.B. im Laufe der Zeit zehn verschiedene Versionen der Methode
moveTo: programmiert, so sind die Programmtexte aller zehn Versionen in der
Changes–Datei aufgezeichnet.

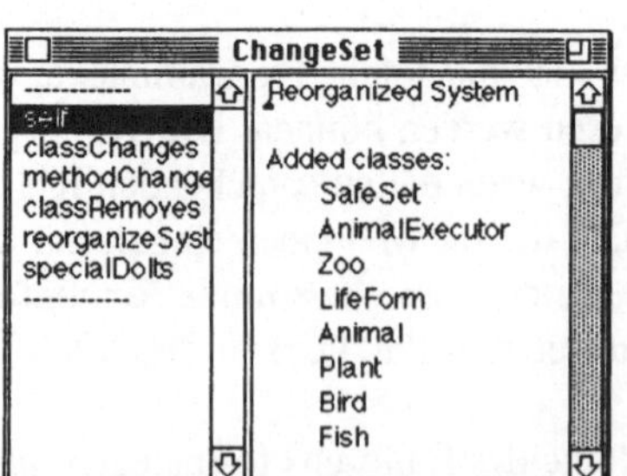

Abb. 6.4: ChangeSet mit dem aktuellen Stand
der Veränderungen im Smalltalk–Image

Da die Changes–Datei alle im Laufe der Programmentwicklung vorgenommenen Veränderungen des
Smalltalk–Image aufzeichnet, kann
sie mit der Zeit sehr umfangreich
werden. Die Verwendung etwa der
File List, um bestimmte Teile daraus
in das Smalltalk–Image einzulesen,
würde dann sehr mühsam sein.
Außerdem müßten wir immer erst
feststellen, welche der in der
Changes–Datei für eine Methode

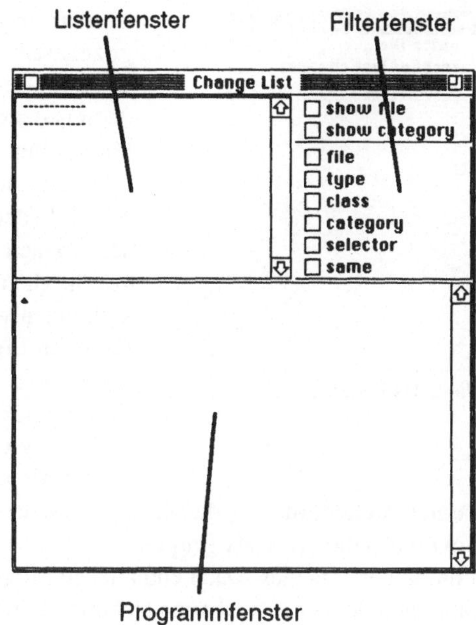

Abb. 6.5: Die Change List nach dem Öffnen

oder Klasse aufgezeichneten Definitionen wir tatsächlich verwenden möchten.
Für den Umgang mit der Changes–Datei gibt es daher ein spezielles Werkzeug,
die Change List.

Wir öffnen eine Change List durch Auswahl von Open Change List aus dem
Untermenü Changes des Launcher. Daraufhin erscheint das in Abb. 6.5 gezeigte
Fenster mit der Change List. Unmittelbar nach dem Aufruf ist die Change List
noch „leer", d.h. es sind keine Systemveränderungen vermerkt. Die Change List
besteht aus drei Teilfenstern: dem Listenfenster, dem Filterfenster und dem Programmfenster. Im Listenfenster werden die am Smalltalk–Image vorgenommenen
Veränderungen in chronologischer Reihenfolge von oben nach unten angezeigt.
Das Filterfenster stellt eine Reihe von Optionen zur Auswahl, die die im Listenfenster angezeigten Veränderungen einschränken. Bei Auswahl einer Veränderung im Listenfenster wird der zugehörige Programmtext im Programmfenster
ausgegeben, wie wir dies z.B. vom System Browser her kennen.

Wir erläutern nun kurz die Bedeutung einiger ausgewählter Punkte aus dem
Operate–Menu des Listenfensters, das in Abb. 6.6 zu sehen ist. Nach Auswahl
von file in/out > read file/directory... erscheint ein Eingabefenster mit der Auffor-
derung, den Namen einer Changes–Datei einzugeben, deren Inhalt zu der
Change List hinzugefügt wird. Der Menüpunkt recover last changes zeigt alle
Veränderungen in der Change List an, die am Smalltalk–Image seit dem letzten
Abspeichern durchgeführt wurden. Durch Auswahl von display system changes

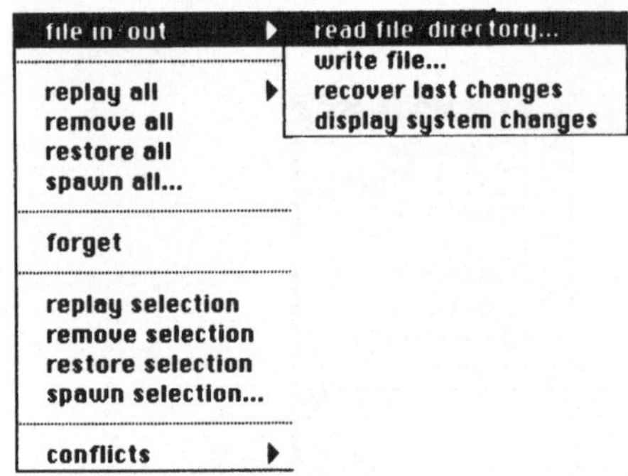

Abb. 6.6: Operate–Menu des Listenfensters

werden zur jeweils gerade angezeigten Liste die im ChangeSet gespeicherten Änderungen am Smalltalk–Image hinzugefügt.

Haben wir die Change List mit Hilfe der im folgenden beschriebenen Funktionen in der gewünschten Weise verändert, so können wir die veränderte Change List mit Hilfe der file in/out > write file...–Funktion in eine separate Changes–Datei speichern. Auf diese Weise können wir z.B. eine Changes–Datei zusammenstellen, die nur diejenigen Veränderungen enthält, die an einen anderen Smalltalk–Benutzer als Programmtext weitergegeben werden sollen. Dieser kann die in der Changes–Datei enthaltenen Programmtexte in sein Smalltalk–Image einlesen, indem er eine Change List öffnet, die Datei einliest und anschließend die Funktion replay all (siehe unten) auswählt. Dadurch werden alle Einträge der Change List sukzessive in das Smalltalk–Image eingelesen. Auf diese Weise ist auch die Reihenfolge beim Einlesen von Programmtexten genau vorgegeben.

Aus einer gegebenen Liste von Veränderungen in der Change List können wir mit dem Select–Button der Maus wie üblich beliebige Einträge auswählen. Durch Wahl der Funktion replay selection wird der ausgewählte Listeneintrag in das Smalltalk–Image eingelesen. Mit remove selection wird der ausgewählte Listeneintrag in der Liste „durchgestrichen". Er ist damit vorläufig aus der Liste der Veränderungen entfernt. Um alle vorläufig entfernten Einträge endgültig aus der Liste zu entfernen, wird die forget-Funktion verwendet. Die vorläufige Entfernung eines Eintrags kann mit Hilfe der Funktion restore selection rückgängig gemacht werden. Ähnliche Funktionen gibt es auch, um gleichzeitig alle Einträge in der im Listenfenster angezeigten Liste zu bearbeiten (replay all, remove all und restore all).

Um nicht immer die vollständige Liste der Veränderungen bearbeiten zu müssen (die sehr lang sein kann), gibt es im Filterfenster verschiedene Möglichkeiten, den Inhalt der Liste einzuschränken. Das ist z.B. dann nützlich, wenn wir einen Listeneintrag einer bestimmten Methode ausgewählt haben und nun alle Veränderungen an dieser Methode sehen wollen. Dies geschieht durch Betätigung des Schalters selector im Filterfenster. Dadurch werden alle Einträge aus der Liste ausgeblendet, die *nicht* eine Methode dieses Namens betreffen. Die erneute Betätigung des Schalters macht die Einschränkung rückgängig, so daß wieder alle Listeneinträge zu sehen sind.

Analog bewirkt die Auswahl des class–Schalters (bzw. category–Schalters) die Einschränkung der Liste auf alle Einträge bezüglich der Klasse (bzw. der Kategorie) des zuvor gewählten Eintrages. Der Schalter file schränkt die Liste auf diejenigen Einträge ein, die aus der gleichen Changes–Datei stammen wie der gewählte Listeneintrag. Alle Schalter des Filterfensters können beliebig miteinander kombiniert werden. Die Bedeutung der übrigen Schalter, sofern sie sich nicht selbst erklärt, können den Handbüchern von VisualWorks® entnommen werden.

6.2 Die Erzeugung der Anwenderversion eines Programms

Programme werden geschrieben, um bestimmte Probleme mit Hilfe eines Computers zu lösen. Die Benutzer dieser Programme, die *Anwender*, interessierten sich meist nicht für die Entwicklung und Wartung eines Programms, sondern lediglich dafür, in welcher Weise es zu benutzen ist. Dementsprechend ist es sinnvoll, ein fertiges Programm so an die Anwender zu übergeben, daß die für den Entwicklungsprozeß benötigten Werkzeuge nicht mehr im Programm enthalten sind. Dies hat den Vorteil, daß eine vom Entwickler ungewollte Änderung seines Programms durch einen Benutzer nicht möglich ist. Außerdem wird eine derartige *Anwenderversion* des Programms, im Unterschied zur Entwicklungsversion, in der Regel wesentlich weniger Speicherplatz beanspruchen.

Ein fertiges Smalltalk–Programm kann auf verschiedene Weise an die Benutzer weitergegeben werden. Die einfachste Möglichkeit besteht sicherlich darin, die mit der file out as…–Funktion des Browser erzeugten Dateien, die den Smalltalk–Quellcode enthalten, weiterzugeben. Diese Dateien müssen dann vom Anwender mit dem File List–Werkzeug in dessen eigenes Smalltalk–Image eingelesen werden. Eine weitere Möglichkeit besteht darin, ein vollständiges Smalltalk–Image an den Benutzer zu übergeben. Hierbei werden allerdings gleichzeitig alle im Image des Entwicklers enthalten Daten, die nicht unmittelbar etwas mit dem Programm zu tun haben, an den Anwender weitergereicht.

Beiden Methoden ist gemeinsam, daß die genannten Vorteile, die aus der Weitergabe einer speziellen Anwenderversion entstehen, nicht realisiert werden. Die Weitergabe einzelner Quelltext–Dateien bewirkt, daß der Anwender das erhaltene Smalltalk–Programm beliebig modifizieren kann, was in der Regel Fehlfunktionen im ursprünglichen Programms erzeugt. Die Übertragung eines kompletten Images führt dazu, daß der Umfang des Anwendungsprogramms größer ist als notwendig. VisualWorks®\Smalltalk bietet daher eine dritte Möglichkeit zur Erzeugung von Anwendungs–Programmen, bei der ein Image weitergegeben wird, aus dem alle Objektklassen entfernt worden sind, die lediglich vom Programmentwickler benötigt wurden. Ein solches Image bezeichnen wir als *reduziertes Image*.

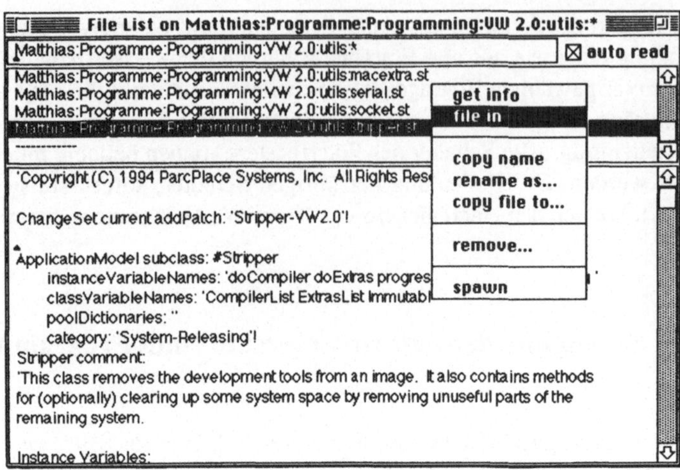

Abb. 6.7: File List–Werkzeug zum Laden des Stripper–Werkzeugs

Um ein reduziertes Image zu erzeugen, wird in Visualworks®\Smalltalk ein spezielles Werkzeug, der sogenannte Stripper (engl. *to strip = herausziehen*) mitgeliefert, das die betreffenden Objektklassen automatisch aus dem Image des Entwicklers entfernt. Da der Stripper nur selten benötigt wird, ist er nicht im Standard–Image enthalten, sondern muß bei Bedarf erst in das Image des Entwicklers geladen werden. Der Programmcode des Stripper befindet sich auf dem Rechner üblicherweise im utils–Unterverzeichnis des Smalltalk–Verzeichnisses. Er kann, wie gewohnt (vgl. Abschnitt 6.1) , mit dem File List–Werkzeug geladen werden (siehe Abb. 6.7).

Die Aktivierung des Stripper erfolgt durch Auswerten der Nachricht

    Stripper open

(z.B. in einem Workspace). Auf dem Bildschirm erscheint dann das in Abb. 6.8 gezeigte Fenster.

Die unten aufgelisteten Smalltalk–Klassen stellen die für die Entwicklung von Smalltalk–Programmen benötigten Werkzeuge zur Verfügung stellen. Dieser Klassen werden vom Stripper aus dem Image entfernt:

    ClassBuilder
    Decompiler
    ChangeList
    ChangeListView
    ChangeListController
    NotifierController
    NotifierView
    Inspector

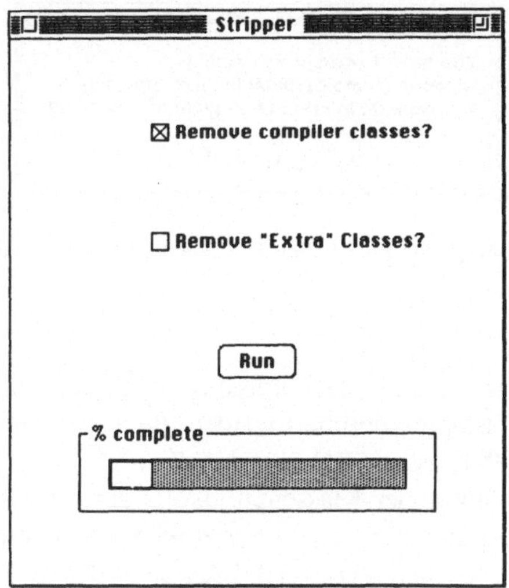

Abb. 6.8: Stripper–Werkzeug

Browser
BrowserView
Explainer
SyntaxError
ClassCategoryReader
Change
ChangeSet
ClassOrganizer
RemoteString

Wie zu sehen ist, werden u.a. folgende Funktionen aus dem System entfernt: Der
Decompiler, der dem Benutzer die Betrachtung von Smalltalk–Code im Klartext
erlaubt, der ClassBuilder, der neue Klassen in das Smalltalk–System einfügt,
außerdem der Browser und der Inspector sowie der Notifier, der für die Mitteilung
von Fehlermeldungen verwendet wird. Der Notifier wird durch einen SimpleNoti-
fier ersetzt, der zusammen mit dem Stripper–Werkzeug in das Smalltalk–Image
geladen worden ist.

Der Stripper entfernt darüber hinaus weitere Klassen aus dem Smalltalk–Image,
sofern dies vom Entwickler gewünscht wird. Dazu sind die entsprechenden Optionen im Fenster des Stripper anzukreuzen. Zu diesen zusätzlich zu entfernenden
Klassen gehören Compiler–Klassen, die für die Übersetzung von Smalltalk–Programmen benötigt werden. Die Entfernung dieser Klassen ist beim Öffnen des
Stripper bereits vorgewählt. Außerdem können noch Klassen entfernt werden, die
vom Entwickler festgelegt werden müssen. Diese „Extra"–Klassen sind in der
Klassenvariable ExtraList des Stripper aufgezählt und können (nach entsprechen-

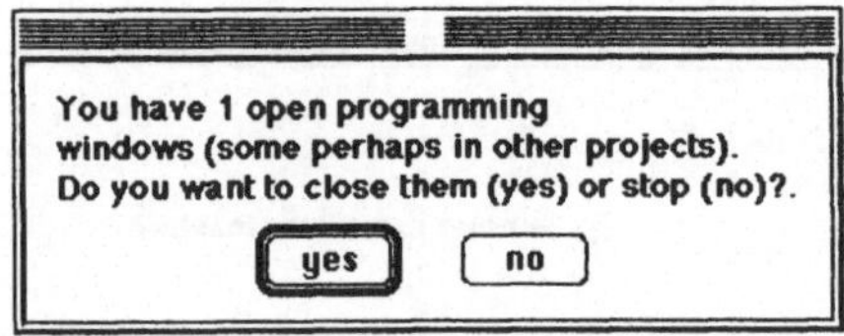

Abb. 6.9: Sicherheitsabfrage zum Schließen von Fenstern vor der Reduktion eines Image

der Umprogrammierung) mit der Methode initExtras im Klassenprotokoll userPreferences des Stripper definiert werden. Beim Öffnen des Stripper ist das Entfernen der „Extra"–Klassen nicht vorgewählt.

Bei näherer Betrachtung der Klassenprotokolle des Stripper fällt auf, daß die (oben genannten) stets zu entfernenden Systemklassen und die Compiler–Klassen auf ähnliche Weise in entsprechenden Klassenvariablen (ImmutableList und CompilerList) gespeichert sind. Die Definition, welche Klassen in der jeweiligen Kategorie entfernt werden sollen, ist in der Methode initialize des Klassenprotokolls class initialization zu finden.

Wir verändern die eingestellten Optionen des Stripper nicht und aktivieren die Reduktion des Image durch Betätigen der Run–Taste im Stripper. Sofern noch Fenster offen sind, die mit zu entfernenden Klassen verbunden sind (z.B. ein Browser–Fenster), so erscheint auf dem Bildschirm eine Sicherheitsabfrage, ob diese Fenster geschlossen werden sollen (siehe Abb. 6.9). Wird dies vom Entwickler verneint, so wird der Reduktionsvorgang abgebrochen.

Bei Fortsetzung des Reduktionsvorgangs wird zunächst eine Speicherbereinigung durchgeführt (engl. *garbage collection*). Nach einigen weiteren Meldungen, die im System Transcript erscheinen, werden sukzessive alle vom Entwickler angegebenen Klassen aus dem System entfernt. Entsprechende Mitteilungen werden ebenfalls im System Transcript ausgegeben. Ist dieser Vorgang beendet, so wird eine abschließende Speicherbereinigung durchgeführt und es erscheint ein Fenster mit der Frage, ob ein Bericht über den Reduktionsprozeß gewünscht wird. Ist dies der Fall, so wird die Eingabe eines entsprechenden Dateinamens verlangt und der Bericht anschließend auf die Festplatte geschrieben. Ein typischer Bericht hat z.B. die folgende Form:

```
System classes removed on 24 May 1995 2:12:24 pm
Compiler classes removed
No Extra classes removed
58 classes removed
475656 bytes saved
```

Der Reduktionsprozeß ist damit beendet. Wie man in dem obigen Bericht sieht, ist durch die Reduktion des Image nahezu ein halbes Megabyte Speicherplatz eingespart worden.

Nach Positionierung der für die Anwenderversion des Programms benötigten Fenster auf dem Bildschirm ist von dem so reduzierten System ein neues Image zu speichern. Die neue Image–Datei ist das an den Anwender auszuliefernde Programm.

Wird die Anwenderversion eines Programms von einem Computertyp auf einen anderen übertragen (z.B. von einem Macintosh–Computer auf einen HP–Computer), so ist darauf zu achten, daß die Image–Datei in binärem Modus übertragen wird, d.h., daß keine Konversion von Dateiformaten durchgeführt werden sollte. Dies ist insbesondere dann von Bedeutung, wenn Programmversionen einschließlich der zugehörigen Quelltexte, die sich in der Changes–Datei des Image befinden, weitergegeben werden. Generell gilt, daß das Image mit der zu dem jeweiligen Computer gehörenden ObjectEngine (das ist diejenige Datei von VisualWorks®, die die vom jeweils verwendeten Computertyp abhängigen Teile des Systems enthält) sofort gestartet werden kann und ohne weitere Änderungen funktioniert.

In allen beschriebenen Fällen der Weitergabe von Programmcode benötigt der Anwender eine eigene vollständige Version von VisualWorks®, mit der er auch eigene Programme entwickeln kann. Im Fall der Weitergabe eines reduzierten Images ist dies allerdings nicht notwendig, wenn dem Anwender eine (zusätzlich zu erwerbende) Runtime–Lizenz der ObjectEngine zur Verfügung gestellt wird.

6.3 Lösungen zu den Übungsaufgaben

Übung 6.1:

a) Nach Wahl von file out as ... im Kategorienfenster des System Browser (mit gewählter Kategorie Biology) erscheint das Eingabefenster mit dem Vorschlag Biology.st für den Dateinamen.

b) Nach Wahl von file out as ... im Protokollfenster des System Browser (mit gewähltem Protokoll moving in der Klasse Animal) erscheint das Eingabefenster mit dem Vorschlag Animal–moving.st für den Dateinamen.

c) Nach Wahl von file out as ... im Methodenfenster des System Browser (mit gewählter Methode moveTo: in der Klasse Animal) erscheint das Eingabefenster mit dem Vorschlag Animal–moveTo.st für den Dateinamen.

Im Falle der Speicherung von Protokollen oder einzelnen Methoden wird als Vorschlag für den Dateinamen stets der Klassenname in Verbindung mit dem Namen des Protokolls bzw. der Methode gewählt.

7 Literatur

In der nachstehenden Literaturliste sind einige Bücher und Artikel aufgeführt, mit denen der interessierte Leser (der nun hoffentlich kein Anfänger mehr in der objektorientierten Programmierung ist) seine Kenntnisse über objektorientierte Programmierung und Smalltalk weiter vertiefen kann.

Booch G (1994) Objet-oriented analysis and design with applications. 2nd edition. The Benjamin/Cummings Publishing Company, Inc., Redwood City, California

Gamma E, Helm R, Johnson R, Vlissides J (1995) Design Patterns: elements of reusable object-oriented software. Addison-Wesley, Reading, Massachusetts

Goldberg A (1984) Smalltalk-80. The Interactive Programming Environment. Addison-Wesley, Reading, Massachusetts

Goldberg A und Robson D (1989) Smalltalk-80. The Language, Addison-Wesley, Reading, Massachusetts

Heeg G und .Bücker M (1994) Object Behavior Analysis – Von der Suche nach Objekten, *OBJEKTspektrum, Vol. 2*, **32 – 34**, SIGS Publications, München

Lalonde WR, Pugh JR (1990) Inside Smalltalk. 2 Bd. Prentice Hall, Englewood Cliffs, New Jersey

Meyer B (1988) Object-Oriented Software Construction. Prentice Hall, Englewood Cliffs, New Jersey

Rubin K, Goldberg A (1992) Object Behavior Analysis. *Communications of the ACM, Vol. 35(9)*

Rumbaugh J, Blaha M, Premerlani W, Eddy F, Lorensen W (1993) Objektorientiertes Modellieren und Entwerfen. Carl Hanser Verlag, München, Wien, Prentice-Hall International Inc., London

Weitere Informationen über das Lagerhaltungsmodell aus Abschnitt 3.5 und viele andere Methoden zur Lösung von Optimierungsproblemen findet man in folgendem Einführungsbuch:

Neumann K, Morlock M (1992) Operations Research, Carl Hanser Verlag, München

Auf elektronischem Wege kann man sich z.B. unter den folgenden Adressen Ideen und Anregungen zu Smalltalk beschaffen:

st.cs.uiuc.edu oder mushroom.cs.man.ac.uk
   (Ein Archiv mit Public-Domain Smalltalk–Quellcodes, das über ftp erreichbar ist.)
http://st-www.cs.uiuc.edu/
   (Ein World Wide Web-Server.)
http://parcbench.parcplace.com/
   (Ein World Wide Web-Server direkt von ParcPlace.)

Index

Springer-Verlag und Umwelt

Als internationaler wissenschaftlicher Verlag sind wir uns unserer besonderen Verpflichtung der Umwelt gegenüber bewußt und beziehen umweltorientierte Grundsätze in Unternehmensentscheidungen mit ein.

Von unseren Geschäftspartnern (Druckereien, Papierfabriken, Verpackungsherstellern usw.) verlangen wir, daß sie sowohl beim Herstellungsprozeß selbst als auch beim Einsatz der zur Verwendung kommenden Materialien ökologische Gesichtspunkte berücksichtigen.

Das für dieses Buch verwendete Papier ist aus chlorfrei bzw. chlorarm hergestelltem Zellstoff gefertigt und im pH-Wert neutral.